主　　编　刘定华　段启俊
执行主编　徐喜波

法学教育研究（第六辑）

學苑出版社

图书在版编目（CIP）数据

法学教育研究. 第六辑 / 刘定华，段启俊，徐喜波主编. -- 北京 : 学苑出版社，2021.11

ISBN 978-7-5077-6286-0

Ⅰ. ①法… Ⅱ. ①刘… ②段… ③徐… Ⅲ. ①法学教育—研究—中国 Ⅳ. ①D92-4

中国版本图书馆 CIP 数据核字(2021)第 222369 号

责任编辑：黄小龙
出版发行：学苑出版社
社　　址：北京市丰台区南方庄 2 号院 1 号楼
邮政编码：100079
网　　址：www.book001.com
电子邮箱：xueyuanpress@163.com
销售电话：010-67601101（销售部）67603091（总编室）
印 刷 厂：英格拉姆印刷(固安)有限公司
开本尺寸：710mm×1000mm　1/16
印　　张：27.5
字　　数：377 千字
版　　次：2021 年 11 月第 1 版
印　　次：2021 年 11 月第 1 次印刷
定　　价：128.00 元

编者的话

党的十八大以来，以习近平同志为核心的党中央从坚持和发展中国特色社会主义的全局和战略高度定位法治、布局法治、厉行法治，将全面依法治国纳入“四个全面”战略布局，加强党对全面依法治国的集中统一领导，全面推进科学立法、严格执法、公正司法、全民守法，形成了习近平法治思想，开创了全面依法治国新局面，为在新的起点上建设法治中国奠定了坚实基础，为法治人才培养提出了新要求、新思路。

近年来，湖南法学教育界为适应国家建设革命化、正规化、专业化、职业化的法治专门队伍的发展需要，坚持以习近平新时代中国特色社会主义思想为指导，不断深化高等法学教育改革，优化法学课程体系，强化法学实践教学，构建了凸显时代特征、体现中国特色的法治人才培养体系，推动了法学学科体系、学术体系、教材体系、话语体系建设。在人才培养中，坚持立德树人、德法兼修，解决好为谁教、教什么、教给谁、怎样教的问题，培养了一批又一批信念坚定、德法兼修、明法笃行的高素质法治人才。2019—2020年，为了推动湖南法学教育的发展，专家、学者、法律工作者共同努力、协同推进，在法学教育理论、学科建设、实践教学等方面，又取得了一系列新的成果，在本辑《法学教育研究》中有所反映，现公开出版，供法学教育同仁参考。

编者

2021年4月28日

目 录

学科建设

课程思政

培养模式研究

课程教学研究

实践教学研究

党校法学教育

职教法律教育

学生习作

技术、价值与文明：新时代法学教育的使命与坚守

彭中礼　王　亮*

摘　要：现代法学教育与大学教育紧密结合在一起，并作为一种教育模式而传承悠久。针对人们对法学教育的诟病，提出法学教育应当有自己的良心坚守。在推进法治中国建设过程当中，要培养法律人，能够进行法律分析、运用法律方法进行逻辑推理，并能够进行正当性衡量，这是法学教育的技术坚守；要培养法治人，能够提供优质的法律服务，具有较高的公共责任意识，具有较好的家国担当精神，这是法学教育的价值坚守；要培养法理人，能够承继法治文化、弘扬法治精神并创新法治文化，这是法学教育的文明坚守。法律人、法治人和法理人，各有使命，但又互相统一，一起构成新时代中国法学教育的核心使命。

关键词：法学教育；法治；时代使命

法学教育历史悠久，是一项值得尊重和重视的崇高事业。[1]无论是东方，还是西方的法学教育都源远流长。远在春秋战国时期，作为诸子百家之一的法家，就以私学的形式在民间传授法学；与此同时，远在古希腊的柏拉图、亚里士多德以学园的形式传授知识，法学也是其中最重要的学问之一；在古罗马时期，法学教育蔚为大观，形成古代世界法学教育巅峰时期。然而作为大学教育的法学教育，源于11世纪意大利的波尼亚大学。彼时，法学、神学和医学是波尼亚大学的主要学科。大学教育围绕人而展开，关注人、规范人以及治疗人。神学关注和规范人的思想，医学关注人的健康，而法学关注和规范人的行为。“欧洲大陆的法学教育一直与大学教育联系

---

* 彭中礼，中南大学法学院教授，博士生导师，法学博士，法学博士后。王亮，中共湖南省委党校副教授，法学硕士。此篇为国家社会科学基金项目“司法裁判过程中的人工智能应用研究”（立项编号：18BFX008）阶段性成果。

[1] Palmer，Geoffrey.Some Thoughts on Legal Education[J].Victoria University of Vellingaton Law Review，vol.48，2017（2）：209-216.

在一起。意大利的传统可以被视为典范。法律教育起源于中世纪，当时第一所大学在博洛尼亚成立。1088 年，博洛尼亚学院（School of Bologna）创立了这种教学方法，专门为需要寻找和教授‘正确’解决方案的法律学者设计。”[1]从此以后，在大多数国家和地区，法律教育与大学教育都紧密结合在一起，并作为一种教育模式而获得了空前的发展。当代中国的法学教育始于中华人民共和国成立，发展于改革开放的伟大实践。毫无疑问，中华人民共和国成立以来，特别是改革开放以来，我们的法学教育进步显著。从中华人民共和国成立初期的“五院四系”，到今天全国拥有 600 多所法学院校，我国法学教育为国家培养了大量法学人才，为经济社会有序发展提供了足够的智慧支持，有力地推进了法治中国建设。

进入 21 世纪，人们对法学院的法学教育批评之声不断出现。法学院的法学教育模式不仅在我国受到了实务界的批评，在国外也受到了广泛批评。[2]很多学者认为，当前已经出现了法学教育与社会实践脱离的现象。特别是在我国，一些实务部门的同志对高校法学教育没有满足实务技能需要比较忧虑，认为法学教育失去了“真谛”。为此，有学者对于这种现象进行了反思。他们认为出现理论与实践脱节的成因是当前的法学教育采取的是一种商业化的、流水线式的培训模式，[3]从而使得个体之间并没有明显的差别。

对于法学教育的目的到底应当是理论传承为主，还是学以致用为主，在学界应当还会有一段时间的争论。无论中外学者如何看待，角度不同、语境不同，对法学教育培养目标的要求就不同。所以，本文并不打算介入这种争论之中。笔者认为，任何一种争论的背后，都存在“变”与“不变”的因素。变化的是争论的条件或者目标，而不变的则是争论的实质或本源。有关法学教育培养模式的争论亦是如此。法学教育模式中，不断变化的是各实践部门对人才的实践需要，是不同实践岗位的需要，当然也是时代发

[1] Bugatti，Laura. Legal Education in the Next Future[J].International Journal of Clinical Legal Education，vol.26，2019（3）：3–24.

[2] See S. Cassese.Legal Education under Fire[J].European Review of Private Law，2017（25）：143–150.

[3] Frank H Wu.The End（s）of Legal Education[J].Journal of Legal Education，2016（66）：18–23.

展的需要；而不变的是法学教育的真谛到底是什么，我们要培养的人才到底应当具备何种“最低限度”的素质。为此，本文从这种不变的东西中寻找法学教育的使命与坚守，从而保证法学教育的基本方向。

一、培养新时代的法律人：法学教育的实践技术坚守

在民法法系和普通法传统中，教育制度导致了不同教育和培训阶段的构建，为不同的利益相关者创造了不同的影响范围。通常，作为自由的机构，法学院把促进和产生法律文化、传播法律知识和发展学生的分析和批判性推理技能作为主要目标。[1] 因此，大学法学教育要能够培养具有一定技术属性的法律人，才能够胜任法律实践工作。

法律本身是规范社会关系的手段，因而具有较强的技术属性。法学教育的技术坚守，就是要培养能够胜任法律实务的人才，能够用法律解决社会矛盾和纠纷。按照实务界人士的说法，就是“学了法律要有用”。开篇所提到的问题，实际上就是法律的实用性问题。实务界的人士将法学教育与技术教育等同，认为学了法律就要能够实用，要懂得法律实务中的各种规则，不仅限于法律规则，还要懂得法律运作过程当中的一些隐性规则。任何一个国家的法律运作，不仅是白纸黑字的法律条文，还要把白纸黑字的法律变成现实中的法律，这就离不开人的操作。只要是人为操作，就可能有自由裁量权，而如何行使裁量权则又存在一定的规则。这些规则却并非明确的规则，而是在实务过程当中形成的。因此，大学教授们可以教会学生法律，但是可能无法教会没有明确文字记载的隐性规则。

所以，从法律条文的角度来看，法学教育首先要教导学生做一个“法律人”。此处所说的法律人，是指对法律条文十分了解，同时具备法律思维，能够根据法律进行逻辑推导并依法解决问题的人。培养法律人，是现时代法学教育最初的也是最低层次的要求和目标。法律人的技术坚守，就是要法律人能够把所学到的知识运用到具体的法律实践当中去，解决具体的法

[1] Bugatti，Laura.Legal Education in the Next Future[J].International Journal of Clinical Legal Education，2019（26）：3-24.

律实践问题。而随着科学技术的进步，法律人的技术属性将会更加明显，即要能够运用现代科学技术，如大数据、云计算以及人工智能等，不断推进法律的运用，实现社会的公平正义。所以，法律人的技术属性既将法律的运用视为技术来理解，也将法律的运用与现代科技结合起来理解。但是，无论是在传统社会，还是人工智能时代，法律都要以技术坚守作为起点，以实现法律公正作为出发点，将法律技术与社会理想结合起来。衡量法律人的标准有三个层次：

一是从基础层面来看，要能熟练地进行法律分析。法律知识是基础，法律条文是根本。俗话说，基础不牢，地动山摇。任何法学教育都应当将基础知识教育作为基础，重视法学的基本原理。培养法律人，就必须使其接触核心领域的法律学说，并具备进行法律研究和撰写法律意见的能力。需要为法律学说提供背景，使学生能够理解所研究的法律的社会、政治、经济、历史和哲学背景。律师需要了解立法程序和议会如何运作，公共行政如何运作，以及法院和司法程序如何运作。[1] 从应用的角度来说，掌握基础知识并非掌握概念和理论就行，就法学教育而言，还需要进行法律分析，普通法系就是能够运用判例，大陆法系却是要能够运用案例进行由此及彼的分析。“法律分析必须是最重要的。法律分析的本质是学习如何解读案例和法规，从而为特定事实的法律适用提供建议。”“一个学生如果不精通法律分析的基本技能，就不可能从这个体系中脱颖而出。”[2] 法律分析是法学教育的基础，也是法律实务工作的基础。法律分析不是对法律的分析，而是根据法律进行分析。特别是在作为大陆法系国家的我国，法律的类型较多，各种法律层次繁多，各种法律的地位不一样，法律分析不仅要看具体的法律条文，也要看法律的类型和地位，更要结合具体的个案进行。大陆法系的法律人必须熟悉法律的位阶原则，“大陆法系中的优先次序原则是至

[1] Palmer，Geoffrey.Some Thoughts on Legal Education[J].Victoria University of Vellingaton Law Review，2017（2）：209–216.

[2] Palmer，Geoffrey.Some Thoughts on Legal Education[J].Victoria University of Vellingaton Law Review，2017（48）：209–216.

关重要的，因为这种次序使学者、律师和法官能够理解哪些法律优先，在法律范围内，哪些规则应该优先”。“比如，宪法是国家司法秩序中物质规范等级制度的最高层次。下一层次的规范将是一部源自宪法的法律。”[1] 法律分析的基本特点是：(1) 将法律条文作为分析的大前提；(2) 事实分析是法律分析的小前提；(3) 从理论上说，大前提确定，小前提确定，法律后果基本是确定的；(4) 法律分析也是有方法的，比如可以用管理进行法律分析，用社会性别进行法律分析，用肤色进行法律分析等；(5) 基于类似案件的法律分析只是提供分析的模板，而不具有法律效力，并不为其他案件的分析提供确定性法律后果。

二是从方法层面来看，能够运用逻辑推理和法律方法。从方法论上讲，如果一个律师学会了普通法的识别问题，又学会了大陆法系中的规则（法律条文），那么这两方面的知识就会造就一个全面发展的律师。[2] 这是因为，大陆法系十分注重法律分析，而法律分析注重逻辑推理和法律方法。所以，新时代中国的法学教育对于逻辑学教育、方法教育应当十分注重。“人人都要思考，人人都要推理，人人都要论证，而且每一个人都要面对他人的推理和论证。”“逻辑就是研究论证的方法。更精确地说，逻辑是研究一个论证前提是否合理地支持（或提供好的论据）其结论的方法。”[3] 在法律运作过程当中，逻辑推理是根本。法治取决于法律推理的质量。法治要求类似的案件应以类似的方式作出决定，每一案件应根据其是非曲直作出决定，决策过程应符合适用的程序和证据规则，使决策背后的推理透明并对审查开放，使决策从纯粹的主观偏好转向客观的基本原理。[4] 甚至除了利用计算机为法律服务外，逻辑已经成为一个重要的法理学和法学兴趣的问题。

---

[1] Sadi, Rodrigo.Legal Education and the Civil Law System[J].New York Law School Law Review, 2018 (62): 165–182.

[2] Sadi, Rodrigo.Legal Education and the Civil Law System[J].New York Law School Law Review, 2018 (62): 165–182.

[3] 斯蒂芬·雷曼.逻辑的力量[M].杨武金，译.北京：中国人民大学出版社，2010.

[4] Walker, Vern R.Discovering the Logic of Legal Reasoning[J].Hofstra Law Review, 2007 (35): 1687–1708.

许多关心法律教育的人认为，传统的传授方式和获取法律知识的方式是笨拙的、低效的和呆板的，通过对法律方法在各个方面的性质和作用的开明反思,必须使法律推理成为一种理性的程序。[1]法律方法是逻辑运用的方法，推理是基于法律方法的推理，二者结合在一起，形成法学教育的核心思维方式。当代中国的法学教育就应当将逻辑和方法统一到教学当中，实现知识教育和方法教育的结合。

三是从价值取向来看，能够进行正当性衡量。正当性衡量应当建立在法律逻辑和法律方法的基础上。现代逻辑在法律上的应用，通过提高法律思维的警觉性、敏捷性和渗透力，解放和激发了法律思维。对法律问题的逻辑处理将有助于确定可供法律决策者选择的领域，并揭示这些选择往往不像通常（和不称职的）假定的那么有限。它将适当地开辟出道德推理，特别是通过逻辑推理程序，开辟合法范围领域，从而使法律推理者摆脱有着伪逻辑推理习惯的虚假权威所产生的偏见，在这种伪逻辑推理习惯中，逻辑谬误是以逻辑的名义提出的。[2]在逻辑和方法的基础上，要将正当性衡量从两个层面表现出来。第一点是进行合法性拷问。通过法律方法和逻辑推理实现法律后果的合法性，一向是法律实践的首要要求。合法性拷问既贯彻到大前提的使用当中，也贯彻到小前提的使用当中，更需要进行结果意义上的追问。当结果意义上的合法性出现疑问时，那么正当性衡量的第二点即合理性追问就提上了思考日程。虽然法律事务应当依法进行，但是依法进行可能违背人类的基本伦理规范或者道德规范之时，价值衡量就应当被运用。法学教育需要培养一批能够正确施法的人，也需要培养能够守法的人，更需要培养能够自觉进行正当性衡量的人。现代法律人既应当把学习知识和方法作为基础，更要把能够进行价值衡量作为核心要义，并能够在推进法治中国建设的进程当中进行有效实践。

总而言之，法学教育所培养的法律人，就是要培养熟悉法律条文、能

[1] Tammelo，Ilmar.Logic as an Instrument of Legal Reasoning[J].Jurimetrics Journal，1970（10）：89–94.

[2] Tammelo，Ilmar.Logic as an Instrument of Legal Reasoning[J].Jurimetrics Journal，1970（10）：89–94.

够熟练运用法律方法、具备严谨的逻辑推理思维，且可以时刻准备进行价值衡量的现代人才。法律是法律人的基本护身符和“核武器”，以法为本，以法护道，这就是法律人的技术坚守。

二、培养新时代的法治人：法学教育的价值理念坚守

如果说法律人的培养是法学教育的重要目标，那么培养新时代的法治人则是法学教育的“升级版”目标。从实践来说，一个法律人，已经基本实现了法学教育的培养目标，无愧于社会实践对大学教育的要求与希望。但是，就像高等教育存在的目的从来就不完全是为了培养社会所希望“有用”的人才一样，法学教育也是如此。法学教育还带有更为远大的目标与理想，其中之一就是根据时代的需要调整培养目标。可以说，法律实践是变化的，但是根据时代目标坚守的价值则要长远得多。比如，有人说，法律技术、人工智能、大数据、机器学习以及最重要的区块链技术的兴起正在改变法律实践。共享经济和平台公司挑战了许多需要诉讼律师的传统假设、学说以及法律和治理概念。[1] 但是无论如何，不管是法律实践对律师需求的变化，还是对律师能力要求的提高，根据新时代中国法治建设的需要来看，培养新时代的法治人，更具有时代意义和家国情怀。

从理论上说，法治人是法律人的升华。法治人不仅需要有法律人的知识和实践技能，更需要有不断推进法治中国建设的理想、抱负和实践。因此，衡量法治人的主要标志不仅仅是知识和能量，更关键的是回报社会、服务社会的责任。培养新时代的法治人，要从公共责任意识的培养开始，将法律服务教育、公共责任教育和家国担当精神融为一体，培养新时代发展过程当中法治中国建设的核心力量。

一是培养具有优质法律服务意识的法治人。知识和能力是法律人的内在要求，但是如果不能够把这种内在要求转化为现实关照，则永远止步于法律人的境界。现代大学法学教育比较红火的原因就在于通过法学教育培养出

[1] Fenwick, Mark, et al. Legal Education in the Blockchain Revolution[J].Vanderbilt Journal of Entertainment & Technoloay Law, 2017 (20) : 351-384.

来的律师，有较高的收入，获得了一定的经济地位，从职业来说受到了社会的广泛青睐。特别是在一些法治国家，受过专业的法学教育，并且从事了一段时间的律师职业以后，可以成为国家法律界举足轻重的关键人物，甚至是国家元首，因而对很多立志于从政的人来说，也有较强的吸引力。[1]然而，律师的收入应当与律师的法律服务意识紧密结合在一起。换言之，律师的实践能力好不好是一回事，律师的收入高不高是一回事，而律师能否尽最大限度为当事人提供优质的法律服务又是另一回事。人们可以通过法学院所培养的法律人的服务意识来透视法学教育的培养质量和目标。从某种意义上说，从事法律实务工作的人都在从事提供法律服务的工作。律师是在为他的当事人服务，但也是在为国家服务；而法官和检察官是在为国家服务，广义上说又是在为人民服务。为当事人提供优质的法律服务，是律师的本职工作，也是市场经济的要求。从制度上说，每一个律师都认真地为他的当事人服务了，就是为国家的法治建设服务了；同样，每一个检察官、法官认真地履行了职责，实现了依法办事，就可以减少冤假错案，真正提升法治的声誉，也就是为国家法治建设做出实质性的贡献。如果他们仅仅只是为了生存或者赚钱而运用法律，那么这些法律人的本质还是“工匠”，不可能成为社会真正的中流砥柱。正如有些学者所言：“提供法律服务本身并不是目的。市场不是为了‘法律服务’，市场是为了正义。”[2]所以，从宏观上看，培养法科学生的服务意识，本质上就是培养遵守契约精神、培养依法办事精神。一切法律人都应当从培养服务意识开始，这是法律人精神的起点，也是迈向更高境界的源泉。

二是培养具有较高公共责任意识的法治人。每一个生活在国家和社会中的人都有天生的责任，比如遵守国家法律、维护社会秩序，但是从公民的角度来看，这种责任属于最低限度的责任。法律作为维护国家民主、社会秩序稳定的主要规则，与人民权利保护息息相关。但是对于法治人而言，

[1] Erwin Chemerinsky.Reflections on the Future of Legal Education[J].FIU Law Review，2018（13）：215–228.

[2] David L. Shapiro. The Enigma of the Lawyer's Duty to Serve[J].New York University Law Review，1980（55）：735–792.

要将不断地推进法治视为历史重任，从而超越法律技术的范畴，超脱法律人的职责范畴。比如对于律师而言，通过运用法律进行辩护是其责任，但是这仅仅只是作为法治人的开始。在有组织的律师协会中，长期以来的主流观点是，道德自律的目的应该仅仅是培养“专业”的律师。这一观点的支持者认为，律师的不当行为在原则上与公司的不公平贸易行为、制造商在没有充分警告的情况下销售产品或使用商品远期跨接来保护税收收入没有什么不同。[1] 对于这种观点，我们坚决持反对态度。执业律师应该更具公益精神，应该放弃对客户追求的目标的漠不关心，更要在社会公益中实现自己的价值。[2] 换言之，律师代理案件既是为了生计，更是为了法律事业，为了中国的法治建设。法治建设不是某个人的事情，也不仅仅是国家的事情，全社会的每个公民都有义务为法治建设做出努力。对于律师而言，他们作为法律的传播者，既承担有传播法律的义务，也有推进法治的义务。事实上，进入法学院后，大多数学生都有一种理想化的职业观，认为这是一个为社会服务的独特机会。法律被视为实现正义的手段；律师被认为具有理解和运用法律以追求公共利益的智力、地位和能力。事实上，这种理想化的职业观与律师在社会中角色的传统观点是一致的。[3] 可见，培养法律人的目标所存在的问题并不完全在于律师缺乏能力，而在于缺乏文明和温和的品质，包括包容、信任、同情等类似的品质。更有能力的法律技术人员缺乏这些素质，并坚持当今准则的全面承诺模式，将使诉讼成倍增加，他们将滥用一切可能的程序手段，并采用一切有助于客户获胜的战略或战术。其结果不是正义，而是社会灾难。这会使越来越多的律师失去对法庭、

[1] Wendel W, Bradley. Public Values and Professional Responsibility[J].Notre Dame Law Review, 1999 (75): 1-124.

[2] Harry T, Edwards. A Lawyer's Duty to Serve the Public Good[J].New York University Law Review, 1990 (65): 1148-1163

[3] Harry T, Edwards. A Lawyer's Duty to Serve the Public Good[J].New York University Law Review, 1990 (65): 1148-1163.

反对者和公众的责任感。[1]

律师在案件办理过程中，要将实现公平正义与依法辩护、依法代理结合起来，在受委托的每一个案件中将法治贯彻到底。对于法官和检察官来说，亦是如此。与律师不同的是，法官和检察官掌握国家公器，手握大权，掌控公民的生活、命运。用法律说话是法官和检察官的底线，不办冤假错案是法官和检察官的基本要求。为了实现法治，法官和检察官还需要坚持法治是最大的政治这一基本原则，因为法治是党领导人民制定的根本政策方针，是写入宪法的国家战略。所以任何时候，法官和检察官作为法治人，不仅要忠实地贯彻法律，还需要正确地贯彻和实施法律，在法治大局中实现法律，维护社会的公平正义。所以，从这个层面来说，要培养新时代的法治人，就是要培养有原则、讲法治的法治人。

三是培养具有较高家国担当精神的法治人。每一个时代都有每一个时代的主题，每一个时代都需要每一个时代的英模。法治时代需要法治英模，他们能够按照法律，为国家法治建设做贡献。这种担当蕴含在法学院的法治理念教育当中，蕴含在法治人的行为实践当中。古今中外，法律人在社会进步中的担当有目共睹，虽然他们未必促成了法治建设的最终实现，但是在促进法律发展方面却是功劳重大。担当未必意味着有多么惊天动地的事迹，而是将法治的精神融入行动当中，尽可能地讲真话、做实事以及身心合一讲法治。有一部电影叫作《辩护人》，其中主角宋佑硕作为律师，勇于用法律维护公民的权利。他在片中讲过一句值得深思的话："在这种市民无法行使自己法律权利的时候，作为法务人员，我更应该走在最前面，这才是真正的法务人员的义务。"当社会有不平之事，法治人就应当站起来，旗帜鲜明地表达自己的观点；当社会有不正之风，法治人就应当站起来，义正词严地说出内心真话。真正的爱国爱家爱法治，就是要将担当作为内心实现价值衡量的重要准则。因此，当代中国的法学教育应当将法律

[1] Harry T，Edwards. A Lawyer's Duty to Serve the Public Good[J].New York University Law Review，1990（65）：1148-1163.

知识和家国情怀实现融合，将二者有机统一到新时代的法治建设当中。当然，从教育的角度来看，关于法学教育的任何道德说教都不应当是纯理论意义的，而应当是法学意义的。换言之，关于道德问题的讨论应当立即被翻译成法律权利和义务的语言，法律学者和法律专业学生才不会感到不安。我们把道德规范仅仅看作是法律规范的一个子集，虽然我们的大多数法律都是以道德为基础的，但“伦理”一词暗含着法律的对立面。道德规则侧重于个人和自愿的道德反应，而不是法律规定的义务。[1]因此，我们强调的担当精神虽然是道德层面的，但是也要从制度层面、法律层面来理解，通过制度保证、维护法治人的各种权利，实现权利保护制度化、制度体系法治化、法治建构严密化，这才是把对法治人的道德要求从根本上予以确保的有效路径。

总的来说，新时代要培养的法治人，有着法律人成熟技术，但更有自己的价值坚守。从这个层面来看，法学教育既是技术性教育，更是理念性教育，二者构成法治人学习的重要内涵属性，一起致力于法治中国建设。

三、培养新时代的法理人：法学教育的文明传承和坚守

法治中国建设是新时代的主题之一。但是，法治中国建设不可能一蹴而就，需要有较长时间的努力和奋斗。换言之，一代又一代的法治人通过身体力行，不断践行法治理念，才可能实现法治。因此我们的法学教育要将培养法律人作为实践法治理念的基础，将培养法治人作为践行法治理念的核心，把法学教育向纵深发展。然而，要注意到，法学教育虽然与法学院的培养息息相关，但是与整个社会环境的培养也密不可分。当整个社会环境正在源源不断地培育、引领人们的核心价值观向法治跃进，就会出现法治建设所需要的凝聚力和向心力，而这需要一代又一代法治人的传承和坚守。因此，我们法学教育既需要培养法律人、法治人，更需要为国家法治建设培养不断进行文明传承的法理人。

[1] Wendel W, Bradley. Public Values and Professional Responsibility[J].Notre Dame Law Review, 1999（75）: 1–124.

法理人不是法律人、法治人的再“升级”，而是法律人和法治人在新时代的更高层次的责任担当。从历史使命来看，法理人是法律人、法治人在新时代的升华，必须能够弘扬法治精神、传播法治文化，甚至能够创新法治文化，为法治发展培养新时代的接班人。伟大的律师是以无形的品质来衡量的：他们关心法律，因为他们对法律有着强烈的兴趣；他们关心客户的福祉；他们关心自己作为专业人士的形象。简言之，伟大的律师有一种自尊感，这种自尊感会导致他们内化并更新良好的职业行为标准，这会增强他们对工作的自豪感，并促使他们定期提供高质量的服务。在这个理想化的标准下，律师并不仅仅从工具和市场的角度来看待“法律”。[1] 伟大的律师一定会传承优秀的文化遗产，将法治及其文化这一真谛通过特定的途径传承下去，培养法治的优秀文化基因。新时代的法学教育亦是如此。我们要将培养具有伟大人格的法理人视为人才培养的更高使命，把文化传承和法治创新结合起来，形成新时代的法学教育模式。

首先是要承继法治文化。任何一种法治观，都必须与本民族的传统文化观念相契合。因此，要能够助推法治建设，就必须能够承继优秀传统文化。在中国，如果我们能够理解法治作为一种更为复杂的治理体系存在，不仅是外部治理，而且满足每个人的内在需求，法治将获得更文明的基础和更为普遍的空间。毫无疑问，中国在这方面有着悠久的传统和丰富的资源。理想和追求完美人格为社会治理和人际关系提供了重要依据。面对现代性危机，中国或许能够从五千多年的治理传统中挖掘出一些有益的智慧，为现代法治精神的长生不老提供滋养。[2] 所以，一个合法的法理人，应当是一个珍视传统的法治人。他理解法治的基本精神，又熟练掌握法律技术，而且能够将法治作为理想家园和情怀的容器，把修身、齐家、治国、平天下的古训与法治精神的现代性结合起来。所以，我们的法学教育不仅仅是

[1] Harry T，Edwards.A Lawyer’s Duty to Serve the Public Good[J].New York University Law Review，1990（65）：1148-1163.

[2] GaoYangguang，Tragic Consciousness. Natural Language and Modern Spirit of the Rule of Law[J]. Frontiers of Law in China，2018（13）：137-152.

法律条文的教育。我们应当将人文底蕴、传统文化底蕴融入法学的基本学科教育当中。一个不理解本民族的过去、现在和未来的法治人，一个不能将法治发展同传统文化自觉融合并形成独特话语体系的法治人，一个不能把法律事业、个人成长同社会进步连接起来的法治人，或许可以成就法律事业的巅峰，但依然只算是同行当中的佼佼者。他们总是把法律当作法律，总是把法律当作技术，把法律当作法治的核心，而没有把法律当作理解一个民族的符号和密码，也没有把法治视为承上启下的文化阶梯，因而也就没有真正理解法治在本民族发展当中的核心价值。新时代的法学教育应当将法律人、法治人培养成连接社会与民众、连接历史与未来的人类良心。

其次是要弘扬法治精神。任何法治理念的形成，都必须靠观念的普及。法治理念要能够成为时代潮流，就不应当只是少数精英的观念，而是要大众都有此认同。卢梭曾经说过一句话："一切法律中最重要的法律，既不是刻在大理石上,也不是刻在铜表上,而是铭刻在公民的内心里。"[1] 这说明，法律不仅仅只是规则，作为规则的法律未必就能成为实效意义上的法。所以，作为规则的法如果不能够同人们的情感一致，人们就难以接受，法治精神也难以获得普遍性认可而被接受。"人类正经历着跨越国界的法律生活，这不仅是不同国家的边界，也是不同文化的边界。在这种全球化的环境下，内省是必要的，因为法律需要一个深刻的理由，这可能根源于上帝对人类情感的设计。虽然科学家可以通过生理或生化实验了解人类情感的构成，但只有人文学者才能通过观察自然语言的创新和应用，从内到外完成对人类灵魂的自我认识。"[2] 作为肩负使命的法治人，将法治精神不断弘扬和拓展，本身就是对法律的尊敬，也是作为法律精英的社会义务。

最后要能创新法治文化。法治并非静止的状态，而是不断发展不断进步的。所以，现代法理人不仅要能够将什么是法治、如何建设法治理清楚，还要将如何与时俱进地创新法治文化视为法理人的重要使命。创新是民族

[1] 卢梭．社会契约论 [M]．何兆武，译．上海：商务印书馆，1982.

[2] Harry T，Edwards.A Lawyer's Duty to Serve the Public Good[J].New York University Law Review，1990（65）：1148-1163.

的灵魂和使命，也是国家法治的基础，更是法治发展的基础。以创新应万变，是法治的生命。所以，新时代的法理人应当具备创新的思想、创新的理念和创新的能力，将制度变革视为社会进步的生命线，将法律变革视为法治的根本要义。而对创新意识的培养，往往是法学教育的症结。法学教育往往教育的是旧的法条，难以对未来做出规划。如一些学者所言，现有的法律教育和管理框架与 21 世纪对律师的要求是不相容的。传统上受过教育的律师通常不具备敏捷性和创新能力等关键特征。[1] 律师们习惯于将司法判决视为法律规则与政治道德基本原则之间复杂互动的产物，这些原则为法律体系辩护。同时，他们将法律的应用概念化为缺乏创造性的规范判断和解释灵活性的东西。但正如卡尔·卢埃林几十年前所承认的那样，律师代表其委托人适用于案件和法规的同样的修辞武器，也可能会受到有关其自身道德义务来源的修正。[2] 因此，通过创新来实现法治文化的进步，本身是法律人进步的根源，也是法治人获得证成的理论本源。

四、结语

任何一种教育的存在，技术是基础，价值是保证，传承是生命。法学教育作为历史最悠久的高等教育学科之一，已经持续了千年。无论是在大陆法系，还是在英美法系，法学教育的模式都发生了变化，但是也有不变因子。每一个时代的法学教育，既要能够把握住法学教育的本质，即其“不变”的因素；更要把握住其时代精神，即其“变”的因素。所以，在新时代，我们的法学教育要能够将这种“变”与“不变”结合起来，因而就有了法律人、法治人和法理人的时代使命。法律人、法治人和法理人肩负着法学教育的时代使命，他们独立存在，又相互统一，秉持了新时代的“变”与“不变”的传统精神和价值理念，一道构成法学教育的时代景观。

[1] GaoYangguang.Tragic Consciousness，Natural Language and Modern Spirit of the Rule of Law[J]. Frontiers of Law in China，2018（13）：137-152.

[2] GaoYangguang.Tragic Consciousness，Natural Language and Modern Spirit of the Rule of Law[J]. Frontiers of Law in China，2018（13）：137-152.

中国法律职业伦理教育现状及建构

——以 32 所高校法学专业本科生培养方案分析为视角

郭　哲　　简　洁*

摘　要：法律行业出现的职业道德危机让我们不得不反思我国的法律职业伦理教育。目前我国法律职业伦理教育现状不容乐观，从对我国“卓越法律人才教育培养计划”中 32 所高校法学院的法学专业本科生培养方案的调研结果中发现，多数法学院校对本科生法律职业伦理培养不足，体现在本科生培养目标中对法律职业伦理要求不明确，在课程设置方面忽略了法律职业伦理的教学。而造成此现状的原因主要是国家和法学教育主体的不重视，以及法学教育发展历程和社会因素的影响。为改善我国法律职业伦理教育现状，提高我国法律职业伦理教育水平，法学教育主体应将法律职业伦理纳入培养目标中，重视法律职业伦理的课程设置，并注重教学方法的多样性和实践性；提高法律职业伦理在国家统一法律职业资格考试中的比重，并完善考查方式；建立制度化、科学化和体系化的继续教育机制，促使法律人坚守法律信仰。

关键词：法律职业伦理；“卓越法律人才教育培养计划”；课程设置

法治是治国理政最基本的方式，党的十八届四中全会中第一次以依法治国为主题，表明我国正全面建设社会主义法治国家。自我国实行改革开放以来，市场经济发展繁荣。为了市场经济的持续发展，需要良好的法治来规范社会运行秩序。未来中国的改革与发展都应在法治的框架下进行，这意味着中国的法治将会得到迅速发展。[1] 目前，我国的国家管理体制完善、政府与市场的关系处理、国家治理水平提升、司法腐败、社会贫富差距、环境保护等问题都需要在法治的背景下进行改革。[2] 国家行为、企业行为

* 郭哲，湖南大学副教授，法学博士。简洁，湖南大学 2019 级法学院法律硕士，现就职于新余市中级人民法院。此文章为 2020 年湖南大学品牌课程及 2019 年湖南大学研究生精品课程研究成果。

[1] 何勤华．推进法治中国建设中的法律人才培养 [J]. 中国高等教育，2014（3）：37.

[2] 陈金钊．“法治中国”的意义阐释 [J]. 东方法学，2014（4）：133.

以及个人行为都需要在法律规范的制约下进行，这样我国的经济才能良性发展，个人的生活幸福感才会大幅提升。

法治不应只是“良法之治”，也应是“良（法律）人之治”[1]，依法治国迫切需要大批优秀的法律人才，而优秀法律人才的培养不仅包括专业基础教育，还包括法律职业伦理教育。在我国目前的法学教育中，主要为法律专业基础知识及技能的教授，忽视了法律职业伦理的教育，这对合格法律人的培养来说是存在缺陷的。依法治国已成为我国发展的主旋律，为尽早实现社会主义法治中国的目标，应首先完善我国法治建设的人才保障，加强法律职业伦理教育，培养大批既具备专业法律知识，又具备良好法律职业伦理的合格法律人。本文试图对我国“卓越法律人才教育培养计划”中32所高校法学院的法学专业本科生培养方案的调研中进行分析，探求法律职业伦理教育新路径。

一、中国法律职业伦理教育现状实证分析

（一）调研情况说明

1. 调研对象

教育部、中央政法委员会在2011年发布的《关于实施卓越法律人才教育培养计划的若干意见》中提出，为了全面落实依法治国基本方略，促进社会主义民主法治建设，在我国高等法学教育改革中最紧迫的任务就是要提高法律人才培养质量，建立法律人才培养基地。应用型和复合型、涉外、西部基层这三类基地的高校有所重复，不重复计算，最后一共有69所高校被选为卓越法律人才教育培养基地。由于资料获取有所困难，本次仅收集到这69所高校中的32所高校的法学专业本科生培养方案或相关文件。故本次调研对象为以下32所高校的法学专业本科生培

[1] 郭哲．法律职业伦理教程[M]．北京：高等教育出版社，2018.

养方案，分别为：中国政法大学[1]、清华大学[2]、对外经济贸易大学[3]、中央财经大学[4]、中央民族大学[5]、河北大学[6]、沈阳师范大学[7]、吉林大学[8]、吉林财经大学[9]、复旦大学[10]、同济大学[11]、上海交通大学[12]、上海财经大学[13]、华东政法大学[14]、苏州大学[15]、浙江大学[16]、浙江工商大学[17]、安徽大学[18]、江西财

[1] 参见中国政法大学 2018 年本科培养方案，http：//zs.cupl.edu.cn/info/1023/1049.htm，http：//jwc.cupl.edu.cn/info/1054/1410.htm，2019-03-26.

[2] 参见《清华大学 2016 级法学专业本科培养方案》，http：//www.tsinghua.edu.cn/publish/law/3376/2017/20170424135910897272354/20170424135910897272354_.html，2019-03-26.

[3] 参见《对外经济贸易大学 2015 年法学院法学专业培养方案》，http：//jwc.uibe.edu.cn：82/ADMINUI/UploadFiles/files/20171114092224 4358.pdf，2019-03-26.

[4] 参见中央财经大学法学院本科培养方案，http：//law.cufe.edu.cn/info/1034/23563.htm，2019-03-26.

[5] 参见中央民族大学法学院本科专业人才培养方案（2018 年版），http：//www.law.muc.edu.cn/info/1052/1328.htm，2019-03-26.

[6] 参见河北大学法学院法学专业人才培养方案，http：//cpl.hbu.cn/glwj/1918.jhtml，2019-03-26.

[7] 参见《沈阳师范大学法学专业本科人才培养方案 2017 年版》，http：//www.synu.edu.cn，2019-03-26.

[8] 参见吉林大学法学院法学专业培养方案（2018 年版），http：//law.jlu.edu.cn/rcpy/bksjy/pyfa.htm，2019-03-26.

[9] 参见吉林财经大学法学院本科生法学专业培养方案，http：//fx.jlufe.edu.cn/Management/Undergraduate/，2019-03-26.

[10] 参见复旦大学法学院 2014 年本科生教学培养方案，http：//www.law.fudan.edu.cn/News/view/index.aspx?id=444，2019-03-26.

[11] 参见同济大学法学院本科 2013 级培养计划，http：//law.tongji.edu.cn/5169/list.htm，2019-03-26.

[12] 参见上海交通大学凯原法学院 2018 年法学培养方案，http：//law.sjtu.edu.cn/Article0404.aspx，2019-03-26.

[13] 参见上海财经大学法学院 2014 年经济法专业培养计划，http：//law.shufe.edu.cn/show.aspx?info_lb=56&flag=5&info_id=1963，2019-03-26.

[14] 参见华东政法大学 2018 级学习指南，http：//xxgk.ecupl.edu.cn/1201/list.htm，2019-03-26.

[15] 参见苏州大学王健法学院 2017 级本科人才培养方案，http：//law.suda.edu.cn/d4/e3/c4954a54499/page.htm，2019-03-26.

[16] 参见浙江大学光华法学院 2014 级法学专业培养方案，http：//www.ghls.zju.edu.cn/attachments/2014-09/01-1409724678-282787.pdf，2019-03-26.

[17] 参见浙江工商大学 2014 级普通本科培养方案－法学专业，http：//jww.zjgsu.edu.cn/ArticleShow.asp?bookid=1001841，2019-03-26.

[18] 参见安徽大学法学院本科人才培养，http：//law.ahu.edu.cn/4793/list.htm，2019-03-26.

经大学[1]、河南大学[2]、中南财经政法大学[3]、中南大学[4]、湖南大学[5]、湖南师范大学[6]、广东财经大学[7]、海南大学[8]、重庆大学[9]、西南财经大学[10]、贵州大学[11]、外交学院[12]、西南民族大学[13]、新疆大学[14]。

本文对这32所高校的法学专业本科生培养方案中的培养目标、培养要求和课程设置进行比较分析，最后得出关于我国法律职业伦理教育现状的初步结论。

2. 调研理由

本文的研究目的是探究我国目前法律职业伦理教育的现状，中华人民共和国教育部官网上显示，截至2017年5月31日，中国已有2914所全国高等学校，大部分都设置了法学专业或与法学有关的专业，若对全国所

[1] 参见江西财经大学法学院2018级法学专业指导性教学计划，http：//law.jxufe.cn/news-show-1101.html，2019-03-26.

[2] 参见河南大学法学院2014级法学本科生培养方案，http：//fxy.henu.edu.cn/info/1139/3107.htm，2019-03-26.

[3] 参加中南财经政法大学法学专业全程培养方案，http：//jwc.zuel.edu.cn/_upload/article/files/8a/81/9ec9f21249a1b01d67677a0282c1/17b26d89-d704-4f52-8ad8-0e6403d06368.pdf，2019-03-26.

[4] 参见中南大学法学院卓越法律人才培养方案，http：//law.csu.edu.cn/Content.aspx?moduleid=CF74D4D9-5DC8-4D90-822E-93A968CF1508&id=baa0b009-4c98-4a95-81f4-e8e7712a7f28，2019-03-26.

[5] 参见湖南大学法学院2015级法学专业培养方案，湖南大学法学院提供，2019-03-26.

[6] 参见湖南师范大学法学院法学专业本科人才培养方案（2018年版），http：//fxy.hunnu.edu.cn/info/1134/1748.htm，2019-03-26.

[7] 参见广东财经大学法学院法学专业2018年本科人才培养方案，http：//law.gdufe.edu.cn/2018/1017/c772a105648/page.htm，2019-03-26.

[8] 参见海南大学法学院2017年法学专业培养方案，http：//www.hainanu.edu.cn/stm/law/2018111/10500084.shtml，2019-03-26.

[9] 参见重庆大学法学院法学专业培养方案（2017年版），http：//law.cqu.edu.cn/info/1042/3134.htm，2019-03-26.

[10] 参见西南财经大学法学2018级本科人才培养方案，http：//jwc.swufe.edu.cn/__local/F/65/64/DD210437AD426CF74EA00E9E4F3_8684D265_1A3D2C8.pdf，2019-03-26.

[11] 参见贵州大学法学院法学专业本科培养方案（2007年版），http：//law.gzu.edu.cn/2011/1109/c2890a40289/page.htm，2019-03-26.

[12] 参见外交学院国际法系本科法学专业培养方案（2017年版），http：//gjfx.cfau.edu.cn/col/col2790/index.html，2019-03-26.

[13] 参见西南民族大学2015级法学本科培养方案，http：//fxy.swun.edu.cn/info/1223/3863.htm，2019-03-26.

[14] 参见新疆大学法学院2018年办学定位目标，http：//fxy.xju.edu.cn/info/1056/1556.htm，2019-03-26.

有的法学院进行调研难度非常大。2011 年教育部提出“卓越法律人才教育培养计划”，纳入计划的高校积极响应该政策，为培养卓越法律人才做出相应的改革。现在该计划已有 9 年之久，作为卓越法律人才教育培养基地的高校基本能够反映我国整体的法律教育水平。

培养方案是一个法学院法学教育的指导性文件，培养方案中的培养目标和培养要求能够反映其法律教育的根本和方向，课程设置能反映法律教育的具体内容。

本科生是接受法律教育的最初群体，法学本科生在进入大学时对法律知识基本处于空白状态，所以本科教育对法律人的发展影响重大，能为其奠定最坚实的基础，法学本科生培养方案能够反映我国法律教育发展的方向。

综上，本文的调研对象——卓越法律人才教育培养基地中的 32 所高校法学专业本科生培养方案，具有充分的可信度、有效性和针对性，本次调研能够达到研究我国目前法律职业伦理教育现状的目的。

（二）调研描述

1. 调研分析目标

培养目标及要求反映着高校法学院对法学教育的基本理念和发展方向，本部分主要分析各高校法学院的培养目标中是否有关于法律职业伦理的表述，与法律职业伦理相近似的关键词是否同时纳入进来，比如职业道德、职业伦理、道德等词语。

培养目标及要求中即使对法律职业伦理有规定，但这只是理念方面，最终要把这种理念落到实处还是要看该法学院的课程设置情况。如果开设了此类课程，还要看是必修课还是核心课，以及学分是多少。课程的性质以及学分都能体现该法学院对法律职业伦理教育的重视程度。

2. 培养目标及培养要求描述

通过对上述 32 所高校法学专业本科生培养方案中法律职业伦理及近似关键词的整理，得出表 1，未列出的院校为对法律职业伦理未做出规定的院校。

表 1　各院校培养目标、培养要求中法律职业伦理要求统计表

序号	院校	要求是否明确	法律职业伦理要求具体规定
1	中国政法大学	基本明确	培养目标：高素质……高级法律职业人才……，具有从事法学教育和研究工作的基本能力和素质。 培养要求：……具备健全的心理和健康的体魄。
2	清华大学	明确	培养目标：具备深厚的人文素养……建设所需要的德智体全面发展的高素质的法律人才。 培养要求：具有坚定的法律信仰、崇高的道德品质……良好的文化修养、心理素质。
3	对外经济贸易大学	基本明确	培养目标：具有法律实践能力的国际化、复合型高素质专门人才。
4	中央民族大学	明确	培养目标：重点提升学生的法律实务技能和法律职业道德。
5	河北大学	明确	培养目标：拥有强烈的社会责任感和正确的法律职业道德意识。
6	沈阳师范大学	明确	培养目标：具有较高的道德修养。 培养要求：深刻掌握公正的品质、法律意识和法律至上的法治精神……和良好的道德素质。
7	吉林大学	明确	培养目标：对人民有真挚的同情与博爱之心，敢于担当社会公共责任。 培养要求：具有强烈的爱国敬业精神和社会责任感，具有良好的职业道德。
8	吉林财经大学	明确	培养要求：具有良好的职业道德。
9	复旦大学	明确	培养要求：掌握法律职业伦理的基本素质。
10	华东政法大学	基本明确	培养要求：具备良好的道德素质。
11	苏州大学	基本明确	培养要求：具有良好的职业道德。
12	浙江大学	明确	培养目标：具有良好的职业道德。
13	安徽大学	明确	培养目标：具有崇高的法律职业道德。
14	江西财经大学	基本明确	培养目标：坚持立德树人、德法兼修。
15	河南大学	明确	培养目标：强化法律职业伦理的培养。
16	中南财经政法大学	明确	培养目标：人格品德优良。 培养要求：具备基本的法律职业素养。
17	中南大学	明确	培养目标：具有良好职业道德修养。
18	湖南大学	基本明确	培养目标：培养具有良好的法律素养。
19	湖南师范大学	基本明确	培养目标：具有高尚品德和健全人格。
20	广东财经大学	基本明确	培养目标：坚持立德树人、德法兼修，养成良好的道德品格、健全的职业人格。

（续表）

序号	院校	要求是否明确	法律职业伦理要求具体规定
21	海南大学	明确	培养要求：具有良好的职业道德。
22	重庆大学	明确	培养目标：具有法律涵养、法律职业伦理等方面的素质。
23	西南财经大学	明确	培养目标：培养德才兼备。 培养要求：良好的伦理道德理性判断能力。
24	外交学院	明确	培养要求：良好的法律职业道德。
25	新疆大学	基本明确	培养目标：立德树人、德法兼修。

3. 课程设置描述

有些院校在培养目标和培养要求中规定了法律职业伦理要求，在课程设置方面也有相应体现，而有些却未开设相应课程。相反，有些院校在培养目标和培养要求中对法律职业伦理未做规定，但开设了有关法律职业伦理的课程，所以有必要对此进行统计，下表为开设了法律职业伦理课程的院校的统计，未列出的院校为未开设此课程的院校。

表 2　各院校开设法律职业伦理课程情况统计表

序号	院校	课程属性	课程名称及学分
1	中国政法大学	选修课	法律职业行为规则，2 分
2	中央财经大学	选修课	律师制度与律师实务，3 分
3	中央民族大学	专业基础课、必修课	法律职业伦理，2 分
4	河北大学	选修课	法律伦理学，2 分
5	沈阳师范大学	选修课	律师执业道德与基本规范，2 分
6	吉林大学	必修课	法律职业伦理，2 分
7	华东政法大学	专业核心课	法律职业伦理，1 分
8	苏州大学	选修课	司法伦理学，2 分
9	江西财经大学	必修课	法律职业伦理，1 分
10	中南大学	必修课	法律职业道德，2 分
11	湖南大学	选修课	法律职业伦理，2 分
12	广东财经大学	必修课	法律职业伦理，2 分
13	西南财经大学	必修课	法律职业伦理，2 分
14	西南民族大学	选修课	法律职业伦理，2 分

（三）调研结果分析

在对上述32所高校的本科生法学专业培养方案中的培养目标、培养要求和法律职业伦理课程开设情况进行统计之后，接下来就要对上述两个统计表进行分析，用数据的形式表示出来，从而反映我国整体的法律职业伦理教育现状，也为成因分析和建构提供客观直接的数据分析基础。

1. 培养目标、培养要求分析

（1）调研结果

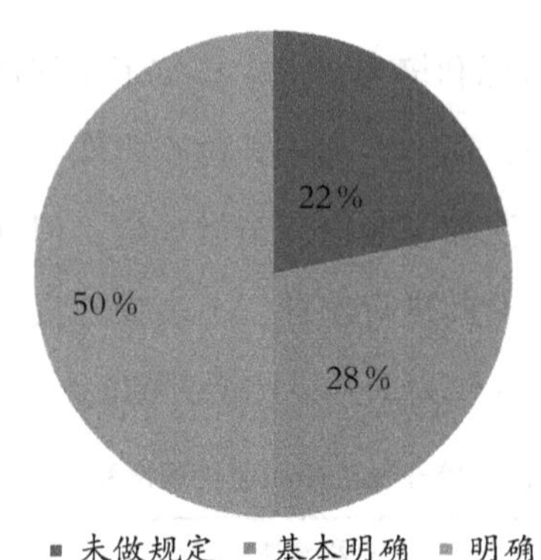

图1　培养目标、要求中对法律职业伦理的规定情况

如图1显示，在统计样本中，对法律职业伦理有规定的一共有25所，占整个样本的78.1%。其中规定基本明确的高校有9所，占整个样本的28.1%，占法律职业伦理有规定的高校的36%；其中规定明确的高校有16所，占整个样本的50%，占法律职业伦理有规定的高校的64%。

（2）结果分析

从上述统计数据来看，在整个统计样本中，就培养目标和培养要求而言，有78.1%的高校对法律职业伦理有要求，其中完全明确的有16所，占整个样本的50%。“卓越法律人才教育培养计划”距今已经实施了9年，统计样本中的32所高校均是培养计划基地学校，可是明确要求培养法学生的法律职业伦理的高校的比例只有50%，说明仍有一半左右的高校未重视法律职业伦理教育的问题，而且这只是调研培养方案中的培养目的和培养要求，只停留在文本层面，还未考虑是否将法律职业伦理教育落到实处。

2. 课程设置分析

（1）比例描述

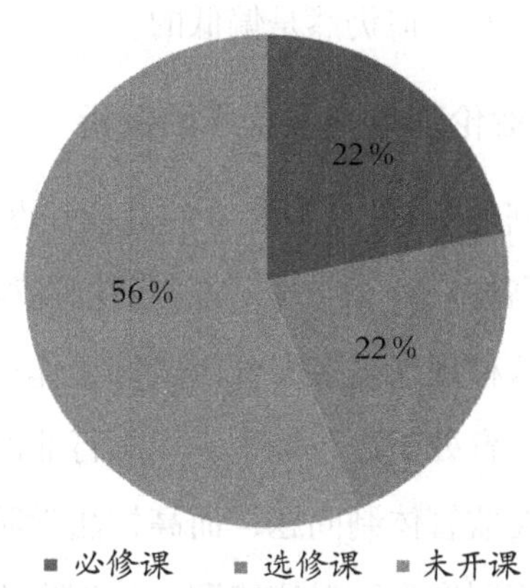

图 2　培养方案中法律职业伦理课程的设置情况

如图 2 显示，在统计样本 32 所高校的法学专业本科生培养方案的法律职业伦理设置情况中，开设该课程的一共有 14 所高校，占整个统计样本的 43.8 %。其中将该课程设置为必修课的有 7 所高校，设置为选修课的有 7 所高校，各占一半。

（2）结果分析

从上述统计结果来看，在 32 所调研的高校中，只有 14 所高校设置了法律职业伦理课程，占整个统计样本的 43.8 %，比培养目标和培养要求中对法律职业伦理有规定的高校比例降低了 24.3 %。将法律职业伦理课程设置为必修课的只有 7 所高校，占整个统计样本的 21.9 %，比培养目标和培养要求中对法律职业伦理有规定的高校比例降低了 46.2 %。设置相关课程才表明该高校真正将法律职业伦理教育落到实处，培养目标和要求中即使有大部分高校都对法律职业伦理作了规定，但真正设置该门课程的却只有 14 所高校。可见绝大部分高校是未重视法律职业伦理教育的。既在培养目标中对法律职业伦理有规定，又将该课程设置为必修课的高校只有中央民族大学、吉林大学、华东政法大学、江西财经大学、中南大学、广东财经大学以及西南财经大学，共 7 所高校，占整个统计样本的 21.9 %。以上数据表明，我国法学院校在法律职业伦理教育方面存在严重不足，虽然开设相关课程的高校的比例为 43.8 %，比刘坤轮教授在 2014 年调研得出的比例（36.6 %）上升了 7.2 %，但仍然是偏低的。

二、中国法律职业伦理教育现状原因探析

正如上文调研数据显示，只有 43.8 % 的高校开设了法律职业伦理课程，将其设置为必修课的高校只有 21.9 %，说明我国高校法律职业伦理教育整体水平偏低。而形成这种现状是多方面因素综合作用的结果。法学教育的发展历程中职业伦理教育处于边缘地带，律师行业的职业道德监管力度不够以及司法部门中存在监管体制问题，而高校法学院又忽视法律职业伦理的教育，并且国家政策制度方面对法律职业伦理也不够重视，这些原因综合作用造成了我国法律职业伦理教育的现状。

（一）法学教育发展历程的影响

我国的法学教育在中华人民共和国成立以后的发展过程中，经历几次艰难时期。在 1949 年到 1956 年间，以苏联为学习对象，重建我国的法律教育，但法律为政治服务的色彩非常浓厚。在 1957 年到 1976 年间，法学教育处于停滞状态。在 1977 年至 1991 年间，由于十一届三中全会的召开以及改革开放的实行，开始恢复法学教育。这期间以培养专业性法律人才为主要目标，强调法律知识和技能的学习与培养。1992 年市场经济迅速发展之后，社会对法律人的评价仍不是很高，认为法律人缺乏实践能力，理论与实践不能很好地结合运用[1]。直到现在，法学教育仍然非常注重对学生实践能力的培养，比如开设模拟法庭、法律诊所等，但一定程度上忽视了对学生进行法律职业伦理教育。目前社会面临的一个严重问题是法律人缺乏良好的职业道德，出现各种司法腐败、律师违背职业道德而触犯法律的现象。

[1] 胡之芳．论法学教育中的伦理之维 [J]. 高等教育研究学报，2017（1）：10–15.

在市场经济不断壮大的过程中，各种物质、权力诱惑充斥眼前，并且市场竞争压力急剧增加。高等教育主体在市场化的浪潮中也不可避免地遇到各种利益衡量与选择。比如高校的营利性观念促使高校扩大招生比例，教育质量指标化，教师职称晋升、教师评价与科研挂钩而忽视课堂授课质量，学生的就业率、法考通过率、科研成果级别成为高校努力的方向。被功利主义浸泡的法学教育，忽视对学生的职业伦理教育，即使有部分高校开设法律职业伦理课程以实现培养学生职业伦理的目的，但在高校整体的这种功利主义氛围下，学生很难从内心接受良好的职业伦理价值观，缺乏良好的人文环境去培养职业道德感。

从我国法学教育在近代以来发展的历程来看，法律职业伦理一直处于边缘地带，正是这种一直被忽视的事实，间接导致现在法学教育中法律职业伦理培养不够充分的现状。[1]

（二）社会层面因素的影响

从社会的角度来看，律师行业的重商主义、司法界的钱权主义蔓延到法学教育领域，从而导致法律职业伦理教育缺乏良好的社会环境。而盛行的重商主义与钱权主义的背后，涉及对法律职业伦理的监管和惩罚问题，以及法律职业伦理建设中存在的体制问题。

在市场竞争的背景下，在各种利益和冲突选择面前，律师为了生存、不被淘汰，他们选择个人利益最大化的概率是极大的，为了寻找更多的案源、提高胜诉率，他们可能会选择虚假宣传、虚假承诺，与法官进行不正当利益往来等等。再加上律师协会（以下简称“律协”）对律师违背职业道德的行为惩罚力度不大，违背职业道德带来的收益远远大于风险损失。在一位学者对律师职业伦理评价的问卷调查结果中，律师对律师职业伦理水平的评价远高于其他职业群体对律师职业伦理水平的评价[2]。律师对自我

[1] 当然也不可否认法律职业伦理在法学教育中地位的逐步提升，学界对法律职业伦理讨论也非常热烈，所以目前法律职业伦理教育的现状也应得到改善。

[2] 吴洪淇．律师职业伦理的评价样态与规制路径——基于全国范围问卷调查数据的分析 [J]. 政法论坛，2018（2）：85-96.

职业伦理水平的高评价也是符合正常逻辑的，律师群体本身对律师行业更加了解，即使他们同样也认为律师群体存在很多违背职业道德的现象，但作为既得利益者，很少有律师会站出来批判此种行为。律师协会是由律师共同组成的一个自我管理的组织，所以，依靠律师协会去监管律师职业道德问题的作用不大，即使对于明显违背职业道德的律师会有惩罚，但力度不够大，不足以阻止律师寻求不正当利益的冲动。

而在司法部门，法律职业伦理建设中也存在职责不清晰、权责不统一的体制问题，各级政法部门中同时有党委、纪检组、监察室、政治部等多部门共同参与法律职业作风建设、监督和管理[1]。但各部门的职责划分不够明确，职能权责不清，具体的领导者、监督者及惩罚者不固定也不明确。所以法律职业伦理建设得不好，责任无法落实到具体的部门，各部门也就缺乏作风建设的内在动力。

律师和司法工作人员作为法律人的两大主要组成部分，律师行业和司法部门存在的法律职业伦理建设问题自然而然地会影响整个社会对法律人的职业道德评价，在全社会形成不良影响，[2]而这种不良风气蔓延到法学教育领域，会导致法学院对法学生的法律职业伦理教育效果不佳，从而进一步影响下一代法律人的职业价值观。

（三）法学教育主体忽视法律职业伦理的教育

法律职业伦理教育的主体是法学教育主体，即法学院校或者法学教师，他们承担着法律职业伦理教育的主要任务。法学院校在培养法律人才过程中，具有两大主要任务，一是教授法律职业技能，使学生掌握基本的解决法律问题的能力；二是培养法学生的法律职业伦理，让其树立正确的法律价值观念和职业道德伦理观。法学院校在法律职业伦理教育中具有天然的

[1] 王永．在法治发展新阶段振兴我国的法律职业伦理——以“中国特色社会主义法律体系已经形成”为研究视角[J]. 山东大学学报（哲学社会科学版），2012（3）：130-135.

[2] 目前在法律职业共同体建设中存在种种困境，法律职业伦理的丧失就是其中之一。法律职业伦理丧失主要表现为法律职业者在金钱诱惑、个人利益面前对公平、正义、程序的无视，比如“药家鑫案”“李庄案”背后就有律师煽风点火，制造舆论。司法界出现的“黄松有案”“郭惊毅案”等法律人破坏法律的类似案件更是让公众心寒。

优势。一是法学院校具有专业的师资队伍、办学条件和良好的科研学习氛围，对法律职业伦理的培养具有系统性、专业性和目的性；二是在校学生对知识更具有求知欲,对法律价值观的培养更具有可塑性[1]。法学生是我国未来法律人才最主要的来源，从源头上重视其法律职业伦理教育，是提高我国法律人职业素养的基础和前提。

法学院校对我国法律职业伦理教育具有如此重要的影响，然而正如前文的调研情况所呈现的，调研统计的样本均为我国“卓越法律人才教育培养计划”中的高校，这些高校的法学教育水平能够代表我国整体法律教育水平和法律教育发展方向，而只有 78.1％的高校在法学专业本科生培养方案中明确了法律职业伦理要求，只有 43.8％的高校设置了法律职业伦理课程，这说明我国高校法学院在一定程度上忽视了对法律职业伦理的教育。究其原因，首先是国家政策、制度层面缺乏相应强制性规定，导致高校法学院缺乏教育改革的强制约束力。[2] 其次是高校法学院教务处本身未意识到法律职业伦理对培养法律人才的重要性，从而不注重法律职业伦理相关课程的设置。最后是讲授该门课程有难度，一是相应师资力量不足，缺乏对法律职业伦理教育深入研究的教师团队；二是缺乏权威、专业的优质教材[3]。目前法律职业伦理课程在中国高校法学院实施比例还较低,可参考的授课经验不多，若开设该课程，需要教师耗费大量的时间和精力去研究如何教授好法律职业伦理，这对教师来说是一个很大的挑战。

（四）法考中法律职业伦理分值过低

根据 2015 年 12 月 20 日印发的《关于完善国家统一法律职业资格制度的意见》，从 2018 年开始国家司法考试将改为国家统一法律职业资格考

[1] 刘晓兵．法律职业伦理及其基本教学问题 [J]. 中国法学教育研究，2016（1）：5.

[2] 不过根据教育部最新相关规定，这一情况已得到改善。2018 年 1 月，中华人民共和国教育部发布我国高等教育领域首个教学质量国家标准，其中《法学类专业教学质量国家标准》改变了将近 20 年不变的法学专业核心课程体系，采取了分类设置的方法，将法学专业核心课程采取“10+X”分类设置模式。“10”指法学专业学生必须完成的 10 门专业必修课，其中就包括法律职业伦理。

[3] 目前我国专业、权威的教材主要有：郭哲主编的《法律职业伦理教程》（高等教育出版社，2018 年版），以及许身健主编的《法律职业伦理》（中国政法大学出版社，2019 年版）。

试，并且扩大应参加法律职业资格考试的人员范围，提高法律职业人员的专业学历条件，建立法律职业人员统一职前培训制度，加强对取得法律职业资格人员的管理。这一改革有利于健全国家统一法律职业资格制度，培育和发展社会主义法治工作队伍，为全面推进依法治国提供法律人才保障。

国家统一法律职业资格制度为法学教育提供了机遇，同时也带来了挑战。法律职业资格取得的学历条件提高，为全日制普通法学类本科学历和法学学位确立了法学教育在法律职业共同体建构中的基础地位。2018 年考试大纲规定要加强对政治素养、业务能力和职业伦理的考查力度，使法律职业道德成为法律职业人员入职的前提条件。为适应这一趋势，法学教育主体在一定程度上需改变以往重理论的传统教学模式，发展成为法律职业理论、技能和伦理并重的教学模式，以促进法学教育与法律职业的衔接，彰显法学教育的职业化特征[1]。将法律职业资格考试的对象扩大到法官、检察官、律师、公证员、初次担任法律类仲裁员和行政机关中初次从事行政处罚决定审核、行政复议、行政裁决、法律顾问的公务员，扩大了法学学生的就业范围和渠道，有利于增强法学专业的吸引力。当然，这次改革也为法学教育带来了一定的挑战，法学教育主体需改变重理论的传统教学模式，打破封闭式的教学方法，同时还需加强对法律职业伦理的教育，如何合理落实这一要求对于法学教育主体来说需要进行全方位精细规划。

正如上文所述，国家统一法律职业资格考试制度中明确了法律职业伦理的重要性，而且《2018 年国家统一法律职业资格考试大纲》中规定考试科目包括了“司法制度与法律职业道德”，但最后考试分值分布中法律职业伦理分值占比过低，只会在客观题中出现一两道题，在总分 480 分中只占据非常小的比重，所以参加法考者在紧张的复习过程中并不会在法律职业道德上付出很多时间去学习，甚至在复习时直接抛弃这一部分。对于一个合格的法律人来说最重要的一个前提条件就是通过法考，但国家未在法

[1] 张峰振，毛仙宁 . 统一法律职业资格制度下法学教育的机遇、挑战和对策 [J]. 国家教育行政学院学报，2016（9）：39–46.

考中分配给法律职业伦理适当分值，导致法学院、法学生以及法律从业者对法律职业伦理都不够重视甚至忽视。尽管2018年国家统一法律职业资格考试制度的改革中明确强调了法律职业伦理的重要性，意欲提高法律人的职业伦理素养，但显然，目前法律职业资格考试中法律职业伦理考查分值占比过低的情势难以达到考试制度改革的目的及效果。

三、中国法律职业伦理教育建构之建议

作为合格的法律人已不仅仅局限于法律技能的高超，而更多地要求具备职业道德操守、尽职尽责、坚持公平正义等优良品质。在法律事业中，比起精湛的法律技能，具备良好的职业伦理更为重要。法律职业共同体的形成，离不开法律职业伦理的培养。加强法律人的职业伦理教育，筑牢内心的伦理防线，重树对法律的信仰，坚守职业底线，才能提升法律职业群体的地位及社会评价。首先，法学院应意识到法律职业伦理的重要性，并且为之设计合理的课程方案、教学方法和考核方式；其次，在国家政策指导方面应确立法律职业伦理教育的重要地位，完善法考制度中法律职业伦理的考查方式；再次，建立并完善法律职业继续教育机制，促使法律职业人员终身接受职业伦理教育，坚守法律信仰；最后，增强公众法治观念，树立社会法治信仰。

（一）法学院校具体培养层面

1. 法律职业伦理的课程设计具体可行

教育部高等学校法学类专业教学指导委员会对法学专业核心课程进行了调整，将法律职业伦理新增为A类核心课程，这也表明其在法学教育中的重要地位。目前法律职业伦理课程设计对我国大部分高校法学院来说都不是很成熟，课程课时、学分如何安排，该课程放在哪个阶段教都在积极地探索当中。笔者基于我国学者已提出的观点和自己的亲身体会，认为法律职业伦理的课程设计应从以下几个方面着手考虑。

第一，落实将法律职业伦理设置为核心必修课的政策规定。在教育部

未将法律职业伦理纳入 A 类核心课之前，绝大部分高校未将法律职业伦理设置为核心课程，甚至未开设这门课程，正如前文调研结果显示，只有 22％的法学院将法律职业伦理设置为核心必修课。在这一背景下，各高校法学院应严格按照教育部出台的相关标准，将法律职业伦理纳入法学专业培养目标中，并将该课程设置为核心必修课程。

第二，法律职业伦理课时设置在 32 至 48 个课时、2 至 3 个学分较为合适。目前开设了法律职业伦理课程的法学院大多数将该课程设置为 2 个学分、32 个课时，可参考本文表 2。这也表明该种模式具有实践性和可操作性。法律职业伦理是一门理论性与实践性并存的课程，教授该课程时需要花费大量时间进行案例讨论、法律诊所等实践教学，所以有些法学院将该课程设置为 16 个课时、1 个学分是远远不够的，达不到教学效果。当然，为了符合教育部颁布的《法学类专业教学质量国家标准》减少课堂教学课时的精神，该课程的学时也不能过高，否则会影响其他课程的教学时间。所以将该课程的课时设置在 32 ～ 48 个课时、2 ～ 3 个学分较为适宜，具体可以根据各法学院的实际情况进行安排。

第三，将法律职业伦理课程开设在本科的第一学年较为合适。首先本科生刚踏进法学的大门，对法律充满向往与好奇。此时教授法律职业伦理，法学生更能接受，也更能将法律职业伦理的精神深深嵌入内心，树立坚定的法律信仰。其次，与整体课程体系相匹配，法理学课程一般被安排在本科生第一学年进行讲授，法理学与法律职业伦理这两门课程具有相似之处，同时学习能够达到相辅相成的效果。最后，本科生第一学年学习法律职业伦理能够为之后的部门法学习打下基础，奠定良好的伦理基础。

还有学者提倡贯穿式课程设计[1]，斯坦福大学法学院的黛博拉·L. 罗德教授作为法律职业伦理领域的领军者，是贯穿式课程设计和教学方法的主要支持者，多年来一直努力在全美法学院推行贯穿式课程设计和教学方法

[1] 刘坤轮. 中国法律职业伦理教育考察 [M]. 北京：中国政法大学出版社，2014.

来实现有效的法律职业伦理教学[1]。贯穿式课程设计是指在其他部门法的教授中也同时教授法律职业伦理，使整个学习过程都能接受法律职业伦理的教育。并且让法律职业伦理教育在理论教学和实践教学中同时得到体现，比如在毕业实习中也应注重对学生法律职业伦理的培养[2]。笔者认为各高校法学院可以把理论课堂教学安排在第一学年，有条件的可以在大二至大四阶段进行职业伦理的实践锻炼，并且在研究生阶段持续进行法律职业伦理教育。

2. 教学方法和评价手段多样化

（1）授课方式灵活多样

法律职业伦理是一个长期培养与积淀的过程，不能像其他课程一样采取教师课堂灌输的方式。为了使法律职业伦理深入学生内心，使课程的效果事半功倍，授课方式的选择至关重要。在理论性方面，可以由教师在课堂上讲解各种法律角色职业伦理要求的内涵，这也为之后进行的实践性教学打下基础。在实践性方面，笔者认为大概有以下方式可供选择，教师可根据具体情况采用以下方式进行教学。

法律诊所法和判例教学法。法律诊所法就是让学生亲身参与案件的办理，这一过程中不仅加强其对法律知识的应用，也能锻炼其实务能力，让学生在实践过程中亲身感受案件事实的不确定性，直面法律、情感和道德的纠纷，有助于培养学生的职业道德[3]。判例教学法就是让学生面对真实案例，站在法官的角度去思考该判决是否合法合理。这两种方式都是通过让学生亲身体验真实的案例，从而将理论与实践相结合，增强对法律职业伦理的理解，培养正义感和职业道德。比如在课堂上教师讲授律师的严格保密义务，学生可能很难有深刻的感受，可能只是知道律师有严格保密义务，但通过自己参与一个案件办理过程，就会对保密义务有更深刻的理解。因

[1] 刘坤轮．中国法律职业伦理教育考察 [M]. 北京：中国政法大学出版社，2014.

[2] 陈云良．新时代高素质法治人才法律职业伦理培养方案研究 [J]. 法制与社会发展，2018（4）：24-33.

[3] 白云．诊所式法律教育模式在法律职业伦理教育中的应用 [J]. 教育探索，2008（12）：111-112.

为课时有限，以上两种方法在课堂实施难度较大，所以这两种方式可以与毕业实习或者专门的实践课堂结合。

实践调研法。让学生在课余时间自行组队就法律职业伦理方面的问题进行走访调研，学校或教师可以适时提供相关的帮助和指导。比如对法官、律师或公证员等法律职业进行调研，探究该职业的职业伦理状况，并分析原因。

案例教学法、讨论课法。教师提前挑选出具有法律与伦理争议的案件或话题让学生思考，然后在课堂上进行探讨与分享，最后教师作点评。这种方式可行度最高，并且已被很多课堂所采用。还可以通过与法律实务人员的合作对法律职业伦理进行讲授，比如请实务专家进课堂或者开设讲座。在教师讲授律师职业伦理这一章的内容时，就可以请律师进课堂来讲述他们在实务中是如何处理律师职业伦理问题的，这也可以增强学生的案例代入感。而且请实务专家进课堂也具有可行性，法院和检察院等政法机关与高校法学院大都有实习基地、人才培养等合作项目，中央五部委实施的“双千计划”[1],对理论研究者和实务工作者的双向互动也进行了具体可行的制度安排，均达到了良好的效果，为实务专家进课堂提供了便利资源和平台。

（2）量化考核与操行评分相结合的考核方式

法律职业伦理考核很难以其他部门法的考核方式进行，职业伦理不能仅通过出一张试卷，让学生答出律师的行为规范准则是什么、法官的职业伦理是什么来进行考核。评价方式应多样化，多以案例分析的形式考核学生在特定背景下对法律职业伦理的理解，或者其行为选择是否符合《中华人民共和国法官法》《中华人民共和国律师法》等行为规范。也可以通过

[1]“双千计划”是从2013年开始实施的一项高等学校与法律实务部门人员互聘制度，主要任务是选聘1000名左右有较高理论水平和丰富实践经验的法律实务部门专家到高校法学院系兼职或挂职任教，承担法学专业课程教学任务；选聘1000名左右高校法学专业骨干教师到法律实务部门兼职或挂职，参与法律实务工作。这有利于摆脱法学高等教育界和法律实务部门脱节问题，并给法学大学生带来鲜活的实践案例与经验，提高法律人才培养质量。

实践与理论相结合的方式进行考核，如果是采取法律诊所法、判例教学法或实践调研法，则可以通过学生的实践过程与最后的实践总结报告、判例中职业伦理的感想总结或调研报告给出评价。

（二）完善法考中法律职业伦理的考查方式

2018 年我国正式实施的国家统一法律职业资格考试制度肩负着选拔“立德树人，德法兼修”的法律职业人才的重任。检验德法兼修的法律人的重要内容之一就是法律职业伦理，在法考中其不仅应是必考内容，而且应加大考查力度。我国的法考每年考一次，分为客观题和主观题，只有通过客观题考试才能继续参加主观题考试。同样，美国的律师职业申请人员也必须参加律师职业道德考试（MPRE），也译为多州职业责任考试，每年考三次，考查律师职业申请人员对律师职业行为有关标准的理解。美国 MPRE 是由美国律师考试委员会与美国律师协会（ABA）联合组织、开发并命题，ACT 公司协助 MPRE 的开发和管理，不像我国是由行政机关主导，美国 MPRE 是由行业协会主导实施。美国 MPRE 采用的是独立考试模式，MPRE 是美国律师职业申请的前置性考试，此外，律师职业申请人员还要通过美国全国律师资格联考和各州单独考试。MPRE 主要考核律师在不同的场合、面对不同的角色对象、面对不同的案件所应遵守的职业伦理规范，以及面对特殊案件如何处理，违反了职业伦理规范该如何处罚等等。MPRE 均为案例分析题，着重考查考生在实际情境中如何运用律师职业伦理规则，不会考查概念或理论。[1]

根据美国律师职业道德考试的经验以及我国的情况，为完善我国法考中法律职业伦理的考核制度，笔者认为应提高法律职业伦理在法考中的比重，并使试题更多以案例分析的方式呈现。在法考中加大对法律职业伦理的考查，并且让考查形式多样化，出题方式更加灵活，使法考能真正检验出考生对法律职业伦理的理解，而不是考验纯粹记忆性的内容。案例分析

[1] 袁钢. 中美法律职业资格考试的比较分析——以法律职业伦理考核为视角 [J]. 中国考试，2019（8）：66-70.

考查的是考生对法律法规的理解，并且结合案件事实，运用法律解决问题。2018 年是法考改革的元年，改革后试题多以案例分析的形式出现，加大了考生的做题难度，这也符合法学教育所追求的目的。为了提高试题中案例选择的质量，应完善法律职业伦理案例库，充分利用大数据分析工具，对已公开的裁判文书进行裁判要点提炼，并将裁判要点与法律内容进行对应，方便命题人进行案例选择[1]。

（三）建立并完善法律职业继续教育机制

习近平总书记提出要树立终身学习的理念，于法律职业人员而言，法律知识、技能和伦理规范也应终身学习，如此才能顺应时代的迅速发展和满足法治社会建设的需求，终身接受法律职业伦理教育，也有利于法律人坚守内心的法律信仰，不忘初心。法律职业继续教育可以被认为是对已进入法律行业的法律人的一种提高教育和专才教育，目的是提高法律人在各自专业领域的专业性，以及对新兴事物的应对能力[2]。目前我国对于已从业法律职业人员的继续教育有所欠缺，存在资源分散和资源有限的问题。法律从业人员数量不断上升，继续教育中培训的规模越来越大，并且随着社会和经济发展过程不断出现的新兴法律问题也层出不穷，对新兴法律问题的培训需求越来越多，然而培训资源却十分有限。在律师行业继续教育中，律协占主导地位，但各地律协之间资源不共享，培训机构提供的培训费用昂贵，高校法学院能够提供丰富的培训资源，但却很少参与其中[3]。在整个法律职业共同体各主体之间继续教育资源相对封闭，未形成互动共享的良性模式。法律职业人员继续教育的封闭式体制下，律师继续教育、法官继续教育和检察官继续教育等各主体继续教育之间各自为政、互补融通，使得本就分散、有限的资源更加难以充分发挥其价值[4]。

[1] 袁钢．中美法律职业资格考试的比较分析——以法律职业伦理考核为视角 [J]. 中国考试，2019（8）：66-70.

[2] 薛庆予．我国律师教育事业的现状及远景 [J]. 法制日报，2014（12）：2.

[3] 吴松强．高校法学教育与律师教育发展的契合性研究 [J]. 法学教育研究，2017（4）：6.

[4] 吴松强．高校法学教育与律师教育发展的契合性研究 [J]. 法学教育研究，2017（4）：6.

为使法律职业人员的继续教育机制制度化、科学化和体系化，应将各方资源进行整合并统一利用，促进各方资源共享、良性互动。首先，应加强高校法学院与司法部门的交流与合作，注重将理论与实践结合，建立优势互补、资源共享、良性互动的法律职业教育共同体[1]。其次，加强高校法学院与律师、法官和检察官等法律群体之间的合作，充分发挥高校法学院的丰富资源。高校法学院有良好的声誉、品牌、场地设施和学术性的讨论氛围，尤其是专业的师资力量能够为各法律职业群体提供专业、学术的知识性教育，使各法律职业群体能够更新法律理论知识和感受学术前沿。最后，加强法律职业共同体主体之间的资源互通。在倡导建立法律职业共同体的热潮中，其中就包括完善法律职业群体的内部流动制度，搭建平等交流平台。律师、法官和检察官等法律职业群体在接受职业伦理培训时，不必局限于各自专业领域，可以同时扩展到其他专业领域，增强各法律职业群体之间的交流和相互了解，加快法律职业共同体的建设[2]。各法律职业群体在整合各自专业的培训资源后，再在法律职业共同体之间进行共享，充分发挥资源的最大化效用。

（四）增强公众法治观念，树立社会法治信仰

法律人的职业伦理建设需要全体公众的共同关注和参与，法治社会的建立也需要全民树立法治信仰。法律人本身也是公民，法律职业共同体来源于公民，法治建设最终的目的也是造福于全体公民，使每一个人都感受到社会的公平和正义。通过增强公民的法治观念、维护法律秩序的自觉性和参与法治建设的积极性，可以为法律职业伦理建设培育最深厚的土壤。通过向公民进行普法宣传教育，深入偏远落后乡村展开法律宣传，进入工地为农民工进行法律维权讲解，充分利用法学生进行普法宣传和提供法律援助，提高公民的法律知识，增强其利用法律途径进行维权的意识。

提高公民对法律职业伦理的关注度，改变部分公民对法律人重商、贪

[1] 郭哲．“德法兼修”下法律职业伦理之构建 [J]. 南京社会科学，2019（6）：86-91.

[2] 郭哲．“德法兼修”下法律职业伦理之构建 [J]. 南京社会科学，2019（6）：86-91.

利的成见，调和公民与法律人之间的关系。部分人对律师的看法还停留在“讼棍”的阶段，认为律师不过是拿人钱财替人消灾，加之现在律师界重商主义的盛行，人们对律师一直存在偏见。而对于法官、检察官等司法工作人员，由于部分司法工作人员滥用司法权的恶劣行为，严重影响了公民对司法工作人员群体的印象。个别情理法争议较大的案件的判决常常引起社会轰动，一方面是判决确有不当之处，另一方面是公民不懂法，易被无良媒体引导指责司法甚至发出法律是保护坏人的法的偏激舆论。增强公民对法律知识的了解，培养具有法治观念的理性公民，改变其对法律职业人员素养低下的陈旧看法势在必行。

中国需要在法律的框架下建设法治，法治的建设不仅依靠法律人，也需要全体公民相信法律、信赖法律人，并自觉践行法治精神。凝聚全体社会共识，加快法律职业共同体职业伦理的建设，提高法律人职业伦理水平，为法治中国的实现提供最强大的人才保障。

论法学研究与法学教育的融合互动

王新生　周自圆*

摘　要：“一流法学教育”必定是法学研究与法学教育的融合互动。针对大学法学课堂中学生不愿认真听课的现象，面对PPT课件制作极致化等课堂教学形式的改进难以改变内容贫乏，我们必须改进现行法学教育方式，积极地将最新的法学研究成果引入法学课堂教学当中来，必须以研究性的思维重组教材内容并以此展开教学，必须高度重视毕业论文写作等研究性教学形式，以研究带动教学，从而改变目前的困境，培养创新型法科人才。

关键词：一流法学教育；法学研究；法学教育

“一流法学教育”必定是法学研究与法学教育的融合互动。在当下的中国，提倡大力创新、培养创新型人才已成为国家战略，教育部门特别是高教系统必须遵照国家战略展开自己的行动。当下的法学教育应当创新人才教育模式，即创新教学形式、培养追求创新人才的法学教育。因此，必须改变法学研究与法学教育脱节的痼疾，全力推进法学研究与法学教育的融合互动，着力培养出创新性法律人才。

一、本文议题的缘起

高校教育如何处理研究与教学的关系，本是老生常谈，但在当前的法学教育状态下，这一问题仍旧相当迫切，需要针对目前存在的问题进行针对性解决对策。

最近网络上流传一个大学生写的帖子，反映出当今大学生普遍存在的心理。帖子的内容是这样表述：假如我还能活三天，我将如何度过？第一天，我将给我的父母、亲人、同学、朋友写信，告诉他们，我曾经到这个

* 王新生，长沙理工大学法学系教授。周自圆，长沙理工大学法律硕士研究生。

世界上来过;第二天、第三天，我将静静地待在大学的教室里，因为在这里，我曾度日如年！这个帖子可以被视为笑话，但依我们观察的大学课堂，难道它所描述的不是真实图景的一部分吗？面对大学课堂如此不堪的境地，我们有必要进一步思考如何处理好研究与教学的关系，真正地把学生的躯体与灵魂、眼球与思维都带入教室，引入到大学的学习中来。

因此，本文展开的逻辑起点即：其一，现行的课堂教育如何解决学生不愿意听课的问题？我们也应当清醒了解到：如果百度能够解决的问题，学生肯定不愿意坐在教室去听老师讲。其二，当我们强调 PPT 课件制作的极致化，强调现代教育技术的应用，这些课堂改革到底能使我们走多远，形式上的极致能否代替内容上的贫乏？

二、当下法学研究与法学教育脱节的常见现象分析

1. 课堂教学与教学管理普遍存在“以文害义”“重形轻质”的现象。当下高校教师与教学管理人员都在强调如何运用网络技术和现代教育技术，追求各式各样的课堂形式的改革，以丰富教育的形式。比如，根据当代大学生的视觉阅读强化的现状，设计页面花哨、富有美感的 PPT 课件，以最美的形式吸引学生眼球，将学生从手机屏幕中拉入到课件视频屏幕上来。但是，学校的教育管理与教学检查也多侧重形式检查，强调数据好看，而难以数字量化的教学内容反倒被有意无意地忽视了。我们经常听到老师们在谈论自己如何辛苦地做课件，为使课件能够吸引学生绞尽脑汁，但现在的教研活动已很少有老师在讨论备课的内容了。如此，课堂教学仍旧停留在“认字”的游戏状态，课堂教学比赛集中体现在 PPT 课件展示、普通话表达、教师的穿着和个人仪态上。全民追求“唯美”的年代，已经没有教师还守着旧时的“邋遢”形象顽固不变，都在炫耀形式之美。

2. 教学方法上仍旧存在重知识灌输、轻思维推导的现象。学生的研究性思维未能得到充分的培养。相当大比例的教师在教学中仍旧停留在重视讲解教材知识的层面，不肯也不愿重视在教学中展现知识与理论的推导过

程，其结果，学生们仍旧停留在知其然而不知所以然的状态。比较典型的事例就是现在流行的案例教学出现变异，绝大部分老师在教学中使用案例并不是真正意义上的案例教学，充其量算是举例说明，其旨趣与作用仍然是知识讲解，学生能够得到的还是简单的知识点，而不是思维的训练与理论的推导。

3. 法学本科教育普遍存在忽视毕业实习、毕业设计或毕业论文写作等教学环节的现象，未能充分发挥这些课程与环节培养学生研究能力的作用。毕业实习是典型的技能研究，但是，在指导毕业实习时，更多的是注重对考勤的管理、对流程的熟悉。比如在法院实习，可能更注重是否参与庭审程序、了解审判的各个环节。在实习方式上，多是案卷整理、内务整理。当然基础性工作也必不可少。但是，毕业实习更多的是指导学生去研究案情、研究实务技能。法院实习重在研究法官是如何进行裁判，由此获得裁判的思维训练与技能训练。毕业论文写作是典型的理论研究或案例分析。如果说课堂教学大都停留在“知其然”的状态下，毕业论文写作则是在训练学生做到“知其所以然”，训练其研究能力。但目前普遍存在的情况是：老师出的论文题目本身就没有研究性，年复一年地提供几个大而化之的论文题，既没有针对性，也没有时代感，甚至连问题意识都没有。毕业论文指导更多注重论文形式是否符合规定格式，参考文献标注是否正确，查重比例是否控制在最低标准等等。至于论文的写作能否提升学生发现问题、提出问题、分析问题、解答问题的能力，则不甚了了。

三、研究与教育脱节的认知方面的原因分析

法学研究与法学教育脱节、分离问题的原因是多方面的，比如体制原因、教育管理原因等等。但我认为，站在法学教育工作者的角度，厘清我们在法学研究与法学教育脱节的认知方面的原因至为关键。

1. 片面理解教育行政管理部门推广指定教材的战略意图，不能正确地处理政治立场与科研教学的辩证关系，不能正确处理教材内容与研究内容

的辩证关系。

目前，国家教育管理部门正在强力推广“马工程”教材，其意在净化高校教材的内容，明确教材应有的政治立场，整体性推进教材的编撰水平。其客观效果是明显的。但是，在“马工程”教材推广过程中，部分老师过于狭隘地理解其用意，片面地将教材的政治立场与教育的学术追求的关系对立起来。只重视政治立场、思想理念表达，轻视内容教学。以为只要政治正确，不讲出格的话，不让人抓住把柄，不让学生“告状”，就可保平安无事。但是，持这种“宁左勿右”的观念来展开教学，其效果是可想而知的。

其实，这种错误认知是经不起逻辑推敲的。法学教育从来就离不开政治，也必然要处理好教育与政治的关系。改革开放以来，我国的立法、司法取得长足的发展，法治中国建设取得重大进展。比如《中华人民共和国民法典》的制定，集中反映了我国改革开放四十年的成果，体现了我国政治、经济、社会、文化建设及法治建设的进步。立法与修法，不正是我国政治经济体制改革的产物与表现吗？法律人必须面向现实的社会，怎么能够设想法律教育能够躲进没有政治的真空中呢？不能因应现实社会发展变化的法学教育还是法学教育吗？

还有一种情形就是不能正确处理教材与学术前沿的关系，不能开放性地引入科研前沿成果，教学内容固化，部分自缚于指定教材的表述内容，不愿增添或超越教材的内容。但是，这样无助于提高法学教育水平与质量，无助于提高法律人才的培养。根据教育部法学教育指导委员会的规定，法学本科教育与法律专业硕士教育，都必须开设若干核心主干课程，这对确立法学教育的知识体系与理论体系，从总体上提升法学教育质量有着重要的意义。如此，就决定了全国所有的法学本科课程教学内容基本上是统一的。由此，向我们提出了问题：是不是每一门法学主干课程只能讲同样的内容，只能采用同样的教学形式？更进一步的问题是：是不是在现代化教学技术条件下，全国所有的法科教育中，每一门课只需要一个老师讲课，其他老师可以下岗，或者当成摆设了？显然不是，每个学校，每个课堂，还是需要专门的教师讲授。“马工程”教材确立了课堂教学内容的知识体系、观点立场、理论框架，但是，这些知识、立场、理论要进入学生的头脑，转化为学生自己的东西，还需要教师通过自己的理解，遵循思维的演进路径，通过讲解，化为学生的思考、理解与接受，进而产生更多的思想火花与创新。教学经验告诉我们，由于每一个老师对教材内容的理解进路不同，思考问题的模式不同，其对教材内容的处理、讲解的进路、表达的方式都有不同，导致学生学习的效果也有不同。因此，作为大学法学教育工作者，我们应当寻找自己努力的方向，不能停留于全国一本教材、一个 PPT 模本的状态，必须将我们自己与他人的研究成果引入课堂教学。

2. 片面地认为法学研究只有理论研究，对于实践面向的研究则关注不多，自然也就不注重实践方面研究能力的培养。法学研究同其他学科有着相同的研究形式与内容，同时也有自己的特点，比如法学实践与技能的研究有着重要的、特殊的地位。

改革开放以来，我们见证了大量的西方法学理论的引入，也见证了我国立法机关制定的法律规范，见证了日益膨胀的海量的诉讼案件审判，于是会本能地认为，法学研究就是立法研究、理论研究。其实，除了理论研究与立法研究外，法学研究更多的情形是根据现行的法律规范，通过学理解释，使法律规范能够适合于不断变化发展的现实；面对现实中出现的具体案例，特别是疑难案例，能够给予法理与规范适用的剖析，助推个案的公正。这些都是属于我们认定的法学研究的范畴。总体来说，法学研究并不仅仅是法理研究，还可以是技艺研究。恰如中国科学院与中国工程院，科学院是研究基础理论的，工程院是研究工程实践问题的。实际上，中国科学院在评选院士时，还有一个技术科学研究的类别，这就说明，即使是最典型的基础科学研究，也有技术研究。法学是世俗的、实用的、功利性很强的，这就决定了法律是要解决各种问题的。因此，实践面向的研究也是法学研究中必不可少的部分，这些研究成果同样需要进入法学教育的课堂。

3. 从教学目的上看，过于注重课堂知识与观点的传授、传播，未能充分注意到对学生研究能力的培养。朱苏力曾在演讲中提到："法学院的学习不需要过目不忘，重要的是一种逻辑的推理。"理论课程教学中，未能充分重视知识与理论产生的推导过程，只能达到"知其然"的目的，无法达到"知其所以然"的目的。在实践教学环节，不重视实践面向的科学研究，不注重培养学生研究实务问题、解决实际问题的能力。在指导毕业论文写作过程中，不重视学生发现问题、分析问题、解决问题的能力培养，不能正确认识到这是一门真正培养学生研究能力的课程，往往等闲视之，当作只是为了完成学分的一门课而已，有意无意地忽视了研究能力的培养。

四、实现研究与教育融合互动的若干对策

我们所说的研究与教育的融合互动，并不是要全盘打破现有知识体系和理论体系，创设一套全新的理论体系，而是在体系化的法学理论与知识中，创新其内容与方法，渐进地拓新。没必要一提科研，就是把现有的教学一概否定掉。法学的发展已有数百年之久，其知识体系与理论体系已相对完善、相对稳定，世界各国的法律制度的适用及我国的法治现状已表明，现行的法律制度与体系有着强大的生命力，能够适应并促进世界各国的发展。因此，可以预见得到的，我们的法学研究整体上应当是推进渐进式的创新，并不是大开大合式的废旧立新。在法学教育中，实现学术研究与教育的融合互动是完全可能的，也是可行的。

1. 基于现行的教材体系与教学内容安排，积极引入前沿研究成果，丰富和扩充课堂教学的内容体系。无论是否使用"马工程"教材，都不妨碍我们正确认知教材与教学内容的关系。教材编写意在确立基本的政治立场、理论框架、知识体系，目的是为教师与学生提供一个相对成熟的、完整的知识体系与理论框架。但是教材并不代表一切，且教材具有相对稳定性、滞后性。这就需要我们在教学中及时地增添法学研究的前沿成果和内容，以弥补教材知识滞后性的缺陷。"马工程"教材因其出版时间及修订时间与现实变化存在时间差，并不总能及时反映出国家的改革开放成果及法治

事业的发展变化。虽然中国特色社会主义法律体系基本建成，但是我国的立法仍旧在持续展开，新的法律现象与法律问题不断出现，都需要教师们在教学中及时增添相关内容，及时跟踪我国改革开放进程所带来的变化，以利学生能够充分了解社会，了解法学的发展动态，准确把握现实当中的法律问题，提高解决问题的能力。

2. 课堂教学从知识传授向技能培养转向、从介绍理论向推导理论转向。法学教育不仅是为学生提供法律知识，更重要的是培养学生的法律思维。培养法学的一种独特思维是法学院义不容辞的责任。老师应当根据学生的基础及培养目标，以研究性的思维方式重组教材内容，着力引导学生从被动地学习知识向积极地参与探讨知识与理论体系的形成和运用方面转向。教师不应当一味依靠炫目的课件形式来吸引学生眼球，而是要牵着学生的思维和思路走，引导学生深度参与知识和理论的推导，形成自己的知识与理论体系,并能自觉运用知识、理论解决实际问题。对于课堂教学而言，囿于教材知识的传授无疑是最安全、最省事的、最不需动脑的。依靠炫目的 PPT 课件，我们似乎也能够吸引到部分学生的眼球。但是，大学法学课程总体上来讲，不能按中小学的教学方式展开，不能仅仅停留在教会某些知识，让学生背诵或记住某些知识点或理论论述，而是要学会如何以研究性的眼光和思维来展开知识与理论。即使老师课堂讲述的内容是书本上的知识和理论，也必须是自己以研究者的眼光和思维来进行表述，讲透这些知识点内在的逻辑与结构，讲述这些理论的来源与体现。如果另一个教师拿着其他老师的 PPT 和教材，能够讲出同样的课来，就说明这个老师的教学没有深度、没有内涵、没有以研究思维来引导学生。

如果我们不能将学生的思维带向知识与理论的推导，让学生抱着研究性的思维参与到学习当中来，我们的课堂教学必然会遇到瓶颈。为此，我们应当全面审视以往的教学方法，把知识传授的部分让给学生自己去完成，教师的教学当以培养学生研究性学习能力为导向，注重理论推导，课堂教学应当牵着学生的思维走。

研究与教育的互动体现在学生对于教师的要求变化方面。如果仅仅是知识讲授，说实话，无数的网络教学资源，包括慕课、精课等，完全可以起到课堂教学的作用，而且还可能是优质的教学资源。最起码，人手一机，百度搜索，知识点一清二楚，几分钟时间就能把教师一节课所讲的知识点看清，根本不用正襟危坐地在教室里度过难熬的 45 分钟。所以，45 分钟的讲解，教授实际上是要讲解这些知识点是怎么来的，它将怎样展开，怎样运用。如此，才能实现研究与教学的融合。

3. 高度重视论文写作等课程的教学，并以此为载体，全面提升学生的研究能力与研究性思维。高校法学教育过程中，实际上有些课程本身就强调研究与教学的融合，最典型的课程就是毕业论文写作。老师指导学生写作毕业论文时，应当意识到，毕业论文写作绝对不是仅仅提出论文的格式要求，而是要深入到论题的中心思想、逻辑框架、思维演进路径、文字表达、文献资料的查阅与引用等方面。教师应指导学生以研究性思维贯穿研究的全过程，在论文写作中思考要解决的问题、论文的主题、材料的组织、文献资料的挖掘、结论的形成。通过论文写作全过程的训练，全面提升学生的思维能力与研究能力。

湖南省地方转型高校法学一流学科的建设路径思考

肖灵敏*

摘　要：地方转型高校建设一流法学学科是促进我国法学教育发展的需要，也是与国际接轨的需要。但目前湖南省地方转型高校的法学学科建设存在师资力量不充足、科研能力较弱、法学学科发展整体薄弱、人才培养机制尚不健全、国际化视野不足等问题。因此，湖南省地方转型高校建设法学一流学科，应当确立法学学科的定位和建设目标，加强对法学教育资源的大力投入，科学设置法学专业课程体系，采取现代化的教学手段和多样化的教学方式，以符合社会的发展需要和适应全球化的发展。

关键词：地方转型高校；法学一流学科；建设路径

创建一流大学和一流学科，是世界各国根据自身发展需要提出的构想，我国也不例外。国务院于 2015 年印发的《统筹推进世界一流大学和一流学科建设总体方案》，提出要加快建成一批世界一流大学和一流学科（以下简称“双一流”）。2017 年教育部、财政部、国家发展改革委印发了《关于公布世界一流大学和一流学科建设高校及建设学科名单的通知》。根据该通知可知，一流法学学科建设高校目前已有北京大学、清华大学、中国人民大学、中国政法大学、武汉大学和中南财经政法大学等六所高校。地方转型高校如何参照这六所高校法学学科建设的经验，克服自身的不足，因地制宜建设法学一流学科，是目前地方转型高校法学学科建设所要重点思考的问题。

一、地方转型高校法学一流学科建设的背景

目前世界各国都很重视一流大学和一流学科的创建。例如，1995 年日本学术审议会就提议建立卓越中心，日本于 2002 年、2007 年分别启动了“21

* 肖灵敏，女，湖南文理学院讲师，法学博士，研究方向：经济法学、国际法学。

世纪 COE 计划”“全球 COE 计划”（Global Center of Excellence Program），并在此基础上于 2014 年提出“全球顶尖大学项目”。[1] 日本的法学教育由早期阶段重视培养比较法人才，逐渐转向培养实务、学者，注重梯队建设，在不断对传统模式进行反思的过程中，“移植”了美国型的法科大学院制度。[2] 又如，韩国也先后推出了“智慧韩国 21 世纪计划”“世界一流大学计划”。[3] 从 1995 年开始，韩国就法学教育制度改革进行了热烈的争论和积极的探索。2007 年，参照美国的法学教育模式，韩国国会通过了《关于设立并运营法学专门研究生院的法律》，即通过立法引进了法学专门研究生院制度，标志着韩国法律人才培养体制的根本性改变。[4] 还如，法国在 2010 年启动了创建一流大学的“卓越大学计划”。[5] 法国民法等法学学科教育的教学特点为开设辅导课、重视判例研究、注重学生能力提高及自主性等。[6]

现今我国法学教育正面临着新一轮的改革。早在 2012 年教育部等就启动了“卓越法律人才教育培养计划”，是为了解决当时中国法学学科培养模式较单一，学生法律实务能力不强，应用型、复合型卓越法律人才教育培养不足等问题。在创建“双一流”的背景下，卓越法律人才教育培养与法学一流学科的建设相辅相成、相互促进，共同创设法学一流学科的内容，共同实现培养应用型、复合型卓越法律人才的目标。

在依法治国的背景下，地方转型高校建设一流法学学科，培养卓越法律人才，是促进我国法学教育发展的需要，也是与国际接轨的需要，具有重要的时代意义和国际战略意义。随着经济全球化的发展，世界各国联系越来越密切，法律和法律人才是国际交往和国际治理的重要媒介，因此，高等法学教育的发展不只是各国的国内事务，而且已成为辐射全球、影响

[1] 杨栋梁．日本推行高等教育改革的新举措——《21 世纪 COE 计划》评述 [J]. 日本学刊，2003（5）：120-129.

[2] 陈景善．日本的法学教育改革与人才培养模式 [J]. 中国政法大学学报，2017（4）：138.

[3] 王乘．建设一流大学的共性路径及启示 [J]. 中国高等教育，2014（1）：25-28.

[4] 陆苹．韩国法学教育制度改革的经验及其借鉴 [J]. 高教论坛，2019（4）：119.

[5] 张惠，张梦琦．法国创建世界一流大学的战略实践——以索邦大学为例 [J]. 比较教育研究，2016（6）：22-28+41.

[6] 袁震．对法国法学教育的观察与思考 [J]. 法学教育研究，2015（2）：191.

深远的国际事务。中国在推动国际治理的事业上的作用越来越重要，在政治、经济、文化和社会的方方面面的影响力越来越大。这也就意味着中国将越来越多地参与到国际事务中去，并积极地承担相应的职能。创制国际秩序中的话语权、主导国际规则都需要日益完善的规则意识和卓越的规则治理人才。因此，我国应当将法学一流学科建设与国家对外政策、国际发展趋势相融合，从人才数量、质量和影响力来实现法学学科发展、教育水平发展乃至中国影响力的全面提升。[1]

如今我国地方转型高校法学学科的建设水平距离法学一流学科还存在一定的差距。根据 2018 年 QS 世界大学排名，世界法学专业 TOP50 中仅包含北京大学、清华大学这两所我国大陆地区高校。虽然我国已经有若干个大学中的法学学科建设较为成功，并在世界范围内获得了认可，但是总体上，一流的法学院数量仍然非常稀少，且未建立均衡稳定的法学一流学科群。[2] 虽然目前法学一流学科的名单是上述六所高校，它们也将是我国法学一流学科建设的主体单位。但这次法学一流学科的遴选重点在于建设而非身份认定，关于法学一流学科的建设要求和认定标准，是地方法学院校及法学教育者应重视和思考的问题，也是法学人才培养、法学教育发展的重要命题。因此，在探讨和借鉴国外法学一流学科的建设经验和我国现有的法学一流学科的建设成功经验的基础上研究地方转型高校法学一流学科的建设问题，不仅有助于地方转型高校在既有的基础上科学认知和建设发展法学学科，更能深刻地影响到我国整个法学教育发展的趋势及未来。

二、国内外法学一流学科的建设概况

世界各国为应对国际经济全球化的发展，正在创建和发展一流高校和一流学科。国内外各大高校的法学一流学科也已建立，并逐步发展扩大，但也存在一些不足。

[1] 郭天武，严林雅．法学一流学科建设及其人才培养模式探析 [J]. 高教探索，2018（12）：17.

[2] 郭天武，严林雅．法学一流学科建设及其人才培养模式探析 [J]. 高教探索，2018（12）：17–18.

（一）国外法学一流学科的建设概况

国外法学一流学科建设比较成功的国家主要有美国、英国等为代表的英美法系国家和德国、日本等为代表的大陆法系国家，这些国家在培养目标、课程设置及教学方式等方面都有不同程度的改革和调整。[1]下面主要对这两个法系的代表国家的法学一流学科的建设进行分析与评价，以期为我国法学一流学科的建设提供经验借鉴。

1. 关于培养目标的确立

美国的法学教育目标是培养律师，因为美国大多从律师中挑选检察官、法官及法学院教授等，美国最初级的 J.D. 法律博士便是以律师的标准进行培养，所以，美国法学教育的职业性特征决定了以律师作为法学教育的培养目标。[2]英国法学教育的培养目标与美国大同小异，也主要是培养律师从业者。[3]但英国为了适应全球化带来的严峻就业形势，在保持原有的培养目标即培养律师的基础上，开始注重培养法学本科生的商业素质等其他教育目标。律师培训由国家完全控制开始，来由律师事务所介入法学教育，再到大学法学教育和大学之外的专业培训开始结合。[4]

德国的法学教育培养目标在全球化及就业形势的压力下开始由以培养法官为重点转向培养更大众化的律师从业者。日本的法科大学院参照了美国的法学教育培养目标，将新型法学教育与法律职业培养相结合，主要目标是培养学生的法律素养和法律职业技能。[5]

总之，国外两大法系国家的法学教育的培养目标都有一个共同目标，即培养学生的法律职业技能。

[1] 袁利平，刘晓艳．全球化背景下法学教育发展的国际趋势与中国选择 [J]. 法学教育研究，2017（17）：115.

[2] 袁利平，刘晓艳．全球化背景下法学教育发展的国际趋势与中国选择 [J]. 法学教育研究，2017（17）：117.

[3] 袁利平，刘晓艳．全球化背景下法学教育发展的国际趋势与中国选择 [J]. 法学教育研究，2017（17）：118.

[4] 潘俊武，张艳菲．全球化下英国法学教育的发展趋势 [J]. 法学教育研究，2016（15）：205.

[5] 袁利平，刘晓艳．全球化背景下法学教育发展的国际趋势与中国选择 [J]. 法学教育研究，2017（17）：118.

2. 关于课程体系的设置

在全球化的影响下，各国法学教育的课程设置进行了调整更改。美国为了培养法学学生的法学思维方式、法律实践能力及寻找法律信息能力等，所以课程内容的设置涉及法学基础理论与法律实践判断两方面，另外注重增强学生的国际视野和文化底蕴。如,为了实现将学生培养成“优秀法律人”的教育目标，美国佩斯大学伊丽莎白·霍伯法学院建立了课前预习、案例分析、实务培训和多元互动教学模式（如制度化学术交流和公益性社会实践），来培养学生“像法律人那样思考”的知识技能与职业信仰、良好的法律信息素养。[1] 如美国哈佛法学院在低年级开设国际法与比较法课程，在高年级开设立法与规则、国际法与比较法、问题与理论课程。英国为了培养法学学生拥有律师的思维方式，同时可以运用、驾驭各种法律资源，课程内容的设置既重理论又重实践。英国大学中学习的主干法律（learned law）课程包括民法（罗马法）和教会法两个方面。[2] 为适应全球化的发展，英国在职业培训阶段开设了谈判技巧等课程。

德国基于其培养法官的目标而偏向于法学理论课程，但受到全球化的影响，其课程也新增了斡旋、合同起草等实用课程。日本的法科大学院主要是培养法律职业人才，故其课程设置更多偏向于实践性知识。[3] 尽管不同大学的法学部在具体的科目设置上有所不同，但法律学科的履修科目大致分为通识科目（教养科目）、外语科目及专业科目三类。[4] 此外，为适应全球化的发展，新增了法律尖端课程。

3. 关于教学方式的采取

在全球化背景下，国外法学教育的教学方式也进行了较大变革。美国的法学教育为实现培养律师的教学目标，美国各大法学院目前普遍采取的

[1] 戴激涛．优秀法律人如何养成？——以美国佩斯大学伊丽莎白·霍伯法学院为例 [J]. 政法论丛，2016（5）：153.

[2] 何勤华，齐凯悦．英国大学法学教育国际化的起源及其流变 [J]. 法制与社会发展，2017（6）：143.

[3] 袁利平，刘晓艳．全球化背景下法学教育发展的国际趋势与中国选择 [J]. 法学教育研究，2017（17）：118.

[4] 刘颖．日本法学本科教育的特色 [J]. 人民法治，2018（9）：24.

教学方法是案例教学法和“诊所式教学法”。案例教学法有助于培养学生具有独立的思维方式和准确的法言法语表达能力。“诊所式教学法”采取的提问式、指导式、合作式及模拟训练等教学方式有助于培养学生形成像律师一样的思维能力。英国的法学教学方法在借鉴美国的基础上采取了案例教学法、苏格拉底式提问法和本土化的“诊所法”（包括校外真实当事人诊所、模拟法庭诊所、校内真实当事人诊所），这些教学方法将有助于英国法学教育培养目标的实现。

日本改革后的法科大学院采取了小班授课、研讨和提交报告等本土教学形式，并结合英美法系的案例教学法、临床教学（包括模拟课程、法律诊所和校外实习）进行教学，适应日本改革后的法学教育目标。从具体授课方式来看，日本法学教育的大多数科目采用讲义形式，但亦有部分必修科目采用演习形式。[1]

德国主要采取了课堂讲授、研究报告、小组练习等三种教学方式，其中讲授法是德国采取的最基本的教学法，同时还有模拟考试课、课外讲座等其他辅助课堂。[2]德国法学教育的教学方法与方式有助于其培养目标的实现。

总之，两大法系在全球化背景下对法学教育的教学方法与方式进行了变革及融通，主要采取了传统与实践性的教学方法与方式，这两种类型各有优劣（如下表所示），相辅相成，都有助于各自法学教育目标的实现。

表　法学教育教学方式之比较[3]

对比维度	教学方式	
	传统法学教育方式	实践性教学方式
师生关系	专一、训政的上下级	民主、合作的平等式
知识结构	分门别类、零散、凝固的单一知识体系；追求唯一的正确答案	整体的、完整的、综合的立体知识体系；培养多种思维及分析问题的视角，没有固定答案
教学基础	灌输式、填鸭式的被动学习	探究式、交流式的主动学习

[1] 刘颖．日本法学本科教育的特色 [J]. 人民法治，2018（9）：24-26.

[2] 袁利平，刘晓艳．全球化背景下法学教育发展的国际趋势与中国选择 [J]. 法学教育研究，2017（17）：121.

[3] 袁利平，刘晓艳．全球化背景下法学教育发展的国际趋势与中国选择 [J]. 法学教育研究，2017（17）：122.

（二）我国法学一流学科的建设现状分析

中国目前有六所大学建立了法学一流学科，虽然比较成功，但与国外法学一流学科的建设相比还存在一定的差距，而且国内众多地方转型高校尚未建立法学一流学科。

1. 国内法学一流学科的建设经验

中国六所大学法学一流学科建设的经验大同小异。六所大学法学院都确立了法学本科教育的基础和核心地位，都有明确的法学人才培养目标，配备了梯队合理的法学精英师资团队，设置了重点法学学科，但各有特色。如，中国政法大学在“双一流”建设中，确立本科教育的基础和核心地位，坚持奉行“以本为本”，确立“全人教育”理念，致力于学生的全面发展；专业教育与通识教育并重，跨学科培养人才，国际化办学，用“互联网 +”开展本科教育教学。从这些理念出发，学校着力开展了以“专、实、博、雅”为特色的本科法学教育创新实践工作：创新模式，打造“专”有特色的人才培养模式；注重实践，培养学生的“实”务能力；协同育人，以国际化发展培养“博”闻视野；孕育人文精神，打造高“雅”有灵魂的通识教育体系。[1] 作为拥有国家法学一级重点学科的法学院，北京大学法学院在国际法学、民商法学、诉讼法学、法律史学、知识产权法学等诸多法学二级学科都有很强的教学和科研实力，有梯队合理的法学精英师资团队和多个研究机构。[2] 针对中国国情和中国社会法治发展的需要，充分发挥本学科的学术优势，密切关注国内外法学理论学科的发展，坚持开放的心态和开阔的学术视野，强调理论联系实际，注重实证研究，努力回答中国社会转型中的重大法学理论问题，全面推进了法学理论的研究和教学，获得了一批国内外关注的研究成果，培养了一批理论联系实际的人才。[3] 中国人民大学法学学科建设以人才培养为核心，以法学专业教育为主体，通过通识教育

[1] 黄进．世界一流大学建设与一流本科教学的创新——中国政法大学的理念与实践 [J]. 中国高教研究，2016（6）：11.

[2] 参见北京大学法学院简介，https：//www.law.pku.edu.cn/xygk/xyjj/index.htm，2020-08-12.

[3] 参见北京大学法学院学科建设，https：//www.law.pku.edu.cn/xygk/xkjs/index.htm，2020-08-12.

与人文教育夯实基础，跨学科与交叉学科培养，拓展思维和国际交往能力，开阔视野。以课程改革为关键，在全球化背景下和互联网时代，增加了前沿专业选修课和实务专业选修课。采用课程教师、法官、检察官和律师“双师同堂”的教学方式，课程内容“一案一课”，“大课要大，小课要小”。为回应新一轮科技革命和产业革命给法治带来的影响，启动本科—硕士—博士联运课程体系改革，开启高水平国际竞赛，通过国际学位项目、交换交流项目、海外实习项目，提升学生国际性。提升学科核心竞争力，以建设未来法治研究院为重点突破，从学术研究、人才培养、司法实践等全方位发展定位，以高水平的师资队伍建设为依托开展领军人才、骨干人才和后备人才梯队建设。以提升国际性为保障，构建具有区域和国际话语主导权的开放型合作机制。[1]法学学科是清华大学重点建设、优先发展的学科之一，具有较高的学术水平和较强的科研实力。武汉大学法学院的国际法学科特色和学术风格鲜明，初步形成“珞珈法学流派”，在全国的整体优势明显，在国际上也有重要影响，环境与资源保护法学、宪法与行政法学在国内处于领先地位。中南财经政法大学法学院是我国法学教育、研究的顶尖学府之一，拥有四门国家级精品课程：知识产权法学、民商法学、宪法学和国际法学。[2]

2. 湖南省地方转型高校法学学科建设概况

对于湖南省地方高等院校，尤其是非省会城市的非“双一流”院校，在办学质量和科研水平均与传统“985”和“211”等重点高校存在巨大差距、甚或不可同日而语的态势下，如何抓住“双一流建设”的历史机遇，发挥自身优势和特色，加快学科建设发展，已成为地方转型高校要面临的最大挑战。[3]目前湖南省的14个地州市一共拥有51所非军事类本科院校。这

[1] 参见《一图读懂人大法学“双一流”建设》，https：//m.sohu.com/a/234449141_372411，2020-08-12.

[2] 参见《中国高校名单大全：法学专业排行榜》，https：//baijiahao.baidu.com/s?id=1611909466967058063&wfr=spider&for=pc，2020-08-12.

[3] 傅明星，赵鼎洲，付兴林，等．“双一流”背景下地方普通高校学科建设的思路与对策——以陕西理工大学为例 [J]. 陕西理工大学学报（社会科学版），2018（1）：66.

51 所非军事类本科院校中入选“双一流”建设高校名单的有中南大学、湖南大学和湖南师范大学。另外还有一所军事类院校入选“双一流”建设高校名单，即国防科技大学。早在 2017 年湖南省人民政府关于印发《湖南省全面推进一流大学与一流学科建设实施方案》的通知中提出，全面推进一流大学与一流学科建设。到 2030 年，争取 3 所大学进入世界一流大学或世界特色大学行列，7 所大学进入国内一流大学或国内特色大学行列，7 所学院进入国内一流应用学院行列，10 所高职学院进入国内一流高职学院行列。

在此背景下，湖南省非“双一流”地方院校，特别是作为应用型的地方院校,争取到 2030 年进入国内一流应用学院行列。以法学学科建设为例，目前法学学科正朝着一流应用学科的方向进行建设。虽然已经取得了一些成效，但现在仍面临各方面的压力与挑战。外部环境面临本科生生源下降，招生方面的压力日益加大，各兄弟院校快速发展，相互之间的人才竞争、专业竞争日趋激烈。同时内部发展仍存在以下问题，需要正确面对，亟待改革完善。

首先，师资力量不充足。拥有一支知识、学历、职称、学缘、年龄结构合理的学术队伍是学科建设的重要保障。但长期以来，由于受地域限制和当地经济发展水平制约，加之用人机制的僵化，对优秀人才的优惠政策不足，对优秀人才的吸引力不够，人才竞争方面处于严重的劣势。人才总量不足，学术型人才与应用型人才比例差距悬殊；领军人才匮乏，缺乏有影响力的学科带头人；人才非正常流动频繁，流失现象日趋严峻；优秀后备青年人才不足，学术队伍的学历和年龄结构不合理情况较为突出，具有博士学位的教师比例偏低，中青年骨干教师的人数比较少，严重制约地方转型高校的可持续发展。

其次，科研能力较弱。科学研究是学科建设的重要内容之一，高水平、高质量的科研成果又会推动学科建设的整体发展。而地方转型高校的学科建设由于起点低、起步晚，学术梯队不够合理，缺少高水平的科研团队，导致科研能力相对较弱，在突破国家重大项目等高端科研项目上缺少竞争力，虽然近年来科研成果的数量不少，但缺少高水平的科研成果和相关奖项成果，这是目前制约发展的瓶颈之一，也是地方转型高校学科建设重点要突破的关键环节之一。

再次，法学学科发展整体薄弱。对于经济欠发达地区来说，政府经济实力不强，财政支付能力弱，对所辖院校的建设经费投入相对较少。而有限的经费分布到地方转型高校的人才引进、设备购置、学术交流和创新平台建设中无疑杯水车薪，导致很多地方院校的学科建设难以启动，甚或无以为继。地方转型高校学科建设发展起步较晚，学科建设的整体水平仍较薄弱，存在法学学科培养模式相对单一，学生实践能力不强，应用型、复合型法律职业人才培养不足的问题。[1] 可以说尚未形成特色鲜明、优势明显的法学一流学科。

最后，人才培养机制尚不健全，国际化视野不足。地方转型高校的人才培养模式较为单一，对应用型人才、创新型人才的培养方式尚缺乏创新，实践教学和创新创业教育环节较为薄弱，课程改革和教学改革有待进一步深化和完善，产学研相结合的协同育人机制有待进一步改进和完善。[2] 虽然湖南省地方转型高校的法学院校在改革发展过程中日益关注国际性的问题，但是这种关注仍然具有一定的局限性，主要表现为在法学教育方式上对国际通用教育方式的吸收不足，在研究对象及研究方法上仍然缺少与国际对话的意识与能力。

三、湖南省地方转型高校法学一流学科的建设路径

（一）确立法学学科的定位和建设目标

现在一流学科建设与评价强调的是一流水平、一流贡献。具体来说，一流学科的重要标志是“人无我有、人有我优、人优我强”，或“特色加实力”。

[1] 郭天武，严林雅.法学一流学科建设及其人才培养模式探析 [J]. 高教探索，2018（12）：17.

[2] 傅明星，赵鼎洲，付兴林，等.“双一流”背景下地方普通高校学科建设的思路与对策——以陕西理工大学为例 [J]. 陕西理工大学学报（社会科学版），2018（1）：66-67.

建设的内容不再是过去指标体系要求的内容，而是看行业发展，看同行中的水平，是在原有指标基础上的水涨船高。当然，一流也是有层次的。国际一流，研究、解决的往往是全球面临的问题和需求，引领或支撑全球的和平发展；国内一流，着眼于国家战略需求与问题，引领国内行业、产业发展；省内一流，解决的是区域经济社会发展的问题和需求，发挥引领地方经济社会发展的积极作用。[1]以湖南省地方转型高校为例，其建设目标是进入国内一流应用学院行列，其法学学科建设的近期目标应是省内一流，即在湖南经济发展中发挥应有的作用。而学校的目标定位，不能总是满足于地方经济社会发展的需要，这样是被动的进步，将永远落在后面，对社会需求来讲是可有可无的。学校学科建设的目标，至少应该处于经济社会发展的支柱、支撑地位，理想的应该是引领社会发展，这样才可能处于重要位置，才能有作为、有地位，才能得到应有的尊重和快速的发展。

立足湖南省地方转型高校的办学实践，其法学本科教育应属于应用技术型高校教育，其培养目标应符合我国教育政策和社会发展的需要，特别是符合地方经济建设和社会职业需求。[2]湖南省地方转型高校的发展定位大致可分为四层含义：其一，高等教育系统内部定位。即立足湖南，服务基层，引领区域经济社会发展，这也是历史赋予高校的使命。其二，办学层次上的定位。以本科教育为主，积极发展研究生教育的教学型大学，积聚能量，加强建设，逐步迈入教学研究型大学。其三，法学学科性质定位或发展目标定位，是特色鲜明的应用型大学。其四，法学人才培养侧重点的定位，或称培养目标定位。即培养具有创新及实践能力的应用型、复合型卓越法律人才。

（二）加强对法学教育资源的大力投入

法学一流学科中有一批一流的法学教师。法学教育既具有教育性，也

[1] 傅明星，赵鼎洲，付兴林，等．“双一流”背景下地方普通高校学科建设的思路与对策——以陕西理工大学为例 [J]. 陕西理工大学学报（社会科学版），2018（1）：66-67.

[2] 肖灵敏．基于案例教学改革的地方转型高校法科生应用技能培养研究 [J]. 兰州教育学院学报，2018（12）：104.

具有法律性，这就决定了实施法学教育的主体，即法学教师应当是教育性和法律性的结合体。[1] 如前所述，全国一流法学学科的六所高校拥有法学领域著名的专家和学者，他们学识渊博、精于专业，对培养优秀的法学人才至关重要。而且法学一流学科的高校也拥有丰富的研究资源，这有助于学生获得法学领域内最新、最全面的学习资料及资源，提升其自主学习、探索创新能力。世界知名法学院也拥有优秀的师资力量和丰富的学习资源。如哈佛大学法学院图书馆不仅是世界上最大的法学图书馆，更是一座法律博物馆、展览馆，展示了其博大精深的法律文化。[2] 这些馆藏资源为哈佛大学法学院的法学教育及法学研究提供了丰富的获取巨量资讯的途径。因此，湖南省地方转型高校应加强对法学教育资源的大力投入，引进法学专业领军人才，扩充图书馆法学专业书籍。

（三）科学设置法学专业课程体系

湖南省地方转型高校应围绕法学专业培养目标，为培养应用型的法学专业人才，应重视培养学生的法学思辨能力、法律实践能力及寻找法律信息能力等，所以在进行课程内容的设置时应涉及法学基础理论与法律实践判断两方面，注重增强学生的国际视野和文化底蕴。目前湖南省地方转型高校都重视加强学生法律实践能力的培养，如湖南文理学院的法学专业人才培养方案中设置的实践课程学分占总学分的 28%。但要实现将学生培养成“优秀法律人”的教育目标，建设成法学一流学科，还需对法学专业课程进行科学合理的设置。首先应根据湖南省地方转型高校服务于地方经济发展并最终服务于全社会发展的需要的实际情况，根据师资力量的配备、学生的资质和总人数等情况进行合理设置。在原有的人才培养方案的基础上，增加开设国际法与比较法课程、问题与理论课程等法律尖端课程，开阔学生的国际化视野，同时适当增加一到两门实践课程，培养学生的法律应用能力，从而适应全球化的发展。

[1] 郭天武，严林雅．法学一流学科建设及其人才培养模式探析 [J]．高教探索，2018（12）：18-19.
[2] 李红勃．哈佛法学院图书馆的法律文化 [J]．中国法学教育研究，2015（3）：148-162.

（四）采取现代化的教学手段和多样化的教学方式

在全球化背景下，国内外法学教育的教学手段和教学方式也进行了较大变革。随着互联网技术的发展，国内外法学教育的教学改革正在进行，采取线上线下混合教学模式，设置慕课、微课等线上课程和线下讨论式教学方式。教学方式的多样化极大地调动了学生的学习兴趣和积极性。在法学课程教学改革的大潮流中，如前所述，美国、英国、日本等国家的法学课程教学普遍采取案例教学法，但由于各国法学教育目标和教学理念的差异，也采取了不同的教学形式，如美国的“诊所式教学法”，英国的苏格拉底式提问法和本土化的“诊所法”，日本的小班授课、研讨和提交报告等本土教学形式。国内一流法学学科高校也采取了传统与实践性的教学方法与方式，同时建立了多门国家一流法学精品线上课程。因此，湖南省地方转型高校的法学学科教学手段和教学方式也应进行改革，应充分利用互联网技术大力建设线上精品课程，线下采取案例教学法、讨论式教学法等多种方式促进学生多渠道多方面学习，建成有地方特色的一流法学学科。

总之，湖南省地方转型高校法学一流学科的建设并不是一个孤立的命题，而是与我国建设世界一流大学、世界一流学科同步推进的。从更广阔的背景看，统筹推进世界一流大学和一流学科建设总体方案是我国国家发展和国家治理的具体举措。当代中国的国家治理具有鲜明的时代特色和中国特色。“一带一路”的推进需要强有力的推动，人才在社会发展、全球交往中的核心势能日益凸显。法学教育应当实现“立足本土、面向全国，立足中国，面向世界”[1]。湖南省地方转型高校为培养复合型、应用型的法学人才，不仅需要从教学理念上进行根本性的改变，而且需要根据当地实际需要和高校的实际情况进行法学学科建设，在具体学科建设上实现中国与世界的相互影响与相互促进，将国际标准与中国模式、中国经验与中国情境相融合，建设中国特色的法学一流学科。[2]

[1] 郭玉军．一位法科名校校长的法学教育思想——评黄进《何以法大》一书 [J]. 法学评论，2017（1）：190-196.

[2] 郭天武，严林雅．法学一流学科建设及其人才培养模式探析 [J]. 高教探索，2018（12）：23.

讲好中国故事，坚定司法自信

——以中外司法制度比较课程思政为例

唐东楚　高松琼*

摘　要：思政教育课程到专业课程思政的拓展是由制度自信的政治基础和立德树人的人才培养目标决定的。中国司法故事是中国共产党领导的中国特色社会主义制度转化为国家治理效能的印证。为了让中外司法制度比较承担好课程思政的角色，讲好中国故事这个时代命题，要破除西方资产阶级价值渗透下的“党大还是法大”“司法独立”的伪命题，要阐发中国特色社会主义审判制度的政治性、人民性和正义性的真命题；从法律监督权、公益诉讼检察制度效能和检察权的科学调整出发讲好中国特色社会主义检察制度的真命题；新冠肺炎疫情防控期间的司法公共服务更是中国制度优势的真实写照。课程思政教学需要教师课堂内外运用思政话语与专业话语强化对中国特色社会主义司法制度的价值认同，课后实践打破实务部门与高校的壁垒，发挥课程的联动机制。以此探索坚定司法自信、培养德法兼修的社会主义法治人才的实践路径。

关键词：课程思政；中外司法制度；司法自信

2014年10月，习近平总书记在文艺工作座谈会上提出讲好中国故事、传播好中国声音，同年，上海市高校开启了各类课程与思政课程形成协同效应的教育探索。2016年12月9日，习近平总书记在高校思想政治工作会议上提出了培养全面发展的社会主义建设者必须坚持正确的政治定位，思想政治理论课的改进要求其他课程都要守好一段渠，种好责任田。[1] 2017年5月4日，习近平总书记在考察中国政法大学时指出：全面推进依

* 唐东楚，男，湖南武冈人，中南大学法学院教授，博士，硕士生导师，研究方向：民事诉讼与民事司法制度。高松琼，女，江西景德镇人，中南大学法学院在读硕士，研究方向：民事诉讼与民事司法制度。

[1] 习近平．把思想政治工作贯穿教育教学全过程 开创我国高等教育事业发展新局面[N]. 人民日报，2016-12-09（001）.

法治国是一项长期而重大的历史任务。我们要坚持以马克思主义法学思想和中国特色社会主义法治理论为指导，立德树人，德法兼修。2019 年 10 月 31 日，党的十九届四中全会审议通过的《中共中央关于坚持和完善中国特色社会主义制度、推进国家治理体系和治理能力现代化若干重大问题的决定》明确提出要“加强和改进学校思想政治教育，建立全员、全程、全方位育人体制机制”。2020 年 4 月 10 日，教育部高校思想政治工作视频会议中教育部副部长、思想工作会议司司长提出要“讲好中国疫情防控故事，加强爱国主义教育，切实发挥立德树人的效果”。2019 年 6 月至 2020 年 4 月，我国香港地区共有 8057 人涉及“修例”事件被捕，超 1/4 人被起诉，大学生占被捕人数的五成以上，年轻人成为相关人士的政治祭品。根本原因在于当地大学生思想政治教育颠倒黑白，历史教育和家国认同教育严重缺失。为了防患我国香港地区“思政失守”的泥潭，我国高等教育更应当讲好中国故事，培养德法兼修的社会主义法治人才。

一、课程思政的拓展对专业课教学的新要求

2016年12月9日，习近平总书记在全国高校思想政治工作会议上指出，好的思想政治工作应该像盐，最好的方式是将盐溶解在各种食物中让其自然吸收。新时代中国特色社会主义现代化建设的加快促进了高等教育思想政治理论工作的创新，担当培育社会主义事业建设者和接班人的历史使命对专业教育课程提出了新要求。法治人才的培养不仅是回答培养什么样的人，更是用中国特色社会主义法治道路和法学理论占领研究的阵地。就中外司法制度课程而言，该课程的研究对象是中国与外国的检察制度、审判制度、律师制度等一系列司法制度，中外司法制度比较课程也需要解决结合专业知识和思政教育转化与衔接的问题。

（一）四个自信是中外司法制度比较课程思政的基础

中国特色社会主义道路是实现社会主义现代化、创造人民美好生活的必由之路。作为新时代中国发展的根本制度保障，中国特色社会主义经济制度、政治制度和文化制度等制度具有明显的优越性，能够自我完善和发展。

这一制度将根本政治制度与基本政治制度及其他领域的体制机制结合起来，把国家与基层的民主制度，把中国共产党的领导同人民当家做主和依法治国有机结合。[1] 具体而言，中外司法制度比较课程思政的直接基础是中国特色社会主义司法道路、中国特色社会主义司法制度、中国特色社会主义法治理论和法治文化。传统的中外司法制度比较课程主要侧重从中外具体的司法制度角度对司法制度内容的阐述，通过课程思政理念的引导，将法学的专业特点和思想政治教育有机结合，督促学生在思想深处建构中国特色社会主义司法制度的大厦，“中国共产党的领导是中国特色司法制度的根本保证”；“司法为民是本质特征”；“将中国梦与个人梦结合起来，坚定司法自信”。

（二）法治人才的培养目标是中外司法制度比较课程思政的动力

法学教育家孙晓楼在 20 世纪末就提出这样的教育主张：法学教育旨在训练为国家社会服务的人才，这种人才必须要有社会常识以适用法律，兼具法律学问以改善法律的适用，也必须有法律的道德，才能获得执行法律的资格。[2] 从法学专业的学习视野上看，法学的专业教育与法律的社会治理作用密不可分，司法作为社会治理和纠纷解决机制的平台，司法专业课程应以修复社会的创伤、准确回应社会的价值诉求为归宿，这就要求受教育者必须接受思想政治教育；从法学专业的职业视角上看，中外司法制度比较课程建设社会主义现代化强国以人才发展为重要支撑，以高校思想政治教育为天然的纽带。中国特色社会主义思想为高校思政课程的创造性发展提供了源泉，课程思政的连接路径对法学专业课程的教学也提出了新要求。

法学是治愈社会伤痛的“正义之学”，法学教育本身充分诠释了意识形态的塑造。[3] 法学教育的背后不仅是知识的创造，还应当在教育的公共理性平台上彰显国家的主流价值观。法治事业是社会主义事业的组成部分，司法是公平正义的最后一道防线，是秩序与民心的定海神针。如此重要的事业必须培养以人民为中心、以法治为追求、以公正为指针的模范。要让

[1] 中共中央宣传部 . 习近平新时代中国特色社会主义思想学习纲要 [M]. 北京：人民出版社，2019.
[2] 孙晓楼 . 法律教育 [M]. 北京：中国政法大学出版社，1997.
[3] 沃耘 . 高校法学“课程思政”教育教学改革路径与对策 [N]. 天津日报，2019-03-04（009）.

高等教育为人民、为我党治国理政服务，为巩固和发展中国特色社会主义服务。必须让立德树人融入文化知识教育，形成更高水平的人才培养体系。对传统思想政治教育辩证的否定与实时的创新，助力形成全方位、多层次的思政课程，突破主渠道的单一性，就中外司法制度比较而言，该课程重点聚焦于司法制度，教育的对象集中在融入法律职业共同体的学生，而司法制度课程中思政资源的嵌入将有利于司法之间建立一种实质的交流关系。发挥专业课程与思政课程的双向互动作用，解决了高校专业课程与思政课程不同的价值引领问题，缓和了课程潜在的价值冲突。

（三）中外司法制度比较课程思政教学资源的挖掘：以制度自信破除伪命题

司法制度鲜明的政治性决定了课程思政资源的丰富性。课堂上教师必须帮助学生加强对社会思潮的引导，批判社会错误思潮，不为任何错误导向提供传播的渠道。世界上没有无政治的法律，党法关系实质上是政治关系的集中反映，[1]讲好社会主义法治的中国故事，即依法治国必须坚持党的领导，中国特色社会主义法治就是中国特色社会主义政治制度的法律表现形式。中国特色社会主义法治道路与西方资本主义法治道路有着明显的区别，西方司法独立制度是人类社会资本主义发展阶段的产物，与资本主义的多党制、三权分立相互配套。对这些资源的系统挖掘，可服务于中外司法制度比较课程思政的教学。

1. 破除“党大还是法大”的伪命题

“党大还是法大”的伪命题是西方普世价值的产物。西方司法制度作为人类社会在资本主义阶段所特有的产物，与资本主义政治社会相互对应，不具有真正的普适性。而中国共产党的领导是中国特色社会主义最本质的特征，是社会主义法治最根本的保证。不存在“党大还是法大”的问题，是因为坚持党的领导是社会主义法治的根本要求，是全面推进依法治国的应有之义。“党大还是法大”论无视了中国特色社会主义政治道路的前提

[1] 李龙．党法关系是依法治国的核心问题 [J]．红旗文稿，2017（14）：13.

是党的领导而谈宪政，以西方法治的逻辑视角考察中国法治，根本目的在于否认中国共产党的领导。[1]

“党大还是法大”的伪命题是两极思维形而上学的产物。法律是中国共产党领导人民治理国家的基本方略，两者不能纳入同一范畴比较；现代政治国家中的政党代表一定阶级的利益成为推行国家治理体系法治的核心力量；司法都是宪制或者政治制度的构成要件，而不是建构因子，它的性质是由政制或者宪制决定的。自孙中山先生以来，先知先觉者以党建国、以党治国，实现了由宗法制社会向现代社会的稳步转型。在国家司法界普遍存在的“司法独立”意识基础上，南京国民政府司法院院长居正 1935 年发表在《东方杂志》上的《司法党化问题》，指出政治制度应该党化，政党的性质应当决定司法的性质。[2] 在后发外生型国家，南京国民政府以党治国，制度设计上执政党垄断国家权力对社会关系进行调节，有力地促进了社会整合，防止了外国势力的破坏。

新时代，坚持中国特色司法制度的前提是坚持党的领导，司法作为依法治国的重要环节，必须以坚持党的领导为根本保证。新时代中国特色社会主义总体布局中，坚持和加强党对依法治国的领导、坚持以人民为中心在保障法治先进性的同时实现了法治的民主性；科学立法、严格执法、公正司法、全民守法体现了法治社会的平衡性；努力让人民群众从每一个司法案件中感受到公平正义是公正司法的基本要求。我国各项制度安排通过法定程序使党的主张成为国家意志，通过法律保障党的各项政策有效实施。

2. 破除“司法独立”的伪命题

我国现行司法体制承上启下，符合中国特色社会主义制度模式。中华人民共和国的司法制度传承了革命根据地的实践精髓并承接了苏联的影响，中国共产党领导的新民主主义革命时期建立了服务于革命需求的审判机关、检察机关，1943 年颁布的《陕甘宁边区政府政纪总则草案》规定：

[1] 中国应用法学研究所课题组．坚持以习近平新时代中国特色社会主义思想为指导　旗帜鲜明地反对西方“司法独立”等错误思潮 [J]. 中国应用法学，2020（03）：1-11.

[2] 李在全．国民党时期司法党化的困境与局限 [N]. 团结报，2017-08-03（001）.

司法机关为政权工作的一部分应受政府统一领导，边区审判委员会及高等法院受边区政府的领导，各下级司法机关应受到该级政府的领导。[1] 此时的司法制度具有鲜明的中国特色，成为中华人民共和国司法制度的渊源。我国现行司法体制建立于 1954 年，1982 年随着宪法的确定而确立。同时《中华人民共和国人民法院组织法》和《中华人民共和国人民检察院组织法》诞生。人民法院和人民检察院并列为司法机关。世界各国均将法院作为司法机关。检察院性质则不尽相同，外国分为两种类别：一类是检察官和检察机关均属于行政列队；第二类是检察官与检察机关属性分离，检察官具有司法官性质，检察机关属于行政序列。[2] 我国检察机关是法律监督机关，维护法律权威、保障法律的统一实施。

人民法院依法独立行使审判权，人民检察院依法独立行使检察权，不受行政机关、社会团体和个人的干涉。这种独立是机关作为一个整体独立，而不是法官、检察官的独立，只是独立于行政机关、社会团体和个人，不独立于执政党和民意代表机关，这同时也体现了我国民主集中制的基本原则。在深入推动司法体制综合配套改革进程中，司法责任制不断深化，法官办案主体和院庭长审判监督管理责任进一步增强，审判质量效率得到提升。

我国现行司法体制与西方司法独立体制相比更具有制度上的优越性。全面依法治国必须走符合本国国情的道路，西方的司法独立与多党制、三权分立等制度相配套，是资本主义上层建筑的特有产物，具有资产阶级的利益痕迹和历史局限性。从英美法系的司法独立体制来看，奉行司法独立的国家在司法判决上一般会有两个原则，第一是证据自由原则，不仅孤立的证据能够证明何种事实及其证明程度由法官自由判断，在相互排斥的证据采用上也不受限制；第二是心证原则，仅裁判者通过证据调查排除任何可能的怀疑，达到内心确信。[3] 然而，心证原则常常具有很强的主观色彩，

[1] 康小怀．延安时期陕甘宁边区的干部考核工作 [N]. 学习时报，2017-06-12（005）.

[2] 江国华．外国司法制度 [M]. 武汉：武汉大学出版社，2017.

[3] Kenneth S. Broun，George E. Dix，et al. 麦考密克论证据 [M]. 汤维建等，译．北京：中国政法大学出版社，2004.

法官内心的许多非理性因素也会影响司法判决。突出法官和陪审团独立裁判可能会导致司法忽视实体公正和难以发现案件事实真相，司法会进一步演变为权力和利益的博弈场，用司法独立、程序正义来掩盖司法公正，与最广大人民的根本利益背道而驰。退一步讲，审判独立也不等于司法独立，在我国，人民法院依法独立审判和党的领导具有高度的一致性。

二、中外司法制度比较课程思政教学探索的展开：以制度自信探讨真命题

从中外司法制度比较课程具体内容的宽度挖掘课程思政的素材。一方面，以人民为中心的司法理念是我国审判制度构建和改革的基本遵循。努力让人民群众从每一次司法案件中感受公平正义，推进司法公开，促进审判体系和审判能力现代化是中国司法故事的真命题。另一方面，检察公益诉讼制度优化了司法职权的配置，完善了行政诉讼制度，推进了法治政府建设，是党的领导和中国特色社会主义政治制度转化为治理效能的印证。此外，新冠肺炎疫情期间法院、检察院和律师队伍的公共司法服务和法治产品则是司法制度优越性的真实写照。

（一）中国特色社会主义审判制度：政治性、人民性、规范性

作为国家政治架构的组成部分，中国特色社会主义审判制度离不开中国特色社会主义政治制度、意识形态。党的领导是中国特色社会主义审判制度的根本保障；以人民为中心是中国特色社会主义审判制度的鲜明品格；维护社会公平正义是中国特色社会主义司法制度的重要追求。

1. 政治性

中国共产党的领导是中国特色社会主义审判制度的政治方向和工作方向。党总揽全局协调各方同各级机关依法依章履行职能，人民法院依法独立行使审判权是人民法院坚持党的领导的体现，与此同时，只有坚持中国共产党的领导才能实现依法独立行使审判权的目标。破解审判执行困境、多元化纠纷解决机制等都依赖党的领导。服务工作大局是中国特色社会主

义审判制度的政治性彰显，人民法院依法独立行使审判权，化解社会纠纷，依法惩治犯罪，助推依法行政，在审判工作中为中国特色社会主义事业提供司法保障，营造良好法治环境。

2. 人民性

中国特色社会主义审判制度坚持马克思主义的人民立场，人民法院、人民法官和人民陪审员均以“人民”二字着重强调审判的人民主权原则。以满足人民群众对美好生活的向往，人民法院以广大人民为主体地位，努力让人民群众从每一个司法案件中感受到公平正义。

我国通过陪审员制度、多元纠纷解决机制等建立司法与社会的桥梁，动员人民群众参与审判，普通民众协助司法、见证司法，使得司法大厦的拱顶更能集中地反映民意，集中民智，实现最广泛的人民民主。法院促进司法公开创设特约监督员制度，自觉接受人大和民主监督，让司法的语言走出庄严华丽的法院殿堂，成为普通民众纷纷议论的阳光广场。2015 年立案登记制改革实施有效提升了人民群众的司法获得感，2016 年巡回法院总体布局的完善保障了司法便民，2019 年一站式多元纠纷和诉服中心的建立形成了符合时代潮流的中国审判模式。[1] 以上切实解决执行难的措施，契合了人民群众的需求，为司法注入了新的温度。

3. 正义性

中国特色社会主义审判制度通过各项司法政策、司法裁判和司法改革坚持实体正义与程序正义的统一。人民法院准确查明案件事实，对当事人的实体权利和义务作出裁决，审判人员法律适用能力不断提升，有力地实现了裁判的实体公正。审判活动严格按照程序法定、程序公正公开的原则逐步破除“重实体轻程序”的痼疾，通过庭审实质化、以审判为中心的刑事诉讼改革、司法责任制等举措，通过程序正义保障实体正义。

人民法院努力实现个案正义与普遍正义的统一，中国特色社会主义审判制度的优越性正是通过具体案件依法公正裁判得以彰显。被社会高度关

[1] 张鑫萌 . 中国特色社会主义审判制度的人民性 [N]. 人民法院报，2020-04-16（005）.

注的案件，人民法院充分发挥舆论对司法监督的作用，以正确的方式公正告知实际情况，在信息化变革的基础上有针对性地加强舆论的引导作用。[1]依法纠正冤假错案，让正义最终得以实现，以推动人权保障。

人民法院努力实现法律效果和社会效果的统一。中国特色社会主义审判制度紧密结合中国社会土壤，依国法、应天理、顺人情，坚持依法审判与能动司法的有机统一，积极运用社会主义核心价值观、民间法律规范强化司法裁判说理，以案释法，努力用看得见的司法正义实现“案结事了”。

（二）中国特色社会主义检察制度：制度优势转化为治理效能

国家治理体系现代化、检察体制机制改革视野下我国检察权是法律监督权的基本属性没有变，以满足人民群众对美好生活的向往。四大检察格局的确立促进了检察职能均衡化、多元化的转型；检察机关公益诉讼制度充分彰显了以法治思维推进国家治理体系和治理能力现代化的制度安排；检察权的外部拓展，比如“捕诉一体化”办案机制和检察建议制度促进了中国特色社会主义检查制度科学化运行。

1. 法律监督权的基本定位

与西方三权分立体制影响下检察权属于行政权的分支不同，我国检察权的基本定位是法律监督权。从域外来看，德国、法国等大陆法系国家也赋予了检察官“法律守护人”的角色。[2]从文化制度上看，御史制度作为一种法律文化对我国检察制度的形成具有积极的影响，[3]在中国特色社会主义法治实践基础上，我国发展了检察机关法律监督体系。1996 年、2002 年《中华人民共和国刑事诉讼法》（以下简称《刑事诉讼法》）的修改均赋予了检察机关法律监督权。2018 年《中华人民共和国宪法修正案》及《中华人民共和国监察法》确定的“一府一委两院”的国家架构更加凸显了检察机关法律监督者的角色。新《中华人民共和国人民检察院组织法》

[1] 中共中央文献研究室．严格执法，公正司法 [M]. 北京：中央文献出版社，2014.

[2] Jacqueline Hodgson，“The Police，the Prosecutor and the Juge D’Instruction：Judicial Supervision France，Theory and Practice” British Journal of Criminology，vol.41，2001（2）：341-361.

[3] 何勤华．中国检察制度史 [M]. 北京：中国检察出版社，2009.

四大检察的确立深化了法律监督的范围。我国检察权属于法律监督权是制度、文化等综合因素的结果，与外国司法制度相比具有一定的普遍性，同时也富含中国特色，随着不同时代国情的变化，检察权的外延在动态调整，但检察机关始终是我国的法律监督机关。

2. 检察公益诉讼制度

检察机关公益诉讼制度以国家治理和社会治理体系为制度基础，在党的领导下，以满足人民群众对美好生活的向往。作为党的十八届四中全会作出的一项重大改革部署，检察机关公益诉讼制度体现了检察机关的法律监督权，是检察机关法律监督职能内涵与外延的延伸，从监督国家公权力的实施到维护社会公共利益，检察机关提起公益诉讼是法律价值的再生产，体现了司法公共价值的再造。我国检查公益诉讼在吸收美国（现代公益诉讼创始国）公益诉讼优势基础上，形成了治理现代化的中国方案。

2018 年 10 月、2019 年 4 月立法机关将检察公益诉讼检察职权写进修订的《中华人民共和国人民检察院组织法》《中华人民共和国检察官法》，检察公益诉讼从试点到全面健康发展，形成了公益诉讼司法保护的中国方案。全国检察机关把公益诉讼检察与刑事、民事和行政检察并列为四大检察，挖掘了司法的社会公共价值，体现了检察机关依法履行“公共利益代表”的神圣职责。我国检察公益诉讼以最广大人民的根本利益为根本价值追求，人民也是公益诉讼的监督者和支持者。我国检察机关提起公益诉讼不仅包括西方社会基于个人利益集合而成的公共利益，还包括无法还原为个人利益的公共利益。公益诉讼阶段，检察机关通过提起公益诉讼行使法律监督权，是解决公共地悲剧治理的中国方案，尤其是公益诉讼在解决生态文明建设上取得了举世瞩目的成就。与西方公益诉讼对抗性的逻辑不同的是，我国国家制度决定了检察机关公益诉讼与法院、监察委员会协调合作，实现双赢、多赢、共赢。

以行政公益诉讼的诉前程序为例，西方以引导行政主体纠错为主线开展审判，美国行政公益诉讼中坚持成熟原则和穷尽救济原则。[1] 即行政相

[1] 斯图尔特．美国行政法的重构 [M]. 沈岿，译，上海：商务印书馆，2011.

对人申请司法救济以用尽行政机关救济为前提，我国行政公益诉讼在取其精华时在诉前程序采用检察建议的方式督促履职。在整个公益诉讼案件中，行政诉前程序比重均很高，有效提升了司法效率和司法监督治理效能。[1]

3. 检察权动态调整和科学化

在《刑事诉讼法》确定的认罪认罚从宽制度中，检察机关通过具结书、量刑建议拓展了检察权的范围，在此基础上，检察权和审判权共同构成了中国特色语境中的二元司法模式。“捕诉一体化”探索反映了侦查监督权的新模式，检察机关发展出了一种新型权力分支——检察侦查引导权，进一步阐明了法律监督权的内涵。[2]最高人民检察院发布的《2018—2022 年检察改革工作规划》及 2018 年全国人大常委会修订通过的《中华人民共和国人民检察院组织法》均提出了完善检察建议制度的要求，2018 年 10 月，最高人民检察院向教育部发送了〔2018〕1 号检察建议，检察建议的制度化构建是法律监督权的又一个新路径。[3]

（三）中国疫情防治的司法故事

公共卫生事件涉及国家层面的决策部署，是国家制度的有效检验。2019 年暴发的新冠肺炎疫情是对国家治理能力的一次重大考验，也是对司法环境和司法保障的一次大考，法治作为我国战疫的一剂良方，是制度优势转化为疫情防控的强大效能，也是最有说服力的中西方司法制度比较课。习近平总书记指出，思政教育要取得实效，重点是突出时代性和感召力，疫情防治的胜利是中国制度优势的生动实践，彰显中国特色社会主义制度优越性的同时也充分体现了依法防控依法治理的能力，是司法制度力量的鲜活素材。

1. 创新公共服务体制，提供优质司法产品

我国人民法院依托智慧法院建设，逐步实现数字正义，全国各地法院

[1] 胡卫列，迟晓燕. 从试点情况看行政公益诉讼诉前程序 [J]. 国家检察官学院学报，2017（02）：30-48+170-171.

[2] 周新. 检察引导侦查的双重检视与改革进路 [J]. 法律科学（西北政法大学学报），2020（02）：121-132.

[3] 戴佳，徐日丹. 25 省份党政领导批示要求落实最高检检察建议书 [N]. 检察日报，2019-02-27（002）.

发布《新冠疫情防控期间诉讼服务的指引》,让疫情期间物理隔离的“天堑”也转变为“云上执行”的“通途”。[1] 早在 2019 年 3 月 22 日，最高人民法院在浙江省宁波市召开移动微法院建设移动端诉讼平台推进会，依托微信小程序实现审判执行系统与诉讼移动平台的有效结合。[2] 疫情期间人民法院坚持司法为民，积极回应人民群众对法院工作的新需求和新期待。中共中央政法委员会、最高人民法院、最高人民检察院、公安部、司法部发布并认真落实《关于政法机关依法保障疫情防控期间复工复产的意见》；[3] 地方各级人民法院立足审判执行，通过网上立案、自助立案跨区域立案的立案新模式，诉讼、调解和远程办理诉讼，在线化解纠纷，并实现纠纷的源头治理；开通绿色通道，创新执行方式，大大增强了人民群众的司法获得感。[4] 最高人民检察院于 2020 年 2 月 6 日下发《关于 12309 检察服务热线认真履职全力为疫情防控工作服务的通知》，疫情防控期间，人民检察院在保障人民群众合法权益的同时让人民群众感受到法律的温度，并积极回应群众关切，做好涉检网络舆情监控和舆论引导工作。[5] 地方各级人民检察院在疫情期间的检察服务工作和检查监督部署为疫情防治提供有力的检察保障。最高人民法院和最高人民检察院共同发布《关于依法惩治妨害新型冠状病毒感染肺炎疫情防控违法犯罪的意见》，[6] 大量地方人民检察院明令严惩隐瞒、谎报疫情，失职造成疫情扩散等失职犯罪，哄抬物价、牟取暴利等严重扰乱市场秩序的犯罪和生产销售伪劣防治、防护产品药品的犯罪。人民法院、人民检察院等政法机关立足司法职能，统筹推进疫情防控，

[1] 雷蕾．时刻将人民利益放在心上——人民法院坚持司法为民抗击新冠肺炎疫情工作综述 [EB/OL].https：//www.chinacourt.org/article/detail/2020/04/id/4893159.shtm.

[2] 中国新闻网．中国移动微法院全国总入口启动 试点扩大至 12 省市 [EB/OL]. https：//www.chinanews.com/gn/2019/03-22/8787996.shtml.

[3] 最高人民法院新闻局．关于政法机关依法保障疫情防控期间复工复产的意见 [N]. 法制日报，2020-02-29（002）.

[4] 熊有智．为高质量发展提供有力司法保障 [N]. 人民法院报，2020-07-27（002）.

[5] 魏哲哲．让群众感受到更多法治温度 [N]. 人民日报，2020-08-20（019）.

[6] 最高人民法院，最高人民检察院，公安部，等．最高人民法院 最高人民检察院 公安部 司法部印发《关于依法惩治妨害新型冠状病毒感染肺炎疫情防控违法犯罪的意见》的通知 [J]. 中华人民共和国最高人民检察院公报，2020（2）：15-19.

为经济社会发展提供一流的司法保障。

2. 肩负社会治理责任，彰显律师职业优势

律师制度是中国特色社会主义司法制度的组成部分，律师队伍是推进中国特色社会主义法治道路的重要力量，在《中共中央关于坚持和完善中国特色社会主义制度、推进国家治理体系和治理能力现代化若干重大问题的决定》中习近平总书记就特别提出了“完善律师制度”的要求，并指出深化公共法律服务体系建设，加快整合包括律师在内的法律服务资源的部署。[1] 2019 年新冠肺炎疫情期间为更好解决中小微企业复工复产过程中普遍遇到的困惑与难题，全国多地律师通过成立服务专班，开展法治体检，加强法规政策宣讲解读，提供线上线下法律咨询等多种形式为中小微企业复工复产“破障清路”。[2] 与此同时，化解农民工与中小企业的纠纷，发挥社会调节器的作用。后疫情时代，中国律师队伍将充分发挥专业优势、职业优势和实践优势，为法治中国贡献智慧和力量。

三、中外司法制度比较课程思政教学方法的创新路径

讲好中国司法故事，在用专业司法制度术语培养法律思维能力的同时融入思想政治话语，课后延伸阅读拓展马克思主义经典作家和马克思主义中国化理论中有关司法制度的阐述，提升学生运用思想政治中的方法论和法治思维综合分析专业问题的素养。法学专业课程思政制度的改革应当逐步打破实践部门与高校的壁垒，建立课程制度改革的联动机制。双管齐下，从青年学子的身心发展特点出发，将中国故事、中国梦与个人的理想追求相结合，培养服务于中国特色社会主义法治事业的人才队伍。

（一）课内转化思政话语体系

中外司法制度比较在承载着思想政治教育功能的同时需要表达出独特的中国司法故事的话语。大学思想政治教育课程讲好中国故事的同时，需

[1] 习近平．中共中央关于坚持和完善中国特色社会主义制度、推进国家治理体系和治理能力现代化若干重大问题的决定 [N]. 人民日报，2019-11-01（001）.

[2] 杨雪．帮他们跨过疫情这道坎儿——中国律师为中小微企业与农民工提供法律帮扶 [J]. 中国律师，2020（04）：24-27.

要弘扬党和国家的主流价值观。[1]课程思政在增强大学生对我国意识形态的认同之外，也必须遵循司法制度专业课程的理论框架和制度逻辑，构建思政教育与专业教育的桥梁，这是课程思政教育质量的重要评价标准。就中外司法制度比较而言，它是法学专业课程的组成部分之一，必须使用司法公正、公益诉讼诉前程序、一站式诉讼服务等专业术语培养学生的法律思维能力。在树立中外司法制度比较中运用社会主义核心价值观释法说理，以人民为中心的司法理念，用公益诉讼检察推进国家治理体系和治理能力现代化。还要运用马克思主义基本原理和新时代中国特色社会主义理论概括表达，实现思想政治教育话语和司法制度专业话语的表达。对中外司法制度比较中的思政教育话语和专业课话语要注意区别，同时也要达到相对统一。在这个基础上，结合新一轮司法体制改革，比如司法民主化推进繁简分流效能，在智慧司法基础上继续推动诉讼信息化的变革，以疫情防控中的司法制度为名，帮助大学生实现对中国司法制度优越性的价值实现和情感认同，增强对中国特色社会主义法治道路的信心和决心，在国家治理体系和治理能力现代化的时代话语中立德树人。

（二）课后延伸思政课堂

1. 专业阅读和思政阅读结合

中外司法制度比较课程之外阅读一定的参考文献是开展教学活动整体的有机组成部分。要将课程思政理念延伸至中外司法制度比较课程的全过程，需要积极引导学生开展课后阅读和交流，建立完整的知识架构。第一，增加马克思主义经典作家司法观，引导学生在阅读过程中抄录读书笔记，培养自我学习、自我发展的法律思维能力。第二，引导学生运用马克思主义唯物史观、世界史观、辩证分析法对中外司法制度的发展进行解读，把中外民事诉讼法典和司法案例的认识从纸面走向现实。并从本国视角掌握中国司法制度产生与发展的全过程，进行比较法领域的细致研究，坚定中

[1] 刘晓红．立德树人为本 德法兼修为要——以上海政法学院探索法治人才培养为例 [J]. 法学教育研究，2017（03）：73-84.

国特色社会主义司法制度自信。第三，以中国特色社会主义法治文化为着力点，攫取社会主义核心价值观中“法治”的核心内涵，对法律职业生涯中的社会责任、职业伦理拥有明确的认知。在坚定司法自信的同时引导学生展望个人的法律职业生涯规划。

2. 走入课堂与走出课堂的结合

法学专业课程思政制度的改革应当逐步打破实务部门与高校的壁垒，建立课程制度改革的联动机制。大学生思想政治教育不仅仅是高等学校的任务，因此，高等院校与实务单位相互配合，共同塑造法律职业共同体法治精神。就法律职业道德伦理而言，具有超越一般道德伦理的诉求。例如人民法官的司法伦理规范、业外伦理规范以及廉洁自律规范，律师的执业行为规范、律师与当事人的伦理关系规范、律师与其他法律职业者之间的职业关系规范，人民检察官的业务行为规范、业外行为规范和廉洁自律规范。这些职业伦理在具有普遍性的同时也深深根植于职业人的社会政治制度中，它是一种制度性的非自然义务。[1] 一方面，实务部门的法律职业人士走进课堂，激发大学生学以致用的兴趣，可以达到课程思政的目的；另一方面，教学过程中教师可以要求学生在课外实践中针对司法制度中的常见问题，例如庭审制度、执行难制度、公益诉讼检察专业化建设、律师法律援助制度撰写实践报告，并通过组织多种形式对社会调查开展交流，通过交流让学生更好地了解司法实务，从而增强对司法配套体制改革、司法理念的认同感。

四、结语

高等教育本质上要巩固和发展中国特色社会主义道路，培养中国特色社会主义事业的建设者，课程思政应当是高校思想政治教育改革的必由之路。对中外司法制度比较专业课程的教学创新，要结合中外司法制度讲好中国司法故事，通过思政教学创新教育实践，努力培养高素质的社会主义法治人才。

[1] 马长山. 法律职业伦理 [M]. 北京：人民出版社，2020.

以习近平总书记关于立德树人的重要论述为指导 铸就新时代法治人才

宋　玲*

摘　要： 立德树人是习近平总书记对高校做好铸魂育人工作的总体要求，也是新时代高等教育法治人才培养改革的重大课题。同时，也是大学生放飞青春梦想的内在动力。在新形势下如何培养更多具有坚定政治方向、德法兼修、知行并重、学以致用的社会治理需要的法治人才，是亟待解决的重要理论与现实问题。

关键词： 立德树人；法治人才；人才培养

一、新时代法科学生的历史使命

立德树人，在不同的历史时期有不同的对象，当今立德树人的对象就是新时代的大学生。他们成长的经历，未来承担的社会责任，决定了党和国家赋予他们的历史使命与其他时代的大学生是不一样的。正如习近平总书记所讲："时间之河川流不息，每一代青年都有自己的际遇和机缘，都要在自己所处的时代条件下谋划人生、创造历史。"新时代大学生正处在实现"两个百年"目标的伟大时代，他们承担着特有的历史使命，那就是实现中国梦。新时代法科学生的历史使命主要体现在以下几个方面：

（一）新时代法治人才培养的新要求

习近平总书记考察中国政法大学时明确指出：立德树人，德法兼修，培养大批高素质法治人才，法治人才尤其是对德性、德行上树立标杆，德性，就是初心的善根，德行就是寻求真善美的方法和路径，通过良法善治来引导人、感化人、激励人；坚持以人为本，通过道德思维来教育

* 宋玲，长沙学院法学院副教授，湖南省法学在线教育研究中心兼职研究员。

来教化人、启迪人、发展人。[1] 习近平总书记的系列讲话中全面诠释信仰的问题，也是我们认识社会主义核心价值体系对于学校当代大学生思想政治和德育工作的重要意义和社会价值。在纪念红军长征胜利80周年时，习近平总书记曾告诫青年学子："心中有信仰，脚下有力量。"法律人的信仰也是如此，人的德性是先天的，法性是后天衍生的，德法兼修，重在修德，就是要结合中国特色社会主义法治理论体系，树立与时代同心同向的理想信念，法律是成文的道德，道德是内心的法律，认清道德与法治辩证关系，把握好当前的法治建设和发展环境。[2] 习近平总书记指出"德法兼修"，就是在告诫将来法治社会的建设者和维护者，练技别忘修身，立身先要立德，时刻怀有感恩之心，尽其所能回报人民、回报社会，如此才有可能成为一名优秀的法治人才。[3] 习近平总书记在考察中国政法大学时全面论述了法治人才培养在全面推进依法治国中的重要作用，明确提出要培养大批高素质法治人才，为加快建设社会主义法治国家提供有力的人才保障。

（二）法科学生成长成才的必然

我国法学专业培养目标，致力于造就"有理想、有道德、有文化、有纪律"的、德智体美等全面发展的社会主义法治事业的建设者和接班人。培养系统掌握法学知识，有良好的政治素质、职业操守和品德修养，熟悉我国法律和党的相关政策，能在国家机关、企事业单位和社会团体，特别是能在党的机关、立法机关、行政机关、检察机关、审判机关、仲裁机构和法律服务机构以及涉外、涉侨等部门从事政治、法律工作的高级专门人才。随着我国实行依法治国、建设法治国家的进程，我国需要大量的法学专业的

[1] 袁勃．习近平在中国政法大学考察时强调：立德树人，德法兼修，抓好法治人才培养，励志勤学刻苦磨炼，促进青年成长进步 [N]. 人民日报，2017-05-04（005）.

[2] 代旭辉，高文．习近平全面依法治国思想与卓越法治人才培养研究 [J]. 法制与社会，2017（20）：217-218.

[3] 代旭辉，高文．习近平全面依法治国思想与卓越法治人才培养研究 [J]. 法制与社会，2017（20）：217-218.

人才。法学专业毕业生主要选择“从政”，因此法学院校比其他院校更加重视大学生的思想政治教育。[1]

二、深刻领会习近平总书记关于立德树人重要论述的内涵

（一）习近平总书记关于立德树人的重要论述

党的十八大以来，习近平总书记多次发表讲话，表达了对当代中国青年学生的充分信任和殷切期望，阐明了当代青年学生承担的历史责任，为青年学生成长成才指明了正确方向和科学路径。2013 年 5 月 4 日在同各界优秀青年代表座谈时，习近平总书记对青年提出“坚定理想信念、练就过硬本领、勇于创新创造、矢志艰苦奋斗、锤炼高尚品格”的“五点希望”。2014 年 5 月 4 日在同北京大学师生座谈时，习近平总书记对青年提出“勤学、修德、明辨、笃实”的“八字真经”。在 2015 年 7 月 24 日致全国青年联合会第十二届委员会全体会议和全国学生联合会第二十六次代表大会的贺信中，习近平总书记对青年提出“志存高远、德才并重、情理兼修、勇于开拓”的“十六字诀”。从“五点希望”到“八字真经”再到“十六字诀”，是习近平总书记关于立德树人论述的最集中体现，深刻揭示了当代青年成长成才的内在规律和前进方向。[2]

（二）习近平总书记立德树人重要思想对青年学子的新要求

为实现中华民族伟大复兴的中国梦而奋斗，是当代中国青年运动的时代主题。习近平总书记结合当今时代特点和中国特色社会主义实践要求，明确提出了全面建成小康社会、全面深化改革、全面依法治国、全面从严治党的“四个全面”战略布局。实现“四个全面”战略布局，广大青年责无旁贷。播种梦想、点燃梦想、实现梦想，是时代赋予当代青年的神圣使命；敢于有梦、勇于追梦、勤于圆梦，是历史赋予当代青年

[1] 时宇娇．政法类院校公共英语课“课程思政”教学改革探索 [J]. 学校党建与思想教育，2019（8）：30-32.

[2] 张阳．习近平新时代中国特色社会主义思想对青年成长的影响 [J]. 当代青年研究，2018（1）：17-22.

的责任担当。面对“两个百年”奋斗目标，面对“四个全面”战略布局，面对实现中华民族伟大复兴中国梦的美好前景，广大青年必须勇敢肩负起时代赋予的重任，志存高远，脚踏实地，在实现中国梦的伟大实践中书写壮丽青春，实现人生价值。[1]

（三）习近平总书记关于立德树人重要思想的现实意义

习近平总书记关于立德树人的重要论述闪耀着辩证唯物主义和历史唯物主义的光芒，既有世界观，又有方法论，是内在统一的整体，是对马克思主义经典作家青年观的继承和发展。[2]习近平总书记对青年学生群体时代特征、历史地位和共同责任的论述，是青年学生成长成才方法论的基础，对引导青年学生坚定理想信念，练就过硬本领，积极投身实践以及引领广大青年学生在实现“中华民族伟大复兴”进程中奋发向上、积极作为、不辱使命、潜心追梦具有重要意义。习近平总书记关于青年政治引领的重要思想，深刻揭示了党和国家事业对人才需求的历史变化，科学概括了办好高等教育、培养中国特色社会主义事业建设者和接班人的思想方法，明确提出了青年学生德才兼备、全面发展的系列要求，从青年学生的理想信念、价值取向、知识学习、意志品质、思维能力、创新精神、社会实践、使命担当等方面进行了深刻论述、系统阐释，为高等教育事业的改革发展和青年学生的健康成长提供了行动指南。[3]习近平总书记关于立德树人的重要思想中，确保青年学生在发展中的价值、地位、尊严和作用，注重人的自由全面发展是逻辑主线；习近平总书记关于立德树人的重要思想是中国高等教育规律的科学认识，是中国共产党执政为民理念的新突破，是中国传统民本观的继承和发展，是马克思主义科学观的集中体现。

三、我国法学教育践行习近平总书记立德树人重要思想的新途径

总体论述与个案实证相映衬，从法学教育视角践行习近平总书记立德

[1] 韩振峰．为实现中国梦奉献智慧和力量[N]．光明日报，2015-05-04（001）．

[2] 王悦佳．习近平青年教育思想研究[D]．曲阜：曲阜师范大学，2018.

[3] 张灵健．青少年成长系统的设计与实现[D]．天津：天津大学，2018.

树人的重要思想，积极探索新时代法治人才培养的新模式。结合实际情况总结我国法学教育实践习近平总书记立德树人重要思想取得的成绩，同时运用解剖麻雀的方式，尝试结合我国法治人才培养现状，提出我国高校法学教育实践习近平总书记立德树人重要思想的新模式。

（一）坚持把思想政治建设放在首位，掌握党对法学教育工作的领导权

牢固树立“四个意识”、坚定“四个自信”、践行“两个维护”，把准新时代中国法学教育的脉搏。法治和德治相结合，是青年法治人才培养的鲜明特点。党的十九大报告指出，“坚持依法治国和以德治国相结合”。习近平总书记在考察中国政法大学时强调，“法学教育要坚持立德树人，不仅要提高学生的法学知识水平，而且要培养学生的思想道德素养”。[1]要坚持以立德树人为根本，弘扬爱国主义光荣传统，培养更多德智体美劳全面发展的社会主义法治建设者和接班人。青年法治人才培养必须同党和国家事业发展要求相适应。高校立身之本在于立德树人，培养同党和国家事业发展要求相适应的法治人才，就是坚持马克思主义鲜亮底色，培养德法兼修的法治人才。新时代高校法治人才培养，必须要把修德放在首位。要大力推进中国特色社会主义法治理论进教材、进课堂、进头脑，将社会主义核心价值观教育和社会主义法治理念教育贯穿人才培养全过程各环节，注重培养学生的思想道德修养，加强学生对法治事业的认同和热爱，不断强化他们对社会主义法治事业的责任感和使命感。

（二）抓好立德树人，坚持全面融入，优化新时代法治人才培养体系

立德树人必须融入人才培养体系，包括学科体系、教学体系、教材体系、管理体系等。要遵循思想政治工作规律、高等教育规律和学生发展规律，把立德树人融入人才培养全过程，贯通办学治校各方面，重点是融入思想道德教育、专业知识教育、社会实践教育各环节，构建高水平人才培养体系。要抓好思想政治理论课教学改革，守正创新，坚持“八个统一”。通过讲清学理来讲清政治，以透彻的学理分析回应学生，用真

[1] 程铂瀚．青年法治人才培养要点 [J]. 人民论坛，2019（17）：102-103.

理的力量引导学生，实现政治性与学理性相统一；通过传授知识来传递价值，以知识教育来支撑价值引导，以价值引导来引领知识传授，实现知识性与价值性相统一；[1] 坚持辩证否定，破立结合，传导主流意识形态，批判各种错误思潮，实现建设性与批判性相统一；坚持理论联系实际，把学校理论小课堂同社会实践大课堂结合起来，实现理论性和实践性相统一；[2] 推进教学目标、课程设置、教材规范一致，同时，又要因地制宜，因材施教，实现统一性和多样性相统一；要发挥教师的主导作用，但又要实现课堂从单一权威到以学生为中心的转变，加大对学生的认知规律和接受特点的研究，发挥学生主体性作用，实现主导性和主体性相统一；[3] 要重视理论灌输，又要注重启发性教育，引导学生主动思考问题，让学生自己得出结论，实行灌输性和启发性相统一；要理直气壮讲好思想政治理论课，既包括理直气壮进行显性教育，也包括潜移默化的隐性教育，是显性教育和隐性教育的统一。要坚持其他各门课程与思想政治理论课同向同行，挖掘思想政治元素，发挥课程思政功能，守好一段渠、种好责任田，形成协同效应。[4] 要把思想政治工作体系融入学科体系、教学体系、教材体系、管理体系，形成思政工作协同场；融入社会实践、社团活动、校园文化和网络文化，形成同频共振，构建全程、全员、全方位、全要素的育人体系。

（三）进一步发挥教师在铸魂育人中的作用

作为教师，可以通过以下几个方面的努力形成立德树人语境下铸就新时代法治人才的推动力量。

第一，深化教学改革，增强课堂吸引力，充分发挥思想政治理论课显性育人功能和主渠道作用。积极挖掘学科专业课程育人元素，充分发挥学

[1] 马玉堂．思政课如何做到政治性与学理性的统一 [N]. 中国民族报，2019-06-18（003）.

[2] 靳诺．全面建设马克思主义理论学科本硕博一体化人才培养体系——学习习近平总书记学校思想政治理论课教师座谈会重要讲话精神 [J]. 马克思主义理论学科研究，2019（2）：4-13.

[3] 金佳绪．解读习近平在学校思想政治理论课教师座谈会重要讲话精神，立德树人，习近平强调办好这个“关键课程” [J]. 理论导报，2019（4）：14-16.

[4] 包秀敏．试论构建高职思政课课程体系的策略 [J]. 现代职业教育，2018（3）：75.

科专业课程隐性育人功能。除此以外，还应该主动参加第二课堂活动，引导学生在接触社会、接触实践的过程中形成正确的世界观、人生观和价值观。同时，必须规范自身学术行为、教学行为，潜移默化地影响学生形成追求真理、勇于探索的科学精神和爱岗敬业职业道德。[1]第二，强化法学专业教师的思想政治教育责任意识和能力。教师是立教之本、兴教之源。新时代高校法学专业教师肩负国家法治工作队伍成员和教师的双重职责，担负着立德树人的重要使命。法学专业开展课程思政教学改革，关键在教师。法学专业教师必须提升思想政治教育责任意识，切实提高自己开展思想政治教育的素质和能力。法学专业教师要切实帮助学生深入掌握马克思主义法学思想和中国特色社会主义法治理论，提高他们对西方不良法治思想的鉴别力和免疫力。在课堂教学活动中要严格遵守党的教育规范，客观辩证地向学生分析西方的法律理念、法治制度，帮助学生坚定中国特色社会主义制度自信。

[1] 赵玉石，刘亚娜．立德树人——应用型高校质量文化生成的新语境 [J]. 思想理论教育导刊，2019（4）：130–133.

新时代背景下法律硕士专业学位培养的定位与思考

宋晓庆*

摘　要：新时代背景下，对法治人才培养、法治体系建设提出了新使命、新要求。自1996年设立法律硕士专业学位以来，由于培养目标与培养方案同质化、培养模式的固化以及实践培养环节的单一化等问题，我国法律硕士培养的效果不佳。随着社会经济形势的不断发展，法律硕士培养也应与时俱进。故应从时代需求、国家需求、制度需求等层面进一步明确新时代背景下法律硕士培养目标，并据其新内容，提出具体的改良路径。

关键词：法律硕士；法制人才培养；法律硕士培养

法律硕士的培养是法学教育培养中的重要内容。2019年10月28日，十九届四中全会通过了《中共中央关于坚持和完善中国特色社会主义制度、推进国家治理体系和治理能力现代化若干重大问题的决定》。《决定》确定将全面推进依法治国，对法律规范体系、法治实施体系、法治监督体系、法治保障体系等方面提出了具体要求，为新时代法治人才的培养指出了明确方向。法学院校与法学教育是实现该目标的关键角色，其中，法律硕士培养是输送新时代法治人才的关键手段。据此，法律硕士培养目的应适应我国现代化建设的需要。本文欲探讨在传统法律硕士教育中面临的时代困局、成因以及在新时代新要求的背景下，重新确定其培养定位，并提出法律硕士培养的新路径。

一、法律硕士培养的时代困局及其成因

我国高层次法律人才培养在硕士研究生层面主要分为两条路径：法

* 宋晓庆，湖南大学法学院助理教授、硕士生导师，湖南大学JM教育中心执行主任。主要研究领域：民商基础理论、合伙法与公司法。本文为国家社科青年基金项目（18CFX052）的研究成果。

学学术型与法律专业型。前者为培养科研型人才服务，主要目的在于输送法学理论研究人才，为深化法学理论与法律规范体系的科学化水平服务；而后者则为培养法律专业型人才，主要目的在于输送法律实务人才，解决法律适用过程中的法治人才输出问题。两者培养目的不同，前者侧重于法律智识的纵深发展，后者则侧重于法律职业的横向满足。法律硕士专业学位自 1996 年经国务院学位委员会批准正式设立，截至 2019 年 5 月，全国共有法律硕士专业学位授权点 247 个。法律硕士专业已经发展了 20 多年，办学规模迅速扩张，报考人数逐年递增。但相比于国家对于复合型、实务型法律人才的要求，法律硕士培养质量堪忧，落后于法治建设对法治人才的现时需求。在法律硕士培养方面，由于学科评估指标化、定型化，法律硕士培养方案混乱，无法摆脱传统授课方式等原因，导致法律硕士的培养方案同质化、培养模式僵硬化、实践形式单一化，与学术型硕士培养趋同。其具体问题分析如下：

（一）培养目标与培养方案的同质化

法律硕士专业定位是培养专业型、实践型人才。法学硕士的定位是培养学术型、研究型人才。两个专业的学科定位十分不同，但在培养方案上却趋于一致。法学教育的同质化带来的直接后果便是法律硕士被培养成了“法学基础知识懂一点”“法学前沿知识懂一点”“中国法律知道一点”“外国法律知道一点”的“样样通”“样样松”的“法律夹生品”。[1]

（二）培养模式固化

其一，多数学校的法律硕士培养模式仍是老师讲授为主。这样的授课方式与法学学士无异，或专题讲述或框架梳理，仍采用传统授课形式。其二，课程考核方式多为论文，一个学期的结课论文少则 2 ～ 3 篇，多则 5 ～ 6 篇。论文的结课方式如何体现法律硕士实务型的要求？期末短时间内完成的结课论文如何保证学术规范，如何体现学术的严谨性？其三，双导师制在法

[1] 冀祥德，李庆明．诊所法律教育：中国法律硕士培养制度改革的基本方向 [J]. 法学杂志，2011（2）：59-62.

律硕士培养中无法切实地发挥作用。为体现法律硕士的实务型特色，多数高校响应“卓越法律人才教育培养计划 2.0”的要求,采用双导师制。但是，校内仍未形成与之相配的实务型导师，校外导师又形同虚设，在法律硕士培养中长期缺位。法律硕士在没有相关学科背景、没有实务领路人的情况下，仅采用传统授课模式，如何实现培养复合型、实务型法律人才的目标？

（三）实践管理环节单一化

法律硕士是社会主义法治建设队伍的重要组成部分，应当参与立法、司法、执法、法律服务以及法律监督等各个具体法治建设环节，充分发挥法律硕士应用型人才的优势。多元化、体系化的法治工作队伍必然要求多元化、体系化的法律实务人才，立法质量的提高离不开立法人才，法治政府的建设离不开执法人才，监察委的设立对法律监督人才提出了更高的要求。然而，在以“法律人才”为培养目标的指导下，忽略动态法治体系的多元化需求，往往主要以培养法官、检察官以及律师为具体的培养方向，而忽略了对立法人才、执法人才以及法律监督人才的培养。[1]法律硕士实践形式的单一化无法回应社会对于多样化法律人才的需求，法律硕士与法学硕士就业方向趋同又会挤压法律硕士的竞争空间，导致法律硕士培养与社会需求错位。

由此可见，我国法律硕士的培养尚未完全符合新时代法治人才的培养要求，法律硕士的培养缺乏职业技能方面的深入训练，与社会脱节，缺乏社会实践性，难以实现“毕业即上岗”的应用型、实务型法律人才培养目的。只有整合时代背景下对法治人才提出的新要求，整合法律硕士培养目标，才能够切实可行地提出法律硕士培养的新路径。

二、法律硕士培养定位：三个层次的培养目标

法律硕士培养为中国特色社会主义法治体系提供应用型、实务型人才。“卓越法律人才教育培养计划 2.0”明确了法律人才的培养目标，即“德法

[1] 董娟，赵威．从法律人才到法治人才：法律硕士培养目标的新转变 [J]. 学位与研究生教育，2019（5）：21–27.

兼修、明法笃行、知行合一、本领过硬”。在该目标中，据其需求的层级，可以从低到高分为三个层次。第一层次，为满足应用型、复合型法律人才的基本需求，即具备夯实的、全面的法律基础知识，对中国特色社会主义法治体系能够有系统、准确、全面的把握；第二层次，则为满足应用型、复合型法律人才的进一步需求，能够运用法律基础知识和法律制度体系，解决实务当中的具体纠纷；第三层次，则满足应用型、复合型法律人才的最终需求，能够德法兼修，既具备法律专业素养，同时能结合法律职业伦理，为实现社会的公平公正、保护人民的利益服务。下文将具体探讨法律硕士培养目标三个层次的具体内涵：

（一）法律硕士培养的高级目标：德法兼修

德法兼修是十九届四中全会法治人才培养提出的明确目标。德法兼修的法治人才是新时代法治人才培养的高级目标。主要理由如下：第一，培养德法兼修的人才是现代社会的需求，长期以来，我国法学教育偏重法律专业知识的传授，忽视道德教育，从而培养了许多“精致的利己主义者”，违背了法治人才培养的初衷；第二，培养德法兼修的人才是社会主义市场经济建设的需要，完备的法律规范体系能够保障市场的有序运行和市场竞争秩序，道德教育能够在一定程度上管理和限制市场主体基于趋利而做出道德失控行为；第三，培养德法兼修人才是落实法治实施体系、法治监督体系、法治保障体系的关键手段。德法兼修人才是在法律适用过程中引领价值判断的主力军。法治体系的构建与完善，需要人才的引入。德法兼修的人才是构建上述体系的磐石。

据此，法律职业伦理，在新一轮的法律教育改革中，被提到了前所未有的高度。其作为一门独立的课程，被教育部列为法学 A 类必修课程之一，成为提升法律职业伦理培养的主要方式。据曲玉梁教授的最近研究成果，他将我国法律职业伦理教育发展分为三个时期：其一为中华人民共和国成立至 1984 年，这一阶段以学习苏联理论为主，法律职业伦理教育作为法理学的一部分，被视为法律职业伦理教育的“萌芽时期”；其二为 1984 年至20世纪末，法律职业伦理成为学界关注领域，被视为“起步时期”；其三为21世纪初至今，大量学者开始专门研究法律职业伦理教育，被认为是“发展时期”。[1]

法律职业伦理教育逐步成为法律教育的核心内容之一，充分体现了法治人才培养的高级目标。据此，法律硕士的培养应将法律职业伦理作为课程建设的重要内容，加强法律职业伦理教育。

（二）法律硕士培养的中级目标：实务型和复合型职业能力培养

实务型和复合型法律人才培养是新时代法治人才培养的中级目标。本文认为德法兼修是法治人才的高级目标，而实务型、复合型法律职业能力的获得是法律人才培养的中级目标，理由如下：其一，实务型法律职业能力是法律硕士培养的关键能力，这是为法律体系的全面构建，为法治实施体系、法治监督体系、法治保障体系的全面实现而提出的具体要求。与法学硕士不同，通过法律职业能力的培养，在完成法律硕士研究生学业后，该学生能够将法律知识运用于实践，实现“毕业即上岗”。其二，复合型法律职业能力是社会经济全面发展、科技水平日益发达的新时代对法律人才培养提出的新要求。无论从国际形势，还是从经济领域，例如互联网领域、人工智能领域、医药生物领域、生态保护领域等，社会对法治人才的多元化、专业化、国际化提出了更高的要求。只有复合型法律人才的培养才能满足时代的需求。

据此，实务型人才强调运用法律的实操能力，而复合型人才则强调专业领域与法律运用的交叉能力，后者是对前者的深化与发展。只有清晰地把握法律人才培养的层次，才能实现法律人才培养环节的科学设计。

（三）法律硕士培养的初级目标：专业能力培养

现大部分的研究趋势表明法律硕士应是一种职业能力培养，专门培养职业化法律人才。对此观点，本文并不完全反对。但本文认为，专业能力培养是实现法律职业能力培养的基础环节。没有法律专业能力的培养，则

[1] 曲玉梁.论我国法律职业伦理教育学科体系的构建[J].法学，2019（6）：50.

无法实现法律职业能力培养，更不要谈德法兼修人才的培养。专业能力培养主要分为几块内容：其一，法律专业知识培养。法律知识体系的构建，是理解和运用实体法律规范的基础，只有掌握了基础的法律知识理论，才具备分析与解释法律规则的能力。其二，法学方法的培养。法学方法，是法律从业者利用法学理论分析和解释法律规范的工具。“工欲善其事，必先利其器”，而此中的“器”则为法学方法的运用能力。其三，法律规范体系的学习。学习法学理论和法学方法的主要目的在于掌握和运用法律规范体系。在成文法国家，基于法的稳定性与固化性，在规则与规则之间、部门法之间、新旧法之间等可能出现冲突的规范，那么如何在冲突的规范中，通过法律技术方法，将期盼的价值判断予以实现，这将需要建立在掌握法律规范体系的基础之上。

三、法律硕士的培养改革

（一）法律职业伦理课程与课程思政双轨运行

德法兼修法律人才培养是法治人才培养的高级目标。为了实现这一目的，加强法律职业能力培养应当贯穿法律硕士培养环节始终，其培养目的主要通过设置法律职业能力课程和建设思政课程予以实现。

在法律职业伦理的课程设置上，不仅强调法律人的共同职业伦理，还应区分法官、检察官和律师不同的职业道德。例如，法官被视为公平正义的天平持有者，是公平正义的“守门人”，其专业能力、职业操守、责任定位等直接影响司法公正的实现程度。法官应当是一位中立者，保持客观、被动，不能在审判活动中有立场之分、喜好之分，而是依证据和法律说话；检察官的主要任务在于代表国家追诉犯罪，其有立场之分；而律师则为当事人的代理人，维护其委托人的最大利益，不可出卖当事人利益。据此，法律职业伦理课程应分为四大部分：第一部分为从整体层面阐述法律人的职业伦理，即法律共同体的伦理道德；其他三个部分则为检察官、律师和法官的职业伦理。并且除了内容上应当涉及法律共同体与具体法律职业的伦理道德外，还应区分理论课程与实践课程。理论课程，如前述，主要介绍职业伦理的具体内容。而实践课程，则可设置为“双向模式”，具体方式为法官、检察官和律师进入课堂，以身示教，以加深同学们对于法律职业伦理的理解，同时，可将法庭设置为第二课堂，邀请同学们走入法庭，在实战中理解法律职业伦理的内涵。

课程思政方式也应成为培养法律职业伦理的重要方式，将立德树人贯彻到法学教学全过程、全方位和全员之中。在法律硕士专业教育板块中，将思政引入专业体系、教材体系以及管理体系，在传授法律专业知识的基础上引导学生们将知识和技能转化为内在德行和素养，注重将学生个人发展与社会发展、国家发展结合起来。在课程内容中，应注重主流价值观引领；在课程评价中，将道德内容作为评价指标，体现评价的人文性、多元性。

（二）法律职业能力培养的具体内容：实务型与复合型

法律职业能力培养是法治人才培养的中级目标。实务型、复合型法律人才是对法律职业能力的具体要求。实务型代表对实操能力的要求，而复合型则代表对法律多元化职业能力培养的要求，其中多元化可具体体现为“法律 + X”领域的专业化、[1]国际法治视野、学习能力等基于时代发展对人才提出的新型要求。对于该目标的实现应依托于两个路径：其一为实践能力培养路径；其二为复合能力培养路径。

对于实践能力培养路径而言，主要体现在法律硕士的实践能力培养环节。其中具体包括：（1）增加实践课程比例，将法律文书写作、法律文献检索、法律实操模拟等结合，重视各个实践课程的设置，将实践课程的考核方式多元化，鼓励学生参与实践，可将实习中的文书写作、文献检索作为考核依据。扩充实操模拟类型，将模拟法庭、模拟仲裁、模拟调解等作为模拟形式。（2）加强实践与理论教学团队的合作。传统型教学以理论为中心，应当将实践能力培养放入“第二课堂”当中，将法院、检察院、律所、仲裁委以及立法委作为“第二课堂”的开设地，将优秀的法官、检察

[1] 杨春福．新时代复合型法治人才及其培养路径研究 [J]. 法制与社会发展，2018（5）：104.

官、律师、仲裁员、“立法委员”引入课堂参与学生的具体培养，将他们的考核意见作为培养评价的内容之一。（3）重视实习环节，落实实习环节中实践能力培养的功能。我国法学专业自开设以来，法律实习是其必备课程，但常年以来，实习环节未能真正发挥其实践能力培养的功能，原因在于学生实习流于形式，实习审查多以形式审查为主。实习应是实践能力培养的主要方式之一，加强实习环节管理，是解决实践能力培养的关键方式。主要可从如下几方面加强管理：其一，实习基地协议中应明确实习岗位、实习指导老师、实习内容、实习时间，要求实习指导老师做到“一案一结”，并指导实习学生参与到具体某一案件的全过程处理中；其二，校内实习指导老师全过程指导，即要求实习指导老师就实习学生的各种专业问题随时答疑解惑；其三，建立实质实习审查制度，对于每个实习团队的实习情况，要求校内外实习指导老师每月互访，以了解实习学生的基本情况，并要求实习学生参与实践答辩。

对于复合能力培养路径而言，主要从如下方面加强：第一，法学科目与复合科目之间的学习。在培养路径上应遵循法律教育的一般要求，按照核心课程“10 + X”的分类设置模式，其中10为法学专业必修课程，而X为复合课程，X不限于1门，以知识产权方向的法律硕士为例，除10门必修课程外，还增加著作权法、商标权法、专利法等课程。第二，专业能力与实践能力培养相结合。在复合型人才培养中，不仅要加强复合型专业知识的学习，同时应加强复合型专业能力基础之上的实践能力培养。以知识产权方向为例，去知识产权局、知识产权中心、专利服务机构、知识产权法庭等实务部门进行直接接触。在实践中发现法律问题、解决法律问题，从而增强自身不断学习法律和相关学科的动力。第三，国际化视野的形成。国际化视野应是新时代法治人才的必要素养。国际化视野的培养应分为三个层面：其一，比较法视野下法律体系的学习。在全球化驱动下，国际商事贸易往来频繁，国家与国家之间、不同国家的私主体之间法律往来日益频繁，学习和掌握各国的法律规范体系，对保护国家与公民合法权益具有重要作用。因此，国际化视野培养的首要任务是学习各国的法律规范体系，不仅包括现行规范体系，还应包括法史学和法理学，以了解其制度内容及其成因。其二，国际化视野培养依赖于法律外语。因此，外语应成为法律硕士培养中的重要内容。其三，通过到国际机构实习、参与国际模拟法庭比赛等活动提升学生的国际化视野。

（三）法律专业能力的培养内容

据我国现行的法律硕士专业学位的设置，法律硕士专业能力培养应区分第一学位是否为法学学科的硕士类型。对于法律硕士（法学）的专业培养和法律硕士（非法学）的专业培养应采取不同路径。对于前者，已具备本科四年的法学专业训练，无论在法学知识体系，还是方法学层面，都具有一定基础。因此，对于法律硕士（法学）的专业培养应注重案例教学，可采用专题式教学方式，以案例带动体系教学，将方法论学习融入其中，主要提升其法律适用、法律分析、法律思辨能力。而对于后者，则应以法学体系教育为主，强化其法律知识体系化水平，在此基础上，结合法学方法论的学习，以促进其法律适用能力。

四、结语

法律硕士的培养应紧跟时代步伐。在新时代背景下，对法律硕士培养提出了新要求，我们应与时俱进。法律硕士培养的提升是众多制度、众多部门、众多领域合作的结果，需要决策者从宏观层面把握。国家法治建设与法律硕士培养工作相辅相成，专业教育与实践教育、实践能力与职业伦理道德，是属于法律硕士培养的“三位一体”，需要齐头并进，都不容放松。

论国家统一法律职业资格考试制度对法学教育的挑战及其对策

宋智敏　余冬生*

摘　要： 国家统一法律职业资格考试制度经历了由律考到司考再到法考的变迁。在新时代背景下，国家统一法律职业资格考试制度以提高法律职业人员的整体素养和考生综合分析能力以及解决问题能力为价值取向，在报考人员范围、学历条件、报名考试的禁止性条件、考试内容和方式以及对取得法律职业资格人员的管理等五个方面表现出新的特征；在考试内容、通过率以及开考时间上对法学教育提出了新的挑战。为此，法学教育应实现通识教育和职业教育的紧密契合，优化调整法学教育内容及体系，处理好国家统一法律职业资格考试和课堂教学的关系，丰富和创新法学教育方式，实现国家统一法律职业资格考试与法学教育的良性互动。

关键词： 国家统一法律职业资格考试；法学教育；考试制度

2018 年 4 月 29 日，司法部正式发布的《国家统一法律职业资格考试实施办法》（以下简称《实施办法》）为未来的法律职业资格考试确立了框架结构。该办法既立足于选拔高素质法律职业人才又兼顾我国实际，将对我国法律职业共同体的构建产生深远影响，在国家法治进程中发挥积极作用。在新的政策背景下，法学教育应如何做好自身的定位，满足当前形势的需要，逐步实现国家统一法律职业资格考试与法学教育的良性互动、相互促进和共同发展，是法学教育界、法律实务界必须予以思考的现实问题。

一、国家统一法律职业资格考试制度的建立

（一）法律职业资格考试制度的变迁

国家统一法律职业资格考试是国家为选拔合格的法律人才从事特定的

---

* 宋智敏，女，法学博士，湖南科技大学法学院硕士生导师，主要从事宪法与行政法学、法学教育研究。余冬生，男，安徽安庆人，硕士研究生，主要从事宪法与行政法研究。本文发表于期刊《当代教育理论与实践》2019 年第 1 期。

法律职业而设立的一种资格型考试制度。国家统一法律职业资格考试由来已久，在不同的历史时期有其不同的特点，名称称谓也有不一。

我国自1986年起，开始举办全国律师资格考试。报名参加考试的条件相当宽松，报考人员不必拥有法学教育背景，只需具备大专以上学历即可。伴随着全国律师资格考试的进行，自20世纪80年代末起，法院和检察院也逐步在各自系统内部进行相应的初任法官和初任检察官资格考试。但这种考试所针对的对象并不是法院和检察院系统内的所有人，很多转业干部和部队退伍军人并不需要参加此类考试便可以直接当上法官或检察官。法学教育与法律职业分离的状态仍旧存续着，司法官素质的参差不齐也愈来愈被社会所批评。

在社会要求提高司法官素质的强烈呼声下，2001年司法部会同最高人民法院和最高人民检察院联合发布公告，取消单独的初任法官、初任检察官和国家律师资格考试，决定从2002年起开始实行统一的国家司法考试。虽然国家统一司法考试有助于法律职业共同体的建立，但弊端也是显而易见，过于侧重考察应试者记忆能力的考试并不能如实反映应试者在实务中分析问题、解决问题的能力。

党的十八大以来，党中央高度重视社会主义法治工作队伍建设，2015年9月，中共中央办公厅、国务院办公厅印发《关于完善国家统一法律职业资格制度的意见》，明确将国家司法考试制度调整为国家统一法律职业资格考试制度。在国家司法考试进行的第16个年头里，2018年4月29日，司法部正式发布《实施办法》。[1]至此，概而言之，国家统一法律职业资格考试制度经历了由律考到司考再到法考的变迁。

（二）国家统一法律职业资格考试制度的价值取向

第一，国家统一法律职业资格考试制度的价值取向在于提高法律职业人员的整体素养。法律的生命在于实施，法律的权威也在于实施，而实施

[1] 司法部官网．国家统一法律职业资格考试实施办法 [R/OL].http：//www.moj.gov.cn/government_public/content/2018-04/29/gggs_18767.html.

的关键在于“人”。从事法律这个行当,除了心中要怀有公平、正义与良知外,更要求有夯实的法律知识、娴熟的法律技巧以及严谨的法律思维。譬如,就从事律师职业而言,接受了当事人的委托,就意味着要担负起合法保障当事人的财产、自由甚至生命的责任。如此责任与重担很难交于未曾接受正规法学教育的普通人手中。因此,提高准入标准,建立国家统一法律职业资格考试制度是国家选拔优秀法治人才从事特定职业的最公平、最公正也是最有效的途径。据统计,自2002年来,取得法律职业资格证书的人数已达96万之多,在这些人员当中,有大量的人员从事着法官、检察官、律师、公司法务、公证员、立法等法律职业,为我国储备了大量的优秀法律人才,更为我国建设社会主义法治国家、法治政府、法治社会提供了有力的人才保证。这次《实施办法》进一步提高报考门槛,要求报考人员必须接受正规的法学教育,或者即使本科是非法学,也要从事法律工作满三年才能报考,这一举措将有利于提高选拔优秀法治人才的科学性、权威性,有利于推动法律职业队伍正规化、专业化建设,有利于提高法律职业人员的整体素养。

第二,国家统一法律职业资格考试制度的价值取向在于提高考生综合分析能力以及解决问题能力。法律人研习法律,除了要掌握基本法律知识之外,还要具备分析问题、解决问题的能力,因此,践行能力是法律人必备技能之一。法律人为当事人解决纠纷,就像是医生给病人看病,得知道病人得了什么病、病在哪、如何治。这次法律职业资格考试的改革,明确提出将会逐渐增大对考生综合分析能力以及解决问题能力的考察力度,这将有助于倒逼法学教育模式的改革。法学教育模式也应顺势而变,不断推陈出新、革故鼎新。法学院教师应愈来愈侧重于案例教学,将理论寓于实践当中,实现理论与实践相契合,真正提高学生发现问题、分析问题和解决问题的能力。

(三)国家统一法律职业资格考试制度的新特点

这次《实施办法》相较于《国家司法考试实施办法》而言,有以下几个方面的创新。第一,在需要参加国家统一法律职业资格考试的人员上,《实施办法》新增了两类人员，即仲裁员和在行政机关中从事特定职务的公务员。第二，在报名参加考试的学历条件上，《实施办法》明确报名参加国家统一法律职业资格考试的专业学历条件为：须具有法学本科及以上学历学位；抑或非法本毕业，但须获得法律硕士、法学硕士及以上学位；抑或非法本毕业，但须从事法律工作满3年。与过去司法考试规定的报名条件相比，[1]明显提高了报名参加法律职业资格考试的门槛，具体体现在三个方面：一是将非全日制高等院校考生排除在外；二是要求学历+学位；三是全日制非法学专业考生，必须从事法律工作满3年，而司法考试仅要求具备法律专业知识。第三，在报名考试的禁止性条件上，新增了三项规定，更加适应当前新形势的要求。第四，在考试内容和方式上，一是《实施办法》增加了实行计算机化考试的规定，客观题考试全部实行计算机考试；二是采取分段考试的方式，考生只有通过了第一阶段的客观题考试之后才能参加当年第二阶段的主观题考试，客观题合格成绩仅在本年度和下一个考试年度内有效。此举既能进一步提高法律职业资格考试选拔的科学性和有效性，同时，又能确实充分地检测考生掌握法律知识的牢固程度和运用法律知识的熟练度。第五，在对取得了国家统一法律职业资格的人员管理上，赋予司法行政机关新职责，加强对该类人员的日常和动态管理。

二、国家统一法律职业资格考试对法学教育的挑战

法学是一门实践之学，似有一种“纸上得来终觉浅，绝知此事要躬行”的意味。法学教育的目的就在于使一个人经由学习法律，不仅获得法律知识，明了现行法律法规的基本内容，各种权利义务关系和救济程序，更应形成法律人独有的思维方式，而后依法律之规定，预防争议发生于先，处理已发生的争议于后。[2]王利明先生曾言：“法学教育的根本目的就是要培

[1] 司法部官网．最高人民法院、最高人民检察院、司法部关于印发《国家司法考试实施办法》的通知[R/OL].http：//www.moj.gov.cn/government_public/content/2008-08/10/fggz_6370.html.

[2] 王泽鉴．民法思维：请求权基础理论体系[M].北京：北京大学出版社，2009.

养高素质的、符合社会需要的法律人才。”[1]

中国自改革开放之日起至今已有40余载，这40多年里，法学教育为国家培育了大量优秀的法律人才，不论是数量上还是质量上，成绩有目共睹。然而，我们也清晰地意识到目前的法学教育还不能完全满足社会对法律人才的要求。近些年来，法学专业学生就业率一直排在倒数，权威调研机构麦可思研究院发布的《2019年中国大学生就业报告》[2]显示法学专业在十一大本科专业就业率当中排名末位，更加突出了法学专业就业难这个问题的严重性。法科生就业率低，究其原因，其中重要一条是通过国家统一法律职业资格考试的人并不多。前些年的司法考试，每年通过率也不过10%左右，意味着绝大多数考生没有获得从事特定法律职业的资格。而通过国家统一法律职业资格考试也已成为担任法官、检察官、律师和公证员等法律职业的前提条件，因而通过的考生就有了更多的选择，就业率自然就会有所改观。美国、韩国等国家就曾按照司法考试的内容和方式对法学教育的教学内容和方法进行过重大改革和调整，使其适应司法考试的需要。[3]目前，中国新一轮的国家统一法律职业资格考试制度改革势必会给高等院校法学教育带来巨大挑战。

第一，国家统一法律职业资格考试的内容对法学教育模式的挑战。高等院校法学教育以要求学生掌握系统法律知识为培养目标，因此法学院讲师教授的、法科生学习的主要是有关部门法学的基本概念、研究对象、法律渊源以及法律所调整的关系等知识，这种教育模式有偏重于“学术性”的意味，对于学生掌握基本法律知识具有重大意义，但也有值得注意的地方：其一，教师在课堂上讲解各种法律的基本概念、构成要件等知识，学生听课甚少发问，容易造成教师对知识“垄断”的负面效果，不利于培养学生的创新思维。其二，每一学年的期末考试题型考察的主要是学生的记

[1] 王利明．关于当前我国法学教育教学改革的几点建议 [R/OL].http：//article.chinalawinfo.com/ArticleFullText.aspx?ArticleId=70142.

[2] 麦可思研究院．2019年中国大学生就业报告 [R/OL].https：//www.sohu.com/a/337364897_100014885.

[3] 肖志雄，宋志敏．论司法考试与法学教育之良性互动 [J]. 当代教育理论与实践，2011（9）：130.

忆力，而甚少涉及案例分析。只要学生将平时教师所传授的知识点背诵熟练、烂熟于心，定能获得高分，因此部分学生就常常有临时突击、临阵磨枪的想法。而从前几年的司法考试试题来看，除了考查学生对现行法律规定的把握程度，更加注重让学生运用综合性思维去分析案件事实、解析法律问题。这正是目前中国高等院校法学教育欠缺之处，而这种趋势会在未来的国家统一法律职业资格考试中显现出来。

第二，国家统一法律职业资格考试的通过率对法学教育成果的挑战。国家统一法律职业资格考试的通过率从一定程度上来说的确是对法学教育成果的检验，而且，事实上不可否认的是，法律职业资格考试的通过率也已成为评价高等院校法学教育的一项重要指标，对于全国各大高等院校法学院来说，要提高法学专业学生就业率就不得不重视法律职业资格考试的通过率。对“双一流”高等院校的法学院而言，法学专业的学生毕业之后未必都会进入实务部门，但是能否取得法律职业资格仍是其教学水平的重要体现。而对于非“双一流”高等院校法学院而言，能否取得法律职业资格不仅仅体现着教学质量的优劣，甚至关系到该高校法学专业是否需要继续办下去、院系教师的福利待遇和毕业生的就业情况等一系列涉及因素。所以必须格外注重提高学生通过法律职业资格考试的及格率，只有毕业生有较高的法律职业资格考试的通过率，才意味着学校有了一张响亮的明信片，与同类院校相比会有更多的竞争优势。因此，就不难理解为何一些高等院校不对学生上课时间看考试教材，逃课去上培训班的做法加以制止。当然，学生的这一做法虽能在短时间内对提高法律职业资格考试的通过率有所帮助，但从长远计，通过法律职业资格考试仅仅是取得了从事法律职业的入场券，要想成为一名优秀的法律人，系统接受法学院的专业教育弥足重要，不可忽视。故学生此举有舍本逐末之嫌，不利于学生的长足发展。

第三，国家统一法律职业资格考试的开考时间对法学教学方式的挑战。国家统一法律职业资格考试一般在每年的 9 月份举行，其报名条件又不限制在读的大三学生报考，导致在面临国家统一法律职业资格考试与就业的双重压力下，部分学生宁可在课堂上多看几页复习考试的教材，多做几道考试的题目，也不愿意花时间和精力去理解消化教师传授的知识，更不愿意课后对法学理论知识深入思考研究，更有甚者不惜逃课去参加各类考试的培训班，试图一次性通过国家统一法律职业资格考试，以缓解就业压力。而一些高等院校对此情况也未加阻止。

三、国家统一法律职业资格考试与我国法学教育良性互动的实现路径

国家统一法律职业资格考试与法学教育的关系应是良性互动的，国家统一法律职业资格考试制度要不断进行制度创新，法学教育本身也要不断改革。[1]

第一，法学教育应实现通识教育和职业教育的紧密契合。上文已述，不论是先前的律考还是司考，其报考条件都不要求有相应的法学教育背景，造成我国很长一段时期法学教育与法律职业相分离的局面。此次国家统一法律职业资格考试制度的改革会使这一局面有所改观，一方面为打造法律职业共同体提供了有利的外部环境，另一方面《实施办法》的贯彻施行，将会使法学教育与法律职业严密契合，日后若想报考国家统一法律职业资格考试就必须要有法学教育背景。因此，法学教育应以此为契机，在新的形势背景下做好自己的定位，更好地适应时代之需求。

放眼当今世界各国（地区），其法学教育模式主要有四种：以美国为代表的法律博士教育模式；以英国和我国香港为代表的法律深造文凭教育模式；[2] 以德国和日本为代表的法律训练教育模式以及以澳大利亚为代表的双学位复合法学课程教育模式。[3] 这四种法学教育模式中都有职业教育这一阶段，而实践也已证实，将法学教育分为通识教育和职业教育两个阶段，不

[1] 叶秋华，韩大元，丁相顺．建构法学教育与司法考试的良性互动关系——“法学教育与司法考试”研讨会综述 [J]. 中国法学，2003（2）：191.

[2] 谭世贵，黄永锋．论法学教育与司法考试 [J]. 学术界，2003（1）：173.

[3] 香港法律教育信托基金．中国内地、香港法律制度研究与比较 [M]. 北京：北京大学出版社，2000.

仅有助于将未来立志从事法律职业和不从事法律职业的法科生合理分流，还有助于法律人养成共同的法律思维和行为方式，更有助于培养学生将来在实务当中处理具体案件的能力。目前我国的法学教育还没有职业教育这一阶段，就法学本科而言，教师上课更多的是注重法学理论的阐释、各种法律概念的讲解。然而学习法学最终想要达至的目标，就是解决现实生活中存在的各类繁杂争议，以建立、维护一个公平和谐的社会秩序。我们认为，法学教育应当由通识教育和职业教育两部分组成：通识教育传授学生基础理论知识，职业教育培养学生分析问题、解决问题的能力以及操作法律技术的能力；通识教育由高等院校法学院负责，职业教育由法律实务部门负责（目前也有一些高等院校法学院成立了律师学院，专门教授青年律师如何剖析案件、搜集证据材料、娴熟运用法律条文等技艺，帮助青年律师快速成长）。对不从事法律职业的法科生来说，接受通识教育完毕之后即可选择其他职业。相反，对计划从事法律职业的法科生来说，须在接受通识教育之后，通过国家统一法律职业资格考试并进行相应职前培训，职前培训考核合格后方有资格从事相应法律职业。[1] 这样的教育模式对现有法律人才的培养方式有了更深层次的优化，也更加满足社会对高素质法律人才的需要。

第二，优化调整法学教育内容及体系。根据教育部 2012 年发布的《普通高等学校本科专业目录和专业介绍（2012 年）》，确定法学专业有 16 门核心课程，[2] 其中并未将仲裁法确立为法学核心课程。在大部分高等院校法学院课程安排中，也未将仲裁法作为一门独立的课程进行讲解，大多是在讲授民事诉讼法的过程中顺带提及，由于课时有限，讲师未对仲裁法深入讲解。这次《实施办法》在需要参加法律职业资格考试的人员上做出新改革，将仲裁员和在行政机关中从事特定职务的公务员纳入其中，提高了其准入标准。法学教育也应顺应时代发展需要，不断优化调整法学教育内容及体系，让仲裁法学成为法学教育的核心课程，强化仲裁法学和行政法

[1] 高飞，刘婧．司法考试为导向的法学教育改革 [J]. 法制与社会，2011（35）：242.

[2] 教育部官网．关于法学专业核心课程的说明 [R/OL].http：//www.moe.edu.cn/s78/A08/A08_gggs/s8468/201212/t20121218_181006.html.

学教育，为培养包括仲裁员在内的优秀法律人才提供制度上的保障。

第三，要处理好国家统一法律职业资格考试和课堂教学的关系。我们要反对把课堂教学办成国家统一法律职业资格考试，也要反对只重视课堂教学而无视国家统一法律职业资格考试。我们认为，一方面重视国家统一法律职业资格考试并不一定要针对法律职业资格考试在教学体系当中设置专门的课程，但是还是应当开设一些选修课，遴选一些有经验的教师通过开设类似讲座的方式对学生进行辅导；另一方面，可以在教授专业课的过程中，适当地贯穿些过去国家统一法律职业资格考试考察过的真题，这样不仅能让学生通过法律的实际运用更好地理解和掌握理论知识，而且可以让其把握国家统一法律职业资格考试的出题题型及出题思路。两全其美，岂不美哉！

第四，丰富和创新法学教育方式。未来国家统一法律职业资格考试不仅会考察考生对现行法律规定的掌握程度，还会更加侧重考查考生运用综合性思维去分析问题、解决问题的能力。就法学本科学习阶段而言，法学院在传授基础法律理论知识之外，要适量增加法律实践课程的课时，丰富法律实践课程的形式。譬如通过模拟法庭，选取典型案件模拟审判，让“纸上的法”成为“鲜活的法”，加强学生对抽象法律条文的理解；不定期组织学生参加法院庭审案件活动，或利用假期进入检察院、法院和律所实习，增强运用法律思维剖析、解决问题能力；利用学校法律援助中心的平台，接受当事人委托，为当事人处理相关法律纠纷，以更加贴近法律实践举措，锻炼学生将理论运用于实践当中，即法律运用能力。

中国是世界上最大的发展中国家，这是一个大的外部环境，举办了世界上规模最庞大的法学教育。中国的法学教育还很年轻，将来还会不可避免地面临更多的挑战。这就需要我们不断推陈创新、革故鼎新，善于吸收和借鉴世界各国各地区先进的法学教育经验为我所用，使我们的法学教育适应国家社会的发展需要。国家统一法律职业资格考试作为连接法学教育与法律职业的桥梁，我们应以正确的姿态实现国家统一法律职业资格考试与法学教育的良好互动发展。

通识教育与法学专业教育的融合共进论

陈　雄　牛盼盼*

摘　要： 法学专业的职业化取向以及法学教育的功利性，造成当下法学专业教育缺失通识教育的现象。通识教育既是辅助法学专业学习、促进学科发展的手段，更是人才培养的路径，在法学专业教育中融合通识教育极为必要。现行法学专业教育贪多求全，大量专业课程既不必要又徒增负累，应当将主干课程削减至一半以下，保留最基础的几门部门法学，增设通识课程，分布到法学本科教育的每个学期，以达通识教育与法学专业教育的融合共进之目的。

关键词： 通识教育；法学教育；人才培养；课程改革

何为"理想的法学教育"，或者何者可以称得上是"法学教育的理想"，何美欢教授认为，法学专业教育的核心是技能的培育，[1] 葛云松教授更具体地认为法学专业教育的目标是培养法官能力。[2] 法学教育应当是以实践为导向的职业性教育还是培养国民素质的通识性教育，即法学教育的二重性问题，也一直是我国法学教育的难题。[3] 法学专业教育，毋庸置疑是以实践性为导向的，但同时它又是国家高等教育的一部分，具有通识教育的性质。因此，应当将通识教育融于法学专业教育之中，以通识教育促进法学专业教育，实现二者的融合共进。本文将首先提出我国法学专业教育缺乏通识教育的问题，然后论述通识教育对法学专业教育的促进作用，最后为二者的融合指出可能的路径。

---

* 陈雄，男，汉族，湖南衡南人，湖南工业大学法学院教授，法学博士，主要从事宪法学与行政法学研究。牛盼盼，男，汉族，山东临沂人，湖南工业大学法学院硕士研究生，研究方向：宪法学与行政法学。本文发表于期刊《教育教学论坛》2019 年第 48 期。

[1] 何美欢．理想的专业法学教育 [J]. 清华法学，2006（3）：113.

[2] 葛云松．法学教育的理想 [J]. 中外法学，2014（2）：293.

[3] 王晨光．法学教育的宗旨——兼论案例教学模式和实践性法律教学模式在法学教育中的地位、作用和关系 [J]. 法制与社会发展，2002（6）：33.

一、法学专业教育中通识教育的缺失

通识教育是一般教育，它为专业教育提供共通的知识、方法以及思维习惯，以达融会贯通之效果。通识教育与专业教育是广度和深度的关系，如果说专业教育追求学科深度，通识教育则要求学科的广度。广度与深度是辩证关系，没有足够的广度就没有相应的深度；同样，学科研究到达某一深度以后，如果没有广度的拓展，就会停滞不前。可见，通识教育与专业教育并不是排斥关系，而是对立统一的关系。[1]但是在目前的法学教育中，通识教育被极大地忽视，法学教育在职业化、精英化的道路上越走越远。

法学是经世致用之学，是世俗之学，非常具有人间烟火气息。谈起法律，人们想到的不是沉睡在文本上的法律条文，而是法庭上原被告双方激烈而紧张的唇枪舌剑。法学是实践性的，简言之，就是动手操作。法律的生命在于实施，“徒法不足以自行”，要使法律活起来，少不了人的要素。大部分进入法学院的学生，即使不是一开始就是，以后也慢慢会是以从事法律实务为职业取向，法学院本身也是这样倡导的。这一方面是来自于就业谋生的压力，法学作为一个吸金的行当，一个法科学子只要稍稍努力，再加上一点点的人脉积累，足可以活得相当体面；另一方面，不论是学校还是学生自己都会抱有这样一种观念，如果四年甚至更长时间的法学专业学习结束以后，将来不能够从事法律行当，之前所有的努力都徒劳无益。就是在这样的思想观念之下，选择法律似乎从一开始就斩断了法科学子其他的社会选择。王泽鉴先生说，法律人“大者能经国济世，小者能保障人权，将正义带给平民”，[2]但如果我们法学教育的视野仅仅局限在为稻粱谋，法学生的路将越走越窄。

在这种法学教育观的主导下，法学院的一切改革都在围绕“实践教学”这个中心出发。法学院大学四年的课程设置放眼望去不是这“法”就是那“法”，似乎这些刚从高中毕业的学生一进法门就都瞬间变得老成持重。法学教育对待法学生就像法律所蕴含的精神一样——拔苗助长，你必须一夜

[1] 李岳，薛涛．高校通识教育与法学专业教育的理论探讨与融合实践[J]. 学理论，2012（28）：168.

[2] 王泽鉴．民法思维[M]. 北京：北京大学出版社，2009.

成佛，达不到这个标准法律也“视为”达到了。大一入学就要了解这个国家的整体架构——宪法，并在艰邃精深的法理学课上如堕五里雾中。还不知道刑法具体有哪些行为是犯罪，就要学习犯罪是怎样构成的，谁和谁是共同犯罪等问题。一个大学生可能还没有谈过恋爱，就要去面对结婚和离婚的人间悲欢离合。从来没见过财务报表，以及没有一点市场经验，就要在资本、股权以及市场竞争秩序等规则中纵横捭阖。这并不是说，只有我们亲身结婚或者开公司以后，才能够学明白婚姻法或者公司法，而是说，法学课程不能仅仅教授这些，与之辅助的通识教育不可或缺。法学教育当然也意识到不能够空谈理论，所以案例教学、法律诊所、模拟法庭等旨在加强学生实操能力的活动越发活跃。几乎每个法学院里面都要设置一个模拟法庭的教室，这些改革是否真的能够提升学生实际操作能力本身尚有疑问，但它肯定是丰富了学生的业余生活。但是这样还是不够，因为我们还是在法学这个领域里兜兜转转、迷迷糊糊。法学院的课程设置，实际上是假设一个学生通晓人情世故、历经宦海浮沉并且具备非凡卓越的商业头脑。但事实远非如此，他们还只是未谙世事的少男少女，急需通识教育的滋养，以开阔思路、打开眼界，并且为学习法律做好心理准备。

二、通识教育对法学专业教育的功用

法学专业教育中通识教育的缺失，导致法学生在专业知识上一知半解和人文素养的欠缺，法学学科发展也受到极大限制，通识教育对于法学专业教育在人才培养和学科发展上具有促进功能。在全面依法治国背景下，将通识教育融入法学专业教育中势在必行。

（一）通识教育有助于法律人才培养

1. 促进法学专业的学习

法律是社会关系之学，生活事实是一个综合矛盾体，法律就是要在各种纷繁复杂的社会关系中理出头绪，定分止争。不论是以中立的法官身份居中裁判进行法律适用，还是以立法者的身份衡量各种利益制定法律，都要建立在对社会的充分了解和认识的基础上。法学从来都不是自给自足的学科，毋宁说是其他社会领域出现了纠纷，才转向法律寻求一个“说法”。通识教育是要塑造一个认知全面的一般人，在这个基础上它能够通过深层次的专业性学习，胜任各种社会角色和分工。法律来源于社会生活，没有社会生活就没有法律，不能够完整地、深切地了解社会生活的人，是学不好法律的，而这恰恰需要通识教育在这方面予以弥补。

法学教育尤其是在入门阶段，老师和学生都很头疼。老师要想方设法进行各种类比、例证才能勉强讲明白某个理论问题，学生也要极尽自己的想象，努力思考既看不见也摸不着的但又真实存在的某个实体。一方面是因为学生缺少社会经验和阅历，另一方面学生没有背景知识的支撑。缺少经验当然可以多实践，缺少背景知识只有通过增设通识教育来补强。法学中的各个学科几乎都与某一确定的社会领域相对接，各个部门法就是依据法律所调整的社会关系和调整方法来划分的。[1] 也许我们不能够穷尽所有与法律相关的社会领域的知识，但是对于主要的社会领域的知识是必备的，缺少这些知识，我们对于该部法律的理解可能有失偏颇甚至背离它的初衷。我们相信，比起具体法律概念、制度和程序的学习，对于基本正义观念、伦理道德、社会现实以及自然常识的理解与认识，更为重要。只有在正确的观念和现实指引下，法律的学习才不会迷失正确的方向。

只有对其他人文社会科学有所了解，法学生对于法律才能有更深层次的认识，跳出法律看法律，达到看山不是山、看山还是山的境界。我们经常见到一个刚学法律的法学生就敢开口向别人提供法律意见，张口闭口“起诉他”。法律不是万能的，实现社会治理的方式有很多种，其只不过在某个时期某种方式占据主要位置而已。庞德一部有名的著作《通过法律的社会控制》中就指出，在法律之外还可以通过道德、宗教等实现社会控制。[2] 即使有些事情可以依据法律处理，但不见得就是最好的、最圆满的解决方

[1] 张文显．法理学（第四版）[M]. 北京：高等教育出版社，2011.

[2] 罗斯科·庞德．通过法律的社会控制 [M]. 沈宗灵，译．上海：商务印书馆，1984.

式。就像《秋菊打官司》中“秋菊的困惑”一样，秋菊只是想给自己的丈夫讨个说法，并不想将村长关起来。法律也许是最直接的解决方式，但略显粗暴简陋，远没有乡村社会中调解艺术的细腻，并产生和美的结果。法理与人情的冲突是现实存在的，忽略这些要素的法治，在运行之中必然出现水土不服的现象。人贵有自知之明，法学生要明白法律也有捉襟见肘之时、之地，法律需要信仰但不应被崇拜，视野宽阔，格局才能宏大。

2. 增强学生的人文素养

在法学专业教育之中加强通识教育不应当理解为，通识教育是法学专业教育的辅助或者手段，通识教育本身就是高等教育的目的。作为高等教育一部分的法学专业教育不仅担负着为全面依法治国输送法治人才的重任，也要立德树人，对于法学生来讲尤为重要。古人讲，修身、齐家、治国与平天下，家国天下是对外的面向，修身则是向内的。在法学专业教育中增加通识教育，向外可以防止学生走上错误的道路，向内也可以提高自身修养。

习近平总书记讲，要让人民群众在每一个司法案件中感受到公平正义。英国哲学家培根也说过，“一次不公正的审判，其恶果甚至超过十次犯罪。因为犯罪虽是无视法律——好比污染了水流，而不公正的审判则毁坏法律——好比污染了水源”。法学教育的实践取向必然导致学生的功利性学习，使得法学生一切向“前”或“钱”看，眼睛里只有前程与金钱，缺失了人文情怀与家国抱负，以至于理想信念丧失，将法律玩弄于股掌之中，亵渎正义与公平，危害国家与人民。古人讲，“学得文武艺，货与帝王家”，此种封建思想自有糟粕之处，但其中蕴含的家国思想仍是值得倡导和学习的。市场经济使得我们物质生活极大改善，但同时却导致精神世界的贫困。法学教育应当增加一点家国情怀教育，不是说让每一个人都成为“士人”“君子”，但也要让法学生明白自己学习法律的价值，以及法律被滥用之后可能带来的危害。成才必先立人，正确观念的引导绝不是可有可无的。法学生在没有接受正确的人生观、世界观以及价值观的指导就直接面对社会的大潮，很容易迷失方向。高等教育应当为学生的人生负责，缺少人文素养的关怀，掌握的法律知识越多，造成的危害可能就越严重。向内而言，通识教育也有助于提高法学生自身的修养。法律的学习可能是枯燥的、孤独的，眼光只停留在法律书籍上，容易短视不说，还会造成学生心理上的扭曲。音乐、美术的熏陶可以缓解法律学习的疲劳，也可以舒展学生的心灵。法学是世俗之学，但绝不庸俗。法学生应当既能够平易近人贴近人间烟火，也能够登上大雅之堂欣赏阳春白雪。

（二）通识教育有助于法学学科发展

法学专业的学科发展不仅需要法学自身教学方法、研究范式的转变，也需要外在的推动力。通识教育为法学研究提供了更为宽阔的思路，法学交叉学科的发展，尤其是近年来人工智能、大数据的兴起，使得法学研究深感后劲不足，急需填补跨学科知识。

学生经常吐槽法学专业教育枯燥无味，法学专著和论文晦涩难懂，一方面出于法律的严谨性，另一方面可能也是来源于法学研究语言、修辞的匮乏。老师只能够用法律解释法律，学生也是靠法律理解法律，不能够运用其他学科的知识进行相互阐释和论证。我们学初中物理时可以用水流、水压等来理解电流和电压，却找不出什么类似的比喻来如此理解法律。苏永钦教授曾经用电流的串联和并联来描述民法规则丛集之间的关系，以达到最大的体系效益，如果没有多学科背景知识很难对民法典的体系解读得如此透彻。[1]

除此之外，法学专业教育还充斥着空洞的口号，公平、正义、民主等词汇大行其道，即使是在个案中，法律保留原则、比例原则、诚信原则等也屡见不鲜，法学的分析方法似乎成了文字、逻辑的游戏。法律经济学、法律社会学等交叉学科，引进经济分析、社会学分析的方法，使得法学研究别开生面。法律经济学将整个法律放在经济学的视角下考察，侵权法、合同法、物权法乃至刑法，都能够运用法律经济学重新释义，法律经济学揭示了法律条文背后用传统法学方法难以言说的法理，颇具说服力。现在

[1] 苏永钦．寻找新民法（增订版）[M]. 北京：北京大学出版社，2012.

法学院的学生只是在高中学过一些基本的数学工具，进入法学本科教育以后基本不会再学习数学，很多法学本科的学生是因为不学数学才选择学法律，这就使得法学研究失去了一个极为重要的工具。即使是法律社会科学的田野调查也可能会运用数学模型进行统计分析，没有基本的数学工具进行数据分析，也会影响调查结论的可靠性与权威性。

再看当下最为火热和前沿的人工智能和大数据分析。人工智能和大数据给人类法律制度带来前所未有的挑战，自动驾驶、机器人的主体地位、数据安全、数字化人格的形成等问题，无不拷问法律人的智识。[1]我们可以看到，如今研究人工智能和大数据的法律学者，多具有理工科背景，甚至有的就是学计算机出身。当传统法学出身的学者开始意识到此一领域的重要性并转向此一课题研究时，虽不说为时已晚，但也是失去先机，并且成果不见得比他们做得好。大数据时代、人工智能时代，如果没有通识教育奠定基础，法学自身已经难以跟上时代的步伐，更谈不上交叉学科的发展。通识教育的内容不是一成不变的，它应当与时俱进，随着社会发展而不断调整，华宇元典法律人工智能研究院出版的《让法律人读懂人工智能》一书可谓这方面最好的通识教育书籍之一。在人工智能与大数据已经上升为国家战略的背景下，法学专业教育也应当将其纳入通识教育的范畴予以关注和学习。

三、通识教育与法学专业教育的融合

通识教育是法学专业教育的底盘，底盘稳才能行得远。目前我国法学专业教育中通识教育缺失，即使是有增设通识教育的主张，也是将通识教育与法学专业教育对立分开。有主张美国模式的，将法学专业教育改为研究生教育，先取得一个非法学学位再进入法学院学习，也有的主张日本模式，本科前两年上通识课，后两三年才学习法学专业课。我们认为，通识教育应当融进法学专业教育的全过程，不搞通识教育与法学专业教育两张皮的模式。

通识教育与法学专业教育的学习应当融合共进，你中有我，我中有

[1] 吴汉东．人工智能时代的制度安排与法律规制 [J]. 法律科学（西北政法大学学报），2017（5）：128−136.

你，一直伴随法学本科的全过程。那种将通识教育与法学专业教育对立起来的观点，实际上预设通识教育到了某个阶段就不用学了，够用了。知识的学习总是面临“博”与“专”的两难，这两者是循环渐进，螺旋式上升的。动态的、发展的眼光看通识教育与法学专业教育的关系，就应当意识到，随着“专”的程度提高，“博”的广度也需要相应拓展。法学专业本身就具有双重属性，既要学习专业知识，也要加强通识教育，只不过是在实践中人为地有所侧重、偏颇。人们看重的只是专业知识的实用性，而对于非功利性的无用之学丝毫不感兴趣，甚至认为通识教育妨碍了专业教育，学生应当将更多的心思放在专业学习上,其他德智体美都成了“不务正业”。我们认为，应当适当选择一些通识课程，涵盖自然、人文和社会科学，分布到大学四年每个学期里面，让通识教育可以与法学专业教育平分秋色。

或许有人疑问，法学专业十六门主干课程在法学本科四年教育中都不见得开得全、教得完，再增加一半的通识教育，无异于痴人说梦。解决的方法很简单，就是削减十六门主干课程以及其他专业课程。所谓的法学专业主干或者说核心课程，真的有那么必要吗？现行法学专业教育的弊端在于贪多求全，希望学生四年时间能够对几乎所有的值得一提的部门法都能面面俱到，这是对大学高等教育时间的极大浪费。法学专业教育传授的不是知识而是方法与思维，社会发展变迁迅速，很多法律频繁修改，即使当时记住了知识，到以后也成了过时的东西。中国的法律追求通俗易懂，并不像德国民法典那样艰深晦涩，只要稍微接受过教育的人再辅之以发达的互联网技术，查找、理解以及运用这些法律并不是难事。更为关键的是，有些部门法本身就是建立在其他更为基础的部门法之上发展起来的，只要对于一些最基本的部门法掌握透彻，其他部门法的学习简直是手到擒来。我们所说的这些最基本的部门法，可以指宪法与行政法、民法、刑法以及诉讼法，这对于法学专业本科教育足够了。即使是商法、经济法、国际法等都没有必要在法学本科阶段设置，只要将最基本的部门法教透彻、学扎实,将来继续进行深造,也有一个稳固的底盘。用四年的时间学习七门法律，既能轻松应对，还能精准全面掌握，关键是为通识教育腾出了时间。用这样的模式培养出的学生，定能厚积薄发。

再加上国家统一法律职业资格考试改革，根据中共中央办公厅、国务院办公厅发布的《关于完善国家统一法律职业资格制度的意见》，国家统一法律职业资格考试只能由“具备全日制普通高等学校法学类本科学历并获得学士及以上学位，或者全日制普通高等学校非法学类本科及以上学历并获得法律硕士、法学硕士及以上学位或获得其他相应学位从事法律工作三年以上”的人报考，由于实行“老人老办法、新人新办法”，新进入法学院校学习的学生只有等到大学毕业以后才能够参加考试。[1]这就为法学教育腾出更多的时间。以往在校法学生能够参加国家司法考试的年代，大三就要开始准备复习国家司法考试，专业课程都被国家司法考试辅导课所替代，更别提有闲情逸致上通识课。在国家统一法律职业资格考试改革之后，法学院校真的应该好好反思一下自己的教学目标，是否还应当以法考马首是瞻，法学专业教育既然属于高等教育，就应该全方位进行人才培养，使他们将来法学专业毕业以后，不论从事哪一个行业都能够独当一面。不能够因为学生学习法律就把其将来的就业方向限制在与法律有关的行当，不能够一开始就剥夺了法学生的自主选择范围和机会。因此通识教育与法学专业教育应当是相互融合共进的。

四、结语

通识与专业是一对难解难分的冤家，之所以在实践中引起争论，在于我们过分看重专业性，实际上我们所认为的专业不见得是必需的。与其如此，不如正视通识教育的不可或缺。法学教育首先是国家高等教育的一部分，其次才是职业教育，它的教学理念和导向都应当体现专业教育与通识教育的融合，而不能有所偏废。为法学专业教育减负，增加通识教育课程的比重，促进二者的融合共进，对于彼此都能互利互惠。

[1] 杨会，魏建新.国家统一法律职业资格考试背景下法学本科教育改革研究[J].社会科学家，2018（2）：114.

公民意识视域下大学生法律教育问题探究

兰　照　韩德阳*

摘　要：公民意识是法治社会必不可少的元素，大学生作为我国依法治国与和谐社会建设的重要力量，公民意识养成应当成为大学生法律教育的目标和重要组成部分。以公民意识为视角的大学生法律教育问题研究体现了时代价值，是建设社会主义法治国家的内在要求，契合了大学生法律课程的教学需要，是构建适合中国特色的大学生法律教育体系的需要。

关键词：公民意识；大学生；法律教育

十九大报告指出："坚持法治国家、法治政府、法治社会一体建设……提高全民族法治素养和道德素质。"《青少年法治教育大纲》强调，要"培养和增强青少年的国家观念和公民意识"。在中国，法治社会已经成为时代的必然选择，而公民意识不仅是我国法治社会形成的内在驱动力量，更是法治社会建立的重要前提，对我国社会主义法治建设具有举足轻重的意义。大学生形成正确的公民意识是高校法律教育的主要目标之一，加强大学生公民意识既有助于营造良好的校园氛围，又有助于全社会公民意识的形成，同时对即将步入社会的大学生来说，只有在这个阶段提高自身法律素质，才能更好地投身于法治社会的建设。

一、大学生法律教育与公民意识之间的关系

法律教育包括法律的职业教育和法律的普及教育，前者旨在培养法律领域内的专门人才，后者致力于普通国民的法律教育。目前，我国的法律

* 兰照，男，河南郑州人，吉林大学法学博士，湖南工业大学法学院硕士生导师，主要从事法学理论研究。韩德阳，男，河南周口人，湖南工业大学法学院硕士研究生，研究方向为法理学。本文系湖南省"十三五"教育科学规划项目"公民意识视域下大学生法律教育问题研究"（XJK016BGD018）的研究成果，发表于期刊《教育教学论坛》2019 年第 48 期。

教育重点在于法律专门人才的培养，对于普及公民的法律意识及素养方面不够重视，导致国民整体法律素质不高、公民意识不强的现状，本文所讲的“大学生”主要指非法学专业的大学生。公民意识“是公民对自身的政治地位和法律地位、应履行权利和应承担义务的自我认识”。[1] 公民意识与大学生法律教育不仅是高校人文教育的一部分，而且有着紧密的联系，两者的关系可以从静态和动态两个方面进行理解。

静态上，两者是目的和手段的关系，公民意识是大学生法律教育的主要目标之一，大学生法律教育是公民意识培育的重要方式。一方面，法治社会内在的包含着公民意识，大学生法律教育就是为社会主义法治社会的建设而服务，使当代大学生树立正确的公民意识，最终成为能够有效参加国家和社会公共事务的合格公民；另一方面，公民意识的形成不是凭空产生的，必须通过一定的方式来完成。在高校，大学生法律教育自然成为大学生公民意识培养的主要方式，学校通过教授法律条文、讲解法学案例等方式普及具体的法学理论知识，让学生掌握法律知识、形成法律思维、培养法律意识。[2] 正如法国启蒙思想家卢梭所言，“一切法律中最重要的法律，既不是刻在大理石上，也不是刻在铜表上，而是铭刻在公民的内心里”。学校的法律教育能使大学生在内心里真正的拥护法律、信任法律，对自己的公民角色产生心理认同与理性自觉，形成知法、守法、用法的意识，促进公民意识的养成。动态上，两者相互影响、相互促进。相互影响体现在它们在内容上有相通之处，“法律教育的基本内容表现在大学生是否养成了公民意识”。[3] 大学生法律教育的过程也是公民意识形成的过程。法律教育对于高校大学生来说，其主要目的是增加大学生的法律知识，培养大学生健康的法律心理，促进大学生积极法律情感的建立，提升大学生在社会法制管理活动中的参与度和参与能力，从而使得当代的法治理念能够以不

[1] 胡弘弘．论公民意识的内涵 [J]. 江汉大学学报（人文科学版），2005（1）：70-74.

[2] 陈媛瑞．新形势下加强大学生法律素质的思考 [J]. 开封教育学院学报，2014（4）：116-118.

[3] 蔡卫忠．论加强大学生法制教育要着力把握好的几个问题 [J]. 思想理论教育导刊，2013（6）：44-48.

同的形式和方法深入到人们的心中，提高全民族的整体素质。相互促进体现在如果大学生法律教育的方式、方法等符合公民社会发展的需求，符合法治社会的理念，其直接的表现就是公民意识的提升，公民意识的形成反过来助推大学生法律教育，为之后大学生的法律教育积累经验、提供思路，可以更好地进行法律教育。如此，两者便形成了循环上升的良性互动状态。

因此，在公民意识视域下对大学生进行法律教育无疑具有重要的现实意义。显然，良好的大学生法律教育对公民意识的培养和法治社会的建设有着无可替代的积极作用。然而，1986 年至今，我国大学生法律教育已经进行三十多年，期间虽也取得许多可喜成绩，但也存在着不少问题等待着我们去解决。

二、大学生法律教育存在的问题

（一）重“思想道德修养”轻“法律基础”

在地位上，高校课堂教育主要是通过教材，相对于法学专业非法学专业的教材是《思想道德修养与法律基础》，课改后，法律基础部分的内容被压缩，“法律基础”部分仅占全书比重的三分之一并且位置靠后，课时也随之减少，教材在编排上对法律教育的重视度显而易见，法治国理念下对大学生法律教育应当更加重视，这样才能提高大学生乃至全民族的公民意识与法律素质。在内容上，一方面，法学是一门体系庞大、内容丰富的学科，加上教材比重较小，“法律基础”也只能体现出最基本的框架、概念，教师教学片面追求传授法律知识的容量，学生即便掌握了法律知识但未必在内心认可其所学，亦不能让学生从中体会到更深层次的法律意识、法律思维以及法治理念，若仅仅局限于法律最为基本的概念学习、名词掌握，法律教育最终也只能流于形式无法达到预期的教育目标；另一方面，为适应飞速发展的社会需求，法律的修订也比较频繁，法律法规更新变动很多，对于修改的内容教材不能及时体现出来，虽然不影响学生对教材的学习但也没能跟上时代的需求。因此，大学生法律教育不仅要更加重视“法律基础”

而且还应解决法律教育过程中学生对法律的知不知、信不信以及法律知识的新旧问题。

（二）重普适性轻针对性

我国高校法律教育对普适性的重视体现在两个方面。第一，法律教育无差别地适用于高校各个专业的学生，思想道德修养与法律基础课程性质属于公共课程，适用对象为各专业学生；第二，内容普遍适用于所有受教育对象，其普适性本身就存在不足，教材用短短几十页篇幅向非法科学生讲述内容丰富的法律体系，即便能呈现出我国现有的法律轮廓，其内容也难免变得极其单薄，教学效果难以保障。面对不同专业的学生，高校法律教学的对象和内容如果不进行具体区别对待，学生的个性化需求就得不到满足，虽然接受了法律方面的专业知识，但也只是一些较为基本的理论知识，课程结束后学生对所学知识恐怕也只有感性层面上的一些简单理解，没有基本知识作为基础铺垫，更是无从谈起形成法律思维、公民意识，运用所学解决问题了。法律教育应更加精细化，使教学具有更强的针对性，在学生学习了基本的法律知识后，再基于学生本专业的需求学习相应的法律知识，不仅有助于解决本专业的法律问题，而且可以用法律思维指导自己的工作和生活，法律意识、法治观念才能更加深入人心。

（三）重理论轻实践

当前大学生法律教育大都局限于课堂教学，实践教学环节相对欠缺。法律教学方式基本是通过书本学习抽象的理论知识，虽然课堂上也进行案例讨论，但这些都是学生没有亲身经历的案例，课堂上的案例讨论本质上还是一种思想层面的理论推演并未接触真正的实践，法律教育需要摒弃纯粹知识性教育的倾向，加强理论与实践的有效结合。[1]对大学生而言，课堂上老师所传递的知识和观点都是间接经验，只有通过切实地开展实践活动，才能让大学生通过自己的亲身实践体验接触法的现象，深入到法的本质，从而形成对法的准确认识。法律是一门实践性很强的应用型学科，只

[1] 陈若冰．关于强化大学生法律意识的思考 [J]. 华北工学院学报（社科版），2004（2）：23-25.

有将理论与实践结合起来才能发挥出更好的教学效果。正如达·芬奇所言“理论脱离实践是最大的不幸”，实践本身就是法律教学的必要环节，实践环节的缺失会降低大学生对法律的认识水平，大学生经常会出现掌握了理论知识但却不会灵活运用所学知识解决实际问题的情况，即直接导致了学生知学法而不知用法现象的发生。加之法学学科本就理论性强不易理解，若不辅之以实践，强化理解，单纯的课堂教学也会变得枯燥、刻板和抽象。

（四）重知识灌输轻观念培养

高校法律教育普遍存在注重知识灌输轻视观念培养的现象。法律课堂常见的教学情形有二：其一是在授课的过程中照本宣科式的将课本过一遍，加上课时少、时间紧，教师教学往往是急于赶进度，对知识进行简单罗列，浅尝辄止，无法对具体问题进行深入探讨；其二是把大部分精力放在了讲解具体的法律知识上，尽可能多地让学生了解一些实用性大或对考试有帮助的知识点，学生在一定程度上也能真正地学到知识。但是，两者都只重视了知识的单纯灌输，强调对知识的掌握，“应试性”“实用性”特征明显，另外，无论是情形一还是情形二，都在不同程度上反映出教师教学方法和教学能力存在一定短板，原因在于授课老师多是非法学专业出身，未曾接受过系统的法学教育，法学素质整体偏低的现象普遍存在。法律教育一直停留在较低的层面，无法做到将法律知识进一步升华到对学生法律观念的培养上。“法律教育既要传授系统的法律知识，更要探寻法律背后的义理和精神。”[1]具体法律知识固然重要，但更重要的是知识背后所承载的价值与理念，法律教育不能囿于法律知识的简单学习，即便有很渊博的法律知识，依然有可能走向歧途，走向歧途也绝不仅仅是因为法律知识的匮乏，而是法制观念、法律意识的缺位，因此，大学生应当在深层次上对法律教育所要表达的精神有更为恰当的理解，在步入社会后能够具备良好的公民意识。

[1] 朱祥海. 走出法律教育的“囚徒困境”[J]. 现代教育科学，2011（5）：15-17.

三、解决大学生法律教育问题的路径选择

大学生法律教育的重点应当包括两个方面，一是掌握法律的基本理论和基本知识，使大学生对法律有个基本了解；二是形成正确的法律思维、公民意识，能够在生活和工作中知法、守法、用法，做合格公民。若要解决以上问题达到大学生法律教育的预期效果可以从以下三个层面进行改善。

（一）法律教育的内容层面

教材是法律教学的前提，教材既是教师教学的依据又是教师对教材的再次开发。[1]虽然“我们不能简单地以教材篇幅大小衡量法制教育的地位，不能机械地以课时多少来判断法制教育的分量”[2],但“教材篇幅”和“课时多少”等因素的重要性是毋庸置疑的，并且会直接影响预定教学效果的实现与否。所以，我们持有的态度应是教材篇幅和课时很重要，但也不应完全依据教材进行教学。因此，法律课堂教学中我们既要重视教材本身又要注重教材内容的延伸。第一,对于重“思想道德修养”轻“法律基础”的情况，可以在教材中加入二维码，二维码具有面积小、储量大的特点，精心选取恰当的经典案例视频、图片以及具有法律教育意义的漫画等加入二维码里面，用更为趣味、生动的方式向学生传达法律知识与理念，既能保证知识的系统性、丰富教学内容，又能很有效地解决教材篇幅小、课时短的问题。另外，对于法律法规的变动情况、社会发生的热点法律问题也可以通过二维码进行单独总结汇总，既方便快捷又做到了新旧知识的更新。这一方式突破了传统教材内容平面化的模式，增强了知识传播形式的立体感。[3]第二，根据“法律基础”本身内容上重普适性轻专门性的现状，法律教学应采用线下课堂教学为主线上教学为辅的策略。具言之，一方面，线下课堂教学方式主要是通过教材，因此应当适当增加教材篇幅和教学课时，满足学生对法律知识的宏观把握和微观理解，通过课堂教学对教材知识的学习，使学生既

[1] 于世华．教学内容的灵活性 [J]. 当代教育科学，2004（17）：24-26.
[2] 陈大文，孔鹏皓．关于高校法制教育定位问题的思考 [J]. 思想理论教育导刊，2013（7）：48-51.
[3] 陈积常．二维码技术支撑下的教材建设探索 [J]. 广西广播电视大学学报，2017（2）：46-48.

能掌握基本的法律理论知识，又能在此基础上进一步养成法律思维、法律意识和提升自身法律素质；另一方面，对于不同专业的不同需求，法律教学应当充分利用网络资源，引入尔雅通识课，将网络课程与课堂教学相衔接，在线下课堂所学的基础上将丰富的网络资源作为法律课堂教学内容的延伸。[1] 比如医学专业的学生可以侧重卫生法，经济学专业可以侧重经济法，艺术专业可以侧重知识产权法等等。大学生将来都会迈入社会进入不同的领域，他们不仅要懂得最基本的法律知识，而且要通晓与本行业有关的法律内容，在线上课堂学习中，大学生可以将在线下课堂学到的基础知识与法律理念带到将来要从事的领域，这样能更深刻地明白在该领域应如何规范自身行为以及维护自身合法权益，这样才能够在生活与工作中知法守法，明确权责，树立正确的权利义务观，形成正确的公民意识，做合格公民。

（二）法律教育主体层面

高校大学生法律教育的主体主要是学校和教师，他们是大学生法律教育的关键。第一，学校应重视大学生法律实践环节的锻炼，法律教学完全依靠理论是不可行的，还应理论联系实际，通过实践锻炼才能加深对理论的理解与体会。丰富校内实践，学校可建立针对本校师生的法律援助中心，通过提供法律援助的方式提升学生对法律的实际运用能力，还可以利用法律节日让学生实施法律宣传普及活动，如“3·15”消费者权益保护日、“12·4”法制宣传日等等。加强校外实践，学校可以与当地法院、法律援助中心、律师事务所等建立联系，对学生进行法律实践教育，有计划地组织学生参加法院旁听、参观律所等活动，让学生通过亲身经历感受法律知识与社会生活的碰撞，让学生在实践中掌握和应用法律理论，更深刻地体悟法律的真正价值与意义，形成正确的法律观。第二，提升教师专业素养。首先，重点加强本校教师的法学教育水平，对于开设有法学专业的院校而言，利用本校优势提升非法学专业教师的整体水平；对于未开设有法学专业的院

[1] 许祥雁．高校思想政治课网络资源的整合研究 [J]．重庆邮电大学学报（社会科学版），2011（3）：37–41.

校而言，可以聘请专业人士对任课教师进行专业培训。其次，实施法学人才引进战略，招聘优秀法学博士、硕士毕业生，为增强法学师资力量注入新鲜血液。最后，加强院校间的交流合作，与知名法学院校或者临近院校建立紧密联系，通过交流互取所长，互相进步。第三，改进教学方法，课堂是学生接受理论学习的主要途径。课堂教学除传统的“灌输法”外，还可采用案例教学法，互动式、启发式、渗透式教学方法，综合使用各种教学方法，特别是在教授知识的过程中采用渗透式教学方法，教师要善于营造良好氛围，引导学生去体会和感悟法律精神，使法律教学在观念和意识上对学生达到潜移默化、润物无声的效果。同时，环境对人的影响虽然无声但深刻而持久，教师的言行举止以及对法律的观点和态度也会在无形之中对学生有很大的影响，教师在教学中用知识和言行感染和熏陶学生，会加深学生对法律的认同感，形成更加稳定的公民意识。

（三）法律教育的对象层面

大学生作为高校法律教育的对象，是学校法律教育围绕的中心，大学生自身不应被动地成为受教育者，应积极发挥主观能动性，主动融入法律学习当中，接受法律的熏陶。首先，要积极配合学校的法律教育活动，学校为大学生创造良好的受教育环境，学生自身应当珍惜机会，积极配合，用心学习理论知识，不逃课，上课认真听讲，课上积极与老师互动，课下认真完成作业。其次，对于学校组织的实践活动要踊跃参与，对理论与实践结合过程中产生的问题认真总结，多与老师同学进行经验交流，虚心接受别人的意见和建议，通过交流学习逐步形成自己的知识体系与法律价值观。

总之，大学生法律教育与公民意识的培养是一项长期而复杂的系统工程，但这是大学生法律教育必须坚持的发展方向，是我国教育不可或缺的部分，对培养合格公民方面具有重要意义。随着法治社会的发展，大学生法律教育的地位愈显重要，相信通过高校法律教育者以及各方的共同努力，结合新时代吸收新元素，不断创新与突破，大学生法律教育必将在新的征程有新的发展。

法考制度改革背景下地方高校工程法律人才培养模式创新研究

孟　磊　张红连*

摘　要：国家统一法律职业资格考试制度改革的落地落实，导致地方高校工程法律人才培养的外部环境发生重大变化，法学与工程课程体系的深度复合、工程法律人才实践能力培养和人文素质教育等问题亟须探讨解决。通过对东南大学、长沙理工大学、湖南理工学院和福建工程学院等院校工程法律人才培养模式的对比分析，地方高校的工程法律人才培养模式创新主要进路为：第一，培养法科生的工程素养与知识，挖掘法学与工程学的最大结合潜力；第二，重视法律实践能力的养成，以校地合作作为地方高校工程法律人才实践能力培养的新动力；第三，合理设置德育课程及其比重，以充沛的人文知识和伦理素养作为工程法律人才的坚实道德基础。

关键词：法考；工程法律人才；人才培养；地方高校

2015年12月20日，中共中央办公厅、国务院办公厅印发《关于完善国家统一法律职业资格制度的意见》，根据该意见指示，法考将从2018年开始正式取代国家司法考试。与此同时，该意见中明确“具备全日制普通高等学校法学类本科学历并获得学士及以上学位”才能报名参加法考，进而方有可能通过考试取得法律职业资格。法学类在校本科生不允许参加法考的新规，自有其合理性，然于我国当前的法学教育而言不啻为一场划时代意义的巨变，不同高校法学专业的发展前景也会因之而出现极大的分殊，对于地方本科院校法学专业来说，更多的可能是陷入前所未有的生死存亡之际。如何在法考新规之下主动寻求与时代地方经济社会发展对接，以实

* 孟磊，男，湖南理工学院政法学院，法学博士，院长助理，研究生导师，研究方向：法理学、文化法。张红连，女，湖南株洲人，湖南理工学院政法学院本科生，研究方向：法学。本文发表于期刊《安徽警官职业学院学报》2019年第5期。

现立足地域、校域优势突显办学特色，进而重构法律人才培养模式，优化改进课程体系设置，是地方本科院校法学教育涅槃重生的必由之路。

一、工程法律人才培养的现状与问题

“卓越法律人才教育培养计划”明确指出：“培养应用型、复合型法律职业人才，是实施卓越法律人才教育培养计划的重点。”以此为据，开设法学专业的高等院校尤其是地方本科院校纷纷结合本校优势学科或本地区地域特色，提出了各种类型的卓越法律人才教育培养目标，进行了各具特色的课程设置探索。在复合型法律人才培养方面，江西财经大学、合肥工业大学、中央民族大学和广州医科大学等高校结合自身实际，分别提出了“卓越财经法律人才”“科技法务精英”“少数民族卓越法律人才”和“卓越卫生法律人才”的复合型人才培养模式改革方案，在具体的课程设置中因地制宜地开设了财经类、科技类、面向民族地区需要的专业课程群和卫生法学专业课程群。[1-4]

同样是在实施“卓越法律人才教育培养计划”的背景下，工程法律复合型人才培养模式因有越来越多的高校加入而分外耀眼。东南大学、长沙理工大学、湖南理工学院、福建工程学院等，这些明确提出培养工程法律人才或着重打造学生工程法律实践能力的单位无一例外都是工科实力雄厚、法学相较薄弱的理工类院校。而在借助工科优势进行工程法律人才培养的同时，这些高校又有意识地以“工程法学”特色学科作为法学学科建设发展的目标指引，取得了一批有代表性的研究成果，[5] 不仅有效提升了法学学科在各自高校的地位，而且也使得工程法日渐成为法学研究中的重要

[1] 蒋悟真，杨浩楠．财经院校卓越法律人才培养问题初探 [J]. 中国大学教学，2012（5）：22-24.

[2] 朱双庆，吴椒军，钟娟，等．工科院校卓越法律人才培养探析——以合肥工业大学为例 [J]. 合肥工业大学学报（社会科学版），2014（4）：113-119.

[3] 杨莉萍．论少数民族卓越法律人才的培养 [J]. 安徽农业大学学报（社会科学版），2015（3）：87-92.

[4] 徐喜荣．“卓越”视域下卫生法律人才培养模式创新研究 [J]. 高教学刊，2017（13）：71-73.

[5] 最具代表性的研究成果当属东南大学周佑勇教授主编出版的教材《工程法学》。2010 年该教材第 1 版由中国人民大学出版社出版，2017 年在作大幅修订基础上由高等教育出版社推出第 2 版。

话题。尽管如此，由于工程法律人才培养既没有西方国家代表性的范例可资学习，也没有成熟的国内经验可供借鉴，总体而言仍处于不断创新探索阶段，还存在着很多不完善之处。就当前来看，工程法律人才培养中仍需充分讨论的主要问题有：

1. 法学与工程学科的深度复合以及由此生发的交叉学科问题

工程法律人才的培养显然不能停留在课程设置上的法学课程与工程课的简单相加，不过两者复合究竟要达到什么样的程度以及与之相关开设哪些课程才能真正有助于培养合格的工程法律人才，各个院校的做法并不一致，因而产生了所谓的统一化或者说标准化的难题。与之相关的，法学学科与工程学科的深度复合能否催生出一个新兴的交叉学科——工程法学，至少就目前而言，学界还未能形成广泛的共识，由是对工程法律人才的培养质量也会造成一定程度的影响。

2. 工程法律人才的实践能力培养仍有待进一步深化

工程法律人才的培养目标定位在培养具有娴熟专业技能的应用型人才，这一点几无疑义。就目前各个高校的培养现状来看，尽管都在实践能力的培养方面有所侧重，也开设了实训实习等相关课程或进行了相关课程设置方面的改革，结果却并不能令人如意。如何加大实践能力的培养，特别是创新实践教学方式方法，是相关教学和研究中需重点讨论解决的问题。

3. 人文素质教育的若干问题

胡旭晟教授认为，法学有三个层次，分别是知识之学、智慧之学与精神之学。我国绝大多数院校的法律人才培养都只注重知识传授和智慧历练，极少涉及精神特别是人文精神的培育问题。工程法律人才的科学素养无须担心，但是在人文素质教育方面，受限于或是对其重要性并无深刻认识，或是在繁重的法学和工程课程设置之外难有余力再开设大量相应课程，并没有充分体现在现有教学层面。

二、工程法律人才培养的实践探索

东南大学的工程法律人才培养探索始自 2008 年 12 月。[1] 作为“一所以工科为主要特色的综合性、研究型大学”，[2] 法学在该校并非传统的优势学科，因此在法学人才培养模式的改革过程中，主政者有意识地将国内日趋繁荣的工程建筑市场对人才的紧迫需求与东南大学的优势工科学科结合在一起，以法律与工程交叉作为改革法律职业人才培养的方向。落实到人才培养方案层面，东南大学并未针对工程法律人才制定单独的新培养方案，而是在沿用既有法学培养方案的基础上，加入必须修读的工程法方向特色课程群。在此，值得特别注意的是，东南大学将工程法原理列入专业主干课程，为法学专业所有学生必修课程。工程法方向的特色课程群则由工程技术基础、工程造价管理、工程项目管理、房屋建筑学、工程合同法专题、工程公法专题、不动产征收法专题和工程争议解决实务专题等 8 门理论课程组成。在授课师资和授课方式安排上，据东南大学周佑勇副校长介绍，工程法方向的课程采取“双师制授课”模式，即由“具有法学与土木工程背景的教师在同一课堂上同时进行授课，在课堂上直接完成两个学科的交流”。[3] 实践教学环节在突显工程法律实务能力培养的同时，东南大学为了便于学生及时了解最新的工程法实务动态，还别具特色地开设工程法学科实务讲座课程。得益于东南大学的优越平台，工程法律人才培养模式成效显著，并在向硕博工程法律人才培养贯通和工程法特色学科建设过程中广泛扩大其影响力。从此以后，但凡提及工程法，学界无人不识东南大学法学院，堪称以人才培养改革和特色学科建设带动学校发展、提升学校知名度的典范。[4]

[1] 黄喆．工程法律人才培养若干问题之探讨——基于东南大学工程法教育之实践 [C]// 王翰．法学教育研究（第十六卷）．北京：法律出版社，2016.

[2] 参见东南大学简介，https：//www.seu.edu.cn/2017/0531/c17410a190422/page.htm，2019-08-09.

[3] 周佑勇．构建“交叉、团队与实务”三位一体的复合型法律人才培养模式 [C]// 王翰．法学教育研究（第九卷）．北京：法律出版社，2013.

[4] 孟磊，陈建军．地方高校工程法学特色学科建设价值研究 [J]. 当代教育理论与实践，2019（2）：89-93.

湖南理工学院政法学院为响应“卓越法律人才教育培养计划”号召，与本校土木建筑工程学院合作，于2012年创立了工程法律实验班，开展工程法律人才培养模式改革。湖南理工学院的工程法律人才培养一个非常重要的创新之处，在于单独制定了法学专业（工程法律方向）人才培养方案。培养方案对于工程法律人才的培养目标，在要求学生具备基本的法学素养和实践技能之外，还要求学生掌握土木工程基础知识，能够运用所学知识解决“土木工程领域现实法律问题”，“具备从事工程建设法律实务的职业能力”，成为“能在检察机关、审判机关、仲裁机构、法律服务机构、工程建设管理行政机关、土木工程类企业及其他企业从事法律工作的高素质复合型、应用型法律职业人才”。为落实培养方案中掌握土木工程基础知识目标要求，课程设计中开设了土木工程概论、工程制图、工程材料、房屋建筑学、建筑工程施工、工程估价、土木工程认识实习、建筑工程管理仿真实训等8门工程技术类课程[1]与工程法律法规与工程法律风险防范、房地产法、工程项目招投标法、土地法等工程法律类课程。此外，在毕业实习和毕业论文方面也有相当程度的创新：毕业实习期限改为20周，毕业综合训练由毕业论文改为毕业设计，选题必须来源于学生实习中亲自参与的工程类法律案件。从实际的人才培养质量提升和实习及用人单位的大力肯定来看，这种人才培养模式的改革总体而言是成功的。随着该校获得法律硕士授权点资格，湖南理工学院在法律硕士培养中以工程法为主要方向，尝试实现本、硕人才贯通培养。

长沙理工大学在法学本科阶段同时开设工程法学与社会法学两个专业方向，两个方向共用一份培养方案，但分别设置不同的方向课程，构建各自的培养体系。就工程法方向而言，长沙理工大学将工程认知训练和建设工程合同法与招标投标法作为所有方向学生必修的基础课程，表明其“了解一定的工程知识”的培养目标不仅针对工程法方向，而且也是对社会法

[1] 夏尊文，陈建军，柳镭．工程法律人才培养课程体系建设研究[J]. 当代教育理论与实践，2015(8)：44-47.

方向学生的基本要求。为了培养学生的工程法律实践能力，使其知识结构能够适应“在交通、电力、水利等行业从事法律实务工作的需要”，工程法方向学生还需要修读土木工程概论、交通工程概论、工程法概论、工程监理概论、工程管理法、工程保险法、环境影响评价法、工程刑法、国际工程合同与合同管理和国际工程索赔等10门方向特色课程。福建工程学院法学专业开设工程法和涉外商务法两个方向，以工程法方向为主。[1]在法学专业人才培养方案中，对工程法方向学生提出了针对性的毕业要求：“熟悉我国法律、法规、政策及建筑工程、房地产基本专业知识……具有运用法学理论与方法分析、处理包括建筑及房地产在内的法律事务、法律问题的能力。”在具体的课程设计中，为工程法方向学生开设了建筑概论、工程经济学、建筑识图、建筑施工、建筑法、房地产法、土地与环境保护法和招投标法等课程。

在上述高校之外，根据笔者目前所搜集掌握的资料，国内进行工程法律复合型人才培养探索的高校主要还有同济大学、河北工程大学和北京建筑大学等。其中，同济大学提出建立“工程（土木）—法学复合人才培养模式创新实验区”，该模式以土木工程专业为主导，开设的工程类核心课程多达13门，此外还有高等数学、线性代数、概率论与数理统计和普通物理等课程，而法学方面仅开设法学导论、民法总论、刑法学、行政法、国际法、经济法、民法分论、知识产权法和劳动与社会保障法等为数不多的课程。河北工程大学法学专业的培养方案中，要求复合型卓越法律人才须具备“一定的工程知识”，并设置了水利法、建筑法、政府采购法、房地产法和工程合同管理等课程。北京建筑大学则在2018年新修订的培养方案中，有意识地突出了工程法特色。[2]

[1] 参见福建工程学院法学专业培养方向简介，https：//law.fjut.edu.cn/9c/48/c3620a40008/page.htm，2019-08-09.

[2] 参见《文法学院召开2018版培养方案修订研讨会》，http：//wenfa.bucea.edu.cn/sylm/xyjs/124128.htm，2019-08-09.

三、工程法律人才培养模式的完善

在法考制度改革背景下，工程法律人才培养模式改革必须在以下三个方面有所突破并进而体现出自身的特色来：第一，培养法科生的工程素养与知识，挖掘法学与工程学的最大结合潜力；第二，重视法律实践能力的养成，以校地合作作为地方高校工程法律人才实践能力培养的新动力；第三，合理设置德育课程及其比重，以充沛的人文知识和伦理素养作为工程法律人才坚实的道德基础。

（一）推进工程与法律的深度融合

就工程法律人才培养课程体系而言，我们可以看到东南大学、长沙理工大学、湖南理工学院和福建工程学院四所高校所开设的工程法类特色方向课程基本都在十门左右，而在十门课程的具体选择中又以对工程知识的不同要求可分为两种类型：其一，只要求掌握一定的工程知识，方向课程以工程法律类为主，工程技术类课程较少，东南大学、长沙理工大学和福建工程学院都采取这种做法；其二，力图实现对工程项目全过程的核心知识全覆盖，方向课程以工程技术类为主，工程法律类课程偏少，湖南理工学院采取的便是这种思路。

在笔者看来，两种思路本身并无高下对错之分，不能说多开两门工程技术类或工程法律类课程，就意味着根本上完成了工程与法律的复合。优秀的工程法律人才，应当是既具有坚实的工程理论与实务知识背景，又具备良好的法律理论素养与实践能力，还能够对工程类法律问题有足够的关注，并具备实践解决技巧等方面能力的综合性人才。从这个角度来说，工程类本科的法律硕士是最为理想的培养对象。而在本科阶段进行工程法律人才培养，面临着众多必须修读的公共基础课程和法学专业的核心及骨干课程，在固定的学制和有限的学分之下，所能够实际开设的工程法类方向课程数量必然受限。[1] 在此意义上，笔者建议为切实提高工程法律人才的

[1] 以每门课程平均 2 个学分，160 个总学分来计算的话，各校工程法方向课程大约只占课程总量的 1/8。

培养质量，应在学校层面建立法学院与工程学院人才联合培养的体制机制，进一步加大人才培养改革步伐。将工程法律人才的培养学制由 4 年改为 5 年，实行“2+3”培养模式，即前 2 年集中修读公共基础课和工程类全部核心课程，后 3 年修读法学核心课程和工程法律类课程，以培养学生具有充分的工程知识和完备的法律理论，推进工程与法律的深度融合，塑造优秀的工程法律人才。

（二）创新法律实践能力培养机制

“法学教育具有很强的实践性，这是由法律职业自身的特点决定的。”[1] 应用型能力培养，是“卓越法律人才教育培养计划”实施的重中之重，构成各所高校工程法律人才培养的核心目标。然而地方高校法学专业受各方面主客观条件限制，实践教学中面临着师资不足、教学场地缺失、教学设备滞后、教学经验缺乏和教学资金投入偏少等困境，致使在培养工程法律人才应用型能力方面显得较为吃力，虽然也采取了一些体制机制改革，但所取得的培养效果有限，学生实践能力与部属高校东南大学相比存在较大差距。

鉴于地方院校的实际发展状况，工程法律人才实践能力培养在采取诸如整合高校内部师资、增加实践课程课时比重、改革授课和考核方法、鼓励学生参与针对性创新创业训练等方式外，若全然依赖高校内部支持，短时期内难以实现实质性地突破和提升。为此，必须创新校地合作方式方法，与法律实务部门建立深层次合作，并尽可能地调动其他社会资源，以积极的社会参与构建工程法律人才实践能力培养新模式：首先，发挥实务部门专家充沛的实务经验优势，选聘到高校任教法学实践课程，弥补法学院师资不足困境，授课方式上应以学生为中心，采取案例教学法等教学方法调动学生的积极性和主动性，强化对学生的实务训练，切实提升实践课程教学质量和效果；其次，鉴于工程法律人才培养和就业的特殊性，高校应着力加强与法院土房庭、专注建设工程纠纷的律师事务所和路桥公司等建立

[1] 陈建军．地方本科院校法学专业人才培养模式创新的探索 [J]. 云梦学刊，2015（2）：112–115.

持续稳固的协同育人机制，探索建立顶岗实习、订单式培养和现代学徒制等校企合作模式的可能性和路径。

（三）重视工程法律人才德育培养

在推进复合型、应用型卓越法治人才培养的过程中，德育扮演重要角色，构成“法治人才之魂”。[1] 于工程法律人才的培养而言，特别是考虑到其中有相当比例乃至全部工程法方向学生在高中阶段是理科生，人文社会科学知识和素养相对较为贫乏，德育教育更为不可或缺、意义重大。

“注重思想道德素养”“结合社会实践开展理想信念教育”“加大法律职业伦理培养力度”和“坚持‘一课双责’”，教育部中央政委发布的《关于坚持德法兼修实施卓越法治人才教育培养计划 2.0 的意见》中关于德育教育的四个方面部署构成地方高校工程法律人才的德育培养的前提和基础。在此，笔者结合工程法律人才的特殊性，建议应在如下几个方面加大工程法律人才的德育培养力度。第一，有针对性地开展工程伦理教育，作为法律和工程的复合型人才，在对其进行法律职业伦理教育的同时，工程伦理也应是不可或缺的重要部分。为此，应开设工程伦理课程，强化对工程实践的伦理知识教导、工程师职业伦理和社会责任的价值培育与提升工程从业者的伦理决策能力[2] 等方面的工程伦理教育。第二，鉴于法学与哲学、政治学、经济学、社会学等学科的密切关联性以及工程法方向学生相关知识领域的严重欠缺，地方高校应在结合自身师资状况的基础上，有选择性地开设诸如哲学概论、政治学概论、经济学概论和社会学概论等基础课程。

---

[1] 教育部．中央政法委关于坚持德法兼修实施卓越法治人才教育培养计划 2.0 的意见 [EB/OL]. http：//www.moe.gov.cn/srcsite/A08/moe_739/s6550/201810/t20181017_351892.html.

[2] 邬晓燕．多维共建工程伦理教育 [N]. 中国社会科学报，2019-07-23（007）.

人工智能时代法学人才培养模式变革图景

贺译葶*

摘　要：人工智能技术的发展应用正在影响及改变着法学教育的定位、手段、方法、途径及内容，呈现出教学手段智能化、教学内容多元化、教学方案个性化、教学内容丰富化及人才培养复合化等趋势。但目前法学教育人工智能化尚存在认知分歧及推进难题，法学教育现有的课程设置与复合型法律人才培养目标并不匹配。须凝聚共识，转变人才培养理念，逐一化解教育人工智能化的实践难题，并基于复合型法律人才培养目标科学设置复合型法律人才培养课程体系。

关键词：人工智能；法学；人才培养模式

人工智能正在世界范围内蓬勃发展并对人类活动产生巨大影响。无人驾驶汽车、即时语言翻译、快速搜索引擎定位等皆使人们的生活变得更为便利，各类人工智能软件与工具正在改变着人们工作与活动的方式，并形成了新的法律问题。人工智能在法律领域的应用及法律人工智能产品的诞生亦对法律人才专业的技能有了更高的要求。国务院发布的《新一代人工智能发展规划》强调要加快培养人工智能高端人才，为顺应法律职业业态的变化，法学人才培养应当紧跟人工智能时代的发展需求进行调整与转换。

一、人工智能时代法学人才培养模式变革趋势

（一）教学手段智能化

人工智能技术与教育的深度融合，促使教学手段朝着智能化的方向发展，而大数据与人工智能的深度融合则使得法学教学数据的捕获更为全面精细，借由大数据对学生学习情况进行深入分析，可以更为精准地了解学生的学习需求。传统的以教师为中心的教学活动正逐渐发生转变，教师不

* 贺译葶，女，湖南邵阳人，汉族，法学博士，湖南工业大学法学院讲师，研究方向：行政法学。

再是教学活动的主导者，而是知识传授的辅助引导者。法学教学手段不再拘泥于传统面对面的课堂教学，通过微课、慕课、网络公开课等课程形式打破学生学习的时间、空间及地域限制，法学教育的智能化模式逐渐显现。

（二）教学内容多元化

人工智能技术的发展应用将带来新的法律问题，如机器人的法律人格、自动驾驶汽车致人损害的侵权责任问题、全自动行政行为的法律效力、人工智能刑事责任等问题皆给传统法律体系带来挑战。要有效回应由人工智能技术所带来的一系列法律问题，有效控制人工智能已然对人类产生的负面影响及预防人工智能在各行各业的应用将可能给人类带来的风险，不仅要聚焦于法律问题本身，而且要关注隐藏在人工智能技术应用背后的伦理问题。因此，人工智能时代对复合型法律人才的需求必然推动法学教学内容的多元化，课程设置不仅需注重法学专业功底及法律思维的培养，还需设置人工智能相关课程，并将法学与人工智能两个学科知识融会贯通，以培育“人工智能＋法律”复合型法律人才。

（三）教学方案个性化

当法学教育摆脱了传统的以教师为中心的教育模式后，个性化教学将成为必然趋势。教学方案的个性化是在大数据分析的基础上，结合不同学生不同的需求及特点有针对性地设计适合个体学习的方式或学习套餐。教学方案的个性化强调尊重学生的个体性差异，针对不同学生的学习特长、知识结构、学习兴趣等来个性化地定制教学套餐，通过远程教育、在线教育、数字学习等途径实现法学教育的多维联动及多向交互反馈，个性化教学将有效提升学生在学习过程中的获得感。

（四）学习资源丰富化

算法和数据构成了人工智能的两大基石，[1]而教育人工智能则将大量的资源、知识转化为数据，实现资源的共建共享，学生可以在任何时间和任

[1] 陈鹏．算法的权力：应用与规制 [J]. 浙江社会科学，2019（4）：52–58.

何地点依托网络和终端设备获取想要的学习资源。[1] 学生可以借助各种学习平台获取国内各大高校乃至海外高校的精品课程、视频音频资源及其他电子学习资料，并通过网络学习互动平台分享学习心得，交流学习经验，人工智能工具的应用将使学习资料的获取突破时间与空间的限制。

（五）人才培养复合化

《新一代人工智能发展规划》强调要加快培养人工智能高端人才，《高等学校引领人工智能创新行动计划》提出要构建“人工智能 +X”人才培养模式，加强人工智能与法学、社会学、经济学等相关学科的交叉融合。可见“人工智能 + 法律”复合型法律人才的培养必将成为新时代法学人才培养的基本定位。从实践需求来看，法科学生必须掌握人工智能相关理论知识与信息技术，才能更好地发现及解决人工智能利用过程中将产生的新的法律问题。譬如智慧法院的建设、人工智能在行政执法领域的应用皆对法律从业者提出了更高的要求，要解决实务工作中所遇到的问题，法律职业者必须具备复合型知识结构。

二、人工智能时代法学人才培养模式变革面临的难题

顺应人工智能技术发展与应用过程中对“人工智能 + 法律”复合型法律人才的需求，变革法学人才培养模式，推进法学教育的智能化，有利于提高人才培养质量，但当前法学教育人工智能化尚存在认知分歧与推进难题。

（一）法学教育人工智能化存在认知分歧

法学教育人工智能化的认知分歧主要表现为部分人对于人工智能介入法学教育的效果与前景存在不同看法。大多数人认为人工智能技术的运用将给学生留出更多的学习时间，[2] 微课、慕课、网络公开课等课程形式将给学生学习提供更大的便利与自由选择空间。但也有人认为，人工智能技术介入教育应当设置一定的限度，因为智能技术的发展很可能偏离技术使用

[1] 徐晔．从“人工智能教育”走向“教育人工智能”的路径探究 [J]. 中国电化教育，2018（12）：81–87.

[2] 袁振国．科学问题与教育学知识增长 [J]. 教育研究，2019（4）：4–14.

者的需求。[1] 因受新冠肺炎疫情的影响，2020 年上半年高校皆采取线上直播课的方式讲授课程，线上课程一时间受到追捧，法科学生除了可以在线听取本校教师的课程外，还可以自由选择其他高校的精品课。但经了解有不少学生及老师都认为线上课程的教授效果不如现场教学。其一，线上课程导致教师无法实时观察学生的学习状态；其二，线上课程导致平时课堂参与度较低的学生的线上参与度更低；其三，相关学习平台的技术开发尚不成熟并影响课程讲授效果。故而，无论是学生还是教师皆对教育人工智能化存在一定质疑。

（二）法学教育人工智能化存在推进难题

法学教育人工智能化就是要把人工智能技术作为改进教学的技术支撑和核心方法。它不仅需要打造优质的人工智能教育共享平台，而且需要学生、教师共同参与智能化的教学过程。无论是运用各类人工智能技术构建认知模型、知识模型乃至特定法律问题中的情境模型，还是要充分发挥人工智能技术在自动批阅、学习问题诊断、学生教学方案个性化设计等方面的重要作用皆要求教师掌握一定的技术方法，然而教师熟练应用人工智能工具与技术教学尚需时间摸索。此外，目前法学教育人工智能化还存在其他推进难题，譬如，不同教育系统、平台间的数据还没有实现完全的公开与共享，存在“信息孤岛”现象，而信息与数据共享是人工智能技术应用的关键，“信息孤岛”将阻碍教育人工智能化的顺利推进。人工智能技术本身并未发展成熟，现阶段人工智能算法尚无法适应法学教育场景中复杂多变的情景需要，将之应用于法学教育领域还有诸多需攻克的难题。

（三）课程设置与复合型人才培养目标不匹配

“人工智能 + 法律”复合型法律人才应当为具备扎实的多学科专业知识、娴熟的法律职业技能、良好的法律职业道德的跨学科、融合性的复合型人才。[2] 也就是说复合型法律人才不仅应当具备扎实的法律专业知识，而且还要通晓

[1] 蒙石荣．人工智能 + 教育：技术变革教育的可能与限度 [J]. 今日教育，2017（9）：24-27.
[2] 贺译葶．“人工智能 + 法律”复合型法律人才培养模式研究 [J]. 教育教学论坛，2019（48）：210-211.

人工智能技术，掌握人工智能基本理论与技术方法，并将两门学科知识融会贯通，具备解决人工智能相关法律问题的能力。但目前高校法学学科课程设计与复合型人才培养目标并不匹配，少数高校如上海交通大学凯原法学院开设了人工智能与法律相关的讲座，西南政法大学法学院开设了法律大数据挖掘应用、人工智能原理的课程，[1]但大多数学校尚未设置以“大数据、金融科技与法律监管”“人工智能与法律”为主题的课程，显然当前的法学教育尚无法有效回应大数据、人工智能等新技术带来的挑战。而课堂是践行教育模式变革的重要途径，复合型法律人才培养需充分发挥信息技术对教育的推动作用。如何基于互联网、大数据及人工智能技术的应用，完善法学课程设计及智慧课堂建设将是未来法学教育模式探索的新常态。

三、人工智能时代法学人才培养模式变革路径

（一）凝聚共识，转变人才培养理念

教学工具越先进，学生获取教学资源的途径越便利，可能汲取的知识越丰富，教育人工智能化必然会使传统教育模式受到一定冲击，但并不意味着机器可以完全替代教师的角色。人工智能介入法学教育，强调的是人机协同，既不应过分高估人工智能技术的功用，也不应全盘否定人工智能在法学教育应用过程中的积极作用。而是要充分利用人工智能技术与工具改善教学方式、方法、教学评价工作，有效促进学习者和学习服务的交流、整合、重构与分享。人工智能技术在试题生成、自动批阅与学习问题诊断等方面皆体现出更高的工作效率。人工智能技术在模拟复杂法律问题情景、自动检索法律规定及筛选关键法律问题等方面都展现出工具优势。人工智能技术对法学教育所产生的影响已然不可否认，教育行政管理部门应当指引高等院校及时更新、调整人才培养理念，凝聚共识，将教育人工智能化作为改进法学教学方式与教学模式的基本手段，借助人工智能建立更准确的学习模型及营造更人性化的教学方式。

[1] 陈亮.把握时代脉搏，培养创新型法律人才——西南政法大学成立人工智能法学院[J].人民法治，2018（16）：67-68.

（二）逐一化解教育人工智能化的实践难题

虽然现阶段人工智能技术在法学教育领域的应用尚不完全成熟，人工智能算法尚无法适应法学教育场景中复杂多变的情景需要，但法学教育人机协同的未来可期。教师需逐步适应智能化教学所带来的变化，关注人工智能技术的新发展，积极学习智能产品的应用技巧，借助人工智能工具优化教学方式。为避免线上教学学生参与度不高、教学效果不佳的问题，可考虑利用人工智能工具或网络平台营造轻松愉悦、积极互动的课堂氛围，让教师从教授者的角色向引导者或辅导者的角色转变。目前，人工智能技术与法学教育的结合还不够紧密，部分院校在法学实验教学中引入 LETS 系统，但仅是较低层次的模拟立法司法执法，还称不上“智能系统”，未来应进一步完善人工智能技术在法学领域的开发与应用，将人工智能技术渗透到教学流程构建、教学服务的改进、教育体验的更新中去。此外，为充分发挥人工智能支撑学习资源开放共享的功用，应积极打通不同教育系统、平台间的信息、数据及资源的共享通道，便利学生开拓学习与思维空间的途径。

（三）基于复合型法律人才培养目标设置课程

“人工智能 + 法律”复合型法律人才至少应当掌握三个层面的专业知识：一是法学专业课程。通过法学专业课程的学习，掌握各个部门法的理论和基础知识，塑造专业的法学思维。二是与人工智能技术相关的课程。掌握人工智能基础理论、人工智能的基本方法和技术，人工智能技术的主要应用，如自动规划和配置及机器学习的基本原理、机器学习的发展历程等知识。对人工智能技术的开发和应用有基本的认识，知晓人工智能技术的运作机理。三是人工智能法学课程。譬如开设大数据、金融科技与法律监管、人工智能与法律规制等法律前沿课程，主动回应新一轮科技革命和产业变革带来的挑战。[1] 培养学生运用法学专业知识和法律思维解决由人

[1] 中国社会科学网．人民大学：面向未来分类培养法治人才 [R/OL]. http：//ex.cssn.cn/gx/gxjxky/202007/t20200727_5161055.shtml.

工智能所引发的一系列法律问题的能力。总之，法学人才培养模式与法学课程设置皆有必要回应人工智能技术的发展与应用做出相应调整。一方面，充分利用人工智能技术为学生提供更为智能化及更具便利性的学习方式或途径；另一方面，基于"人工智能+法律"复合型法律人才的培养需求，在更大范围内实现不同学科、不同专业之间的知识交叉与融合，科学打造复合型法律人才培养课程体系。

“三高四新”战略背景下湖南国际化法律人才培养思考

徐喜波 *

摘　要：中共湖南省委提出来的“三高四新”战略，将对湖南的经济社会发生深刻的影响。在这一战略背景下，湖南国际化法律人才培养是“三高四新”战略的现实需要，应培养符合新时代要求的国际化法律人才，要坚持围绕服务“三高四新”战略来培养国际化法律人才。根据对法律人才在面对国际化动态下的结构需求，应着手从三方面培养复合型的国际化法律人才。如何推动湖南省国际化法律人才的培养，需要建立国际法律人才协同育人机制、建立国际法律人才教育创新机制和建立国际法律人才培养资源共享机制。

关键词：“三高四新”战略；法律人才；培养机制；国际化

2020年9月习近平总书记在湖南考察时，从战略和全局高度勉励湖南打造“三个高地”、践行“四新”使命。遵循习近平总书记对湖南做出的科学指引，中共湖南省委十一届十二次全会提出实施“三高四新”战略。在“三高四新”战略实施前后，中国—非洲经贸博览会永久落户湖南、中国（湖南）自由贸易试验区获批、湖南探索建立中非经贸深度合作先行区，这三大国家级平台成为湖南打造内陆地区改革开放高地的重要抓手。三大国家级平台聚焦中非合作、自由贸易、对外开放，由此衍生出巨大的产业需求、国际法律服务需求以及国际法律人才需求。在这一战略推动下，如何进一步地结合湖南的法律人才培养实际状况，培养具有国际水准、服务湖南三大国家级平台的高素质法律人才，探索湖南国际化法律人才培养新的路径变得尤为重要。

---

* 徐喜波，湖南外贸职业学院教授。

一、“三高四新”战略背景下国际化法律人才培养的意义和要求

湖南着力打造国家先进制造业高地、具有核心竞争力的科技创新高地、内陆地区改革开放高地，国际商业往来和社会活动日益频繁，必然会产生更多的法律问题，会导致国际间的法律问题更加突出，迫切需要完善法律保障和法律服务，必须重视湖南国际化法律人才的培养。

（一）湖南国际化法律人才培养是“三高四新”战略的现实需要

“十三五”期间，湖南进出口额年均增速 21.7%，位列中国前列、中部第一。在“三高四新”战略背景下，湖南从通达全球的水陆空国际货运网络到日渐智能的海关特殊监管区，从波兰工业园等境外经贸合作园区稳步推进到长沙等跨境电商综合试验区相继获批，从中国—非洲经贸博览会长期落户湖南到中国（湖南）自由贸易试验区获批，开放要素不断聚集，开放平台不断提升，湖南需要培养具有国际视野的复合型国际化法律人才，服务于日益频繁的国际经济与社会事务，为经济与社会活动提供法律人才支持。

（二）培养符合新时代要求的国际化法律人才

习近平总书记的法治思想内涵丰富且深刻，这对于法律人才的培养具有前瞻性的指引作用。在落实“三高四新”战略推动湖南的经济发展过程中，必须要坚持习近平法治思想，针对湖南省国际化法律人才培养的实际状况，将习近平法治思想作为国际化法律人才培养的指导思想。在国际交流中，应对不同国家法律思想和法律传统的碰撞，需要结合实际状况，调整湖南国际化法律人才培养的方针与策略。国际化法律人才的培养应全面贯彻习近平法治思想，培育和践行社会主义核心价值观，切实落实立德树人的根本任务，培养符合新时代要求的国际化法律人才。在国际化法律人才培养中，注意规避落后文化的不良影响，适当吸取外来文化的先进部分，坚持国际化法律人才服务于湖南区域经济发展，主动承担社会主义现代化发展的重任。

（三）坚持围绕服务“三高四新”战略来培养国际化法律人才

湖南国际化法律人才必须为“三高四新”战略服务，为湖南区域经济发展服务。从目前的情况来看，全国都需要坚持正确的国家安全观，既要重视外部安全，又要重视内部安全，对内求发展、求变革、求稳定，建设平安中国；对外求和平、求合作、求共赢，共建和谐世界。在追求本国利益时兼顾他国合理关切，坚定不移地维护和平与发展的时代主题，需要国际化法律人才发挥主体作用。坚持在“三高四新”的战略背景下对湖南国际化法律人才的培养，为国际间经济与社会往来提供有效的法律保障，发挥法律对经济与社会活动的保护作用。

二、“三高四新”战略背景下湖南国际化法律人才的培养思路

湖南要着力打造“国家重要先进制造业、具有核心竞争力的科技创新、内陆地区改革开放的高地”,着力建设“中国—非洲经贸博览会”“中国（湖南）自由贸易试验区”“中非经贸深度合作先行区”三大外向型经济国家级平台。聚焦三个“高地”、三大国家级平台服务需求，根据国际动态下的法律人才结构需求变化，着手从三个方面培养复合型国际化法律人才，必然是适应湖南经济社会发展趋势的专业人才必然的发展方向。

（一）培养“中国法律＋国际法律＋外国法律”复合通用型国际化法律人才

如何培养复合型国际化法律人才，是目前湖南国际化法律人才的困境和卡点。从湖南省目前的情况来看，能够适应国际经济与社会往来的复合型法律人才数量较少，且大部分不具有完备的国际法律知识，面对激增的中非经贸问题，缺乏对五十余个非洲国家法律的系统研究，对非国际法律服务严重空缺。湖南国际化法律人才培养在数量和质量上都需要加大力度，通过优化法律人才的知识结构，壮大国际化法律人才的队伍，才能够满足当前的发展需求。服务三大国家级平台，应着眼培养既懂中国法律、又懂国际法律规则、还熟知非洲国家法律的复合型国际化法律人才。

（二）培养“法律＋商务＋科技”知识复合型国际化法律人才

国际化法律人才必然要具备比较完善的知识体系，既要求精通中国法律，又要熟悉掌握国际经贸法律规则，还要懂得他国经贸法律规定，同时又要掌握一定的科技、商务知识。在加大与国际间的经济与社会往来的过程中，要求国际化的法律人才一定要熟悉国内的法律法规和了解国际间的经济贸易规则。在国际上各种法律的规则是十分复杂的，这些涉及国际法的方方面面，当然也涉及国内法的方方面面。因此应优化人才培养过程中知识结构和体系结构，对国际法律等相关课程内容进行拓展，结合国外法律运用方面的一些最新成果，培养具有国际视野的法律人才。从实际的情况看，湖南各高校法学院所开设的法学国际化课程相对较少，应该进行调整，以适应当前人才培养需求。在“三高四新”战略之下，湖南所面对的国际法律活动会随之增多，这也决定了对法学人才的需求会进一步扩大。国际化的法律人才相对于应对国内法律活动的人才而言，是需要有更高的标准和需求的，在人才培养中需要加大国际经贸法律课程开设的力度，有针对性地选开他国法律课程，增开前沿科技、国际商务等通识课程。

（三）培养“法律＋外语”语言复合型国际化法律人才

国际法律知识需要较高的外语水平辅助，国际化法律人才必须具备一定的外语能力，因此国际化法律人才既要培养国际化的法律理念，掌握专业的法学知识，强化其对国际化法律事务的执行，同时要具备相应的外语能力。随着对外经贸、人员往来的激增，对国际化法律人才的语言能力需求随之提高，以非洲国家为例，广泛使用的官方语言有阿拉伯语、法语、英语、葡萄牙语，服务不同国别，相应的需要培养掌握不同语言的国际法律人才。

三、“三高四新”战略之下湖南国际化法律人才培养的主要路径

在“三高四新”战略下，湖南的国际化法律人才在培养过程中需要结合法律学科本身的特征，同时又必须重视对大学与国际化交流之间所需要

的基本能力进行分析，从而有所侧重地推进湖南省国际化法律人才的培养。

（一）建立国际法律人才协同育人机制

聚焦国际化法律人才需求，法院、律师事务所、企业与高等院校建立协同育人机制，在分析国际化法律人才需求的基础上，优化人才培养方案，法律本科实行“2+2”或“3+1”的机制，前2年或3年在各高校完成理论课程，后2年或1年由法院、律师事务所、外向型企业培养，适当增加本硕连读或硕博连读名额，实现精准对点岗位实践，保证相关专业人才通过具体工作进行实践与理论的结合以及提高处理非教材、案例设定条件下突发状况的能力，相关单位需配备专业指导小组，在具体工作中发挥引领和纠错作用。

在推动高等院校与法院、律师事务所、外向型企业精准对接出现“难推进”“难实现”等问题时，政府部门必须发挥其社会职能，确保人才岗位对点的落实，充分听取高校教师和相关单位专业人士的观点和建议，不断完善相关政策。法学作为一门应用性相对较强的学科，在推动湖南培养国际化的法律人才过程中，必须重视法律人才执行力和应变能力的培养，使其不仅局限于课程常态化纠纷设定和经典案例常态化情境的解决。

（二）建立国际法律人才教育创新机制

一是聚焦服务面向，围绕三大国家级平台衍生的支柱产业和新兴产业，实现动态调整专业组成、专业内涵和专业重点，推动教育链、人才链和产业链“三链”高度衔接，精准分类培养服务于国际商务、商务会展、跨境电商等的复合型法律人才，解决培养什么样的国际化法律人才问题；二是聚焦人才需求，根据市场变化和国家政策，重构课程体系、课程内容和课程导向，实现信息化、开放化和智能化培养国际化法律人才，解决怎么样培养国际化法律人才问题;三是聚焦法学教育的科学化与国际化，在“三高四新”的战略背景之下，高等院校的教学也必须实行现代化和国际化，在这种战略发展的背景下同样也都需要有法学教育的现代化，才能够得以支撑。

（三）建立国际法律人才培养资源共享机制

在国际法律人才培养中，应推动建立教师资源、课程资源和实训资源共享机制。为了解决国际化法律人才培养中存在的国际化法律师资不足、课程资源开发滞后、实训资源尚未建立的问题，应建立起相应的共享机制。为此，从三方面着手，一是推动法律教师队伍的现代化与国际化发展。在湖南国际化法律人才的培养方面，必须要重视教师队伍的整合，推进法学教师的国际化。法学教师的国际化可以通过引进高素质的国外法律教师人才来实现，也可以通过开展国际法学教育的交流来实现，充分地结合湖南社会经济发展的实际状况，制定一些相对合理的法学教育国际交流的规划，强化这种交流的执行性和实践效果。根据湖南各高等院校在开展国际化法律人才培养方面的教学需求，选派优秀教师到国外进修，或者与国外高等教育机构共建联合培训机制，举办国际化法学教师的师资培训班等，为湖南的法律人才国际化培养提供良好的师资队伍基础。二是设立省级国际化法律人才共享课程中心，规划相应的课程资源，尤其是国际法律课程和外国法律课程，这些课程可采用集中师资、集中授课，各高校学分互认。三是建立 3 ～ 5 个省级国际化法律人才共享实习实训中心，实现实训资源、实训内容的共享。

湖南的高等院校要培养好国际化的法律人才，必须在课程体系上进行调整，从内向型的教学结构转变为外向型，以培养具有国际视野的法律人才为主要目标，鼓励更多的法学人才朝着复合型和外向型的方向发展，助力湖南经济社会发展。

“三高四新”的战略背景下，湖南的经济发展离不开国际化法律人才的支持和交流，因此在各个高等院校国际化法律人才培养过程中，要深入考虑湖南经济社会发展的实际需求，主动服务、融入国家重大战略，顺应时代发展，优化教学策略，调整课程的知识能力结构，既要让法律人才熟悉国内的法律法规，同时又要增加国际法律知识的内容，强化这些学生国际经贸和外语方面的综合知识，通过全面调动学生的积极性和主动性，为国际化的法律人才成长提供更加良好的空间。

法学研究生课程教学中实施经典阅读的探索与实践

黄明儒　成　波*

摘　要：传统的讲授式教学方法难以满足高层次创新型法学研究人才培养的需要，亟待改进。在法学研究生课程教学中实施经典阅读，是立足于法学创新人才培养目标的教改尝试，在弥补传统课程教学不足、拓展教学方式等方面具有优势和价值。通过教学实践，总结探讨经典阅读书目选择、课堂运用、成果转化与推广等内容，同时针对当前教学实践在学生能力培养、师资队伍以及评价体系三个方面存在的不足提出完善思路，以期进一步提高教学效果，助力法学研究生教育与创新型法学研究人才培养。

关键词：课程教学；经典阅读；法学研究生；创新人才培养

法学是一门既具有较强实践品质又十分侧重思维方式养成的学科，法学研究生教育目标是培养高层次创新型法学研究人才。法学研究生应着眼于对学术思维能力、问题意识和创新能力的培养。然而当前的法学研究生培养模式或更多地倾向于实践和应用属性，或停留于传统的讲授，教学效果不尽人意。实际上，欲使学生既具备整全的知识视野和思考深度，又能应用于法学实践，实现法学创新人才培养目标，经典理论的训练必不可少。有鉴于此，思考如何推进法学研究生教育中的理论教学，将经典阅读融入其中成为重要的课题。本文拟以法学研究生课程教学中实施经典阅读为例，结合笔者完成的大陆刑法学与外国刑法学课程实践，通过探索和完善法学研究生课程教学中实施经典阅读的路径和方法，来回应法学研究生人才培养的问题。

* 黄明儒，男，湖北监利人，湘潭大学法学院教授，博士生导师。成波，女，湖南湘乡人，湘潭大学法学博士研究生，湖南中医药大学马克思主义学院教师。本文系湖南省学位与研究生教育改革研究重点项目“法学研究生课程教学中实施经典阅读的实践研究”（2019JGZD031）的研究成果。

一、经典阅读之于法学研究生课程教学的价值

在法学教育中，如果缺乏法学理论基础的积累，只偏重法律实务教学，则容易使法律人才培养沦为“单一的职业训练”，缺乏足够的人文关怀，如果理论教学缺乏经典学术著作的理论底色，学生在后续成长中便会暴露出其理论基础的单薄和干瘪。[1] 经典阅读之于法学研究生课程教学有其重要的价值。

（一）符合法学研究生培养目标，有利于高层次创新型法学研究人才培养

2018年，教育部和中央政法委员会联合发布了《关于坚持德法兼修实施卓越法治人才教育培养计划2.0的意见》（教高〔2018〕6号），在2011年启动的“卓越法律人才教育培养计划”基础上，实施“卓越法治人才教育培养计划”。相较于实施“卓越法律人才教育培养计划”中以培养应用型、复合型法律职业人才作为重点，实施“卓越法治人才教育培养计划”中对人才培养目标增加了创新型的要求，其标准是，要紧密结合新时代高素质法治人才成长需要、紧扣应用型复合型创新型法治人才培养目标、紧跟法治中国建设新进程新需求。可以说，“法律人才”培养向“法治人才”培养的转变，向法学教育提出了更为丰富的内涵和更为具体的标准。基于此，法学研究生教育作为后本科教育阶段，更应以培养具有研究和创新能力的高层次综合法律人才为目标。而我们培养高层次创新型法学研究人才，非常重要的一点，便是使学生具备扎实的理论功底，进而能面向法治应用于实践，解决中国现实问题，这是创新的知识基础，亦是创新的原动力。因此，在培养方式上应更加注重学术方面的训练。

经典著作作为智慧的结晶、学术史上的明珠，其除了对作者当时所处社会的重要问题进行集中的讨论以外，还为我们认识、理解并解决当下的现实问题提供富有历史智慧的分析思路和解决路径。法学研究生阅读经典

[1] 常安，李德旺．公法经典阅读训练与卓越法律人才培养[J]．法学教育研究，2017（4）：212.

著作，不仅使其对法学流派与历史渊源有深刻的了解，亦为其完整理解当下的法律术语、制度设计提供了更为清晰的脉络，打开了更加开阔的视野，从而有利于未来学术的创新与法治实践的发展。如有学者指出，阅读经典扩展了我们的视野，让我们自觉地质疑那些自诩为主流的思维方式，向我们揭示了现实的丰富性，为人的独立性创造提供动力。[1]有教授认为：真正意义上的学术创新遵循的是“经典阅读→问题意识→闲静思索”的严格规范和研究理路，其中“经典阅读”是学术创新的必经之路；“问题意识”是学术创新的生命起点；“闲静思索”是学术创新的自由空间。[2]可以说，欲提升法学研究生的科研创造力，使其学术研究具有生命力，则需要经典阅读所带来的理论底色予以奠基。因此，我们在研究生课程中实施经典阅读，便是为培养学生的阅读习惯、学术素养以及思维能力所作的有益探索与实践，有利于高层次创新型法学研究人才的培养。

（二）弥补传统课程教学的不足，有利于培养学生的学术精神和创新能力

就教学而言，我国传统的法学研究生课程教学仍以教师讲授为主，内容上主要集中于阐释法律规范，进行法理的分析以及对法律体系的引介，缺乏对研究生法律思维的启发性培养、问题意识的树立和学术创新的引导。而在课堂教学的时间安排方面，因研究生的课程往往集中在第一年，有限的课时量亦难以满足讲授内容的面面俱到。从研究生教材的选取上来说，亦存在几方面的不足：一是选取的随意性较大，大多是任课教师根据自身的研究兴趣推荐教材。二是系统性与理论性结合度不高，因研究生教材选取数量一般为一到两本，以刑法课程为例，有些研究生选取的教材依然是沿用本科阶段的《刑法学》教材，虽然在知识体系结构方面较为完整，但理论性不强；而有些虽采用专题式编写的教材，尽管在理论阐释上会较为深入，但由于学界在中国刑法理论上存在纷争，主张不同立场的学者在其

[1] 黄涛．阅读经典与开放的理论生活 [J]. 第二届自然法青年学术论坛论集，2017（5）：22-23.

[2] 康怀远．经典阅读·问题意识·闲静思索——关于学术创新的理性思考 [J]. 重庆教育学院学报，2008（1）：5.

著作中阐述的内容大不相同，选取单一教材亦无法让学生具备整全的理论视野。

有鉴于此，在法学研究生课程中实施经典阅读，可以根据课程特点以及研究生培养特点，选取较为合适的经典著作让学生阅读并进行开放式专题研究，再结合教师小班精品授课。课程注重强化教学的学术性，但同时并不否定现实，并非单纯的学术说史，强调使学生在教学、阅读过程中，能够培养出良好的问题意识和创新意识，强调对学生学术思维能力、阅读能力、写作能力的培养。[1] 如此，一方面，我们既克服了传统单纯理论教学深度和广度的不足，亦有利于将课堂拓展到课外，还能将课外进行的阅读与课堂的探讨学习结合，有效地将学习的时间与空间延长；另一方面，这种教学目标的设定，不仅有助于教师自身在教学实践中提高教学和科研水平，也有助于培养学生的阅读习惯、学术精神和创新能力，促使学生形成更高的学术追求和知识追求，进而形成更高层次的人生追求。

（三）拓展法学研究生课程教学方式，有利于为课程教学模式的改革提供路径与载体

前已述及，法学研究生教育，旨在为国家培养高层次的法学创新人才。法学研究生教学，应目标明确，有的放矢。在法学研究生课程教学中，应注重研究生科研能力的培养和实际应用能力，这势必对教学方式提出了更高的要求。毫无疑问，研究生课程教学方式直接影响课程教学质量和人才培养质量。而目前以教师讲授为主的课堂教学方式因缺少师生互动、难以调动研究生学习的自主性和积极性而广受诟病。当然，也有部分教师为解决这一问题而采用了让学生进行教授、教师点评的方式。但这种方式囿于既无法控制学生讲课的质量，也可能导致因教师备课不足而疏于解惑，因此存在难以运转的尴尬局面。而在法学研究生课程教学中实施经典阅读，以探究式教学法为基础，构建探究式、开放式、启发式课堂教学模式，既是对大学精神的回归，也是弥补传统教学模式不足的重要途径。

---

[1] 常安，李德旺．公法经典阅读训练与卓越法律人才培养 [J]. 法学教育研究，2017（4）：219.

它通过制定计划、指导阅读、专题讨论、总结交流和点评等环节，完成课堂教学活动。在这种教学模式下，可以运用多种教学方式，如研讨式、辩论式、双师多向互动性教学方式、文献调研式引导学生撰写文献综述等，让学生更多地参与学术讨论活动，而不是填鸭式的知识讲授或者案例教学，充分发挥研究生学习的积极性、主动性和自觉性，培养研究生的阅读能力、写作能力、科研创新能力和表达能力等，促进研究生教学模式改革，真正实现教育教学的作用。

二、经典阅读在法学研究生课程教学中的组织实施

因经典阅读之于法学研究生课程教学具有重要的价值，其在教学内容的提供与教学形式上都具有优势，因而笔者以承担的研究生课程外国刑法学、大陆刑法学为契机，在课程中积极尝试实施经典阅读，总结出适合运用到课堂教学中的经典著作选取标准，从阅读什么、如何阅读、课堂实施过程、考核评价与成果转化推广等阶段揭示出经典阅读在每一个阶段运用的特征和内容，并通过结合读书会、公众号等形式来探索和实践经典阅读在法学研究生教学中的运用。

（一）阅读书目的选取

经典阅读的有效开展离不开经典著作的选择。在现实社会中，书籍浩若烟海，但并不是每部著作都能一并安排给学生阅读，即便适宜，也会因教学对象不同、教学目的不同而有所区分。因此，在制定经典著作阅读书单时，要规范标准，必须把握代表性、阶段性、适度性的原则。

具体而言，在选择阅读书目时应注意以下几个方面：第一，应按照法学研究生人才培养的要求并结合课程特点选取具有代表性、经典性的著作。如大陆刑法学、外国刑法学课程具有中外对比的特点，因而在书目的选取上不仅要有中国刑法理论经典书籍，还应将德国刑法理论、日本刑法理论、英美刑法理论等经典书籍纳入其中。同时，由于不同法系的不同国家在刑法理论、学说流派等方面亦存在差异，因而也应追溯历史渊源，在法哲学

与法律思想、刑法思想与理念等方面选取相应的典籍进行阅读。此外，还应着眼于学生研究能力、思维能力、问题意识和创新能力的提高，在法学思维与方法论、案例分析与文献来源等方面推荐相应的读本。第二，在阅读内容上应该根据研究生学年段的不同，循序渐进，由教科书到专著，科学设置经典阅读的书单，使学生能够掌握基本知识和学习方法——树立问题意识——批判反思应用，逐步培养阅读习惯以及学术素养，并深化思维与解决问题的能力。第三，在不同教学阶段应选用理解难度适当的书籍。对于研究生一年级而言，理解难度太大的专著会阻碍其学习积极性，适得其反；而对于具有一定理论功底的二、三年级学生来说，相对简单的教材则缺乏挑战，不利于其能力的提高。因此，在书目的选用上，教师应注重难度的梯度排布，并根据学生的实际情况有针对性地安排。例如，可以由浅入深，分为入门阶段、中级阶段、高级阶段推荐书目。

当然，仅靠任课教师个人选取书目，其负担难免过重，而且推荐书目的合理性也难以保证。对此，不妨组织院系该学科的全部教师共同商讨，制定科学合理的经典阅读书单，并定期更新、增补，向学生准确推荐适合的经典文献。

（二）经典阅读在课程中的运用

经典阅读在课程中的运用一般包括引导阅读、专题研讨、总结点评及创新研究四个阶段。这四个阶段相辅相成，构成了一个完整的教学过程。

1. 引导阅读阶段

引导阅读阶段是在教学中实施经典阅读的前提和基础阶段。在这个阶段中，教师不仅要推荐合适的阅读书目给学生，同时还要在阅读方法上予以引导。如多种阅读方法相结合，包括索引式阅读、反思性阅读、理论投身式阅读等，使学生在阅读的过程中不至于泛于形式、浮于表面，而是对理论命题进行全面的了解，对文本中蕴含的论证思路予以挖掘，还可以产生自身的实践视野，以帮助他们独立地思考和判断。

2. 专题研讨阶段

在教学过程中，组织学生对学术命题展开探讨是非常重要的一个阶段。课程教学效果能否符合预期，与这个阶段能否有效开展密切相关。在这个阶段里，学生按专题的形式，由一个问题展开，在一个同学主讲自己所选取的问题后，其他同学提问、评议。如学生通过研读《刑法的知识转型（学术史）》后，有三位同学分别围绕“因果关系论”“犯罪参与体系之探讨”“未遂犯的处罚根据论”三个主题进行主讲；或围绕同一个主题从不同角度出发进行研究，如主题为“刑法教义学之解读”，分别由三位同学围绕该主题从“刑法教义学与刑事政策的关系发展——结合我国刑法教义学发展实际”“刑法教义学如何应对疑难案件”“被害人教义学”这几个不同的角度主讲。主讲结束后由两位同学进行评议，其他同学进行提问，再由主讲人予以回应。

经过课程实践显示，在研讨环节，学生分析、评议、讨论得越深入热烈，学生的思辨能力、口头表达能力就会锻炼得越充分，最终达到的教学效果也会越好。在这个阶段，应让学生处于主体地位，学生可以就自己发言的主题表达自己的理论观点，其他同学可以赞同、质疑、批判，也可以提出自己的观点。而对于指导教师而言，应适时进行引导，但也应避免过早总结陈述观点，以免影响学生的讨论。同时，在学生主讲和探讨过程中，教师要认真观察学生的表现，因人而异进行相应地引导。例如，对于反应快但思考不深的学生，可以适当引导其进一步思考，而对于不敢发言的学生则要鼓励其大胆表达自己的想法，对于语言组织能力相对较弱的学生则需及时点拨，从而争取让每位学生都能得到锻炼。

3. 总结点评阶段

总结点评阶段是在学生主题探讨阶段结束后，由教师对此次讨论的主题做出总结性陈述的阶段。它是教学的关键阶段。在这个阶段中，教师可以首先对阅读的经典著作和已讨论主题所涉及的刑法理论背景向学生做一个介绍和评述，加深学生对探讨主题所涉刑法理论的理解。教师还应注意把握学生发言的全过程，对探讨的各个环节、每个学生的表现针对性地予以点评，指出学生的优点及存在的不足，并向学生指明今后改进的方向。

4. 创新研究阶段

创新研究阶段在课堂探讨之后，是实施经典阅读的升华阶段，且是连接课中研讨与课后进一步研究的一个持之以恒的过程。因课堂受课时等因素的限制，难以让每个同学得到充分的锻炼。有鉴于此，我们可以拓展课堂，将课程学习与读书会、研讨会等结合。如在过去的一年内，我校刑法学科共组织了 16 次读书会，分别围绕罪刑法定主义的明确性、犯罪构成理论的探索、刑法解释的形式与实质之争、刑法教义学的解读、刑事违法性、社会危害性和刑法第 13 条但书辨析、刑法学说史和方法论、论刑法上的行为、刑法上的因果关系问题探讨、论刑法中的事实认识错误、单位犯罪问题探讨、期待可能性的反思与借鉴、中止犯的理论展开、未遂犯与不能犯的理论探讨、教唆犯相关问题辨析、共谋共同正犯理论探微等展开研究，在期末考核中亦是围绕刑法著作进行研读和写作。

在这个阶段，教师仍然要认真指导学生通过汲取经典阅读所带来的理论营养，充分吸收和学习经验，就研究主题或是阅读过程中发现的研究兴趣点进行深入探讨，引导学生体验研究过程，鼓励学术创新。比如引导学生在学派立场争论中研究具体问题："行为无价值与结果无价值论战中的不能犯研究"；或结合课程特点进行比较研究，如通过让学生研读山口厚的《刑法总论》，再选取一个理论问题与我国刑法学中的相关内容进行比较探讨，比如"中日刑法中的未遂犯比较研究""比较法视野下的正当防卫"等。

（三）成果转化与推广

我们不能轻视成果转化与推广这个关键环节，否则前期的投入得不到最大限度的转化，学生的研究能力难以提高，激励机制的深层意义也就无从实现。具体而言，一是学生撰写读书报告或者学术论文。课程结束后，每个同学要根据自己的事先研究和课堂探讨撰写读书报告，或者按照一般的论文规范完成一篇学术论文。二是将转化的研究成果予以推广、发表。

例如，我们依托湖南省刑事法治研究会公众号平台将优秀的读书报告在公众号上推送，在过去的一年内笔者精选了38篇学生的读书报告或阅读心得予以推送，如《行刑鸿沟:从行刑关系看行政犯——读〈行刑鸿沟:突然、根据与坚守〉》《刑法中的人文主义思想——读〈德国刑法刑法学——从传统到现代〉第五章有感》《读〈从新判例看刑法〉有感》等。从文章中能看出，学生通过阅读与写作训练，已有较好的法学理论素养以及具备一定的批判性思维能力和创新能力。此外，有的研究生则在读书报告的基础上展开进一步研究，写出较高质量的学术论文在期刊上发表。

三、法学研究生课程教学中实施经典阅读存在的问题与完善思路

从前述在法学研究生课程教学中实施经典阅读的实践可以看出，教师在课程教学中所要付出的努力以及学生在读写训练中的成长并非一蹴而就，而需久久为功，且在这个过程中需要破解问题，不断完善教学，以取得更好的教学效果。

（一）法学研究生课程教学中实施经典阅读存在的问题

笔者通过课程教学实践，不仅总结了上述适用的经验，也发现存在一些问题，亟待改进。一是从学生主体来看，一方面，学生容易在文本阅读与实践思考上缺乏对接。部分学生在阅读经典著作时，往往只着眼于经典著作中的表述与理论，而较少独立思考研究对于当下的意义或者较少具有问题意识。另一方面，在经典阅读过程中，尽管学生认真研读手中的经典著作，但对该领域的最新进展较少追踪关注。因而容易造成学生认为阅读这些经典著作固然重要，但若想基于此进一步展开研究便毫无头绪。即便产生了一定的想法，当与导师交流时，导师发现这些想法已有较多的前人研究。久而久之，学生会质疑阅读经典的必要性，或因此有挫败感，反而会影响学生的学术研究兴趣。二是在研究生课程中实施经典阅读，整个过程对教师的要求亦不断增加，授课教师需投入大量时间和精力，容易使单个授课教师力不从心而导致对研究生经典阅读监督、指导力度不够，使该

课程教学质量需进一步提高。三是考核方法主观因素大，缺乏双向约束与长效评价机制。现有的考核评价仍然是仅适用于教师的讲授情况，很少涉及学生的参与度，由于在课程教学中实施经典阅读，学生居于主体地位，有别于传统授课的教师主导模式，因此考核评价应逐步面向师生双方。

（二）法学研究生课程教学中实施经典阅读的完善思路

毋庸置疑，改革法学研究生教育的最终目的就是培养高层次创新型法律人才。在此目标下，完善课程教学体系，在法学研究生课程教学中构建科学、合理且行之有效的经典阅读教学模式可谓势在必行。因此，笔者针对当前教学实践在学生能力培养、师资队伍以及评价体系三个方面存在的不足提出因应之策。

1. 创新教学，进一步培养学生的“问题意识”与解决问题的能力

第一，在观念上，应帮助学生树立“问题解决之学”的法学观念。“法学”也可以是“问题解决之学”，指和法律实践紧密相关的对策性或学术性研究，应当说这也是对“法学”最通常的理解。[1] 相较于以实务面向为主的职业训练，“问题解决之学”的法学学术性更强，故在法学研究生教育中更强调于“问题解决之学”的训练。而解决问题的前提是发现问题，提出问题，具备“问题意识”。“问题意识”是整个思维能力培养中极为关键的第一步，更是学术研究最为核心的问题。[2] 但值得注意的是，这种“问题意识”是面向中国的法治实践，通常是中国法学者们所说的“中国问题意识”。如部门法学的研究者通过对立法规范或现有的司法实践予以解释学研究，虽未直接面对法律实务，但仍具有较强的现实意义和实用特征。因而需要让学生明确，大量阅读法学经典，并非是为了阅读而阅读，而是因为这些经典对于我们所关注的问题有价值，或者我们能受其启发而发现问题，进而为解决当下中国问题提供思维方式的参考。

第二，在教学策略上，可以实施以问题为导向的探究式教学，引导学

[1] 王凌皞．法学的实践品格与经典阅读 [J]. 法学教育研究，2017（4）：186.
[2] 李浩．中国古代文学研究方法导论 [M]. 北京：高等教育出版社，2011.

生进行以问题为导向的探索式阅读。具体而言，可以考虑在课堂教学之前进行阅读导学，即提出阅读要求并予以指导，如要求学生在阅读过程中思考该著作有何创新之处，作者想探讨或者解决什么问题，如何解决等。同时，可以让学生多关注基础性的理论问题。因为学科的每一次大的飞跃，几乎都是对本学科基础性问题有了新的认识。可以说，关注基础性问题有利于学生了解学科的精髓所在，也更容易进行延伸与深化。

第三，积极探索科研教学互促的新思路。针对学生对于学术前沿追踪不足的情况，授课教师可以在点评完学生的专题报告以及评议和提问情况后，留出专门的时间对该主题所涉研究领域的最新进展进行梳理，这项工作对学生而言无疑是受益无穷的。学生对最新进展有所了解，能更好地结合经典著作的内容对理论发展脉络予以掌握。基于此，学生进一步展开研究的阻力也会减少，会少走弯路，提高研究兴趣。当然，这项工作对授课教师而言则极具挑战，也并非短时间能够做到，因为其需要授课教师在课前以及平时掌握最新的文献情况，完成大量的文献阅读并予以组织梳理。但反过来，如果授课教师能够抽出时间对学科领域的最新进展进行总结，也可以在客观上促使授课教师及时了解学术前沿，掌握最新学术动态，更新自身的知识结构，提升教师学术研究能力，达到教学相长、教研相促的效果。

2. 进一步加强师资队伍建设

如前所述，在法学研究生课程教学中实施经典阅读，授课教师不仅要有更深厚的专业功底，有更宽广的阅读知识面，还要有更清晰的鉴别力，同时在课堂掌控、主持引导、总结点评等方面都要有更娴熟的技巧。这就要求教师要付出更多的时间和精力来更新调整经典阅读书单、引导学生阅读、进行课堂设计和筹备、课后批改读书报告、指导论文等。这对于单个授课教师来说，无疑压力很大，容易力不从心而影响教学效果。因此，通过选择具有教学经验以及研究成果的导师组成学科教学团队，会有效缓解这种制约。在建立经典阅读书单时，可以由团队集体进行交流，分享推荐，共同商量制定。每位研究生导师可以为自己指导的学生在阅读经典、撰写主题发言报告等方面提供精心的指导。如将学术前沿问题或热点问题介绍给学生、教会学生一些研读方法、提醒要注意的问题、引导学生进行有效阅读。导师们也可以通过读书会的形式积极参与到专题讨论中来，通过点评和分享自己的最新研究成果以达到更好的师生互动效果，启发学生的思维，扩大学生的知识视野，形成探究式、合作式、讨论式、文献拓展式教学等多样化的教学方法。

3. 进一步完善评价体系

在研究生课程中实施经典阅读的教学模式是以学生作为主体，教师进行引导的专题探讨式、互动式的教学模式。其相较于传统的单纯由教师讲授型的理论教学，该教学改革能够极大地调动学生的学习积极性，同时能够更好地培养学生的问题意识，通过提高发现问题、提出问题、解决问题的能力激发学生的学术创造力。但正因为这样的课程教学方式过于灵活，在课程评价上也不能沿用传统的单一评价方式，而应进一步完善建立科学规范的评价体系，以避免评价考核方法主观随意性较大等问题。

具言之，一方面，对学生的评价考核，可以根据研究生所处年级的不同而对评价和考核要求予以区分。针对研究生一年级的学生，要求学生在授课教师提纲挈领、简述讲解的基础上，培养自主学习的能力，包括自觉拓宽知识阅读面，有效进行文献检索，掌握一定的文献综述写作方法等。而对于已有一定学术训练基础的二、三年级研究生，则要求学生以专题研究为主。在授课教师指导学生拓展文献阅读、提升综述能力的基础上，强化对学生综合科研能力的培养，包括对专业理论知识的理解，掌握学位论文的写作方法和具体要求，清晰、准确、简洁地表达思想的能力等。另一方面，该教学改革目的是为了培养学生的独立科研和创新能力，因此也应当充分了解学生对该课程教学的期望，把学生的需要放在第一位，在对课程教学的评价过程中，应不定期向学生征求意见，加强师生双方的评价。此外，不仅仅是授课教师本人，各研究生导师对其指导研究生经典阅读的情况也应纳入评价体系，这样不仅可以强化导师对自己研究生的指导和监督，也可以提升研究生导师对学术前沿的掌握水平。总之，以阅读促进写作水平的提高并非一日之功，应将经典阅读形成制度进一步贯彻到研究生培养的各个环节，强化对学生学术基础的培养和学习过程的监督与管理，加强对文献驾驭能力的考核。

四、结语

当代法学研究生人才培养要求创新，主要体现于问题意识与综合科研能力，反映在培养方式上就是要谋求思维创新与能力创新。在法学研究生课程教学中实施经典阅读以培养学生的阅读能力、写作能力、语言表达能力、独立思考能力和创造性思维，是我们基于培养高层次创新型法学研究人才的有益尝试。通过该教学实践，引导研究生形成阅读习惯，创造了良好的学术氛围，激发了研究生的科研兴趣，也促进了教学相长，但作为一种新的教学模式，其仍需要不断地探索完善，在实践中及时总结，以期为进一步提高研究生课程教学效果和人才培养质量提供更多有益参考。

品读制度平衡之美的商法课程教学

胡艳香　曾　荇*

摘　要： 商法课程结构独特、体系庞大，教学中需重视在愉悦中激发学生的学习兴趣。将品读商事制度平衡之美当作商法课程教学的题中之义，通过情景模拟、“剥洋葱皮”、逆向推导等手段将商法教学当作为商事制度平衡艺术的发现之旅，能消弭学生因法律艰涩枯燥而产生的畏惧心理，将商法思维训练嵌入发现美的过程之中，从而有效达到商法课程的教学目的。

关键词： 商法教学；商法思维；教学理念；教学实践

近40年来，我国高校的商法课程经历了从无到有、从简单到丰富的快速发展过程，为我国法治建设和法学研究培养了大批人才。与其他法学课程相比，目前商法课程结构独特、体系庞大，即“在二级法律部门的层次上，商法学被设计为统一的一门课程，在三级法律部门的层次上，商法被分成了公司法学、证券法学、破产法学等多门单独的课程”。在有限的教学时限内，如何安排内容丰富的商法课程，让学生在有效掌握基本理论知识和相关法律制度基础上具有较强的商法思维能力？按理，对早已被确定为法学专业主干课程之一的商法课程来说，相关教学研究应当广泛而深入。但现实中，各法学院系对商法课程的教学研究仍然纠结在学科原理不严谨、课程结构不科学、课程内容不确定、课时安排不合理等基本问题的粗浅探讨上，[1] 鲜有从如何培养学生的商法思维、如何引领学生品读商事制度平衡

---

* 胡艳香，女，湖南湘潭人，教授，博士，主要从事侵权责任法、公司法教学研究。曾荇，女，湖南长沙人，教授，主要从事知识产权法教学研究。本文系2018年湖南省教育厅教改研究项目“独立学院法科学生实习模式的反思与重构”（项目编号湘教通2018436）、湖南工商大学2017年海外访学基金项目的研究成果，发表于期刊《衡阳师范学院学报》2019年第6期。

[1] 以“商法教学改革”为主题关键词在中国知网上能搜索到的学术论文有106篇，其中进一步精确在“商法教学”主题词下的论文有52篇（包括了17篇国际商法教学、5篇民商法教学），在“商法学”主题词下的论文有14篇；以“《商法学》课程教学”为主题关键词在中国知网上能搜索到的学术论文只有18篇。查询日期为2019年8月13日。

之美上下功夫、出成果。[1]正如法律不仅示人以“理性”“冰冷”的面孔，而且也与“激情”和“美丽”相随一般，课程教学改革既要围绕教材编写、课程结构、教学方法以及教师能力等问题展开严肃而深入的分析，也要重视在愉悦中激发学生的学习兴趣。引导学生品读商事制度平衡之美，从“美”的视角来探索商法课程教学，或许能为商法教学理论发展提供另一种参考。

一、教学理念：将制度平衡之美视为商法课程教学的题中之义

与面对人们的基本需求、具有伦理特征并以“公平”“诚信”为基本价值判断的民法相比，商法面对的是利益多元、复杂多变的商业世界。在崇尚营利、经营自由、严格责任等基本理念下，商法注重追求交易的安全与效率，具有很强的技术性特征，仅有普通的知识储备和伦理修养实难理解。如果教师仅依循传统的理论讲授、举例说明和规则解释等教学方法，很难激发学生主动及有效学习商法课程的积极性。美国教育哲学家布鲁贝克（John S. Brubacher）曾言：“只要高等教育的范围只限于高深的知识，学院和大学的课程就会因为太难、太不令人感兴趣而无法吸引绝大多数学生。”因此，作为学生遨游商法浩瀚海洋的领航者，商法教师需要笃信美的力量，即“只有通过美这扇清晨的大门，才能进入认识的国土”，将品读商事制度平衡之美当作商法课程教学的题中之义，在发现商事制度平衡艺术之旅中，拉近学生对于商法的亲近感，消弭学生因法律艰涩枯燥而产生的畏惧心理，将商法思维训练嵌入发现美的过程之中，从而轻松达到商法课程的教学目的。

为明确品读商事制度平衡之美这一教学理念，在简要介绍课程价值及用思维导图梳理教学内容框架后，教师通过引入典型案件向学生阐明商法课程教学的目的之一就是去发现和体悟蕴含在商事制度中的平衡之美。基于授课对象的法学知识积累和思维训练，教师在回顾民法基本价值基础上，仍然通过民商案例的对比分析向学生展示商法制度的价值基石：即崇尚效

[1] 以“商法教学”“商法思维”并列为主题关键词在中国知网上能搜索到的学术论文13篇，其中在商法教学语境下专门探讨商法思维、商务能力的只有寥寥2篇；从发掘法律之美的角度研究商法教学的论文目前没有。查询日期为2019年8月13日。

益、安全，兼顾公平。换言之，让学生把握品读商事制度平衡艺术的基本视点，即商法是“在整个交易机制效率的考量下兼顾个体的公平，通过寻求商业社会的整体公平来实现个体的相对公平”。在此基础上，从法经济学视角向学生阐释商事制度平衡的要义：各具正当性基础的主体利益之间存在冲突的场域，作为各种利益调节器的现代商事立法，“既不会完全对一种利益进行充分保护，也不会对另一种利益完全放弃，而是表现为对利益的相互抑制”，从而使得商事活动参与各方的利益选择达到一种动态平衡。

二、教学实践：精选专题带领学生品读商事制度平衡之美

在把握商法的基本价值立场和制度平衡的基本要义基础上，品读商事制度平衡之美的旅程便可以在相关专题中进行。根据商法的具体内容，能够较好地组织学生进行品读的专题主要有公司法中的公司资本制度、股东权益、股东会议表决制度、公司治理、公司合并与分立、公司解散清算制度等，破产法中的公司重整制度、债权人会议制度、破产清算制度；保险法中告知义务制度、合同解释制度；证券法中的信息披露制度等等。鉴于篇幅限制，拟以公司法律制度为例，选取公司设立、运营和终止三个阶段的公司资本制度、股东会议表决制度、公司解散清算制度展开分析。

（一）品读案例之一：公司资本制度

公司资本制度是公司设立过程的一项重要制度，制度完善与否直接关涉公司能否得以成功设立、资源能否得到最佳配置、各方利益可否受到均衡保护。因此，学生对公司资本制度的掌握，不应当只局限于商法教材对法定、授权及折中三种公司资本制度类型的介绍，以及对现行《中华人民共和国公司法》关于公司注册资本（《中华人民共和国公司法》第 26 条、第 80 条）、出资方式（《中华人民共和国公司法》第 27 条）、违反出资义务的责任（《中华人民共和国公司法》第 30 条、第 93 条、第 94 条）和增资减资（《中华人民共和国公司法》第 177 条至 179 条）的阐释，而应在探索制度平衡之美中知其然并知其所以然。对公司资本制度的品读，可以通过如下步骤进行：

1. 情景创设

引导学生识别公司设立过程涉及的利益主体及其所处情境，即主要为投资人（股东）、潜在的交易方（债权人）及监督管理机构。将学生按上述角色分组，一部分模拟为计划开公司创业的投资人，另一部分学生充当公司的潜在交易对象，还有一部分学生代表政府行使市场监督管理权。各组派代表就设立公司时的注册资本数额、出资方式、缴纳期限等主张己方利益诉求并陈述理由，其他主体从自身利益出发提出反驳意见。经过几轮讨价还价，由指定的学生将各方妥协后的利益诉求进行整合，初步形成对公司资本制度的基本预期表达，并让学生感受“现代立法实质是一个利益识别、利益选择、利益整合及利益表达的交涉过程”，即如博登海默所言:“认识所涉及的利益、评价这些利益各自的分量，在正义的天平上进行衡量，以便根据某种社会标准去确保其间最为重要的利益的优先地位，最终达到最为可欲的平衡。”

2. 比较分析

在情景创设下形成基本预期规范后，引导学生阅读《中华人民共和国公司法》(以下简称《公司法》) 1993 年、2005 年、2013 年文本及《公司法》司法解释中涉及资本制度的相关条款。[1] 在此基础上，模拟代表各方利益的学生组对比情景模拟环节形成的制度预期，对三个新旧法律文本中的资本制度在利益平衡问题上展开分析和评论。根据以往的教学经验，投资人学生组普遍主张，1993 年版《公司法》中的注册资本要求、出资方式和比例限制远远高于情景创设阶段达成的预期，投资门槛太高，制度设计偏重交易相对方的安全保障，在此制度下非实力派的投资人一般只好望“公司之洋”而兴叹。2005 年版《公司法》较以前的法律则大幅调低了资本最低限额，放松了实缴要求和验资程序。很显然，其目的在于激发市场活力、提高投资效率，但是对普通投资人来说仍然限制较多。投资人组对 2013 年版《公司法》中的资本制度再度放开公司设立资本要求基

[1] 1993《公司法》第 23 至第 26 条、第 28 条、第 78 条和第 82 条；2005《公司法》第 26 条至第 29 条、第 31 条、第 59 条、第 78 条和第 81 条；2013《公司法》第 26 条至第 28 条、第 30 条、第 80 条，第 82 条至第 84 条。《公司法》司法解释三第 13 条至第 19 条。

本上给予肯定性评价，认为在“大众创业、万众创新”的时代背景下，公司资本制度要将效率价值处于优先地位，消除公司设立的障碍，这样才会大大激发市场活力。而假定为公司潜在交易相对方的学生组则提出不同的意见：一般情况下，公司不会将自身的经营状况实时地对外公布，作为交易相对方也不可能干预公司经营，导致其获取公司经营状况的其他有效信息不充分，能够据以与之交易的参照主要就是注册资本数额。在其他规定相同的情况下，法律规定公司设立必须达到最低注册资本要求，且最低限额越高，交易相对方的安全感越强、交易信心越足。相较 1993 年及 2005 年版《公司法》，2013 年版《公司法》中的资本制度，显得过于偏重投资方效率。当然，如果能通过有效途径轻而易举地了解公司财务状况，或是在权益受到损害的情况下能获得有效救济，可以接受现行公司资本制度，毕竟作为交易相对方的主体同时往往也是以公司的形态存在。代表市场监督管理者的学生组则很郑重地指出现行《公司法》中的资本制度符合国家的经济发展步伐、符合大众创业的时代潮流，企业注册资本由实缴制改成认缴制，有利于降低投资创业的制度成本，营造宽松便捷的市场准入环境。为保障交易安全，政府则会通过规范企业信息披露的相关法律法规、依法处理投诉举报或者抽查等方式对股东（发起人）出资行为予以监管。在三组学生进行深入分析和评论之后，授课教师对学生的前期资料准备以及课堂辩论分析给予充分肯定，并对学生的解读进行归纳和评析。

3. 深入反思

通过情景创设和比较分析，学生对我国公司资本制度的价值取向、生成背景、演变过程及其内在缺陷具有初步了解，并对资本制度在不同时代背景下平衡投资人（公司股东）利益与交易相对人（公司债权人）利益问题上有一定程度的认识。在此基础上，教师可以布置思考题供所有学生作进一步品读：公司设立阶段，资本制度的利益平衡是否意味着优先效率价值，在总体鼓励投资基础上适当考虑其他主体的利益？现有公司资本制度的利益平衡是否应当以及如何凸显债权人的保护？现行宽松的资本制度需要与哪些制度相互配合，才能更好地平衡投资人和债权人的利益？授课教师甚至可以鼓励学生充分利用网络工具和图书馆的文献资料，深入探讨资本制度改革中的具体问题并将思想的火花形成小论文，比如是否需要监管公司注册资本的上限、认缴资本的实际出资时间能否毫无限制、资本信用如何转为资产信用等议题。通过细细品读，学生在获取大量知识信息、形成法律思维的同时，将会感悟到法律制度中的杰作就如同富含生活浓汁的花蜜，越品越有味，越钻研越能体味到法律美的真谛。

（二）品读案例之二：股东会议表决制度

公司运营过程的相关法律制度中，容易让学生产生困惑的一个内容就是股份有限公司股东大会的表决制度。一是为何有限责任公司的股东会议表决具有高度自主性，[1] 而法律却规定股份有限公司的股东大会实行一股一权原则下的资本多数决？[2] 二是为何股份公司在选举董事、监事时法律又规定可以依据公司章程或股东大会决议采用累积投票制？[3] 针对学生心中的疑问，授课教师可以利用“剥洋葱式”的关键词解析来带领学生细细品读制度平衡之美。①

第一层：多数决

在该层面，需要让学生明白公司事务决策宜实行股东多数决而不宜采用“股东独裁”或“股东一致同意”规则，以及了解多数决中“多数”的含义。为清楚理解以上问题，授课教师需要在该层面下进一步“剥洋葱”：类比学生班级进行集体决策，当在公司这样一个由多数人组成的经济联合体中对关涉每个人利益的事项做决策时，因个人的自利性及其认知的局限性，个人独裁无法代替整个集体的选择偏好，只有通过民主表决达成集体选择才能

① 我国公司类型：有限责任公司，简称有限公司；股份有限公司，简称股份公司。

[1]《公司法》第 42 条：“股东会会议由股东按照出资比例行使表决权；但是，公司章程另有规定的除外。”

[2]《公司法》第 103 条：“股东出席股东大会会议，所持每一股份有一表决权。但是，公司持有的本公司股份没有表决权。股东大会作出决议，必须经出席会议的股东所持表决权过半数通过。但是，股东大会作出修改公司章程、增加或者减少注册资本的决议，以及公司合并、分立、解散或者变更公司形式的决议，必须经出席会议的股东所持表决权的三分之二以上通过。”

[3]《公司法》第 105 条：“股东大会选举董事、监事，可以依照公司章程的规定或者股东大会的决议，实行累积投票制。本法所称累积投票制，是指股东大会选举董事或者监事时，每一股份拥有与应选董事或者监事人数相同的表决权，股东拥有的表决权可以集中使用。”

彰显公平，因此应当排除“单个股东一言堂”的决策方式。接下来，再次类比学生班级民主决策过程，分析两种民主决议类型，即“一致同意”和“多数同意”的利弊及可行性。“一致同意”规则可以保证公司股东利益能够绝对平等地得到保障，同时能有效避免某些股东的“搭便车”行为。但是，“一致同意”规则具有低效率、容易引发小股东滥用权利等弊端。更为重要的是，“一致同意”这一理想议事规则以人数少、各方利益能够得到满足以及成员之间品德类似等为存在前提。这便决定了股份公司的民主决策“全体一致性是不可能的”。与之不同，“多数同意”规则只要求得到一定比例多数的成员支持就可以通过集体决策，是成员间在无法达成一致意见后相互妥协的次优选择。鉴于团体行动的逻辑，通过“多数同意”的方案对全体成员具有强制性，是一种多数人对少数人的强制。在明确多数决基础上，教师再引导学生阅读《公司法》第 43 条和准备好的几份公司章程范本。这样，学生便不难明白决议事项的重要程度与“多数”的比例设置成正相关性，比如涉及“修改公司章程，增加或者减少注册资本，公司合并、分立、解散或者变更公司形式”等重要事项的决议，股东会议决议基本实行限定多数决（比如三分之二或是四分之三等），对一般事项则实行简单多数决（即超过半数）。

第二层：资本多数决

在该层面，要让学生明白为何股份有限公司要实行资本多数决而不同于有限责任公司可以通过公司章程进行自由规定（比如可以规定人头多数决）。授课教师可以带学生先回顾“合伙企业具有强烈的人合性——企业决策权在合伙人中均等配置——企业事务在合伙协议约定缺损时，法律规定按照人头配置投票权”。[1] 与合伙企业的人合性及普通合伙人对合伙企业

[1]《中华人民共和国合伙企业法》第 30 条：“合伙人对合伙企业有关事项作出决议，按照合伙协议约定的表决办法办理。合伙协议未约定或者约定不明确的，实行合伙人一人一票并经全体合伙人过半数通过的表决办法。本法对合伙企业的表决办法另有规定的，从其规定。”第 31 条：“除合伙协议另有约定外，合伙企业的下列事项应当经全体合伙人一致同意：（一）改变合伙企业的名称；（二）改变合伙企业的经营范围、主要经营场所的地点；（三）处分合伙企业的不动产；（四）转让或者处分合伙企业的知识产权和其他财产权利；（五）以合伙企业名义为他人提供担保；（六）聘任合伙人以外的人担任合伙企业的经营管理人员。”

债务承担无限连带责任不同，现代公司建基于有限责任制度，具有资合性特点，股东出资大小与其在公司中的收益和风险高低成正相关性。鉴于“任何社会中其成员对管理的发言权应与决策后果对他利害关系的大小成比例”，作为股东共益权之一的表决权，理应按其出资比例（在股份公司中表征为持股比例）来行使，即实行资本多数决具有正当性。与股份有限公司具有完全的资合性不同，有限责任公司兼具资合性和人合性，因此法律还必须关注股东的意思自治以及股东特别事项决策权的均等配置，这同样符合“股东决策权与决策后果影响大小相平衡”的原则，体现在《公司法》第 43 条：赋予股东优先通过公司章程协定表决方式的权利，第 71 条：确立股权对外转让时实行人头多数决。

第三层：资本多数决矫治

在该层面要让学生明白，如同“一致同意”隐含小股东滥用权利的道德风险，资本多数决则隐含控制股东滥用权利的道德危险，需要通过有效的制衡机制来防止或矫正利益失衡，实行累积投票就是防治手段之一。通过播放股东大会召开及其表决视频引导学生理解：建立在“一股一权”原则上的资本多数决，其宗旨是“维护股东平等（实质是股份平等）和股东大会运营的效率”。但实质上，多数股份的支配性意味着控制股东享有比少数股东更优越的权利。当彼此利益异质时，控制股东很可能基于自利心理及股份优势，在公司决策时不顾及少数股东和公司的利益。控制股东依据资本多数决能轻而易举将自身意志上升为公司意志，而少数股东的意志则对公司决策的形成毫无意义，这无疑将破坏股东之间的实质平等。而对公司来说，打破股东间的实质平等则意味着破坏公司稳健发展的重要基础。因此，基于股东平等原则，需要通过相关制度设计来调和利益冲突，保护少数股东在公司重大事项决策上的话语权，以矫治资本多数决可能出现的不当结果。在此，授课教师可以有意识地培养学生发散性思维，让其列举解决途径。在学生列举的基础上介绍国内外几种约束控制股东的立法思路，比如修正控制股东的表决权、赋予少数股东法定权利、强化控制股东责任等，在多种具体法律制度中，累积投票制就是修正控制股东表决权思路中一种可行的矫治手段。[1]接下来，授课教师可以在分析累积投票制的适用范围及产生的效果基础上，启发学生思考如何把握制度矫治尺度，防止矫枉过正。

（三）品读案例之三：公司解散清算制度

尽管理论上公司可以永续存在，但实践中公司无法逃脱事物发展的基本规律。尤其在当今社会，公司的生命周期缩短，更新迭代频繁，淘汰率大幅提升。除了破产，公司终止其法人资格从而退出市场的另一途径就是解散。当解散事由出现后，公司依法定程序进行清算，以了结公司事务，清理债权债务，分配公司剩余财产。有关公司解散清算制度的教学，除了让学生了解公司解散的含义、解散事由、清算的意义、清算组及清算义务人、清算程序等基本理论知识外，商法教师可以利用“倒推法”并从动态平衡的角度进一步带领学生领略公司法律制度的平衡艺术。

1.倒推公司解散清算制度平衡的价值支点

除公司合并、分立外，因其他原因导致解散的公司不再关注创造新的价值，各方的利益冲突主要集中于公司的剩余价值。那么，同样作为利益协调和控制机制的公司解散清算制度，是否与公司设立、经营过程中的其他法律制度一样，以“效率”为优先追求的价值目标？换句话说，公司解散清算制度平衡各方利益的支点在哪里？对此议题，教师可以引导学生阅读现行《公司法》关于公司解散清算制度的相关规定，[2]先逐条规范探寻公司解散清算制度中涉及的利益主体以及利益保护选择。经过整理，学生会归纳出公司解散清算制度涉及公司、股东、债权人、清算组、清算义务人等多元利益。当公司（清算组）与股东之间，或者公司（清算组、清算义务人）与债权人存在利益冲突时，制度规范更多的是往保护股东及债权人

[1]《公司法》第105条：“董事、监事选举的累积投票制股东大会选举董事、监事，可以依照公司章程的规定或者股东大会的决议，实行累积投票制。本法所称累积投票制，是指股东大会选举董事或者监事时，每一股份拥有与应选董事或者监事人数相同的表决权，股东拥有的表决权可以集中使用。”

[2] 相关规定主要体现于《公司法》第180条至第186条、第189条以及《公司法》司法解释二。

利益方向倾斜，如《公司法》第 181 条至 183 条、第 185 条、第 189 条；当公司股东与债权人发生利益冲突时，规范基于公司财产的有限性、信息的不对称性，更倾向对债权人进行保护，如《公司法》第 186 条。由此可以推导，公司解散清算制度将债权人的利益保护放在首位。在此基础上，继续引导学生对比公司设立、运营阶段的法律制度对公司、股东利益的维护，以及设计这些制度进行利益平衡的效率价值支点，从而反推公司解散清算制度的利益平衡的效益价值支点为安全价值。当然，在此应当向学生强调的是，尽管“安全”是公司解散清算制度的首要价值基础，但是效率价值也是解散清算阶段不能忽视的。让已经缺乏活力的公司快捷地退出市场，提高整个社会的经济效率，也是公司解散清算制度追求的一个重要目标，就如同公司设立、运营过程中的制度并非全然不顾交易安全一样。

2. 回望公司法律制度的动态平衡

在学习公司设立、运营、终止过程中的重要法律制度后，学生对公司法律制度平衡之美的体悟逐渐加深，首先是对单个具体制度的理解，慢慢地再形成对系列制度的综合理解，最后形成对公司法律制度的整体把握。通过制度回望，学生将发现公司法律制度对各方利益的平衡，其实是一个动态调整过程，根据公司不同发展阶段而做相应调整。在公司设立和正常经营阶段，相关法律制度以效率为优先价值，侧重保护的是股东利益，在此基础上适当考虑其他主体的利益诉求，从而实现经营状态下的利益平衡；而在公司解散清算阶段，则以安全价值优先，侧重保护债权人利益，适当考虑股东和社会公共利益，从而实现清算状态下的利益平衡。在回望公司法律制度动态平衡的基础上，让学生举一反三，大胆设想：现代商业社会是一个多元利益共生的场域，因资源稀缺性导致的利益冲突，需要充分发挥商事法律制度的利益调控功能。然而，商事制度的立法者在利益选择时不是固守于一种利益序位，而是根据特定的场景进行正当性的利益衡量，从而实现动态的利益平衡。

三、教学感悟：品读制度平衡之美是体察商法之“道”的“诗外之功”

陆游在《示子通》中谆谆告诫其子曰：“诗为六艺一，岂用资狡狯？汝果欲学诗，工夫在诗外。”学习法律与学写诗词同理，若要立志做个真正的法律人，那就务必懂得背诵法条、撰写文书、通过考试都只是雕虫小技，重要的是要学会去洞察法律的基本价值和内在规律，并将其运用于立法、执法和司法实践当中。一般而言，商法课程的教学目的主要有两个：一是“让学生了解和掌握商法的基本概念、基本规范、基本原理”；二是“培养和提高学生分析和解决商事法律问题的能力”。在信息和科技如此发达的现代社会，商法的基本概念和规范已不需要教师花大气力加以讲解，学生完全可以通过便捷的网络资源获得。因此，真正需要花费心思的是如何通过有效途径培养学生的商法思维。那么，究竟如何才能在商法教学中超越“技”的层面去抵达“道”的化境呢？多年的教学实践表明，品读制度平衡之美不失为一种可取的“诗外之功”。

品读制度平衡之美可以培养学生的商法思维。在尝试品读商事制度平衡之美之前，许多学生认为，能够从构成要件、适用范围、法律效果解读法律条文，再根据法律条文分析一些案例，就已经达到了法律学习的目的。而实际上，学完之后学生又会深感困惑，发现自己难以将理论知识在法律生活中举一反三。在慢慢品读商事法律制度平衡之美以后，有许多学生坦言自己不再茫然于记忆大量商事法律条文、纠缠于法律表层的技艺学习，而是开始关注内在的整体理论和法律精神把握，从感知、认识、欣赏商法内在的平衡之美中，逐渐领悟老师传授给他们的思维方式，理解“法律之所以存在，因为人们继续不断地评价和重新评估利益，因为他们希望利益调和，因为他们希望保障他们本身的利益和承认尊重他人利益的正当”；也体味到在多元利益共存的商事领域，因不存在特定利益的绝对优位，商事制度平衡体现为一种动态的平衡。随着学习法律的心境逐渐澄明，在分析具体商事法律问题时，学生们慢慢地能做到举一反三、触类旁通。

品读制度平衡之美可以培养学生丰富的想象力。爱因斯坦说过："想象力比知识更重要。"在品读商事制度平衡之美过程中，总会有善于思考的学生追问："既然平衡是商事法律之美的一种体现，那么是否还存有其他的美和惊喜？"抛出议题后,学生们纷纷举出商法的有用之美、真实之美、良善之美、内容之美、形式之美等新的探索视角。尽管因学时的限制无法带领学生进一步深入钻研和品味这些美，但至少这种方式可以激发学生的创造冲动，让学生保有发现美的眼睛，培养学生的想象力和洞察力。让其体会到，与其匆匆忙忙地走在记忆法条、套用案例的道路上，成为法律学习的奴隶而不知所得，还不如静下心来，学会用开阔的胸襟和高远的格局去发现和品味法律中的各种美。

品读制度平衡之美可以培养学生的人文精神。"道"蕴藏于广阔的社会生活，也蕴藏于博大精深的法律文化之中。在品读商事制度平衡之美的过程中，学生不仅开始学会深入体察民生民情，努力开阔视野与胸襟，还慢慢学会从法学经典名著中吸取优秀的法学思想,如卢梭的《社会契约论》、孟德斯鸠的《论法的精神》、黑格尔的《法哲学原理》、波斯纳的《法律经济学》等，做到胸中有万千丘壑。面对纷繁复杂的商事纠纷，学生开始运用经济学中诸如博弈、交易成本等概念作为分析工具，从法的价值的深层内涵着眼，学会以一个理性的法律人的视角从制度层面检视和分析问题的本质，并努力探寻医治这些社会问题的法律良方。在品读制度平衡之美的过程中，学生们会真切认识到商法的内涵与形式是随时代发展而变更，会真切体悟到社会中的真与伪、美与丑、正与邪，其中的大多数有志青年定会不断高尚其品格、敏锐其思维、丰沛其才情，努力成为新时代自觉捍卫法律价值、维护个人自由尊严、追求社会公平正义、促进社会和谐幸福的强大力量。如此，便是我们法学教育所需要达到的最终目的。

高校法学专业PBL教学模式应用探究

刘军平 *

摘　要：高校法学教育应从教学实际出发，强化学生的法学实践能力，“基于问题的学习模式”（PBL）能有效激发学生的学习兴趣并培养学生的学习与创新能力，在法学教育中开展PBL模式教学大有可为。应针对高校法学课程特点，结合教学实践，提出高校PBL教学模式应用的具体设想，并对实践中存在的不足在今后予以完善。

关键词：PBL；高校法学；法学教育；教学探索与实践

高等院校法学院系发展的长远方向是培养应用型和学术研究型的法律人才，为适应这一需要，必须将原有以传授知识为主要目标的教学模式改变为以培养能力为主要目标的教学模式。以培养能力为主要目标的教学模式要求在教学过程中着重拓宽学生的视野，厚实其理论基础，同时强化他们的法学实践能力。因应这一要求，我们必须从高校法学教学的基本要求出发，紧密结合法治发展的现实需要，充分探讨和研究适应法学教育特点的各种先进教学理念和教学方法，其中之一就是“基于问题的学习模式”，其英文为Problem-Based Learning，简称PBL。[1]本文拟首先对PBL做一概述，

* 刘军平，男，江西赣州人，湘潭大学法学院副教授，博士，荷兰马斯特里赫特大学博士后，硕士研究生导师，研究方向主要为诉讼法及法律文化。本文系湖南省高校教改项目“PBL应用于高校法学教学的理论与实践研究”（湘教通〔2013〕223号）、湘潭大学法学院研究生教学改革创新项目“‘基于问题的学习模式’在高校法学研究生教学中的应用研究”的研究成果，发表于期刊《当代教育理论与实践》2017年第7期。

[1] 国内与国外对于PBL的研究成果非常丰富。仅就国内研究成果而言，若以“PBL教学”为篇名在中国知网搜索则发现各类论文2718篇（搜索时间2017年5月31日）。这些已发表的论文成果大多集中于医学教育与高等教育，分别为2027篇和1142篇。涉及法学学科的则极为稀少，仅有4篇，而且其中还有3篇与医学教育有密切关系，分别是《PBL教学法在卫生法学专业本科教学中的效果分析》（2010）、《PBL教学法在卫生法学教学中的应用》（2011）和《PBL教学模式在法学专业《法医学》教学中的应用》（2014）。与法学直接相关的仅有1篇：《基于问题的教学模式（PBL）在法学教学改革中的运用》（2016），即使是这唯一一篇与法学相关的论文也仅仅以电大开放教育法学专业学生为研究对象，其所作分析及得出的结论并不具有典型性。

并对当前高校法学教学模式的现状进行分析，在此基础上，介绍笔者运用PBL教学模式的具体设想及实践，最后指出目前该模式运用所存在的一些困难及将来的解决办法。

一、PBL教学模式概述

PBL即“基于问题的学习模式”，它是一种自20世纪后半叶以来颇受国际社会普遍认同的研究型教学模式，目前已在欧美国家得到广泛应用。它起源于20世纪50年代的医学教育，由加拿大的麦克马斯特大学（McMaster University）最先引入教育日程，经过几十年的不断精炼完善，已在教育领域得到广泛应用，目前已成为国际上比较流行的一种教学模式[1]。

该教学模式的主要特点为：1.强调以学生的主动学习为主，而不是传统教学中的以教师讲授为主；2.将学习与问题或任务挂钩，使学习者投入于问题中；3.它设计真实性任务，强调把学习设置到复杂的、有意义的问题情景中，通过学习者的自主探究和合作来解决问题，从而学习隐含在问题背后的科学知识，形成解决问题的技能和自主学习的能力。

由上可见，这种教学模式的优势在于：1.它为学生们营造了一个轻松、主动的学习氛围，使其能够自主地、积极地畅所欲言，充分表达自己的观点，同时也可以十分容易地获得来自其他同学和老师的信息；2.可使有关课程的问题尽可能多地当场暴露，在讨论中可以加深对正确理论的理解，还可以不断发现新问题，解答新问题，使学习过程缩短，印象更加深刻；3.它不仅对理论学习大有益处，还可锻炼学生们多方面的能力，如文献检索、查阅资料的能力，归纳总结、综合理解的能力，逻辑推理、口头表达的能力，主导学习、终身学习的能力等，这些将对今后从事司法相关工作打下良好基础。

PBL的基本原理在于：1. PBL以问题为学习的起点。学生的一切学习内容都是以问题为主轴所架构的，问题与学生将要学习的专业知识密切相

[1] 刘晓艳.基于问题的学习模式（PBL）研究[D].南昌：江西师范大学，2002.

关，问题的解决往往没有固定的途径和方法。2. PBL 以学生为中心。学生担负起学习的主要责任。在学习过程中，学生通过相互协作来共同解决问题，实现对新知识的掌握和实践能力的培养，与此相应，教师仅仅是学习的组织者和引导者，是指导学生认知学习技巧的教练。3. PBL 的操作流程。第一，提出问题。由教师根据所授专业内容设计问题，要求学生围绕问题查找资料，着手解决问题。第二，分组讨论。问题的解决有赖于学生组成学习小组，依靠集体的力量，相互协作共同解决问题。第三，成果展示。主要方式为 PPT 演讲汇报。第四，多元评价。在展示过程中，学生与教师都要对此进行客观评价。第五，总结反思。学生和老师都要对问题的解决过程、知识的学习和能力的培养等有意识地进行总结与反思。

二、高校法学教学现状及其存在的问题

近十几年来，我国高校法学教育空前繁荣，所取得的成就是显而易见的，法学也被誉为当前社会科学门类中的显学。不过，在成绩的背后，也隐含着极大的危机，它突出表现为法学专业的高入学率与低就学率之间的巨大反差。若不及时解决，必将影响到法学的发展乃至法治事业的进步。这些问题的产生固然与外在的社会因素有重要关联，但法学教育自身存在的弊端也不可忽视，尤其是在法学教学中存在的问题当属首要，唯有对此清醒认识，仔细分析并对症下药，才可逐步解决。

教学理念不能与时俱进。教学理念是内蕴于教学环节的精神及价值取向，它体现了教育者对教学本质、原则及规律的理性认识。只有确立了正确的教学理念，才能有助于教学水平的提高。传统教学理念大多强调知识的传授，忽略对学生自主学习及动手能力的培养。时代的发展呼唤教学理念要及时更新，注重理论与实践的结合，促进学生的个性发展及综合能力的培养。

教学目标不统一。我国法学教育长期存在两种不同的主要观点。第一种观点认为，法学本科教育应该是素质教育，应该着眼于培养学生扎实的社科基础，强调通才培养模式；第二种观点认为，法学本科教育应该定位

于职业教育，通过四年学习，培养学生从事法律职业的思维、能力和知识，并顺利通过国家统一法律职业资格考试。这两种观点争论不休，至今仍各自有相当数量的支持者，从而在法学本科教学中形成不同模式。实际上，这两种争论都各有偏颇。我国的法学教育应该是一种有专业背景的素质教育，是法律的素质教育，是法学理论教育与法律实务教育的统一。[1]

教学内容陈旧。不可否认的是，有不少老师所用的讲义及教案没有适应社会形势需要，及时更新，所讲教学内容几年甚至十年如一日。[2]这突出体现在教材的编写使用上。时下的法学教材多如牛毛，可是优秀之作却很少见，大多成为教师评聘职称而充数之用。即使是某些在学生当中反响较好的教材，由于编者的粗心或者赶工，在经历再版时也出现了不应该有的文字及行文的错误。不仅如此，不少教材仍习惯于套用所谓“阶级斗争”的观点来分析理论问题，语言带有很强烈的政治色彩，从而导致与现实法治生活脱节。

教学方法落后。很多法学教师仍然习惯于传统的教学模式，在教学中追求教师的绝对主体地位，重视教师讲授而忽略了学生的自主学习。很多法学学生也往往停留在高中时期的学习模式下，上课缺乏主动性，只是被动地接受，甚至不知课前预习和课后复习。教师对此也缺乏有效措施予以应对。导致在课堂上常常出现“鸡同鸭讲”的尴尬局面。这种呆板、枯燥的教学方法自然难以在师生之间产生良好互动与共鸣，不仅学生没有学习兴趣，而且教师也往往觉得索然无味，双方的积极性都被压抑。

评估考核手段单一。尽管期末笔试是评估考核的重要手段，但是它仅仅是众多手段的一种，它的作用在于检测学生的学习情况和知识的掌握程度。但是法学是一门应用性很强的科学，单一的笔试不能检测和反映学生应用所学知识解决实际问题的能力，以及发现问题和运用各种工具来解决

[1] 孟祥燕．浅析我国高校法学教育的困境及其改革 [J]. 河北经贸大学学报（综合版），2008（1）：39–43.

[2] 张文显，黄文艺．高校法学理论教学存在的问题与改革思路 [J]. 中国大学教学，2004（1）：26–28.

问题的能力。[1]

师资力量不够。自法学专业成为所谓热门专业之后，大量扩招，许多原本并不具备条件的小学校也办起了法学院系，并开始招生。但这样带来的问题相当严重，专任的法学教师非常缺乏，尤其是一些偏远地区。很多其他专业的教师纷纷改行教起了法律，甚至一人身兼多门课程，横跨理论课程直至部门法课程。更为突出的是，有不少院校，研究生已经超过了本科生。研究生本身就要求精细化培养，大肆扩招的背后，导致很多导师没有足够的时间和精力带领他们进行科研和教学能力的培养。此外，由于现行评价体制重视科研，忽视教学，也导致教师在教学当中所花精力不够。[2]

三、PBL 应用于高校法学教学的具体思路及其实践

从 PBL 的特点来看，它能够比较有效地应对前述法学教学中存在的问题，笔者对 PBL 应用于法学教学的具体思路主要从如下 7 个方面展开。

1. 学习目标

合理设定学习目标是教学成功的重要前提。学习目标具体来说可分两个层次。第一层次是基本层次，包括法律的基本内容、法律的产生背景、法律的实践运用等。在此基础上学生应该形成对法律的批判性意见。第二层次是让学生熟练地掌握自主学习的能力和初步的实践技能。

2. 教学手段

恰当的教学手段在PBL应用于高校法学教学时将起重要作用。这当中，最主要的当属学习小组、成果展示和实践考核。

学习小组在 PBL 教学中占据着最为重要的地位。在当前我们法学本科教学中师生比例悬殊的状况下，如何恰当地将一个大班分成若干规模适度的学习小组将十分关键。在学习小组中应当确定一个主持人负责整个小组的运作，他将带领小组成员完成各项学习任务。

成果展示最主要的方式为 PPT 演讲。学生演讲主题的选择、演讲的形

[1] 宋艳．高校法学教学改革研究 [J]. 教育探索，2010（4）：53-54.

[2] 苏力．当代中国法学教育的挑战与机遇 [J]. 法学，2006（2）：3-21.

式、演讲的时间、演讲的效果、其他学生的互动等都需要详细的研究与实践。

实践考核是法学院本科教学的重要组成部分。学生的学习能力与实践技能应当被给予重点关注。这种实践考核的频率可为每周或每两周一次，由两个学习小组共同参加。在考核的过程中应对学习知识的能力、查找资料的能力、分析案情的能力、写作文书的技巧以及口头表达的能力给予特别关注。[1]

3. 课堂教学

课堂教学是学生学习知识、培养能力的重要环节。在 PBL 教学中，有如下几个方面应当特别注意。

小组讨论。主持人将引领小组讨论的顺利有效进行，并圆满完成既定任务。主持人的职责包括概括、鼓励、提问等，以确保小组讨论的顺利进行。在小组学习的过程中，必须特别强调彼此的协作与配合。

教师提问。提问是教师最重要的职责之一。教师应该采用苏格拉底式的提问技巧。即以讨论问题的方式与学生交谈，但不把结论直接教给学生，而是指出问题所在，并一步步引导学生得出正确的结论。

会议记录。会议记录的目的在于使学生明确自己在学习中的个人责任。会议记录的内容包括很多，诸如：出席会议的成员、时间和地点、讨论内容的梗概及结论、学习的目标等等。

4. 学习资料

PBL 应用于高校法学教学对学生所使用的学习资料提出了更高要求。法科学生的学习资料主要包括教材、案例汇编、法律读物，以及各种电子形式的资料等。法律教材的编写、选用应当慎重，案例汇编应当紧密联系现实，法律读物则应生动有趣。

5. 检查评价

法学教学最主要的目的在于使学生掌握知识与提高学习能力，由此，

[1] 肖顺武．“问题导向式”的研究生指导模式的构建与实践——以法学（律）硕士研究生指导为视角 [J]. 经济法论坛，2014（1）：293-304.

课程最后的检查评价将非常重要。它包括多种形式。其中最主要的就是论文考试，它可用于检查学生的各项学术技能与特定的司法能力；然后是特定的闭卷考核；最后是混合型考试，它要求学生既参加特定的闭卷知识考核，同时还要提交论文。上述几种形式各有优缺点，教师应根据教学的实际情况选择适用。

6. 学习环境

为了给学生创造一个最理想的学习环境，有如下几点应当注意：（1）应研究如何最大限度地利用基于公告板和其他 IT 应用技术的电子学习环境。学生可以通过这种电子环境利用各种电子资源，强化教师和学生、学生和学生之间的交流沟通。我们现有的教务系统可做较多的提升以适应这一要求。（2）特定阶段的课堂学习是 PBL 教学的重要环节，学生不得随意缺席。（3）学生应该能通过教务系统获得电子版的所有课程说明与相关手册。（4）应定期召开教师联席会议，交流学生信息与教学心得，探讨如何改进教学，并商讨其他有关教学的事项。

7. 质量监督

PBL 应用于法学教学的质量对于法学院的声誉及将来发展具有重大意义，应当建立专门的监督管理机构对此进行日常管理。该机构及管理人员应当保持与教师和学生的良好沟通，为教与学提供后勤保障与服务。我们可在现有教务管理体制下探讨解决办法，以保障教学质量。

笔者在拟定上述思路后，将之运用于自己所进行的本科和研究生教学当中，进行了认真细致的实践，也取得了非常不错的成果。以笔者所承担的研究生课程中国法制史为例做一说明。

中国法制史课程是全日制法律硕士研究生的专业课。笔者从事这门课程的教学已经有很多年了，在实践中也一直在摸索和探究合适的教学模式。经过反复实践，最终选择了 PBL 的教学模式，并形成了自己的教学风格。

第一，鉴于学生是来自于非法学本科学生，通过统一法律硕士联考进入研究生阶段的学习。给他们设定的学习目标是要基本掌握中国法制发展的宏观状况，尤其要侧重于了解中国传统法律发展的规律、主要法律部门、立法和司法状况等。还要在学习的过程中要求他们逐步掌握自己动手查找资料、解决问题以及撰写论文的能力。

第二，关于教学手段，采取的是PBL教学模式，并主要以学习小组、成果展示和实践考核为内容。以湘潭大学法学院2016级非法学法律硕士班为例，全班共21人，可将其分成7个小组，每个小组3人，由这3位同学组成一个学习小组，老师指定每组专门负责一章内容的学习及演讲。学习小组必须事先集体备课，将相关章节内容的资料收集整理好，并以PPT的形式进行讲课，老师已事先提出一系列的相关问题，学习小组应该带领大家讨论并解决这些问题。当然也有学生可能会提出其他的相关问题，学习小组应该在老师的帮助下及时应对并解决。

第三，关于课堂教学。首先由学习小组做演示汇报，带领全班同学学习相关内容。在这一过程中，引领其他同学进行小组讨论，讨论的问题主要为老师预先布置的问题。在讨论的过程中，可随时发散，针对重要的相关问题进行深入探讨。如果学生不能找准关键点，老师可以随时提问讲解，指引同学进行相关讨论。在教学过程中，由一个学习小组的成员专门负责记录讨论的过程。

第四，关于考核。在PBL教学模式下，重视的是日常动手能力的培养，只要在日常学习过程中积极讨论学习并锻炼自己的各项能力，期末笔试并不一定适合。所以，笔者一般并不主张考试，而是以提交论文的形式进行考核。但是对论文的主题必须与日常讨论所发现和解决的问题密切相关。

第五，关于学习环境。基于现代互联网的高度发达，学生与学生、老师与学生之间通过社交网络进行密切沟通，学习小组在备课过程中若有问题，可提前向老师询问意见。学生也可通过网络进行事前或者事后的沟通反馈。

四、PBL应用于高校法学教学存在的现实困难及其解决

笔者将PBL教学模式运用于高校法学教学的实践过程中感触非常深，

在汇总学习成果的同时，也在反思这种教学模式存在的一些问题。针对PBL教学模式存在的现实困难，笔者也提出了相应建议。

1. PBL法学教学中教师应具备的理论水平和实践能力有待提高

将PBL应用于高校法学教学，教师应当具备相当高的理论水平和实践能力，否则教师很难提出有价值的现实问题并真正实现对学生的指导。在目前的教学与科研体制下，我国高校法学教师大多习惯于传统教学模式，普遍理论水平高而实践能力弱。因此，教师应当下大力气提高自身的理论与实践水平，不能糊弄过关。[1]

2. PBL法学教学的类型有待细分

PBL教学对于学生素质的要求较高，学生必须能够积极主动地学习、并掌握较高学习技能，才可能从PBL中受益。但目前我国法学教育的现状是法学本科专业的设置过滥，不同层次院校的学生素质差别较大。对于部分学习兴趣不高、学习能力较差的学生来说，实施PBL收效甚微，甚至有可能不如传统教学模式效果好。可根据实际情况，探索PBL应用于不同院校法学专业教学或者同一院校不同法学课程教学的各种类型。[2]

3. PBL法学教学中教学资源的获取有待加强

在PBL教学中，学生应当有充分的机会获取各种教学资源，以完成教学任务。这些教学资源可分理论与实践资源两种。理论教学资源包括合适的教材、反映学科前沿的期刊论文、相关专著中的论述等。这些需要通过教师的指引使得学生能自主地获得相关教学资源，从而为自主学习与讨论提供基础。在目前，多数法学本科学生仅仅抓住了教师指定的教材，对于与学习内容相关的各种论文及专著都没有涉及。与理论资源相对应的实践教学资源指的是能够为法学专业学生提供机会、锻炼司法实务技能的各种物化资源。比如在司法实务部门进行实习或见习等。由于法学院教学经费

[1] 马真．美国PBL教学模式及在我国高校研究生教学中的应用研究[D].济南：山东师范大学，2011.

[2] 陶黎阳，李书华，龙捷.PBL教学模式在法学专业《法医学》教学中的应用[J].西北医学教育，2014（4）：729-732.

紧张、实践部门不愿配合以及学生实务技能弱等因素，学生进入实务部门实习或见习往往都存在困难，即使进入了也往往流于形式。在这方面，目前还是需要教师的适当指引，帮助学生获取相关学习资源。

4. PBL 法学教学的电子学习环境有待完善

PBL 教学要求有一个成熟完善的基于公告板和其他 IT 应用技术的电子学习环境，以便于学生自主选课，并在选课之后能够通过该系统随时与教师或其他学生进行信息或邮件沟通。在这样的电子环境中，教师能够随时向学生发送相关的学习资料或布置学习任务；学生也能随时向教师提出问题并提交各种作业。不仅如此，学生之间也能通过该系统进行顺畅的沟通，并进行自由的讨论。这都需要强大的网络支持和成熟的电子环境。[1]

[1] 王永花.PBL 在高校教学中的应用初探——以高师“中学物理教学法”为例 [D]. 南京：南京师范大学，2007.

混合式教学背景下地方高校教师角色的变革

彭　进　刘作凌*

摘　要：教师是教育中十分重要的角色，任何一种教学中，“教”与“学”是始终不变的两点，而“怎么教”是其中的关键，教师的教学角色和教学能力对学生的“如何学”影响巨大。当前混合式教学模式的兴起和地方高校转型的需求对高校教师提出了更高的挑战，教师不仅扮演传统的知识传授者、控制者、组织者等角色，还将向设计者、引导者、整合者、协助者、学习者等多元化角色演变，而教师角色的变革，需要从外源性和内生性这两个角度多措并举方能实现。

关键词：混合式教学；地方高校教师；角色变革

著名学者何克抗认为，所谓混合式教学，是把传统学习方式的优势和网络化学习的优势结合起来，也就是说，既要发挥教师引导、启发、监控教学过程的主导作用，又要充分体现学生作为学习过程主体的主动性、积极性与创造性，从而获得最佳的学习效果，提升人才培养质量。[1]近年来，这种将线上教学和传统教学相结合，使其优势互补的教学模式受到了普遍的关注，众多地方高校紧跟名校步伐，纷纷探索混合式教学法，引进慕课，翻转课堂。这一方面，确实提升了课堂的吸引力；但另一方面，也给地方高校教师如何真正驾驭这种混合式教学法带来了挑战。为应对这一普遍性的问题，探索混合式教学背景下地方高校教师教学角色变革变得非常必要。

---

* 彭进，女，湖南长沙人，湖南商学院法学与公共管理学院，副教授。刘作凌，女，湖南邵阳人，法学硕士，湖南商学院法学院副教授，长期从事刑事诉讼法学、法律文书写作等课程的教学。本文系湖南省教科“十三五”规划 2017 年度立项课题“混合式教学背景下地方高校教师教学能力提升机制研究”(项目编号:XJK17CGD023)的研究成果,发表于期刊《教育现代化》2018 年第 27 期。

[1] 何克抗 . 从 Blending Learning 看教育技术理论的新发展 [J]. 中小学信息技术教育，2004（4）：21–23.

一、混合式教学模式下地方高校教师角色变革的必要性分析

（一）教师角色变革是适应新形势下混合式教学模式的需要

在混合式教学模式下，除了传统的课堂学习，教师还需要掌握一定的信息技术，具备在线指导、培养学生自主学习、讨论式协作学习的能力，新技术、新理念的出现对其提出了更高的要求，传统的课堂知识传授者的单一角色已经不能满足时代需要。高校教师只有紧跟发展步伐，重塑与混合式教学模式相适应的新角色，才能作为新型教育模式中的主导者和引领者，培养适合地方社会需要的高素质应用型人才。

（二）教师角色变革是地方高校转型发展的需要

地方高校转型发展的目的是培养符合社会需求的应用性复合型人才，而传统教学模式培养的学生并不能到这样的要求。因此传统的教师角色已经不能满足地方高校转型发展的需要，高校转型对教师提出了新的要求，它唤起并驱动高校教师转型的内在动力因素。在外界因素的驱动下，教师的内部需要转化为动机，动机产生以“自我更新”为特征的转型行为，进而实现转型目标，形成以“需求—动机—自我更新”为循环的内在变迁和发展逻辑，这就是教师转型的内在动力机制。[1]

二、混合式教学模式改革的基本思路及教师角色的变革

（一）混合式教学模式改革的基本思路

除了积极引进校外在线优质课程资源，聘请老师承担线下指导工作之外，在条件成熟的时候，各地方高校还可以尝试自己组建混合式教学教师与导学团队，由团队教师设计与开发系列化混合式教学微视频课程，形成结构化在线学习资源，上传微视频课程资源到学校教学平台，根据自主任务学习单，组织学生进行在线个人自主学习，利用学校专门设置的混合学习教室，就教学重点、难点、热点问题组织学生进行课堂研讨性学习，成立研究性学习小组，开展课后基于任务的研究性学习。

[1] 丁志同．高校教师转型的内涵及其动力机制析论 [J]. 理论导刊，2014（9）：92–95.

混合式教学模式的应用层次非常丰富，即从“线上与线下混合”这一单一认识层次，到“基于学习目标的混合”“‘学’与‘习’的混合”这两个更高的应用层次。在不同的应用层次上，教师既保有传统教学模式下的角色特点，又有网络教学环境下的角色特点。基于学习目标的混合式学习，其最终目标就是要达成学习目的，不再拘泥于线上或是线下，学习内容和方式更为广泛。比如课堂学习与周末读书会以及讨论沙龙相结合的线下混合式学习，通过网络平台与在线讨论相结合的线上混合式学习等；“‘学’与‘习’的混合”这种层次，则意味着不光是要“学”，而且还要有“习”，因为实践是检验理论是否可行的标准，只有将所学理论运用到实践当中，“学”才有更丰富的意义，也才能由“习”促“学”，这是混合式学习的最高层次，能取得最好的学习成效。

（二）混合式教学模式下教师角色的变革

如前所述，在混合式教学模式下教师所扮演的不仅是传统单一的知识传授者、控制者、组织者等角色，还将向设计者、引导者、整合者、协作者、多维评价者、跨界学习者、反思实践者等多元化角色演变。

1. 微课程资源的设计者和学生自主学习的引导者

在混合式教学模式下，教师团队经过学习与培训，需要掌握制作和分享微课程资源的能力以及具备各类信息技术技能，同时，还需要根据教学需要，进行系统化的教学设计，不光要打造合理、适合学生的教学系统，还需要着眼于线上线下整个教学过程的整体设计和整合。每一个活动程序的设计都应该有量身定制的时间节点，教师应做好充分的准备，考虑各种可能的因素，保证每一个活动程序可以顺利完成，这些都需要学生的主动积极配合，教师应努力做到走到学生中间去，与学生交心，引导培养学生形成良好自觉的学习习惯，创设丰富的支持性的教学情境，激发学生学习热情。

2. 跨界充电的学习者和资源整合者

在信息化时代，各类信息更替变换的速度不断加快，学生对于各类知识的获取和吸收的速度也在加快，教师要适应混合式教学模式，需要不断跨专业、学科、领域，积极充电学习，完善和充实自己的知识储备。应当通过在“教学相长”的教育教学中学习，通过教学过程中的教育研究、课题研究和开发课程等获得各种知识，通过与教学团队成员的合作与交流学习。[1]如此，教师才能在新模式下的教学中，根据不同的教学主题，合理利用各种跨学科知识，在对教学内容高度把握和概括的基础上，有效整合各类资源，将其综合运用到教学当中，取得好的教学效果。

3. 学生知识建构和交流活动的协作者和多维评价者

混合式教学过程实际上也是培养和提升学生自主学习、讨论式协作学习的能力的过程，充满各种协作，包括师生之间的协作，同学之间的协作，包括各类学习共同体和资源的建立。在自主性学习过程中，学生的疑难问题可以通过多元化途径获得解决，一是通过网络教学平台和教学资源库获取老师的指导；二是与学生之间进行交流探讨；三是通过沙龙、BBS、学习社区等各种线上线下方式交流。这一学习过程，突破了以往传统教学的时空限制，可以进行深入的探讨，也是一个反思和实践的过程，即“学”以后到“习”，再由“习”中所得的实践经验来指导“学”。而回到课堂上，教师也可以将重心放在对学生线上学习存在的重点问题进行更有针对性的解答和评价上，谈论不再浮于表面，更有成效。同时，在整个混合式学习过程中，教师不再是传统唯一的评价主体，需要与学生共同协作，针对学生的学习过程、学习效果，从不同角度和层面进行多维评价。

三、实现教师角色变革的途径探讨

（一）从外源性角度实现教师角色变革的途径

从外源性角度，当前地方高校转型实质上是其职能的转型，教师是高校职能的实现主体，在学校学科专业转型和人才培养中发挥着重要作用。因此，地方高校应看重教师的重要作用，制定一系列激励性政策和保障机

[1] 陈亚鹏 . MOOC 背景下的高校教师角色转型——基于跨界思维视角 [J]. 湖北科技学院学报，2015（8）：67-69.

制，促进教师发挥主观能动性，积极转型。具体如下：

1. 设立专门机构做好教师发展规划

可以探索成立学校教师发展中心，针对教师的职业生涯规划、教学能力提升和学术创新、身心健康保障等方面开展工作。如组织教师开展专业素养、人文素养、交际素养等方面的系列培训，开展“反思教师的专业化角色”“高校教师职业形象塑造”等专题讲座、研讨会，引导教师树立正确的教育理念，提升教师的知识与能力。

2. 制定合理的薪酬、福利、进修等制度加强激励

制定针对青年教师在职或脱产攻读博士学位、国内外访学进修、挂职锻炼、职称评审等方面的鼓励和帮助政策；又如加强对教师以福利和保险为核心内容的延期分配，将教师的个人发展与高校发展紧密相连，增强长期激励；再如对开展混合式教学的任课教师予以适当的政策倾斜，提高其薪酬水平，加强对教师开展教学改革与研究的激励。

3. 营造信息化的教学环境，为教师开展混合式教学提供必备条件

如可以开展智慧校园建设，打造远程互动联结的“多媒体未来教室”，开展大数据与互联网创新研究、开展不同层次的教师全员培训推广慕课、微课并积极选派教师外出交流培训等。

（二）从内生性角度实现教师角色变革的途径

从内生性角度，教师应更新教育教学理念，从“专业自治与个性发展同明确”“知识结构与能力结构双提升”的多元化途径实现角色的变革。具体如下：

1. 更新教育理念

教师应紧跟时代潮流，突破传统教学中以教师中心，以教师主体，局限在课堂之中的模式，运用混合教学、建构主义等理论，树立现代教与学的观念，加强与学生的线上线下的对话沟通，合作探讨，实现教学相长。

2. 专业自治与个性发展同明确

新时代下，学生对于知识获取的要求更高，而教师应牢记自己专业引

领者的身份，发挥主导作用，在与学生交流中建立自己的影响力，使学生自觉接受引导。在尊重学生独立自主性的基础上明确学生主体性发挥的边界，有选择地接受学生要求，成为成功的组织者与设计者。同时，教师应清晰定位自身的角色，明确不同阶段的工作重心，在全面分析自我的基础上制定个性化发展规划。

3. 知识结构与能力结构双提升

教师应从学习跨学科综合知识、掌握信息技术能力、提升系统化教学设计能力、增强教学实施能力、提高社会交往能力、保持终身学习能力等多个途径来实现角色转型。

卓越法律人才教育培养理念下的刑法学教学方法改革研究

刘雪梅*

摘　要：我国高校的刑法学教学方法仍然是以讲授法为主，辅之单一的教学手段，案例教学更多的是一种形式。随着网络信息技术的发展，刑法学教学手段应体现多样化，制作刑法学微课，建构刑法学网络教学平台；案例教学应起到充分锻炼学生实践能力的作用。

关键词：刑法学；教学方法；微课教学

刑法学作为一门独立的学科，具有自己独特的研究对象和研究领域，是专门研究刑法及其所规定的犯罪、刑事责任和刑罚的科学，是法学学科中最重要的部门法学之一。该课程作为法学专业十六门核心课程之一，是一门理论与实践相结合并偏重实践的专业基础课程。刑法学，是理论界、立法界和司法实务界都非常重视的一门学科。刑法学课程是法学本科和普通专科专业开设的一门非常重要的必修学科基础课程。刑法学课程包括刑法总论和刑法分论课程，总学时为 100 至 140 个学时，学分设置为 6 至 9 个学分，一般分两个学期讲授，大多数学校安排在大学一年级的第二学期和大学二年级的第一学期，也有的学校安排在大学二年级全年，可见，刑法学的教学在所有法学专业课中是学时最长、学分最多的课程。随着 2002 年国家统一司法考试的实行，刑法学试题在整个司法考试试题总分值 600 分中占 90 分至 100 分，可以说是司法考试的重中之重，在一定意义上说，刑法学复习掌握的程度决定了司法考试的成败，以至于司法考试应试者说：

* 刘雪梅，女，湖南溆浦人，法学博士，中南林业科技大学副教授，主要从事刑事法学教学与研究。
本文发表于期刊《长沙大学学报》2017 年第 6 期。

"得民刑法者得天下，得刑法者可称诸侯。"

一、刑法教学方法改革的背景

2011年教育部、中央政法委员会联合颁布的《关于实施卓越法律人才教育培养计划的若干意见》中指出培养应用型、复合型法律职业人才是实施"卓越法律人才教育培养计划"的重点。2014年，《中共中央关于全面推进依法治国若干重大问题的决定》中强调法学教育目标为必须创新法治人才培养机制，培养造就熟悉和坚持中国特色社会主义法治体系的法治人才及后备力量。2015年12月中共中央办公厅、国务院办公厅印发的《关于完善国家统一法律职业资格制度的意见》要求，遵循法治工作队伍形成规律，遵循法律职业人才特殊的职业素养、职业能力、职业操守要求，按照法治工作队伍建设正规化、专业化、职业化标准，科学设计和实施国家统一法律职业资格制度，提高法律职业人才选拔、培养的科学性和公信力。这一系列的国家政策表明我国现阶段司法实务迫切需要实用型法律人才。在当前这种司法实务缺乏应用型、复合型法律人才的背景之下，刑法学界也在不断反思刑法学教学效果，并努力探索刑法学教学方法改革，提出了综合教学法、三维立体式教学法[1]、案例辩论式教学法[2]和复合运用教学法[3]等思路。笔者认为，虽然学界试图从各个方面改进刑法学的教学方法，但这些改进还只是初步的，还没有根本扭转我国高校沿袭使用传统教学方法的现状，亟须对刑法学教学方法展开新的探索和运用。在多媒体、互联网等科技高速发展的今天，刑法学教学方法不能固守传统的教学方式，应适应现代科技的发展，进行相应的创新性改造。本文试图根据中南林业科技大学本科法学专业刑法学教学的现状，深入分析我国刑法学教学方法存在的问题，并针对存在的问题进行有效的变革。

[1] 赵薇."三维立体式"刑法教学法研究[J].中国大学教学，2008（7）：50.

[2] 乔秋珍."案例辩论式"教学法在法律教学中的有效运用[J].陕西教育（高教），2015（1）：32.

[3] 高诚刚.法学本科《刑法学》教学方法创新性运用[J].海南广播电视大学学报，2015（1）：145.

二、我国高校刑法学教学方法运用的现状

（一）单一的教学手段辅助讲授教学法

复合型卓越法律人才教育培养目标的实现与科学、先进的刑法学教学方法是分不开的。从目前我国各高校的刑法学教学情况来看，刑法学教学主要采取讲授法，教学手段单一，教师只需要一支粉笔、一本教材就可以上课了，虽然有些教师也采用多媒体辅助教学，但多媒体只不过是把黑板上的板书搬到屏幕上而已，教师大多数是照着 PPT 念，其效果比黑板教学更差。这种传统的授课方式的缺点是教学缺乏良好的师生互动。一方面，教师讲课缺乏学生质疑，教师不能及时更新自己的知识体系，缺乏对自己上课效果的反思；另一方面，这种教学方式是以教师为主体的，学生只是被动地接受，学生缺乏主动学习的能力，培养不了学生的创新思维和发现问题、解决问题的能力。因此，这种传统的灌输教学法难以满足法学专业人才素质教育的要求，已经无法适应我国复合型卓越法律人才教育培养的需求。

（二）案例教学法趋于形式

案例教学法最先是从国外引进的一种教学法，这种教学法对一些实践性、应用性学科比较适用。它不仅运用于法学的教学，而且还广泛运用于经济学等其他学科的教学。哈佛大学法学院院长兰代尔认为：法律是一门科学，其中所包含的原理与原则，是通过众多案例演化而成的。[1] 法学教育改革的一项关键重点，在于积极推展“实例研习”的教学方法。[2] 简而言之，即学生除了上课听讲外，就每一门基本法律科目，尚须研习若干实例，考试亦应以实例为原则，以期能增强学生分析问题和处理问题的能力。这里的“实例研习”的教学方法就是案例教学法。案例教学法对于刑法学这样一门实践性、应用性很强的学科的教学尤为重要。我国当前各高校的刑法学教学都离不开案例教学法，但是其还存在很多问题。主要表现在以下几个方面：

[1] 汪习根．美国法学教育的最新改革及其启示——以哈佛大学法学院为样本 [J]. 法学杂志，2010（1）：34.

[2] 王泽鉴．法律思维与民法实例 [M]. 北京：中国政法大学出版社，2007.

1. 案例教学法变成了简单的举例

在当前各高校刑法学教学过程中，虽然案例教学法贯穿于整个刑法学教学，但很多教师在运用案例法教学时，只不过是就相关刑法理论问题或具体罪名的认定问题引用实践案例加以举例说明而已，而且由于上课课时的限制，教师们往往选择案例时，会根据自己的教学要求剔除案例中比较复杂的事实，保留比较清晰简单的事实，大多数教师在运用这样的案例进行教学时，学生往往无须思考一看就知案例所说明的理论问题或案例中行为人的行为定性问题。这种案例教学法往往沦为简单的举例法，根本锻炼不了学生分析问题和解决问题的能力，当遇到案情复杂一点的案件时，学生往往无从下手，抓不住问题的焦点或案件的争议点，长此以往，学生会养成怠于思考的习惯，缺乏钻研刑法理论问题的主动性和研究疑难案例的积极性。因此，目前各高校的案例教学法亟须落到实处，真正发挥案例教学法的实践作用。

2. 案例教学法与讨论教学法、辩论教学法混为一谈

在刑法学这门实践性很强的课程教学过程中，教师往往采取多种教学方法，比如辩论教学法、讨论教学法、卷宗教学法或案例教学法等。但教师们在运用这些教学方法时，不能根据自己的教学任务运用恰当的教学法，往往对案例教学法、讨论教学法、辩论教学法不加区分，并认为讨论教学法和辩论教学法都离不开案例，因此也是一种案例教学法，认为案例教学过程中可以运用讨论、辩论、提问、质疑等各种方法。实际上，案例教学法与讨论教学法、辩论教学法各自的教学目标是有区别的，案例教学法侧重于培养学生分析问题、解决问题的能力，讨论教学法侧重于培养学生独立思考、钻研疑难问题、拓展知识面等方面的能力，辩论教学法则侧重于培养学生口头表达能力和思辨能力。刑法学的教学内容并不是什么方法都可以应用，而应根据刑法学教学内容的不同采用相应的教学方法，这样才能有的放矢，起到事半功倍的效果。

3. 刑法分论课时太少，不利于案例教学法的运用

刑法分论课程教学内容包括十章，但由于课时有限，笔者所在的学校

刑法分论课只安排48个课时，课时严重不足，影响了案例教学法的运用，特别是影响了笔者极力推广的卷宗教学法的运用，由于课时不够，笔者每学期只能运用一到二个案件来进行模拟教学，学生对此深感惋惜。

三、刑法学教学方法改革的路径选择

（一）以网络信息技术手段辅助刑法讲授教学

创新法治人才培养机制，必须创新法学教学方式。随着大数据时代的到来，互联网信息技术日新月异，高科技使我们的教学发生了巨大的革新，但在我国各高校的刑法学教学中，一些老师还停留在以板书、口授为主的教学方法上，没有接受过相关网络教学技术的培训，特别是年长的刑法学教师更加不能适应现代网络技术的发展。为了培养复合型法律应用人才，我们必须创新刑法学的教学方式，充分利用现代互联网技术、数据库技术和多媒体技术等现代网络信息技术辅助刑法的讲授教学，建构网络教学平台，使枯燥、乏味的理论讲授变得生动、有趣，富有思维的挑战性。具体宜从以下几个方面入手：

1. 开发刑法学的微课教学

“微课”是指教师在课堂内外教育教学过程中围绕某个知识点（重点、难点或疑点）或技能等单一教学任务进行教学的一种教学方式。它具有目标明确、针对性强和教学时间短的特点。微课可以划分为很多类，如讲授类、问答类、启发类、讨论类、练习类、探究学习类等等。针对刑法学教学内容多而复杂的特点，在教学过程中可以穿插微课教学。内容重要、疑难、复杂的知识点可以制作微课，例如犯罪故意的分类、犯罪过失的特征、正当防卫的成立条件、共同犯罪的认定可以采用讲授类、启发类和讨论类的微课类型进行教学，刑法分论的交通肇事逃逸致人死亡、透支型信用卡诈骗、转化型抢劫、盗窃罪、诈骗罪、斡旋受贿等内容适宜采用启发类和探究学习类的微课类型进行教学。利用微课把每个部分的难点一一击破，使学生全面、系统、深入地掌握好刑法学这门课程。这种教学方法，对教师而言，将革新刑法学传统的教学与教研方式，突破教师传统的听课评课模式，教师的电子备课、课堂教学和课后反思的资源应用将更具有针对性和实效性。对于学生而言，微课能更好地满足学生对刑法学科知识点的个性化学习，既可查缺补漏，又能强化巩固知识，是传统课堂学习的一种重要补充。特别是随着手持移动数码产品和无线网络的普及，基于微课的移动学习、远程学习、在线学习、"泛在学习"将会越来越普及，微课必将成为一种新型的教学模式和学习方式，一个让学生自主学习，进行探究性学习的平台。

2. 建设刑法学网络教学平台

网络教学支持平台是指建立在互联网的基础之上，为网络教学提供全面支持服务的软件系统的总称。网络教学平台在原来教学系统的基础上，从对教学过程（课件的制作与发布、教学组织、教学互动、学习支持和教学评价）的全面支持，到教学的组织管理（用户与课程的管理），再到与网络教学资源库及其管理系统的整合，集成了网络教学需要的主要子系统，构建了一个比较完整的网上教学支撑环境。目前有些重点大学很多课程已经建设了网络教学平台，但很少有学校在网络教学平台建设刑法学这门课程，笔者所在的学校也没有建设这门课程。因此，根据笔者所在学校的实际情况，笔者尝试着在学校的课程中心 3.0 平台上创设刑法分论这门课程，学生可以在课前、课后到网上进行相关内容的预习和复习，教师可以在每个知识点的学习过程中设置任务点对学生进行监督和检查。具体方法是：首先，教师把刑法分论这门课程的重要知识点制作成微课发布在网上。然后，把微课中的每个知识点都设置成问题任务点，学生在学习每个知识点时必须完成相应的问题任务点后，才能开展下一个知识点的学习。教师创建习题库，根据章节的知识点发布作业，学生必须按要求完成作业。教师根据学生所学的内容发布疑难问题和案例供学生讨论，学生课后参与讨论，学生自己也可以发布疑难问题进行讨论，在这种情况下，学生必须阅读许多课外书籍才能参与讨论或者自行发布疑难问题进行讨论。这种教学方式增强了学生学习的主动性，培养了学生的学习兴趣。同时，教师可以上传资料让学生共享，学生可以自由下载所需的资料进行学习和研究，这样就能进一步拓展学生的知识面。

（二）提升案例教学法的成效

刑法分论以刑法分则规定的具体犯罪及其刑事责任的分则性规范为研究对象，是将总论的刑法基础理论、犯罪理论、刑事责任理论等具体应用到各种不同犯罪的认定和处理之中。[1] 由于刑法分论着重于具体罪名的认定研究，故在从事刑法分论的教学过程中，我们必须重视案例教学方法的应用，通过司法实践中的典型案例来讲解罪与非罪、此罪与彼罪、罪数、犯罪形态的具体认定方法。笔者根据多年来从事刑法学理论教学和刑事辩护工作的实践经验，在讲授刑法分论课程时，对重点、常见多发罪名采用案例教学法，对疑难复杂罪名还进一步运用卷宗案例教学法进行教学。具体的教学步骤如下：

1. 选好案例

根据教学的内容选择合适的案例，案例本身要具有典型性、争议性和一定的疑难性。在每次上刑法分论这门课之前，笔者会给学生推荐阅读几本刑法案例书，让学生自己根据上课的内容多去看相关罪的案例，了解每个罪在司法实践中的表现形式，同时在课前布置一个典型、疑难案例，这个案例主要从最高人民法院刑事审判庭编的《刑事审判参考》中选取，选择在证据采信、事实认定、法律适用以及刑罚裁量等方面具有研究价值的典型案例，特别是选择其中的大要案、热点案件，这些案例为刑事司法人员提供了有针对性的和权威的业务指导和参考。安排学生学习该刊物上的案例，能够使学生准确把握每个具体罪的认定方法，全面了解我国刑事司法动态。案例选好以后，在上课的前几天把案例发给学生。

2. 分组研读案例

在分发案例之前，把学生分成两大组，分别为公诉方和辩护方，让学生从控辩双方的不同立场出发去说理论证，控辩双方首先从己方的角度去思考如何立论，然后从对方的角度去考虑怎样反驳对方的观点。每组学生在上课之前必须认真研读案例，各组成员针对案例进行充分讨论和分析，并对案例所涉及的理论问题进行深入探讨。

[1] 刘艳红．刑法学（下）[M]．第 2 版．北京：北京大学出版社，2016.

3. 案例辩论

根据上课的进度，教师安排控辩双方学生在20分钟内针对自己准备的案例进行真正交锋。每方用时10分钟，分立论己方观点、反驳对方观点和最后总结陈词三个阶段。在案例的辩论过程中，教师或者其他同学充当审判员的职责，引导控辩双方围绕案件争论的焦点进行指控或者辩护。这个阶段首先检验了学生对案件的把握程度，能够充分体现学生对案件的前期准备是否充分；其次，能检验学生对刑法理论知识的掌握情况，学生能不能恰当地运用所学的刑法理论知识分析案例，是案例辩论阶段能不能形成激烈交锋的关键，同时也是实施案例教学方法实际效果的表现；最后，该阶段也锻炼了学生分析问题和解决问题的能力，同时也训练了学生法律文书的写作能力和口头表达能力。

4. 教师点评

学生案例辩论结束后，教师利用3至5分钟的时间对控辩双方案例准备阶段、辩论阶段进行一一点评，分析控辩双方案例准备情况以及存在的问题，对控辩双方辩论的优、缺点进行详细的点评，并结合办案经历讲授同类案件的辩护经验和技巧，以及阅卷、会见、法庭调查、法庭辩论等各个环节的突出问题和解决问题的经验，使学生从中学到一些书本上学不到的法律实践技巧。

5. 教师进行理论分析与总结

最后，教师对案例中存在的争议问题进行深入的理论分析，对本案涉及的罪名的犯罪构成特征、停止形态、共犯形态、罪数形态以及与其他类似罪名的界分等问题进行系统分析，并结合司法解释对该罪的认定问题进行合理的解读。

总之，案例教学法的对抗性和辩论性，能够充分地调动学生的学习积极性，培养学生的学习兴趣，并能让学生及时了解自己对刑法学内容的掌握程度，促使自己进一步加强刑法学知识的学习。案例教学方法，能够充分训练学生解决实际案件问题的思维方法，是一种非常好的教学方法，值得进一步推广运用。

大数据对法学教学模式的影响调查
——以湖南省十所高校的问卷调查为基础

李　敏　韩晓玥*

摘　要： 大数据与法学教育相结合对法学教育模式产生了重要的影响。从湖南省十所高校法学院采集的调查问卷结果来看，学生的学习模式已由基本依赖于传统的课堂知识学习，转向更多运用大数据的课外自主学习。大数据平台下，学习模式逐步实现个性化甚至定制化。法学课堂教学方式从单向的知识灌输转变为综合运用大数据的深入讨论和学习兴趣的启发。大数据平台促使学生自主能动地学习，也使法学教师的角色定位从知识的传播者变为能力的培养者。大数据背景下法学教育的范式转型趋势已经逐渐显现。

关键词： 大数据；法学教育；范式转型

一、引言

随着《教育信息化十年发展规划（2011—2020年）》和《教育信息化"十三五"规划》的实施接近尾声，我国大学教育发生了重大变革。大数据与教育的结合，不仅带来了教学技术和方法的改进，更是一场"学"和"教"的双重革命。[1] 2018年10月，教育部与中央政法委联合发布《关于坚持德法兼修实施卓越法治人才教育培养计划2.0的意见》，互联网、大数据与法学教育的结合成为国家层面认可推广的教育新形式。

由于大数据对法学教育的介入程度逐渐加深，法学教育模式也在潜移默化中发生改变。首先，法学教育需要运用大量的法条、案例以培养法律

---

* 李敏，女，湖南长沙人，中南林业科技大学副教授，法学博士，硕士生导师，主要从事民商法学教学和研究。韩晓玥，女，中南林业科技大学法学硕士研究生。本文系湖南省教育科学规划重点课题"大数据影响下的法学教育范式转型研究"（XJK016AGD009）的研究成果，发表于期刊《高等教育研究学报》2019年第2期。

[1] 李红美，陆国栋，张剑平．后MOOC时期高等学校教学新模式探索[J].高等工程教育研究，2014（6）：58-67.

思维，大数据海量的数据规模为教师和学生检索法条案例，形成法律思维提供可能；其次，除了书籍，庭审视频、对案件的新闻报道等也是有益的法学教学素材，大数据包含的多样数据类型丰富了法学教学内容；再次，大数据中快速的数据流转和动态的数据体系，能够及时跟进法律法规、政策的变化，适应法学教育需求；最后，法学教育与大数据结合后创造出的案例库和法律法规库有益于学生从事全面的实务训练。

本文试图通过对湖南省十所高校法学专业学生的问卷调查，探索大数据时代法学教育与法学学习方式在多大程度上、以何种途径受到大数据影响，以及教学方式是如何受大数据影响的，其发生了何种变化，由此揭示“大数据 + 法学教育”新范式的基本发展方向。

二、调查内容与分析

近年来，越来越多的高校法学院尝试将大数据或者说类似大数据的信息化、多媒体的教学手段引入到法学教育当中。笔者采取问卷调查的方式，以湖南省十所高校法学院的在校学生（含本硕博）为对象，想要了解“法学专业学生眼中大数据对法学教育的影响”。此次调查共历时三个月，收集有效问卷 2121 份（中南大学 208 份，湖南大学 211 份，湖南师范大学 201 份，湘潭大学 204 份，湖南农业大学 221 份，中南林业科技大学 228 份，长沙理工大学 210 份，湖南科技大学 202 份，湖南警察学院 206 份，湖南师范大学树达学院 230 份）。本次调查问卷主要侧重于“您的教师在课堂上如何运用大数据辅助学习”和“使用法学大数据是否提升了学习效果”两个问题的交叉分析，相关具体数据见下表。

表　大数据运用与学习效果变化的关系

学校名称	课堂上运用大数据的方式	使用法学大数据是否提升学习效果		
		明显提升（人数占比）	并无效果（人数占比）	略有效果（人数占比）
中南大学	整理案例，进行大数据分析	51（33.12%）	55（35.71%）	48（31.17%）
	推荐使用法学教育类的 APP	29（31.52%）	37（40.22%）	26（28.26%）
	其他	12（16%）	29（38.67%）	34（45.33%）

（续表）

学校名称	课堂上运用大数据的方式	使用法学大数据是否提升学习效果		
		明显提升（人数占比）	并无效果（人数占比）	略有效果（人数占比）
湖南大学	整理案例，进行大数据分析	30（19.35%）	50（32.26%）	75（48.39%）
	推荐使用法学教育类的 APP	13（14.94%）	36（41.38%）	38（43.68%）
	其他	8（11.76%）	30（44.12%）	30（44.12%）
湖南师范大学	整理案例，进行大数据分析	49（32.24%）	36（23.68%）	67（44.08%）
	推荐使用法学教育类的 APP	33（40.24%）	20（24.39%）	29（35.37%）
	其他	14（18.18%）	18（23.38%）	45（58.44%）
湘潭大学	整理案例，进行大数据分析	34（23.94%）	58（40.85%）	50（35.21%）
	推荐使用法学教育类的 APP	27（29.03%）	40（43.01%）	26（27.96%）
	其他	10（13.51%）	30（40.54%）	34（45.95%）
湖南农业大学	整理案例，进行大数据分析	26（20.47%）	53（41.73%）	48（37.8%）
	推荐使用法学教育类的 APP	13（13.13%）	46（46.46%）	40（40.4%）
	其他	10（8.77%）	60（52.63%）	44（38.6%）
中南林业科技大学	整理案例，进行大数据分析	29（15.93%）	31（17.03%）	122（67.03%）
	推荐使用法学教育类的 APP	12（13.64%）	10（11.36%）	66（75%）
	其他	8（18.6%）	9（20.93%）	26（60.47%）
长沙理工大学	整理案例，进行大数据分析	39（26.53%）	47（31.97%）	61（41.5%）
	推荐使用法学教育类的 APP	30（28.04%）	42（39.25%）	35（32.71%）
	其他	18（23.38%）	35（45.45%）	24（31.17%）
湖南科技大学	整理案例，进行大数据分析	42（29.17%）	47（32.64%）	55（38.19%）
	推荐使用法学教育类的 APP	34（33.01%）	33（32.04%）	36（34.95%）
	其他	15（20.83%）	37（51.39%）	20（27.78%）
湖南警察学院	整理案例，进行大数据分析	44（30.56%）	39（27.08%）	61（42.36%）
	推荐使用法学教育类的 APP	31（37.35%）	21（25.3%）	31（37.35%）
	其他	9（11.54%）	33（42.31%）	36（46.15%）
湖南师范大学树达学院	整理案例，进行大数据分析	60（36.81%）	52（31.9%）	51（31.29%）
	推荐使用法学教育类的 APP	40（34.48%）	46（39.66%）	30（25.86%）
	其他	15（19.23%）	46（58.97%）	17（21.79%）

综合各校的结果来看，教师在课堂上不论是“整理案例，进行大数据分析”“推荐使用法学教育类的 APP”还是采用其他方法辅助教学，认为因此学习效果有提升（包含明显提升和略有提升）的人数都明显高于认为无学习效果提升的人数。比较运用大数据的不同方式对学习效果提升的影

响，不难发现认为“整理案例，进行大数据分析”略有提升学习效果的比例最高，达到42.3%，认为可明显提升学习效果比例次之，比例为26.8%。类似的，在“推荐使用法学教育类的APP”中，比例最高的同样是略有提升学习效果，达到37.6%，认为可明显提升学习效果的比例为27.6%。

无论是何种方式的大数据应用，学习效果或多或少都有提升，而且从学生反馈意见来看，法学教育的范式有必要且已经开始转型。法学教育范式转型带来的不仅仅是学生学习效果的提升，更是对教育理念转变的深度思考。

三、大数据对学习方式的影响

传统的教学模式中，学生获取知识的途径有限，教师是主要的知识来源，所以课堂教学变成了单向的知识灌输，缺少互动和反馈。然而，在大数据时代信息的传递是双向进行的，以电子书平台为例，其能够收集反映学生阅读状态的数据并加以处理，向学生、教师和出版商提供反馈；评价对象不再是作为“消费者”的学生，还包括“服务和产品”，即教师和教学工具；有关学生对电子教科书等的使用状况的反馈数据是动态的、持续的，总结性评价和形成性评价得以兼顾。[1]

本次问卷调查中，“使用哪些渠道和方式获取的大数据学习？（多选）”的调查结果显示，使用比例最高的是网站，达89.47%；其次是法学教育类APP，占比为60.96%；最后是微信公众号，达50%。具体数据如图1。

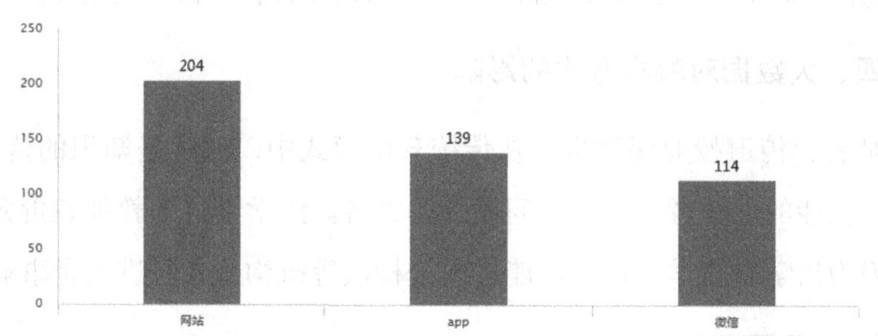

图1　学生运用大数据学习的情况（数值单位：人）

[1] 张燕南，赵中建．大数据教育应用的伦理思考[J]．全球教育展望，2016（1）：48-55.

由此可见，学生获取大数据学习的渠道较为丰富，数据类型也很多样，网络大数据已经成为学生学习的重要资料来源。由于大数据学习资源的丰富性和学习方式的多样性，学生可以针对自己的需求采用不同的学习方式。学生的个性化学习主要表现在两个方面。一是学生可以顺应个人兴趣选择学习内容。由于各高校法学专业课时设置和教学内容均有一定局限性，也许无法满足学生的求知欲，如犯罪心理学等课程碍于师资问题甚至不会开设，大数据海量的数据资源使得查找冷门的或者较为专业的知识成为可能。二是学生可以在网络平台自行定制学习计划。大数据平台能够详尽收集、记录学生个人的学习数据，在对数据结果进行分析后相应调整教学安排，不再拘泥于顺序，更好地适应不同学生的学习能力和特定的学习环境，甚至可以有针对性地推荐学习资料，推荐课程，由此弥补了课堂学习的不足，帮助学生实现自主学习、能动学习。

当课堂学习不再是学生获取知识的唯一途径时，学生的学习时间将变得更加自由和灵活，可以依靠网络随时随地获取大数据教学资源，在课外对知识进行消化、吸收。传统法学课堂的授课重心可以实现从理论、法条的讲授变成有组织的讨论和对学习兴趣的启发，实现“苏格拉底式教学”。相关调查结果表明，学生在融入大数据的混合式教学模式下能够更好地进行创新性学习，实现综合学习能力的提高。[1] 大数据的运用，对教师而言可以大大减轻工作负担，使教师能够把工作重心放在利用这些数据进行决策并对教学进行调整方面；对学生而言，能够实现学习的个性化，甚至定制化。[2]

四、大数据对教学方式的影响

师者，传道授业解惑也。在传统教学模式中，教师是知识的传播者，是学术技能的训练者，是专业问题的解答者。法学学科的教师职责尤为重大，因为法学专业学生将来可能进入公检法等机构，或者进入企事业单位

[1] 王全亮，张月芬，左继蓉，等．MOOC 环境下的混合式教学模式教学效果研究 [J]. 高等教育研究学报，2017（3）：45-52.

[2] 阮广红．大数据时代的特征及其对教育的影响 [J]. 才智，2015（32）：122.

从事法律相关工作，学生的专业素养关乎国家的法治进步。大数据时代打破了教学场地的藩篱，对法学教学方式和教学内容提出了更高的要求，[1]法学教师的角色定位也要从知识的传授者转型为能力的培养者。

对教师而言，角色认知是第一步。所谓能力的培养者，即要引导学生自发学习、自主学习，培养的是其学习能力和分析问题、解决问题的能力。通过大数据的运用，有助于有针对性地提高学生的法律问题分析能力。根据调查，大数据在案例分析中发挥一定作用，相关数据统计如图 2。

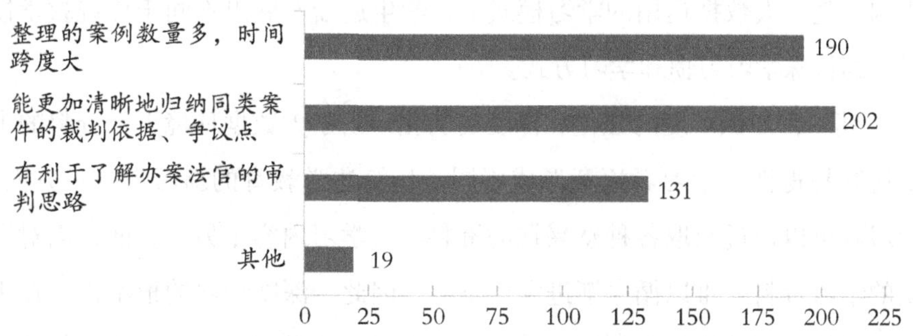

图 2　大数据在案例分析中的作用（数值单位：人）

由上图可见，大数据案例库的主要优点在于涵盖的案例数量多、地域广、时间跨度大，有利于学生对同类案件的裁判依据、争议点进行比较分析和总结归纳，选择这两项的比例均达到 80% 以上。而第三项“有利于了解办案法官的审判思路”的优点相对于前两者而言，所选人数略少。但是从法条中了解立法者的意图，做合乎立法目的的解释，从案例中了解法官审理的过程和判决的依据，比较理论和实务之间的差异，是法学学科学生应具备的基本能力，调查结果表明这一能力需要教师有意识地通过日常课程训练提高。

因此，通过大数据的运用，学生可从中汲取知识的养分，弥补自身知识结构的缺陷；教师可使教学方式更多元，且更有利于发现教学短板，有针对性地改进教学方式，提高教学水平。

[1] 吕波．“互联网 +”时代高校法学教育的应对 [J]. 黑龙江高教研究，2017（11）：168-170.

五、法学教学中大数据运用的评析

问卷调查的形式虽不能完整全面地展示高校使用大数据手段发展法学教育的情况，但从侧面反映出大数据已经同法学教育结合起来，且这种结合会更加持续和深入，同时亦暴露出学生学习和教师教学过程中运用大数据存在的一些问题。

（一）大数据影响下学习模式的发展

由前述调查数据可见，大数据对学生的法学专业学习模式产生了深刻影响。基于大数据运用的学习模式下，学生逐渐发展出不同于传统教学模式下的特殊学习习惯和学习方式。

其一，知识广度的强化和深度的弱化。由于大数据环境下，资料的丰富性和易得性，学习者逐渐形成不同于传统法学教育的新习惯。一方面，学习者可以通过获取各种感兴趣的资料丰富学习内容；另一方面，面对海量的学习资料，难以循序渐进深度学习。因此，深度学习的根本仍然在于对大数据的有效选择和利用，其基础在于对专业学习方法的把握。传统法学教育形成的渐次推进的教学体系，仍然是学生运用大数据深化学习的基础。有效的大数据利用首先需要对学习者的知识结构进行基本的认知诊断，然后于此基础上选择适合的学习资源。[1] 因此，大数据背景下的法学专业学习仍需以传统的法学知识传授为基础。

其二，选择范围的无限制与选择方向的迷失。大数据背景下，无论学生意图从事哪个法学专业方向的学习或训练，均不难获得相关的论文、报告、案例、题库等数据。但是，不同于经过筛选的教材和专业书籍，学生自行获取的数据内容并非均为正确无误的。对于法学专业的初学者而言，极有可能良莠不分，不加甄别地将所获取的数据资料作为权威内容学习。尤其是近年来，我国法律更新速度较快，大数据新旧资料混杂，若非专业研习者难以区分，由此引发学习内容的错误和学习效率的降低。因此，要

[1] 马玉慧，王珠珠，王硕烁，等. 面向智慧教育的学习分析与智能导学研究——基于 RSM 的个性化学习资源推送方法 [J]. 电化教育研究，2018（10）：47-52.

实现法学专业学生对大数据资料的有效选择，首先要求学生具备相应的基础知识和识别能力。

其三，较之传统法学教育，大数据综合分析下的定制化学习使因材施教成本降低。“大数据 + 教育”技术的发展，使得个性化学习成为可能。[1]学习者在大数据环境下通过答题或其他交互式法学训练不仅强化了对既有知识的把握，同时使得大数据分析学习者学习效果成为可能。传统教育中，受制于有限的教师人数、时间和精力，同时由于学生人数多、学习层次和接受能力不同，教学内容无法兼顾所有学生。大数据下定制化学习通过广泛收集学习者相关信息，根据不同学生的不同特点确定不同内容，设计有针对性的学习路径，开展有针对性的资源推送，提供有针对性的支持服务，[2]符合因材施教的基本理念。与此同时，大数据环境下的定制化学习可以通过提醒关注等方式促使学生自我调节，[3]通过适应性学习系统学习干预改进学习习惯。[4]有研究表明，既有的大数据技术可以较为精准地预测学生在期末考试中的表现，由此实现定制化学习中个性化干预，[5]进而矫正不良学习习惯。

概言之，大数据环境下的法学模式可能由于学习者缺乏基础知识和判断能力，导致专业学习浅尝辄止甚至学习内容错误，由此要求学校课堂教育更为注重基础知识和法学方法论的传授，加强方向性指引，以使大数据学习促进学校课堂学习。与此同时，大数据定制化学习也显现出有针对性地帮助学生查漏补缺、改进学习习惯等明显优势。

（二）大数据影响下教学模式的改进

大数据对法学教育的影响不仅限于学习者，而且包括教育者。一方面

[1] 李俊杰，张建飞，胡杰，等．基于自适应题库的智能个性化语言学习平台的设计与应用 [J]. 现代教育技术，2018（10）：5–11.

[2] 吴南中，黄治虎，曾靓，等．大数据视角下“互联网 + 教育”生态观及其建构 [J]. 中国电化教育，2018（10）：22–30.

[3] 上超望，韩梦，刘清堂．基于大数据的在线学习过程性评价设计研究 [J]. 现代教育技术，2018（10）：94–99.

[4] 王改花，傅钢善．网络学习行为与成绩的预测及学习干预模型的设计 [J]. 中国远程教育，2019（2）：39–48.

[5] 李建伟，苏占玖，黄赟茹．基于大数据学习分析的在线学习风险预测研究 [J]. 现代教育技术，2018（8）：78–84.

大数据为教师改进教学方式提供了宝贵的资源和探索的途径，但另一方面取之不竭的数据资源也带来诸多弊端，例如有价值的信息容易被冗杂信息掩盖，检索成本增加，专注力易被分散等。如何帮助学生正确使用大数据，成为教学过程中需要攻克的难题，这也意味着课堂教学不仅需要教授知识，而且需要教授辨别信息、利用信息的方法。因此，大数据时代的法学教育中，教师不再仅仅只是提供知识，更要引导和支持学生自主进行探究活动。[1]从调查数据来看，现有的法学教育一方面对大数据技术持较为开放的态度，但另一方面对该技术的运用仍存在一定的不足，“大数据 + 法学教育”的改进可从以下三个方面着手。

首先，拓展对大数据的理解，增强法学教育中大数据的嵌入。目前高校对大数据的使用主要体现在案例教学、资料收集和模拟考试这三个方面，海量的网络庭审直播资源没有利用起来。真实的庭审可以帮助学生快速熟悉审理流程，比从课本上学习“诉讼法”知识要直观生动得多。法官的问询，当事双方的质证等程序都一清二楚，裁判文书无法展现的细节可以在庭审直播中展示。现实生活中组织学生去法院旁听或者实习，所需耗费的人力物力在网络庭审直播中都可以忽略不计，学生坐在教室里即可观看庭审全过程。前述《关于坚持德法兼修实施卓越法治人才教育培养计划 2.0 的意见》要求实务部门向法学院开放资源，未来将大量庭审视频加以分析整合，可以作为新的教学素材，使大数据在传统教学中发挥更大作用。因此，教师应当转变角色意识，从知识的传授者转变为学习的引导者，在课程中嵌入包括案例资料、庭审视频、题库在内的更为丰富多样的大数据资料，通过筛选案例、分析庭审、引导讨论等方式丰富课堂学习的内容和形式。

其次，全面评估大数据引入的利弊，促使大数据发挥积极作用。调查显示，高校教师和学生对法学教育类 APP 的态度并不一致。学生多认为使用法学教育类 APP 可以在碎片化时间里记忆知识点，反复练习提高正确率。

[1] 郭丽君，陈中．信息化背景下的大学课堂生态：变革、问题与对策 [J]. 现代大学教育，2017（6）：101-107.

但教师多认为法学教育类APP可能分散学生的注意力，影响课堂教学质量，且大数据信息良莠不齐，可能导致学生习得错误知识。任何技术手段的革新或多或少都会伴随着争议，这种略显两极化的评价是大数据与法学教育相结合必然要经历的困境。教师首先应努力提高自身对于所获取数据的批判能力，即通过对教学数据的批判性思考，从突变数据和特殊现象入手，分析教学效果的影响因素，从而促进教学内容和教学方式的调整，适应学生的多样化学习需求。[1]与此同时，教师应全面评价大数据的消极作用和积极作用，通过将教育理念融入技术应用，把握教育本质并融合大数据思维方式和技术手段，使中立的技术发挥积极的作用。充分利用法学数据平台，如中国裁判文书网、北大法宝APP、法信网、聚法案例APP等，锻炼学生梳理和识别信息的能力。通过运用互动性数据提高学习者的积极性，运用智能化诊断分析教学内容的缺失，运用大数据个性化辅导发现学习的漏洞，[2]不应避免受制于大数据，而应从大数据的被动的接受者转变为甄别和利用大数据的主导者，从大数据的消费者转变为大数据的分析者和引领者。[3]

再次，提高大数据在法学课堂的使用频率，丰富大数据的运用方式。大数据手段的运用对于丰富课堂教学内容和教学方式有着重要的积极作用，而且可以有效提升学生的学习兴趣。同时"大数据+法学"的教育模式也对教师提出了更高的要求，不仅要求教师掌握专业知识，同时需要教师不断学习新的信息技术，在课堂中呈现多样化的数据利用形态，拓宽和深化教学内容。这是大数据背景下法学教学模式转变对教师提出的新要求，也是法学教师自身能力提高的新机遇。

最后，引入传统教育中大数据分析技术的应用，改进法学教学模式。教学模式的改进以教学问题的发现为基础。在固化的法学教育模式下，教学方式类似，教学过程趋同，教学效果稳定，难以突破固有的思维发现教

[1] 杨文建．大数据环境下的教师数据素养研究[J]. 图书馆理论与实践，2017（11）：102-107.

[2] 杨现民，李新，邢蓓蓓．面向智慧教育的教学大数据实践框架构建与趋势分析[J]. 电化教育研究．2018（10）：21-26.

[3] 王学男．从大数据中提升学校教育的获得感[J]. 教学与管理.2018（36）：31-34.

学中存在的问题。在传统法学教学模式下嵌入智能化数据系统，例如案例分析软件系统和学习效果评测系统的引入帮助教师进行教学效果评价和统计分析，不仅可以有效减轻教师的工作量减轻，同时也能提高评价的效率和准确性；[1]以“以用户为中心”的教育数据挖掘技术的应用将有助于教育服务质量提升。[2]将大数据分析技术引入教学领域，不仅可以降低教学管理成本，还可以精准分析学习者的学习方式和教育者的教育行为，从而优化法学教育行为和教学方案。[3]

六、结语

以湖南省十所高校的调查数据为基础，大致可以发现大数据时代法学教育的范式正在逐步由传统的知识传授模式向能力培养模式转型，这一范式转型与发达国家“教育中心范式”向“学习中心范式”转型的经验相契合。[4]大数据时代知识获取的途径爆炸性地增长，学生学习知识的渠道不再局限于课堂，知识点的讲解不再能够满足学生的学习需求，由此要求教师运用大数据丰富课程内容，将开放式的学习内容与本学科环境、本学科语言、本地课程设置相匹配，[5]充分调动学生运用大数据的积极性，努力提升分析问题的能力。大数据的运用能力决定着学生获取知识的能力，并进一步影响学生分析问题的深度和广度。大数据与教育的不断融合为现代法学教育模式重构提供了极好的契机，[6]相信在不远的未来，“互联网＋法学教育”的新范式能够帮助更多学生找到学习的乐趣，更好地提升学习效果，由此开启法学教育的新篇章。

[1] 孟军，刘冰璇，翟洪江，等．大数据背景下高校翻转课堂学习评价的研究——以A校“工程热力学”课程为例[J]. 高等工程教育研究，2018（5）：166-171.

[2] 于方，刘延申．“以用户为中心”的教育数据挖掘应用研究[J]. 电化教育研究，2018（11）：69-77.

[3] 沈贵庆．大数据分析在高校智慧教育中的应用研究[J]. 现代电子技术，2019（42）：97-100.

[4] 吴立保．“学习范式”下美国研究型大学本科教育改革的经验及启示[J]. 现代大学教育，2017（6）：45-52.

[5] 刁生富，刘晓慧．学习的革命：大数据与求知的新路径[J]. 山东科技大学学报（社会科学版），2017（5）：11-18.

[6] 刘冠华，东晓明．大学教育重构与反思——基于MOOCs发展视阈的解读[J]. 大学教育科学，2016（4）：69-75.

法学实践教学模式存在的问题与对策

许中缘 *

摘　要：现有法学实践教学模式存在四大认识误区：法学实践能力等同于知识；法学实践教学等同于实习；法学实践教学只能在实习基地进行；课堂教学不能融入实践。造成学生的实践能力得不到增强、理论得不到提高，背离了法学实践教育和人才培养的初衷，凸显出现有实践教学模式存在的弊端。教育工作部门和教育者应当清晰地认识到实践教学的特殊性所在，严格恪守培养实践性人格的要求，构建理论型实践教学模式。在对法学实践教育进行准确定位的基础上，承认法学教学需要同法学实践相结合，建立起以裁判为中心的课堂实践教学模式，最终回归到实践的本质之中。建立司法实践与社会实践相结合的实践模式。

关键词：法学实践教学；实践教学误区；课堂实践教学模式

法学是实践教学模式最为强烈的学科，“职业化”人才培养是法学教育未来发展的趋势。的确，“实践育人特别是实践教学依然是高校人才培养中的薄弱环节，与培养拔尖创新人才的要求还有差距”。[1] 实践是理论的来源，也是进一步检验理论的重要手段，“法学学科是实践性很强的学科，法学教育要处理好理论教学和实践教学的关系”。[2] 与中央政法委员会教育部《关于实施卓越法律人才教育培养计划的若干意见》（以下简称教高〔2011〕10号）相比，教育部、中央政法委《关于坚持德法兼修实施卓越法治人才教育培养计划2.0的意见》（以下简称教高〔2018〕6号）中，明确增加了“实践教学等关键环节改革取得显著成效”的内容。但就现有的

---

* 许中缘，男，汉族，湖南武冈人，法学博士，中南大学法学院教授、博士生导师，从事法学教育、法学方法、土地征收等研究。

[1] 教育部等部门关于进一步加强高校实践育人工作的若干意见，教思政20121号。

[2] 习近平．决胜全面建成小康社会夺取新时代中国特色社会主义伟大胜利——在中国共产党第十九次全国代表大会上的报告[N]. 人民日报，2017-11-28（001）．

实践教学模式中，存在为实践而实践，为实习而实践，将司法实践作为实践的全部现象。因此，建立契合法学实践本质的实践模式，对于培养符合法学建设需要的综合素质人才极为重要。笔者拟对此进行探讨。

一、现有实践教学模式存在的固有弊端

（一）现有法学实践教学误区

误区一：法学实践能力等同于知识。按照我国学术界的一般看法，“知识是在实践的基础上产生并经过实践检验的认识成果，这种认识成果是客观事物固有属性或内在联系在人脑中的一种主观反映”。[1] 诸多高校管理者与司法实践部门认为，学生们的实践能力普遍薄弱，应届毕业生通常不能够很好地分析案件，因此需要加强实践教学。把法学学生做成办案的工具是诸多法学实践教育派所持的观点，其实这是法学实践教育认识的庸俗化的表现。燕树棠先生称该种职业教育是一种“以取得法律专门知识而能谋生为目的”的教育[2]。万俊人先生也认为，该种职业技术是人格化、人文化的全面教育和精神教养的“不断蜕变”[3]。法学实践能力实质上是一种区别于日常生活技能的专业性技能，是受理智意识指导的智能操作，是将法律思维能力、法律知识和法律实践经验综合于一体的能力。[4] 在极具专业性知识的传授领域，理论教学的核心内容实际上就是“在实践的基础上产生并经过实践检验”的知识，实践能力则更多的是对知识的运用和检验。

误区二：法学实践教学等同于实习。教育部等部门《关于进一步加强高校实践育人工作的若干意见》（以下简称教思政〔2012〕1号）规定，教育部各高校要结合专业特点和人才培养要求，分类制订实践教学标准，增加实践教学比重，确保人文社会科学类本科专业不少于总学分（学时）的15%。各大高校纷纷在实践教学中增加了实习比重，部分院校甚至将法学

[1] 夏正江．论知识的性质与教学[J]．华东师范大学学报（教育科学版），2000（2）：1．

[2] 燕树棠．法律教育之目的[J]．清华法学，2006（9）：313．

[3] 万俊人．教育作为一项人文使命[J]．现代大学教育，2018（2）：1-5．

[4] 房文翠．法学教育中的法学实践教学原则[J]．中国大学教学，2010（6）：72．

实习时间增加至一年半。增加实习时间的跟风现象对原本已任务繁重的功课学习进行不断的压缩，也在一定程度上影响了司法实践部门的正常运作秩序。特别是寒暑假期间，一些法院检察院学生人满为患，司法实践部门正常的生活秩序与工作秩序均受到不同情形的阻碍。同时，由于法学实践教学基地建设被确定为“人才培养基地”申报和考察的重要条件，缺乏科学规划和合理布局的“院企合作”“院所合作”呈现爆发式签约的现象。[1]法学实践教学在某种程度上被泛化为实习的形式。人文社会科学的实践等同于理工科单位的实验。

误区三:法学实践教学只能在实习基地进行。诸多教学管理工作者认为，法学是实践性的学科，实践教学只能在实习基地中实现，学生只有进入到实习基地才能提高实践能力。因此，学校相关教学管理部门在制定学生的培养计划时，均将到法学实践部门实习作为其中的重要环节。但随着我国高校法律院系和法学专业招生人数的不断扩张，实践单位的供不应求的客观现状很难容纳数量庞大的法学生，必然不能对所有学生进行精英化的实习指导。此外，由于缺乏整体统一的实习基地建设标准，不同实习基地的建设经费、实践教学队伍、实践教学的课程安排均参差不齐，缺乏科学规划的实践教学管理体制使得实习基地中的实践教学流于形式，难以达到预期效果。[2]换而言之，教高〔2011〕10号文件中提出的要求，“积极开展覆盖面广、参与性高、实效性强的专业实习，切实提高学生的法律诠释能力、法律推理能力、法律论证能力以及探知法律事实的能力”在实习中难以得到实现。

误区四：课堂教学不能融入实践。很多高校管理部门甚至诸多教师认为，课堂教学本身不能融入实践教学，实践教学只能在实践单位进行。也有诸多观点认为，实践教学只能请实践专家才能进行。因此，理论与实践教学相结合的模式只能是双师同堂。一方面，双师同堂的亮点在于其采取

[1] 叶永禄．论法学实践教学与卓越法律人才培养教育——有感于教育部“卓越法律人才教育培养计划”[J]. 云南大学学报（法学版），2013（3）：116-122.

[2] 罗辉勇．法学教学实践基地建设的研究[J]. 福建农林大学学报（哲学社会科学版），2010（3）：97-101.

的是分享型的教学模式，法学教学中主要采取的是理论与实务同堂、实体与程序同堂以及多学科同堂。但由于实践教学本身所具有的局限性，尽管将“施教者—受教者”的信息双向传递转变为“施教者 1—施教者 2—受教者”循环互动的三角形信息传递，[1] 仍受限于双师同堂的具体内容与形式的有限性；另一方面，欲达到整合师资优势、激发教学灵感、实现多学科融合的分享互动型教学模式，需要对课外专家进行专业教授能力考核，双师需要耗费大量的精力进行充分沟通和排演以实现相互配合，在没有长期合作与缺乏配合型讲授经验的双师之间难以实现同堂应有的效果，导致双师同堂在很多情形中仅仅是噱头。

（二）现有法学实践教学的弊端

第一，学生们的实践能力得不到增强，理论能力得不到提升，背离了法学实践教育的初衷。在知识理论教学与实践教学的关系认识和定位上，传统的“先后关系”思维习惯性地将二者相割裂，形成理论教学与实践教学内容的“孤岛化”。[2] 在现行的实践教学模式探索中存在低年级学生过早实习和理论教学同实践教学呈“先后”的阶段化割裂等现象。客观而言，低年级学生在相关课程学习不够深入或缺失的情况下去短期实习，难免沦为司法实践部门的“茶水工”“文档装订工”[3]。间或能旁听几次庭审，但这只是给他们枯燥的生活添上一两滴润滑油而已。整个实习期间下来，诸多学生甚至对实践产生出厌倦情绪。而有些学生在实习期间，仅仅只是去走过场以满足学校培养方案的要求，看的是自己的书，做的是与实践学习无关的事情。而在现行院校的法学生培养方案中，诸多采取“前三年为知识学习阶段，最后一年为实习实践阶段”的阶段化割裂模式，其中实践教学极易偏向成学徒式教学，突然性的“实然角度”会导致学生养成“存在即

[1] 李欣．“双师同堂”法学教学模式研究 [J]. 安徽工业大学学报（社会科学版），2018（6）：61-62.
[2] 于志刚．法治人才培养中实践教学模式的中国探索：“同步实践教学”[J]. 中国政法大学学报，2017（5）：38-51.
[3] 邓勇胜．关于法学实践教学的思考 [J]. 厦门广播电视大学学报，2018（3）：97-101.

合理”的片面思维，而忽略前期知识教学成果的转化问题。[1]

第二，学生们实践并不能形成有效知识，理论得不到应有重视，法学生职业规划受到阻滞，背离法学人才培养的初衷。法学教育并不能等于技工教育。“尽管一个人可能并不了解多少一项活动技能何以进行、何以有效的有关理论或原理，他仍然可能成为一个熟练的技工。”[2]但法学教育是基于已有理论与规则，对不断变化的案件事实给出合乎法理的解决方式。实事求是而言，大量的司法工作可能并不需要很多高深知识。学生在所谓的法学实践过程中，面对的也是大量同质化、简易型的案件，对扩展自身法律知识的思考深度、法律思维的有效训练和法律经验的积累难以产生实益性的增幅效果。而且，在很多情况下，司法实践人员对案件处理可能并不仅仅只是在适用法律，比如调解结案。但这些并不能等同于法学司法实践的全部。如若因为理论知识的欠缺，法学生在直面职业化的司法实践时，可能遇到法律规则供给不足的情形，对相关案件的适用并不能找到相应的法律条文时，不能有效厘清彼概念与此概念的差异，不能从多种法律关系中找出确定法律关系的主线，这将严重阻碍今后的职业生涯发展。

因此，有学者认为，尽管这些年诊所式教育此伏彼起，各种提高法学实践方法的活动也层出不穷，但就提高本科生法律实践能力为核心的法学教育，本身并未及预期，“改革的举措愈多，法学教育的实际效果与改革举措的立项预期似乎愈远，大有恶性循环而致中国法学教育困境无解的局面”。[3]

二、法学实践教学模式的特殊性与要求

（一）法学实践教学模式的特殊性

第一，法学的体系性、庞杂性、多元性，凸显出需要加强理论学习而不是弱化理论教学的重要性。法学是实践之学，也是理论之学。理论把握

[1] 于志刚．法治人才培养中实践教学模式的中国探索：“同步实践教学”[J]．中国政法大学学报，2017（5）：38-51.

[2] 夏正江．论知识的性质与教学[J]．华东师范大学学报（教育科学版），2000（2）：2.

[3] 姚建宗．中国法学教育的若干问题与可能出路[J]．大庆师范学院学报，2013（5）：53-59.

不够，基础掌握则不牢。对于法学实践而言，既定的规则如何适应不断变化的现实，主要在于理论运用。我们从实务界接收到的“高分低能”的投诉，反馈法学毕业生在面对现实生活中的具体情境时，难以从庞杂、多元、浩瀚的法律知识体系中找到准确的解决之道。实务界往往就此认为法学生只懂理论，不知实践。“实则不然，法学生不懂的是理论，即只懂得背诵理论而不懂得活用理论。”[1] 因此，理论的深入程度决定认识的高度，理论的广度决定实践的深度。法理掌握不充分，规则运用就不能保障正确。理论的说理不充分，司法实践效果就会受到阻滞。“脱离法学基本知识与方法，就不可能有法学实践教学，脱离了法学知识与方法的所谓实践教学就只能是停留在形式上的观摩。”[2]

第二，法学专业的学生终生实践，法学教育允许理论与实践存在一定差距。基于司法实践本身的实践性与成长性，我们不能盲目地期待法学本科生乃至硕士研究生一毕业就马上成为办案专家、办案能手。应当考虑到法学实践的自身特性，允许或承认毕业生蜕变成专业办案能手所必经的成长周期的存在。同时，现行的司法制度设计也充分考虑到法学专业毕业生对该成长周期的刚需，通过律师助理、法官助理、检察官助理等岗位的设置来保障实践能力的提升。专业的办案能手并非是一蹴而就的，其成长需要一个过程，而这个过程是本科教育乃至研究生教育所不能完成的。本科教育乃至研究生教育不直接养成办案专家，而是为其提供强劲有力的助力。再者，理论与实践之间从来不是严丝合缝的关系。“理论本身的发展要通过指导实践来获得，在实践中才能产生新的理论质点。通过实践的运用和检验，理论发生新陈代谢，过时的不符合新实践需要的成分被丢弃，同时加入适应新时代的新的理论质点。”[3] 任何一名办案专家都需要进行终生实践和理论的再学习，才能保持其过硬的实践能力，以应对瞬息变化的社会

[1] 何美欢．理想的专业法学教育 [J]. 清华法学，2006（3）：114–115.

[2] 蔡立东，刘晓林．新时代法学实践教学的性质及其实现方式 [J]. 法制与社会发展，2018（5）：93–101.

[3] 刘林元．关于理论与实践相结合问题研究提纲 [J]. 学海，2003（4）：33–38.

现实情境，又何必去期待在短暂的时间内去完成终生的实践学习呢？

第三，法律知识的不确定性与实践案例的复杂性要求学生不仅要掌握丰富的法学理论，还需要掌握理论形成、论证与说理的过程，需要养成辨析事物的判断力、公正裁决的思维与充分说理的能力。“以现代的眼光看来，除纯逻辑、纯数学的知识外，绝大部分知识均是不确切的。”[1] 法学也是如此。尽管确定性是法律规范追求的目的，但基于法律概念规范的是社会中复杂的权利义务关系，本身需要一定的涵摄性，由此导致法律概念的抽象性，使得法律概念本身不具有确定性。因此，法律概念首先需要经过解释才能得以适用。法学实践教学不能仅仅停留在基础的认知层面，而要从法律解释方法、辩论技巧、法律推理、实际应用等不同方面对学生的法律职业素养与技能进行深度训练。“实践性应当是法学教育的基本特征，但实践性、应用型不等于低层次。”[2]

（二）实践型教学应有助于培养学生的实践人格

第一，课堂教学的理性需要结合实践的感性。理性教育在于说理，确保逻辑正确与道路正确；感性教育是直观、具体的，能够通过人的行为直接转化为具体行动。因此理性教育需要同感性教育进行有机结合，才能培养人的完美人格。法学知识体系中的法律概念、法学原理具有高度概括性和抽象性，要想真正地理解和融会贯通，必须将现实而具体的感性实践融入理性之中，学会运用概念和原理来分析和解决实际问题，才能真正把握概念之所指、原理之依据，把握各个理论范畴之间的内在的规律性关系。[3] 基于课堂教学本身所具有的局限性，学生的完整人格塑造需要通过行为进行感性认识，因此，社会实践是培养人的具体人格的重要内容。

第二，法学教育的规则教育单一性与教育内容多元性。规则教育构成了法学教育的核心，但社会是利益多元、主体多样、形态复杂的多元共同体，法科学生仅仅掌握法律知识是不够的。依我国法学教育的目的而言，法学

[1] 夏正江．论知识的性质与教学 [J]. 华东师范大学学报（教育科学版），2000（2）：4.

[2] 王文华．卓越法律人才培养与法学教学改革 [J]. 中国大学教学，2011（7）：31-34.

[3] 李麒，王继军．实践教学与卓越法律人才培养 [J]. 中国高等教育，2012（24）：43-45.

教育不仅要培养具有良好职业技能和职业价值的法律人，[1]而且要肩负培育全体公民法律信仰以及提高公民法律素质的使命。[2]法学教育所培养出来的高层次法律人才，首先要是高素质的优秀公民，因此，人文精神、道德情操、社会素养、政治立场、时代意识等教育内容同样是构成法学教育的重要内容。法学教育内容的多元性不可能在课堂中全然实现，法治信仰的塑造、法律思维的形成、道德情操的养成等难以单凭书本和教条获取，而是需要一个培育、训练和积累的实践过程。实践教学能够将象牙塔的教学进行有效结合，从而实现法科学生的多样化培养。

第三，法学教育的内容单一性与社会主体多元性。社会主体是多元主体，专业学习是工作的重要内容，但专业不是法科学生的全部，因此，为培养社会主义合格的建设者与接班人，法科学生不仅仅是参加规则教育，也需要对社会运行的基本样态具有充分理解。不理解社会的法律人单纯成为法匠，不能有效适用法律与实现对法的遵守。法律人如果“不食人间烟火”，在思维模式和研究习惯上会形成纯粹的理论构建和空洞的司法想象，国情和社情意识的缺乏会导致法学生迷恋国外的模式和理论，进行只破不立的思考和研究，这对国家和社会的发展是无益甚至有害的。[3]通过法学实践教学，能使学生对基本国情和社会现实进行深刻地关注和认识，从而引导学生立足于国情和社情，从现有制度框架出发，针对实际问题展开踏实稳重、具有实践意义的建设性研究。

法律不能机械地使用，所以燕树棠先生主张，法律教育于训练所得专门知识之外，尚需培养学生的“法律头脑”，从而才能对法律准确适用，至少有相当的把握而不致有大错。作为有“法律头脑”的主体，须有社会的常识、剖辨的能力、远大的思想、历史的眼光。[4]因此，教思政〔2012〕

[1] 许身健．卓越法律人才教育培养计划之反思与重塑 [J]. 交大法学，2006（3）：22-24.

[2] 韩大元．全球化背景下中国法学教育面临的挑战 [J]. 法学杂志，2011（3）：17-20.

[3] 于志刚．关于重视和强化法学教育中实践教学问题的思索 [J]. 昆明理工大学学报（社会科学版），2009（7）：93-100.

[4] 燕树棠．法律教育之目的 [J]. 清华法学，2006（9）：314.

1 号文件规定要系统开展社会实践活动。而社会实践活动包括社会调查、生产劳动、志愿服务、公益活动、科技发明和勤工助学等社会实践活动，是实践育人的有效载体。因此，需要各高校把组织开展社会实践活动与组织课堂教学摆在同等重要的位置，与专业学习、就业创业等结合起来，制订学生参加社会实践活动的年度计划。

三、建立理论型实践教学模式的要求

（一）准确对法学实践进行定位

1. 法学短期司法实习不能解决的问题

首先，法学短期司法实习本身并不能获取知识。诸多法学教育者主张通过司法实习来培养法学生的法律职业技能，但实际上“法律技能来源于知识，是对知识的实际运用。法律技能是一种直接经验，它依赖于人们在法律实践中的逐渐领会，以致精熟”。[1] 基于法学实践本身所具有的局限性与目前司法实践的具体情况，法学短时期的实践并不能促进学生的实践能力，换言之，即使实习一年甚或一年半，学生在法学实践活动中并不能获取有效知识。

其次，法学短期司法实习并不能检视理论。一种颇具误导性的观点认为，法学司法实践能够对学校所学理论与实践进行紧密结合，“通过实践教学能深化学生对法学基本知识和原理的理解”。[2] 但如前所述，学生通常并不能真正地参与到司法实践中，多停留在整理材料、装订案卷等表面工作，即便参与到案件的审查立案、证据分析和法律文书的撰写等实质性工作中，也仅仅是被分割化的碎片式接触。同时，司法实践活动本身呈现“碎片化”的特点，学生在司法实习中大多接触到的是“依葫芦画瓢”的规则式流程，并不能实现对既有理论的检视，也不能促进理论水平的提高。

最后，法学短期司法实习并不能建立司法人格。基于大学生所处的年龄阶段，他们正处在形成世界观、人生观和价值观的关键时期，对司法实

[1] 房文翠．法学教育价值研究——兼论我国法学教育改革的走向 [M]. 北京：北京大学出版社，2005.

[2] 房文翠．法学教育中的法学实践教学原则 [J]. 中国大学教学，2010（6）：73.

践所存在的问题并不能很好地认识与理解。一方面，涉世不深的学生缺乏对国情和社会情况的深刻认知，难以理解国家法治建设的特殊性和复杂性，在做不到精英化深入指导的情形下，可能对司法活动形成不正确的认识；另一方面，大学生处于三观塑成的关键期，刚从理论知识的象牙塔出来走向实践，思考方式和角度由“应然状态”转向“实然状态”是存在难度的，而在这个转变过程中若缺乏有效的指导，将会导致学生面对问题百思不得其解，甚至破坏法学生心中所谓的“公平圣地”，对司法人格的建立毫无益处。

2. 法学实践活动所应该解决的问题

首先，培养对法治的信仰。法科学生是法治中国建设的主力军，“法律信仰不是别的，不过是一种法律爱国主义”。[1] 习近平总书记在中国政法大学考察时指出：“全面推进依法治国是一项长期而重大的历史任务，要坚持中国特色社会主义法治道路，坚持以马克思主义法学思想和中国特色社会主义法治理论为指导，立德树人，德法兼修，培养大批高素质法治人才。”[2] 法学实践活动是高素质法治人才不可缺失的环节。司法实践活动要形成学生对法治精神的追求，要培养学生肩负建设社会主义法治国家的使命感与责任感，因此需要以社会实践活动辅助课堂教学。[3]

其次，培养学生的社会人格。“要把立德树人的成效作为检验学校一切工作的根本标准。”[4] 法学学生终究要走向社会，通过司法实践活动能够帮助学生形成主体对社会的初步认识，能够在一定程度上处理人与人、人与集体之间的关系。“通过实践教学，可以使学生亲身体会作为一名法律职业者所应当承担的社会责任。”[5] 社会责任是社会人格养成的基础，更是法律人格在社会人格中的重要体现。学生在实践中接触到各种现实存在的

[1] 许章润．法律信仰与民族国家 [J]. 读书，2003（1）：112-116.

[2] 习近平．习近平在中国政法大学考察时的讲话 [J]. 吉林人大，2015（5）：1.

[3] 刘海芳．我国法学教育模式的创新研究——评《法学专业实践教学的理论与创新》[J]. 高教探索，2019（9）：1.

[4] 习近平．在北京大学师生座谈会上的讲话 [N]. 人民日报，2018-05-03（002）.

[5] 余涛．从法学的学科属性谈卓越法律人才培养——法律职业能力导向下的法学教育改革 [J]. 阳法律评论，2012（2）：120-123.

干扰因素，会帮助他们提高社会意识、现实意识和问题意识，深刻认识到社会现实和社会发展规律，以养成完整的社会人格。

最后，达成掌握专业教育的理性认识。“法学实践教学首先应当坚持的原则是与理论教学相衔接，构建理论教学与实践教学相互支撑的体系。”[1]只有掌握理论才能进一步掌握实践。有学者直接指出：“法律职业为社会所提供的是社会制度正常运转的维护，是公平和正义的价值输送。这一技术化的活动只能由具备特殊技能和特殊职业道德者来履行。同时，法律职业所处理的是社会关系，而社会关系的理解需要长期的生活经验和社会阅历，这就决定了法律职业必须经过特殊的经验训练。”[2]培养造就一大批宪法法律的信仰者、公平正义的捍卫者、法治建设的实践者、法治进程的推动者、法治文明的传承者，为全面依法治国奠定坚实基础的中国特色法治人才培养共同体。专业理论学习具有枯燥与短期无用的特点，只有进入实践，才能进一步认识到掌握理论的重要性，而反过来又会促进理论的深入认识。

（二）法学教学需要与法学实践结合

大学的任务不是直接传授纯粹的必需知识，“如果只学习那些必需知识，一年的时间还嫌太长”。[3]“教师领着学生，他讲什么，学生就学什么。即便讲课的方式是好的，也比不上经过加工修饰将其内容印制成书进行的阅读。”[4]如马克斯·韦伯所认为的，老师的任务是提供一些蔬菜水果商所不能提供的东西。[5]俗语“授人以鱼不如授人以渔”，道理就在于此。因此，大学法学教育需要给予学生理论思维、人文素养以及思想的训练。而这种训练仅仅依靠法学教学或实践实习方式是提供不了的。

以案例教学为例，能给予学生实践的营养成分极为有限，学生所接触

[1] 房文翠．法学教育中的法学实践教学原则 [J]. 中国大学教学，2010（6）：73.

[2] 刘坤轮．中国法学教育改革的理念层次——深埋在“卓法计划 2.0”中的金丝银线 [J]. 中国大学教学，2019（6）：38-43.

[3] 萨维尼，格林．萨维尼法学方法论讲义与格林笔记 [M]. 杨代雄，译．北京：法律出版社，2008.

[4] 萨维尼，格林．萨维尼法学方法论讲义与格林笔记 [M]. 杨代雄，译．北京：法律出版社，2008.

[5] 马克斯·韦伯．社会科学方法论 [M]. 杨富斌，译．北京：华夏出版社，1999.

的案例材料通常是经过厘清的案件事实、经过分析筛选后的证据链、已从错综复杂的关系中分拣出的法律问题，在此基础上的案例教学无非是增加了零星的“实践点缀”的课堂教学而已。而这被加工处理的部分恰恰是法学实践教学的关键所在，牵涉到探知法律事实的能力、厘清法律关系的能力、法律推理论证能力等。而且，案例教学只有在学生深刻掌握理论的基础上才具有意义，脱离理论的案例讲授，尽管能带来课堂气氛的活跃与获取知识的暂时欢欣，换来的却是理论知识的浅陋与贫瘠。法学教学一定要同法学实践相结合，法学实践能将理论学习的成果置于真实的事实环境之中，培养学生结合社会现实分析的能力，使学生的法律技巧、从一般到具体的实际操作能力、思维方式的灵敏性、雄辩的口才能力等得到训练，同时也增强了教学中的启发性、互动性和试验性。[1]

（三）建立课堂实践教学模式

1. 教高〔2018〕6 号文件对实践教学的内容作出了修正

与教高〔2011〕10 号文件相比，教高〔2018〕6 号文件对实践教学提出了更高的要求。首先，教高〔2018〕6 号文件在总体思路与要求上指出要“强化法学实践教育”，实现实践教学改革环节“取得显著成效”。其次，在目标上，实践教学环节作为高等法学教育教学质量显著提升的重要内容，也是协同育人的重要机制，是培养造就一大批宪法法律的信仰者、公平正义的捍卫者、法治建设的实践者、法治进程的推动者、法治文明的传承者，实现中国特色法治人才培养共同体形成的重要过程。最后，在方式与方法上，教高〔2018〕6 号文件明确提出要加强实践教学的比重，支持学生参与法律援助、自主创业等活动，积极探索实践教学的方式方法，切实提高实践教学的质量和效果。而在实习单位的实习上，将通过法学专业学生担任实习法官、检察官助理等制度来保障实习质量。

2. 课堂教学是实践教学的重要路径

课堂教学是实践教育的重要环节。“不管对法学实践教学进行怎样的

[1] 王晨光，陈建民. 实践性法律教学与法学教育改革 [J]. 法学，2001（7）：3-7.

定位，都不能改变其系属教学的性质，既然是教学，那就是以知识的传授为根本。”[1] 教高〔2018〕6号文件明确指出，要着力强化法学专业知识教育，将中国法治实践的最新经验和生动案例、中国特色社会主义法治理论研究的最新成果引入课堂、写进教材，及时转化为教学资源。课堂教学需要与实践教学相结合。“每个理论研究者都要保持和发展实践意识，而每个实践者也都要保持和发展理论意识。如果没有做到这一点，理论和实践完全分裂，那么这样一种危险就必然会产生，即理论降格为空洞的游戏，而实践降格为单纯的技艺。”[2] 任何知识、方法与技能都是通过一定的教学方式传授的，作为教学方式的法学实践教学可以是传授知识与方法的载体。[3]

法学是面向实践的教学，是以裁判为中心，也是面向司法的思考。“法律，特别是私法，在其所承担的一定范围内，对社会生活关系依法进行处理，换句话说，就是以最广泛意义的裁判作为其中心职能。”[4] 以裁判为中心的法学教学具有重要的作用，这不仅是因为裁判在法律适用中具有终局性，还因为“法学的复杂技术是以审判为中心发展而来的”，[5] 所以这是中国特色法治人才培养共同体所应实现的内容。在法学传统教学中，存在两种方式：一是以法条为中心的授课方式；二是以理论传输为导向的授课方式。这两种教学方式各具优劣。在我国法律已经基本完备的今天，法条理解与理论传输不可偏废。笔者认为，无论是以法条还是理论传输方法为中心，都必须以司法裁判为主导，注入实践教学的内容，否则，理论只会趋向于自娱自乐，而实践则沦为平庸的对话。

以司法裁判为中心的法学教育，应该在教学中注重以下几个方面的问题：

一是加强法律规范的教学。加强法学基础理论的教学一直是法学教育

[1] 尹茂国．法学本科实践教学功能的重新审视 [J]. 黑龙江教育（理论与实践），2017（12）：9-10.
[2] 萨维尼．当代罗马法体系 I[M]. 朱虎，译．北京：中国法制出版社，2010.
[3] 蔡立东，刘晓林．新时代法学实践教学的性质及其实现方式 [J]. 法制与社会发展，2018（5）：93-101.
[4] 我妻荣．债权在近代法中的优越地位 [M]. 王书江，张雷，译．北京：中国大百科全书出版社，1999.
[5] 陈金钊．法学的特点与研究的转向 [J]. 求是学刊，2003（2）：60-67.

的题中之义，包含法律的基本原理和法律规范。以司法裁判为中心的法学教育，要求在教学工作中加强对法律规范的认识，不仅要阐明规范的要素和结构，还要对规范背后的历史沿革、现实考量、使用要义进行深入解读。只有“知其然，更知其所以然”，才能够熟练运用法律规范分析方法。

二是提高法律解释艺术。法律非经解释不得适用，只有在解释中，才能使纸上的法律变成活法。法律解释方法的运用是实现法律客观化的必经途径，但“所有的能够或者可能用的这些标准解释方法会达到自相矛盾的解释”[1]，所以在适用法律之时，要掌握法律解释的艺术，并且能够使之正确证成，从而实现待决案件的解决。法律解释是一个修复和完善法律的机制，法律解释的艺术更多的是指那种富有创造性的思维或行为方式。但我们在法学教育中，要明晰“法律解释艺术中的技艺成分更多的是应用而非欣赏”，法律解释是受原则、规则、程序和具体情景规制的艺术。[2]

三是加强法律适用方法的掌握。法律的目的在于适用。如何使学生掌握适用的方法成为教学中的一个主要问题。以司法裁判为中心的法学教育，可考虑设置情景让学生置身于裁判一线，或让学生接触原始的案件材料，有助于培养学生探知法律事实的能力、法律推理和论证的能力、法律渊源识别和判例区分的技术、定纷止争的说理能力等高素质的法律职业技能。[3]在法学教育中主要通过引导学生如何厘清案件事实所包含的法律关系，如何根据案件事实来确定所适用的法律规范，如何实现法律事实与法律规范的契合，从而达到法律规范的正确适用方法的掌握。

3. 实践教学最终要回归到实践本质之中

教育的最终目的是将培育的人才输送到实践之中，法学实践教学也不例外。需要进一步明确的是，司法实践虽是实践的题中之义，但绝不能将两者画等号。教高〔2018〕6 号文件明确指出，要“结合社会实践，积极开展理想信念教育、社会公益教育、中华优秀传统法律文化教育，让学生

[1] 王利明．法律解释学导论——以民法为视角 [M]. 北京：法律出版社，2009.

[2] 陈金钊．法律解释的艺术——一种微观的法治实现方法 [J]. 法商研究，2009（5）：28-36.

[3] 胡玉鸿．法律技术的内涵及其范围 [J]. 现代法学，2006（5）：50-58.

在感悟法治进步中坚定理想信念，在了解群众疾苦中磨炼坚强意志，在奉献社会中增长智慧才干”。司法实践和社会实践两者都是实践的重要内容，前者理解司法，后者理解社会。教育工作者们在教学中，不能简单粗暴地将司法实践取代社会实践。司法实践纵然有益于增强学生对专业知识的深入理解，在一定程度上提升学生的实践能力，但社会实践具有的广泛而深层的内涵是其所不能涵盖的。毛泽东同志在《实践论》中指出：“人的社会实践，不限于生产活动一种形式，还有多种其他的形式，包括阶级斗争、政治生活、科学和艺术的活动，总之社会实际生活的一切领域都是社会的人所参加的。”[1] 简言之，在法学实践教学模式之中，围绕理论主题进行相关事项的调查，就是最好的实践。只有转向科学的社会实践，回归生活世界，才能解决科学的非理性运用成分，使科学造福人类。[2]

[1] 毛泽东．实践论 [M]. 上海：商务印书馆，1965.

[2] 张雁.科学研究的社会实践转向:贝尔纳科学学的当代解读[J].河海大学学报(哲学社会科学版)，2015（5）：17-20.

浅谈法学“社会实践金课”建设

蔡高强*

摘　要：建设法学“社会实践金课”有利于全面推进法学本科教育改革，培养德法兼修的社会主义法治人才。建设法学“社会实践金课”，应考察中国法学教育改革的历史和现状，针对法学教学中存在的现实问题和障碍，剖析法学教学中建设“社会实践金课”的必要性和可行性，探寻建设法学“社会实践金课”的基本模式和具体路径，全面提升法学本科人才培养质量和效益。

关键词：法学；“社会实践金课”；法治人才

2018年6月21日，教育部部长陈宝生指出，要合理增加大学本科课程难度、拓展课程深度、扩大课程的可选择性，真正把“水课”变成有深度、有难度、有挑战度的“金课”，[1]这是教育部部长第一次提出“金课”概念。2018年8月22日，教育部《关于狠抓新时代全国高等学校本科教育工作会议精神落实的通知》（教高函〔2018〕8号）中提出，“各高校要全面梳理各门课程的教学内容，淘汰‘水课’、打造‘金课’，切实提高课程教学质量”。[2]这是教育部等权威部门首次以正规文件提出“金课”概念。随后，教育部和有关媒体开始广泛使用“金课”这一新的术语，各个高校以建设“金课”为目标，开展了新一轮的教学改革。

一、“金课”建设计划的出台

什么是“金课”？教育部吴岩司长提出了“两性一度”的“金课”标

* 蔡高强，法学博士，湘潭大学法学院教授，博士研究生导师。本文系湖南省2019年教学改革项目“建设法学‘社会实践金课’的理论与实践研究”的研究成果。

[1] 教育教学评估中心．教育部部长：把“水课”变成“金课”[R/OL].http：//news.sina.com.cn/c/2018-06-22/doc-ihefphqm3025890.shtml.

[2] 教育部．关于狠抓新时代全国高等学校本科教育工作会议精神落实的通知[R/OL].http：//www.moe.gov.cn/srcsite/A08/s7056/201809/t20180903_347079.html.

准。“两性一度”，即高阶性、创新性、挑战度。所谓“高阶性”，就是知识、能力、素质的有机融合，是要培养学生解决复杂问题的综合能力和高级思维。所谓“创新性”，是课程内容反映前沿性和时代性，教学形式呈现先进性和互动性，学习结果具有探究性和个性化。所谓“挑战度”，是指课程有一定难度，需要跳一跳才能够得着，对老师备课和学生课后学习有较高要求。[1]“金课”在某种意义上是相对于“水课”而言，“水课”是指低阶性、陈旧性和不用心的课。

打造什么样的“金课”，吴岩司长提出了建设五大“金课”目标，包括线下“金课”、线上“金课”、线上线下混合式“金课”、虚拟仿真“金课”和社会实践“金课”。各部门要为建设中国“金课”提供政策保障、组织保障、机制保障、评价保障和经费保障等五大保障措施。建设中国“金课”，没有旁观者，都是建设者。“金课”建设要在文、理、工、农、医类全面精准发力，特别要在“新工科、新医科、新农科、新文科”建设中率先发力。要做好实施一流课程“双万计划”建设，以1万门国家级和1万门省级一流线上线下精品课程建设为牵引，打造一大批国家“金课”和地方“金课”。

“金课”建设计划是教育部推进本科教育改革的重要举措。目前，在全国有影响的“社会实践金课”，主要是国情思政大课“青年红色筑梦之旅”和中国“互联网+”大学生创新创业大赛，分别有70余万人和265万人同上这两门课，被称为中国最大的、最有激情的“社会实践金课”。[2]

“社会实践金课”使广大学生“勇立时代潮头，扎根中国大地”书写人生华章，使思政教育与专业教育深度融合，成为促进学生全面发展的重要平台和推动产学研用结合的基本纽带，使学生在大学学习生活中有非凡的体验，有梦想的未来。

[1] 西北师范大学知行学院教务处. 遵循“两性一度”标准，倾力打造五大“金课”——教育部高教司司长吴岩深入阐述中国金课建设要求 [R/OL].https：//www.sohu.com/a/277556023_323819.

[2] 吴岩. 建设中国“金课”[J]. 中国大学教学，2018（12）：4-9.

二、建设法学“社会实践金课”意义非凡

法学作为实践性极强的应用型专业，对学生的实践能力有着较高的要求。但是，传统的法学教学重书本、轻实践，重应试、轻能力，脱离中国实际和缺乏学生实践能力培养。因此，法学“社会实践金课”建设将成为进一步深化法学教育改革的得力举措，全面推进法学本科教育改革，培养德法兼修的社会主义法治人才。

第一，贯彻教育改革精神，培养德法兼修法治人才。

2018年全国教育大会召开，教育部出台《关于加快建设高水平本科教育全面提高人才培养能力的意见》《关于高等学校加快“双一流”建设的指导意见》，明确提出强化人才培养的核心地位，明确了一流本科教育在“双一流”建设中的基础地位，全面振兴中国本科教育已经成为全国人民的共识，建设一流本科教育、一流人才培养成为高等学校的根本任务。建设法学“社会实践金课”，是全面落实中共中央、教育部关于本科教育改革和人才培养的精神，是真正把法学本科教育落到实处，从中国法治建设的基本国情出发，改革法学人才培养方式，培养德法兼修的社会主义法治人才。

第二，实施“卓越法律人才教育培养计划2.0”，切实推进应用型法律人才培养。

党的十八大以来，中国法学教育进入了新时代，“培养造就熟悉和坚持中国特色社会主义法治体系的法治人才”成为中国法学教育面临的重大课题。教育部、中央政法委发布了《关于坚持德法兼修实施卓越法治人才教育培养计划2.0的意见》，“坚持立德树人、德法兼修，践行明法笃行、知行合一”，成为高等法学教育教学改革的总体思路。新时代中国法学教育应理性应对中国特色社会主义法治建设的现实需求，“厚德育、重实践”成为中国法学教育改革的主旋律，[1] 建设法学“社会实践金课”将以“社会实践金课”建设为突破，着力培养从中国特色法治实践中来、到建设中国

[1] 张文显．中国法治40年：历程、轨迹和经验[J]．吉林大学社会科学学报，2018（5）：5-25.

特色法治国家实践中去的应用型法治人才。

第三，彰显“法学的真谛是实践”的教学理念。

法学“社会实践金课”将最大限度地让学生接触到中国法治的实践，优化学生的专业知识结构，让学生从内心中熟悉、认同、捍卫中国法治的理念、制度与道路，在实践体验中实现教学相长。教师将现实问题转化为教学素材与科研选题，学生通过法治实践体验，提升实务能力与创新能力，强化学生的法律技能和法治能力，真正在实践中成才。[1]

第四，实现“社会实践金课”的体系化。

尽管现今中国法学实践教学丰富多样，但显得零散，没有形成体系。法学”“社会实践金课”建设将对“社会实践金课”建设进行模块化分类，并在此基础上具体探讨“社会实践金课”的教学方法，使法学“社会实践金课”的理论和实践系统化、规范化、体系化，以社会实践提升学生的理论素养与中国特色社会主义法治能力的结合度。

第五，推动法治人才培养与法治建设的深度融合。

法学“社会实践金课”将“社会实践金课”与推进法治建设有机结合，将探索出推进中国特色社会主义法治人才培养和法治建设相结合的社会实践模式，实现法治人才培养与法治建设的无缝对接，真正实现法治实践助推法学教育，法治人才培养服务于中国特色社会主义法治实践。

第六，探讨“社会实践金课”建设方案，提升社会主义法治人才培养质量。

人才培养是大学的本质职能，本科教育是大学的根和本。推进法学本科教育“四个回归”，要把法治人才培养的质量和效果作为检验法学教学与改革工作的根本标准。因此，建设法学“社会实践金课”，将以“社会实践金课”为研究中心，打造法学“金课”、消灭法学“水课”，着力推动法学本科教学内涵式发展，全面提高法治人才培养能力，真正实现以法治

[1] 人民网．湘潭大学创新“体验式”法学人才培养 [R/OL].http：//hn.people.com.cn/n2/2019/0324/c356890-32770383.html.

人才培养为中心，立德树人，持之以恒打造一流法学本科教育，为建设中国特色社会主义法治国家提供人才支撑。

三、中国法学教育改革研究为建设法学“社会实践金课”奠定了基础

“金课”建设计划是教育部近来实施的新的课程改革措施和建设规划，国内外的研究基本处于初始阶段，从知网的期刊数据库查询数据来看，以“金课”为主题词只能找到90篇左右的论文，以“金课”为论文篇名只能找到70篇左右的论文，而且这两种方法检索的论文大部分是重复的。也就是说，目前从中国最权威、最普遍的数据库中能查询到的有关研究“金课”的文献只有不到100篇。此外，从维普、百度学术、超星等数据库查询到的文献也极其有限。这一情况说明，“金课”研究是中国教学改革研究的新领域,有待进一步深入探讨。如果以“法学金课”和“社会实践金课”进行查询，在现有的各个数据库都找不到任何文献，这进一步说明研究法学“社会实践金课”是法学教学改革的新任务和新议题，迫切需要广大学者尽快加强研究，以全面推动法学“金课”建设，真正落实法学教育课程改革，推进中国法学教学改革，全面服务于中国特色社会主义法治人才培养和法治建设。

可喜的是，中国法学教育改革的研究成果，特别是法学教育模式研究和卓越法律人才教育培养研究，为建设法学“社会实践金课”提供了良好的理论基础。

第一，中国法学教育模式研究成果为建设法学“社会实践金课”提供了路径选择。

关于中国法学教育当以何种模式进行，学界对此有较多研究。冀祥德（2011）认为[1]，经过六十多年的发展，以多元化人才培养为教育目标，以多轨制法学教育制度为培养方式，以多类型知识建构和多层次学

[1] 冀祥德．论法学教育中国模式的初步形成[J]．法学论坛，2011（5）：75-83.

历、学位结构为教育内容，以理论与实践多重组合的教学模式为教育方法，构成了中国特色法学教育模式的基本元素；以教育行政部门的行政管理、司法行政部门的行业指导、法学教育行业协会的自律性管理和法学院校自我管理的“四位一体”教育管理模式，以法学教育和统一司法考试与法律职业为互动的教育就业机制，形成了中国特色法学教育模式与正常运行不可或缺的保障性机制。同时他还在另一篇文章中分析了中国特色社会主义法学教育模式的基本特征。吕雪梅（2005）对当代中国特色法学本科教育模式进行了研究；[1]邢钢（2009）对中国法学教育模式进行了评析，并提出了中国法学教育发展的思路；[2]王晨光（2002）对案例教学模式和实践性法律教学模式在法学教育中的地位、作用和关系进行了研究；[3]戚桂芳、袁雪（2009）就大陆法系与英美法系法学教育模式进行了比较分析；[4]郭德香（2013）就国际先进法学教育模式对我国改革之借鉴进行了研究；[5]张渝（2013）就我国法学教育模式的理念回归及创新机制改进进行了研究；[6]张影（2006）反思了我国当前的法学教育，提出了相应的改革方案。[7]

全面推进依法治国，亟须探求适合中国特色社会主义法治体系建设需要的法治人才培养模式。既要突出中国国情的重要性，又要借鉴世界关于法治人才培养的先进经验。因此，在坚持走中国特色社会主义法治道路的基础上，建立符合中国实际的法治人才培养模式，充分说明了建设法学“社会实践金课”恰逢其时，能尽快补足短板。

[1] 吕雪梅．当代中国特色法学本科教育模式研究 [D]. 重庆：重庆大学，2005.

[2] 邢钢．法学教育模式评析及发展思路 [J]. 中国高教研究，2009（3）：43-45.

[3] 王晨光．法学教育的宗旨——兼论案例教学模式和实践性法律教学模式在法学教育中的地位、作用和关系 [J]. 法制与社会发展，2002（6）：33-44.

[4] 戚桂芳，袁雪．大陆法系与英美法系法学教育模式比较分析 [J]. 金陵科技学院学报（社会科学版），2009（2）：55-59.

[5] 郭德香．论国际先进法学教育模式对我国改革之借鉴 [J]. 河南财经政法大学学报，2013（2）：165-171.

[6] 张渝．论我国法学教育模式的理念回归及创新机制改进 [J]. 江西社会科学，2013（2）：236-240.

[7] 张影．我国法学教育模式的反思与选择 [J]. 黑龙江高教研究，2006（4）：8-10.

第二，卓越法律人才教育培养研究为建设法学“社会实践金课”设置了基本目标。

针对法学教育“同质化”严重等问题，国家于2011年全面启动了“卓越法律人才教育培养计划”，旨在提升法治人才培养质量，造就一批适应社会主义法治国家建设需要的卓越法律职业人才。针对“卓越法律人才教育培养计划”，理论界与实务界都展开了深入的研究。中国政法大学黄进（2012）对卓越法律人才教育培养的目标、观念、模式与机制等问题，作了较为深入的阐述；[1] 吴汉东、刘茂林（2012）以中南财经政法大学为例，对卓越法律人才的界定和标准的问题、卓越法律人才的特色问题、创新卓越法律人才教育培养模式的问题等进行了论述；[2] 西北政法大学贾宇校长（2012）对实施“卓越法律人才教育培养计划”的基础、理念与探索等问题进行了较为深入的研究；[3] 毛俊响（2012）认为实现国际化卓越法律人才的功能定位，应当优化“三阶段一体化”的法律人才教育培养体系，拓展学校、社会、行业协同创新的一体化人才培养机制，建构案例分析—实践操作—理论研讨“三位一体”的教学方法。[4]

国内学者关于“卓越法律人才教育培养”的研究成果，为“计划”的实施提供了较好的理论支撑。“卓越法律人才教育培养计划”实施以来，在协同推进人才培养工作机制，分类培养卓越法律人才战略布局，强化全方位、多渠道的实践育人教育教学体系，创新专兼结合的法学专业教学团队发展模式等方面取得了一定的成绩。因此，积极推动法学“社会实践金课”建设，有利于完善“卓越法律人才培养教育计划”，以贯彻落实党中央提出的创新法治人才培养机制的新要求。

[1] 黄进．卓越法律人才培养的目标、观念、模式与机制 [J]. 法学教育研究，2012（1）：5.

[2] 吴汉东，刘茂林．卓越法律人才培养若干个问题探讨——基于中南财经政法大学法学教育的思考和探索 [J]. 法学教育研究，2012（1）：6.

[3] 贾宇．实施卓越法律人才教育培养计划的基础、理念与探索 [J]. 法学教育研究，2012（1）：7.

[4] 毛俊响．国际化卓越法律人才的功能定位 [J]. 现代大学教育，2012（3）：90-92.

四、积极推动法学"社会实践金课"建设的基本路径

建设法学"社会实践金课",必须考察中国法学教育改革的历史和现状，针对法学教学中存在的现实问题和障碍，剖析法学教学中建设"社会实践金课"的必要性和可行性，然后在此基础上探寻建设法学"社会实践金课"的基本模式和具体路径，全面提升法学本科人才培养质量和效益。

第一，法学教学改革的历史和现实制度考察。建设法学"社会实践金课"，将对中国法学教育与教学40年来的经验教训进行全面考察，从历史和现实的视角分析中国法学教育在课程改革和教学中面临的机遇和挑战，探讨建设法学"社会实践金课"的体制机制问题。

第二，法学教学中存在的现实问题和障碍剖析。法学教育教学的改革和发展源于法学教育与教学的现状。建设法学"社会实践金课"，将从中国法学教学的功利性、全盘西化、重理论轻实践、以知识传授为主忽视德育与育人等现实问题出发，深入剖析这些问题的原因与实质，探讨其改革发展面临的现实障碍，阐述建设法学"社会实践金课"的现实依据。

第三，建设法学"社会实践金课"的必要性和可行性分析。建设法学"社会实践金课"，将从中国特色社会主义法治建设的需要、中共中央和教育部关于法学教育改革的精神、中国特色社会主义法治人才培养的现实需求以及国家法律职业考试与法学本科生就业困境这四个层面，深入阐述建设法学"社会实践金课"的必要性和紧迫性；进一步从中国法学教育与教学改革40年的经验论述建设法学"社会实践金课"的可行性。

第四，建设法学"社会实践金课"的基本模式探讨。建设法学"社会实践金课",将重点探讨理论研究之"社会实践金课"模式、社会调研之"社会实践金课"模式、法治体验之"社会实践金课"模式、公益维权之"社会实践金课"模式、教学实践实习之"社会实践金课"模式等五大模块的法学"社会实践金课"模式及其基本内涵和具体内容。

第五，建设法学"社会实践金课"的具体方式探究。建设法学"社会

实践金课”，将在法学“社会实践金课”五大基本模式研究的基础上，全面探究每一种模式下的具体方式和基本方法[1]。并重点探究理论之实践检验、公益维权、社会调研、中国法治建设体验、项目实习体验等具体路径和方法的设计与推进。

第六，法学“社会实践金课”的实施效果评估。建设法学“社会实践金课”，将在理论研究和实践运行的基础上，运用绩效评估理论进一步探讨法学“社会实践金课”的实施效果，重点对建设的法学“社会实践金课”、有关教师、受益学生等进行科学评估，以进一步完善法学“社会实践金课”的建设和推广。

[1] 薄蓉蓉，冷明祥.高校“金课”建设的基本认知、现实困境与实践路径[J].黑龙江高教研究，2019（8）：141-144.

全息型法律案例数据库：打造法律案例教学“升级版”研究

贺志军　袁艳霞*

摘　要：现阶段我国法律案例教学存在“举例教学”“静态案例”及“课堂教学案例”之弊。打造法律案例教学“升级版”需引入“全息”思维和“数据库”思维，树立起“全息型法律案例数据库”教学新理念。法律案例数据库之平台系统应当以“功能导向”来进行构建，法律案例入库应符合全息性、规范性，其数据库教学应用要倡导“共建、共享”理念和发挥“案例累积”等效应。

关键词：法律案例教学；法律数据库；全息数据库

一、法律案例教学的勃兴趋势与现实困境

案例是问题与规则之间的桥梁，案例教学可以帮助学生发现需要法律解决的问题以及解决问题的法律。案例教学法（case-method of teaching）乃 1870 年由哈佛大学法学院院长兰德尔率先在美国引入法律教学。根据认知学习理论，学习要依赖于学习者原有的认知结构和当前的刺激情境，这为法律案例教学法之所以受青睐提供了理论依据。从全球来看，大陆法系采取成文法主义，其法学教学注重原理以及概念和命题之间的逻辑关系，但过分强调体系性学习容易忽视理论与实践的关联，无法在法律实务界形成人才辈出的局面；此类批评之声在德国、法国、日本、韩国等学界均屡屡可闻。英美法系采取判例法主义，其法学教育自然青睐以判例为素材，更强调实用性以及法律思维方式和操作技能的训练，但存在过分注重诉讼

* 贺志军，湖南商学院廉政法治研究所所长、法管学院教授、法学博士。袁艳霞，湖南商学院财金学院讲师，经济学博士。本文系 2016 年湖南省普通高校教学改革课题“全息型案例库建设与教学应用研究——以刑事法课程为例”（湘教通〔2016〕400 号）、2018 年湖南省学位与研究生教育教学改革研究项目“案例数据库与案件工作坊：打造法律案例教学升级版研究”（湘教通〔2018〕505 号，编号 JG2018B116）的研究成果，发表于期刊《文化创新比较研究》2019 年第 12 期。

及特定细节等问题之弊。改革开放以来，案例教学法在我国已经成为法学界普遍认可的一种教学方法。近几年来，随着“全面依法治国”战略的深入实施，教育部更是在法学教育领域积极指导、引领案例教学法的推广和优化，若干规范性文件如《关于实施卓越法律人才教育培养计划的若干意见》《关于引导部分地方普通本科高校向应用型转变的指导意见》都对此有涉及，2015 年 5 月《关于加强专业学位研究生案例教学和联合培养基地建设的意见》还将“案例教学”界定为“以学生为中心，以案例为基础，通过呈现案例情境，将理论与实践紧密结合，引导学生发现问题、分析问题、解决问题，从而掌握理论、形成观点、提高能力的一种教学方式”。

反观当下我国法学本科、法学硕士及法律硕士教学领域对法律案例教学法的运用实况，可归纳出三大不足：其一，多停留于“举例教学”。教学所用案例一般仅仅停留在案情与法条的简单层面，对案件办理各环节信息、真实文书信息、案件之间比对关联信息等其他更多有价值的信息则甚为缺乏乃至有意忽略。其二，多局限于“静态案例”。优质案例资源相对教学需要而言存在较大缺口，高质量案例更新、积累“通道”不够顺畅。即使是国家层面法律专业教学指导委员会正在组织编写和建设的“法律硕士教学案例库”，也只是裁剪取舍的法律教学案例之“静态”纸质汇编。其三，常局限在“课堂教学案例”。即在“教学课堂”上演示的案例教学占整体教学的比例也不够高等。因此，本文拟从“全息型法律案例数据库”视角来探索打造法律案例教学“升级版”。

二、理念升级：从传统“法律案例”教学到“全息型法律案例数据库”教学

（一）传统法律案例教学的理念探索

国外学界就案例教学的理念探讨较为深入。在价值理念上，强调注重培养学生的分析能力与批判精神。Lang（1986）提出，学习者、教师与案例间的互动结果是主导讨论学习方向的关键，教师责任在于引导（guiding）

讨论而非主导（leading）讨论。Knirk（1991）认为，案例教学法鼓励将个人所学贡献给参与的人，每位学习者都应受激发有“主动参与”的动机。Waterman 等（1997）认为，案例教学法是在探究案例活动中提供相关的资讯，以协助学习者解决在探究中产生的认知冲突。在培养方法上，强调“实践面向”的理念。Merseth（2004）认为，“案例”必须是基于真实的生活情境或事件；国外法律案例教学的应用也体现了这一理念，法律诊所（legal clinic）和解决个案作坊（problem solving workshop）教学便是典型。前者将司法实践视作“医疗诊治活动”，通过指导法科学生直接参与承办真正的案件等培养学生的法律实践能力；后者是学生在老师指导下像律师那样从接受客户委托阶段起逐步解决现实问题，被称为“自兰德尔判例教学法以来的第二次法学教育大革命”。

国内就法律案例教学理念的探索也给予较大关注。就教学定位而言，案例教学日趋被赋予应用法学课程教学的基础性地位；不少论者提倡部门法课程开设配套的专门“法律案例分析”课程。就案例素材选取，有论者提出以教师个人办案亲历案例作为教学剧本的“全息案例演示教学”理念。[1] 就案例教学的动态运用，有论者提出循序渐进地全程实施“类型化”案例教学的理念；也有论者提出“阶梯式案例教学”的理念，由法律典型案例“悦读”“导学”“解析”与“研究”等“四阶”组成案例教材丛书。[2]

（二）“全息型法律案例数据库”教学新理念

案例教学法在教学实践应用中几乎是自发地步上了“案例库”这一优化轨道。作为全球案例教学理论先行者和输出地，哈佛大学很早就着手“案例库”建设，拥有全球知名的“世界管理案例库中心”；规定其硕士研究生两年学习期间必须分析上百个案例。近年来，国内法学教育领域兴起“法律案例库”建设与应用的初步研究。有论者就建设经侦案例库应遵循的原则及应包括的内容等进行了探讨；[3] 还有论者创新性地提出“全息型案例库”

[1] 胡军辉．全真案例演示教学理论与剧本 [M]. 湘潭：湘潭大学出版社，2015.

[2] 杨峥嵘，贺志军．法律典型案例导学 [M]. 北京：对外经济贸易大学出版社，2016.

[3] 包海勇．经侦教学案例库建设研究 [J]. 中国人民公安大学学报，2013（3）.

和“全案例教学”概念，认为应以案例规范建设为先导，以案例平台为支撑，以案例资源库为载体。[1]

当今时代信息技术突飞猛进，我国欲实现法律案例教学上除弊革新与转型提质，就应当从打造“升级版”教学理念与模式上下功夫，超越单个静态案例而引入“全息”思维和“数据库”思维，树立起“全息型法律案例数据库”的新理念。全息（holography）是“特指一种技术，可以让从物体发射的衍射光能够被重现，其位置和大小同之前一模一样”，引申用来指全部信息得以储存和可被重现的属性。数据库（database）也称“电子化的文件柜”，指“以一定方式储存在一起、能与多个用户共享、具有尽可能小的冗余度、与应用程序彼此独立的数据集合”。遵循该新理念，在元素层面，案例样本的“全息”性特质可使在全真信息的研讨情境下充分发挥案例的实战性和调动学生的主体性；在系统层面，通过样本组合的“网络化”结构属性，能线上线下通用、支持互动升级，用户可以对文件中的数据进行新增、截取、更新、删除等操作。

三、对策建议：“全息型法律案例数据库”的构建及教学应用

（一）功能导向：法律案例数据库之平台系统构建

大数据条件下，最高人民法院运行中国裁判文书网提供以千万计的生效判决书，商业产品的案例数据库如北大法宝 APP、北大法意网等也已有较成熟的经验；然而，这些都并非是适用于法律教学的专门案例数据库。如何从实践上开发和设计出法律案例数据库的应用方案，尚需实现从理念到实践的跃进。法律案例数据库在本质上只是数据库原理与技术在法律案例教学领域的应用而已；在互联网时代，个别地单独开发某一个法律案例数据库并不具有经济性，应当采取从平台到应用的自上而下的思路，即先从顶层设计上搭好平台结构，为建立具体的“全息型法律案例数据库”提供共同的平台“壳”资源，再开设不同学科、专业、课程等各个层次的具

[1] 王龙，王娟．公安专业案例库建设和教学应用研究 [J]. 公安教育，2016（5）：64-67.

体案例数据库，更符合数据组织原理和具有现实性。

基于教学目的，案例数据库的平台系统应当以“功能导向”来进行构建；由此，须研究分析教学的具体需求，从功能架构、模块设计、案例参数层面等来进行靶向研发。其一，由于案例数据库平台系统的用户涉及法学的各个学科、专业、课程等不同对象，故应当就具备哪些基本功能等重要问题广泛征求意见和充分论证平台系统的构建原则、基本功能、框架与模块。其二，平台系统的搭建应当以“良好的用户体验”为出发点，实现教师与学生对法律案例数据库的方便使用。以核心业务流程为基础，设置系统的基本功能模块，实现多种格式编辑、在线编辑、分级审核等功能，尤其需重视可供不同需要的多渠道检索功能，重视关键字段（key field）如案例编号的指向性角色，以为未来数据扩展合并预留“接口”。其三，法律案例“入库规范”是确保平台系统上各案例数据库整体质量标准的基础前提，单个案例需达到最低限度的全息性和规范性，前者指案件应当是包括真实案情和办案过程的卷宗型案例，以此为基本单位形成保留原汁原味的案例信息和办案过程的案件数据库系统；后者指每个入库案例须采集必要参数，为建立数据库信息系统打下基础。

（二）法律案例入库及数据库教学应用

从源头上看，案例数据库建设的核心和关键在于高质量、有特色的法律案例，该数据库之“芯”仍是法律案例的专业内容。这离不开专业类案例建设、综合类案例建设，离不开一线的部门法教师来提供智慧贡献。如何获取典型法律案例的“全息资料”和如何进行颇为复杂烦琐的内容加工，是需要协调解决的现实问题。其一，“全息型法律案例数据库”建设离不开就编写报批、保密信息处理、使用报告和知识产权保护等一套科学严密的配套保障制度，需要相关主体之间形成权责清晰的法律关系。其二，需要通过实地走访调研、网络访问、查阅文献等方式广泛收集典型“全息型案例”；经编辑整理、专家指导及实践检验等，形成成品案例。其三，就案例的参数提取，大致应当包括索引信息、实体内容信息、程序内容信息、法律文书信息、教学信息、科学研究信息和其他信息等主要方面；往下再设置细化的二级信息指标，如教学信息可列出适用学科、专业、课程、对象和教学目的、方法以及法律依据、问题类型、主要知识点、难度系数等。

法律案例数据库应当成为开放的系统，倡导“共建、共享”理念和发挥“案例累积”的功能。作为数据库使用者的师生可以在整体或课程的数据库内在线自主操作并在系统平台上储存（可授权保密或共享），尤其应采取措施支持教师个体在数据库基础上进行特定课程的法律案例子数据库建设和教学应用。在没有建立法律案例数据库系统的条件下，以往进行各类调研课题、教改研究项目甚至是讲座讨论等过程中所涉及的法律案例素材，容易出现“教学资源流失”；在系统运行后，则可以实现随时动态入库和“颗粒归仓”,发挥该数据库对法律案例的“平台吸附”和“资源盘活”效应。如此长期运作，势必实现深化教改、提升质量之显著功效。

论刑事诉讼法学课程案例教学法的思考与运用

刘作凌*

摘　要：刑事诉讼法是教育部规定的法学专业十六门核心课程之一，是一门实践性极强的基础学科。案例教学法在刑事诉讼法课程教学中处于举足轻重的地位，是提高学生运用诉讼理论与法律规定分析与解决刑事实务具体问题的主要途径，案例教学具有较强的真实性、时效性以及互动性和可操作性。因此，将案例教学法成功引入刑事诉讼法课堂教学，不仅有助于刑事诉讼法教学目标的实现，而且有利于卓越法律人才培养。

关键词：法学教育；刑事诉讼法学；案例教学法

法学教育不但要向学生传授系统的法律知识，使之具备扎实的理论功底，而且要强化实践教学，使学生获得法律职业所需技能，同时培养学生忠于法律、信仰法律的法律职业品格。案例教学法是通过对典型案例的分析，启发学生思维，使学生掌握一般的分析原理，并使其获得独立分析和解决问题能力的教学方法。刑事诉讼法作为教育部规定的法学专业十六门核心课程之一，是一门实践性极强的基础学科。在案例教学中，通过具体案例反映出有理论价值和实践价值的刑事法问题，以规范分析和法理研判为视角展开，将刑事法律规范、刑事司法实践以及刑事法制理论结合起来，使学生能更深刻了解和掌握刑事诉讼法及相关司法解释的内容，能够运用法律规定与法律原理去分析与解决刑事实务中的具体问题，培养和锻炼学生的法律适用与法理分析能力。

* 刘作凌，女，湖南邵阳人，法学硕士，湖南商学院法学院副教授，长期从事刑事诉讼法学、法律文书写作等课程的教学。

一、刑事诉讼法案例教学的特点和作用

（一）刑事诉讼法案例教学的特点

1. 具有法律专业知识的具体性

案例教学往往可以将抽象的法律原理转化为具体的法律知识，能有效地帮助学生正确理解法律概念、法律原则与法律规则的内涵。法学案例教学法的内涵之一是通过分析讨论体现基本法律理论和原则的典型案例，加深学生对法律理论问题的理解和掌握。刑事诉讼是行使国家刑罚权的活动，其目的之一是惩罚和打击犯罪，保证国家刑罚权的实现。侦查权、检察权和审判权是刑事诉讼中的主要国家权力，为防止国家权力被滥用，损害公民权利，避免造成冤假错案，刑事诉讼法对国家权力的运作施加了限制，如规定了“未经人民法院依法审判对任何人不得确定有罪”原则，对逮捕、拘留等刑事强制措施适用作出明确的条件规定和严格的程序要求，这对保障公民基本人权发挥了重要的作用。教学中应当充分注意到刑事诉讼法属于公法性质，是规范和调整国家专责机关、诉讼参与人进行刑事诉讼活动的法律。因此，需要通过具体案例，使学生掌握公、检、法三机关的职能以及相互关系，帮助学生深刻理解刑事诉讼程序中国家权力与公民权利的协调关系。

2. 具有较强的真实性与时效性

法学教学中应用的案例来源于社会生活，运用实际生活中的案例进行教学，引导学生关注社会现实问题，让学生始终意识到他们学有所用，能激发学生的创造性和主动性。要注意的是，对于真实的案例应当尽量选择近期发生的热点案件，如果案例过于陈旧，缺少时代性、时效性，也会影响学生关注和思考的积极性，从而达不到理想的案例分析效果。由于有情节、有内容、有事实、有逻辑推理和论证、有讨论和辩论，学生始终处于思维活跃状态，从而满足了学生的求知欲、参与欲与表现欲，使学生对法律的学习变得积极、主动。

3. 具有较强的互动性和可操作性

刑事诉讼法作为一门重要的基本法与程序法，其实践性和操作性极强。在课堂教学中特别强调理论与实践相结合。教师在教学中组织学生对案例进行讨论，充分采用启发式、互动式、参与式等方法，使得师生之间、学生之间的思想、知识、经验发生碰撞与交流，培养学生独立思考、分析推理的能力和表达能力。[1] 由于案例教学直接取材于司法实践，甚至是司法判例，而司法判例既直接来源实际和现实生活，又是司法部门运用法律作出最终生效裁判的判例，将这些司法判例作为案例教学的重要内容，可以使教学具有可操作性，同时通过对案例的分析、讨论与处理，可让学生对法律规范及法律理论进行反思及定位，以加深对法律规范及其理论的理解和掌握。

（二）刑事诉讼法案例教学的作用

1. 有助于学生诉讼法治理念的培养

刑事诉讼法有“小宪法”之称，在保障人权以及维护诉讼程序公正、合法、民主和文明等方面具有独特的功能。在课堂讲授中，要融入讲解中央“法治中国”的精神和社会主义法治理念，将刑事程序法与实体法的关系进行深度剖析，强调打击犯罪与保障人权并重，突出程序正义对实现法治的重大意义。对于刑事诉讼法中规定的“尊重与保障人权”“不得强迫任何人证实自己有罪”的理解、运用以及法治意义，可以通过当前有影响力的典型案例，如“呼格吉勒图案”“赵作海案”“聂树斌案”的平反昭雪，让学生们真实感觉到刑事诉讼过程中，加强人权保障，特别是被追诉人权利保障，对程序公正与实体公正的实现具有重要作用以及新刑事诉讼法在人权保障及司法公正方面的重大进步。

2. 有助于加强刑事诉讼法教学的专业针对性和实用性

刑事诉讼法教学必须立足我国司法现实，针对刑事诉讼法学中的重大、疑难问题要结合案例深入分析，并注重比较研究的方法，介绍域外诉讼理论与实践经验，开阔学生视野，启发学生思维。在证据运用以及“非法证据排除”问题上,实践中的“王玉雷案”“陈灼昊案”都是比较典型的案例。

在介绍域外诉讼理论与实践部分，“米兰达案”“辛普森案件”是经久不衰的经典案例。“米兰达案”判例所确立的“米兰达忠告”对被追诉人沉默权以及获得律师帮助权做出的规定，辛普森案件中涉及美国的陪审团审判、刑事与民事证明标准不同、对抗式诉讼模式、被告人沉默权等域外诉讼制度，对于比较研究有较大价值。

3. 有助于加强理论教学与实践教学的深度融合

在注重理论基础教学的同时，加强课程内实践教学环节，充分利用案例教学，引导学生参与讨论，增加学生对我国刑事诉讼的运行现状的了解，使学生在掌握刑事诉讼法律规范的同时，也充分了解我国刑事诉讼的司法实践，理论与实践相结合，培养学生运用所学知识认识问题、分析问题、解决问题的能力。党的十八届四中全会做出了《中共中央关于全面推进依法治国若干重大问题的决定》，提出了完善中国特色社会主义法治体系，推进社会主义法治国家建设的任务。在司法实践中，开展了“以审判为中心刑事诉讼制度改革”[1]，推进“刑事案件认罪认罚从宽制度”[2]以及“刑事速裁程序[3]”的试点。在刑事诉讼法教学中，应紧跟时代主旋律，关注司法制度及诉讼程序改革的热点，通过具体案例反映司法改革实践中的难题以及取得的成效，让学生们理解改革的背景与改革的方向，更好地掌握和理解实践中如火如荼开展的司法改革与刑事诉讼法的关系。

二、目前刑事诉讼法案例教学中存在的问题

（一）案例资源落后，选用合适的案例难度大

案例是案例教学的核心，所谓合适的案例包含很多要素，比如典型性强、有说服力，新颖、真实，可读性强，有吸引力等。但由于主客观方面

[1] 2016 年 10 月，“两院三部”联合印发《关于推进以审判为中心的刑事诉讼制度改革的意见》，在坚持公检法“分工负责、互相配合、互相制约”的基础上，针对侦查、起诉、审判、辩护、法律援助、司法鉴定等环节作出全面规定。

[2] 2016 年 11 月 16 日，最高人民法院、最高人民检察院、公安部、国家安全部、司法部印发了《关于在部分地区开展刑事案件认罪认罚从宽制度试点工作的办法》。

[3] 2014 年 8 月 22 日，最高人民法院、最高人民检察院、公安部、司法部制定了《关于在部分地区开展刑事案件速裁程序试点工作的办法》。

的原因，导致案例选编成为难点。目前，大多数案例材料局限于知识点案例，缺乏综合案例；注重定性研究，忽视定量分析；着重于叙述说明，忽略提供背景材料等问题。有些案例陈旧缺乏视角的多元性与可争论性，有些自编案例失真缺乏可探讨性。教师们在案例的收集、整理、加工、更新方面，需要耗费大量的精力和时间，由于教学任务的繁重，教师很难保证每个案例具有针对性和实用性，这使得课堂讨论所需案例的数量和质量受到影响，进而影响到整个案例教学的效果。

（二）课堂教学环节组织与控制不力

案例教学之所以不能取得好的教学效果，主要原因在于教师在传统教学模式和思维方式影响下，对案例教学法研究不够透彻，准备不够充分，许多情况下，只是在课堂教学中穿插案例对某个具体知识点的讲授进行补充和说明，在内容体系和方法上没有对案例教学进行根本性变革，缺乏针对性和典型性，难以引起学生的兴趣和共鸣。主要表现为，一是课前准备不够，许多学生在上课前没有接触到案例材料，在短时间内无法对案例材料进行周密思考，在课堂讨论中难以独立思考，个人观点表达和参与讨论的积极性不高；二是课堂组织不够严密，课堂讨论经常会出现冷场，学生们沉默寡言，参与性不强，使案例讨论流于形式；三是教师在案例的采用上不注意循序渐进，由浅入深，由易而难，由简单到复杂，采用案例时，往往信手拈来，主观随意性突出，缺乏教学过程的全盘考虑。对学生讨论的过程不加以合理引导，不针对争议问题作出分析及评判，从而导致达不到预期的教学效果。

（三）教学中未注意到学生个体的差异性

学生个体存在学习能力与性格上的差异，一般来说，能力较强、个性外向的学生在案例讨论中的主动性和积极程度高，能力一般和性格比较内向的学生参与讨论的积极性会有所欠缺。案例讨论一般采用分小组先讨论，后按小组上台发言的方式进行，结果每次都是几个学习能力强的学生上台发言，案例讨论的结果是学习能力强的学生得到了锻炼，学习能力差的学生因不敢或不愿表达自己的观点，而没有得到锻炼，导致课堂讨论不能让所有的学生从中得到锻炼与启发，教学不能取得满意的效果。

三、刑事诉讼法教学中案例教学法的实施和运用

（一）精选案例

在刑事诉讼法教学过程中，教师要关注立法、司法动态，及时收集案例，并在众多的案例当中精选适合专业课程教学的典型案例。同时，教师还应对原始案例进行适当的加工整理，使案例的整体脉络清晰，争议焦点突出，有较强的针对性，案例问题设置妥当，能达到课堂教学目标。具体来说，案例选取一般应注意以下几个问题：

1. 针对性，即为了什么教学目的而选择此案例，案例应服务于教学目的，不可为案例而案例，所以应根据具体教学内容选择相应的案例，不具有针对性，即使是很好的案例也不能起到良好的教学效果。比如为了让学生对刑事诉讼某一法律规范进行理解与掌握，在课堂教学中可以采用一些简单的有针对性的自编案例，帮助学生准确了解和适用某一具体的刑事诉讼法法律规范。

2. 新颖性，即尽可能选择司法实践中的最新案例，以使案例教学更加贴近现实生活，并通过案例讨论了解司法实践中的新问题，激发学生讨论思考的兴趣。比如，近年来备受舆论与公众关注的“于欢案”的改判。

3. 专业性，即根据本课程讲授需要设置内容，所选案例要体现课程特色及专业深度，能反映和解决专业实际问题。比如，在讲授辩护与代理制度时，原来实践中律师辩护的三难“会见难”“阅卷难”“调查取证难”，在2012年新刑事诉讼法中基本解决，但实践中又出现新三难“发问难”“质证难”“辩护意见采纳难”，可结合具体案例加以说明。

4. 综合性，对组织课堂讨论用的案例应有一定的深度和难度，涉及多个法学原理和法律问题，以训练学生综合运用法学原理去分析、解决实际问题的能力。案例并不是越多越好，而在于精。如果盲目地堆集案例，是

达不到法学教学目的的。例如在教学中，“薄熙来受贿、贪污、滥用职权案”[1]属于综合性很强的案例，该案审判中涉及公开审判、指定管辖、辩护权保障、证人出庭作证、翻供、非法证据排除、污点证人及利害关系人证言、纪委调查收集材料的证据适格性及证明力、辩护方的调查权及质证权保障等程序法问题，还存在“明知并认可”“为他人谋取利益”、利用“职务上的便利”的认定、“特定关系人”共同受贿、拒不认罪应否严惩、是否漏诉包庇罪等实体法问题，这些问题深具理论价值和实践意义，值得探讨和研究。

（二）案例教学过程的把控

1. 课前准备工作到位。教师需在开课之前制定一个详细、周密的案例教学计划，其内容包括本课程计划安排教学案例的总个数、各个案例实施的时间及主要涵盖的知识点。此外，教师还应为每个教学案例制定一个具体的组织计划，内容包括：案例类型、案例来源、向学生发放案例素材的时间、案例讨论的具体组织步骤、案例讨论过程中可能出现的问题及对策等。上课前，布置学生阅读案件材料以及与案例有关的其他材料，熟悉案例材料内容和背景，对材料进行初步分析和评价，通过阅读与个人分析，抓住关键性的事实，形成问题意识，在教学过程中能够口头表达自己的思想和观点。

2. 合理安排案例教学时间。案例教学法相对课堂讲授法而言，其更强调理论运用的过程性和主体参与的亲历性，实施过程常常是多个主体的互动过程，要求教师与学生、学生与学生之间要进行比较充分的交流，因此，在课时有限的情况下，要求教师应妥当地配置课堂教学的时间资源，创造一个有利于相互学习和研讨的氛围，适时地引导和有效地组织学生参与讨论。在课堂教学中，应适当地把握和控制学生的讨论时间，可考虑以下形式：（1）分组讨论。例如每组讨论人数不多于10人，让每个学生都有发言机会，提高学生的参与性和自信心；（2）班级讨论。进一步进行分析，提出解决途径和方案。

[1]“薄熙来案”在我国法治进程中是一个标志性案件。该案在审判中所展现的公开性、透明性和程序正义，对彰显法治精神、推进法治进程有重大意义。

3. 注重对案例讨论的引导评析。案例教学的关键点在于教师对讨论过程进行引导，对讨论结果进行有针对性的点评，以提升学生分析问题能力以及法律思维能力。第一，要正确引导和评价学生的讨论过程，对学生独特的见解和正确的思路要予以肯定，对不足之处中肯地提出来，纠正学生认识中的偏差，让学生掌握分析问题和解决问题的基本方法和技能；第二，在讨论结束后，教师要及时对案件所涉及的基本理论和重要知识进行整理和归纳，对主要观点做进一步深化和延展，引导学生向问题的深度和广度进行思考；[2] 第三，针对教学内容对学生的疑问作出比较全面、深入的解答与说明，并在此基础上举一反三，由此及彼，将刑事法律规范的适用深化与延展。另外，应加强课后作业的布置，例如可以要求学生根据案例写出分析报告，即围绕案例的论题展开，对案例中的疑难情境作出具体分析，挖掘出其存在的问题并进行解决。

4. 掌握教学内容和方法的运用技能。采取案例教学法应充分考虑所讲授知识的理论特征，将所有教学案例作一个整体规划，使其与整体教学内容大体对应和贴近，并应当考虑到通过案例来承接和过渡各个部分内容，从而保持教学内容的连贯性。一方面，在具体分析某一案件时，应注意从学生所熟知的知识点入手，渐及对较高和更高难度的问题步步推进，使学生在知识的表层与深层、低层与高层之间循序渐进，从而达到贯通的效果；另一方面，在讲述具体案件所涉及的主要法律制度时，尽可能向学生介绍相关方面的系统的法律规定，使学生能够触类旁通，并进一步完善法律适用的逻辑思维。

（三）其他配套措施的建立

1. 改革考核方法，引入激励机制。在案例教学中，要充分调动学生在参与案例讨论与分析中的积极性和主动性。因此，成功的案例教学，必须具有一个有效的激励机制。教师在对学生进行成绩评定和考核时，应改变过去以知识积累的多少为标准的评定机制，而应建立以综合能力为标准的成绩评判、考核机制。在具体考核时，将以往的单一课本理论知识考试，改变为理论与实践能力相结合的考试方式。在对学生成绩作评判时，教师应着重对学生分析问题的步骤是否恰当、思维要点的选择是否科学、能否抓住重要问题和是否抓住了问题的实质和关键、运用了哪些思维方法以及从什么角度看问题等方面进行考查，了解学生综合运用法律解决实际问题的能力，从而对学生成绩作出较为全面、客观地评判。

2. 提高教师的案例教学能力。案例教学对教师素质提出了更高的要求。不但要求教师具有较高的教学技能水平，具有较强的课堂引导和控制能力，善于处理讨论过程中出现的冷场、偏题、过激等各种情景。同时，要求教师有渊博的法学理论知识、较丰富的法律实务经验以及综合分析与归纳能力，熟悉所要讨论的案例并对案例中所涉及的问题有自己独到的见解，只有这样，案例教学才能达到预期的目的并收到良好的效果。因此，教师应当不断努力加强专业知识的学习，提高教学水平，并通过参与司法实践提高自身的司法实务操作能力，强化理论与实践的联系。

地方本科院校法律实务教学路径优化初探

朱耀斌　郭超群　唐全民*

摘　要：法学的教育本质属性、顺应国家法治建设，需要推进法律实务教学。应从明确法律实务教学的目标，构建科学合理的实务教学课程体系，提高学生对法律实务教学的思想认识，加强法律实务界人士对我国法学专业本科教育、教学事务的有效参与等方面来优化地方本科院校法律实务教学。

关键词：法律实务；教学路径；地方本科院校

地方本科院校启动向应用型学院转型以来，都聚焦法学应用型人才培养目标的定位，立足地方院校办学实际与初始条件，不断提高专业建设与社会需求的契合度，对法学人才培养方案的课程体系标准化、理论教学模块化、实践教学同步化、师资队伍多元化等方面均作了有益探索，不断推进理论与实践、知识与能力、校内与校外、专业和职业的深度融合，构建了各具特色的卓越法律人才教育培养模式，取得了较好的社会反响。笔者拟对目前地方本科院校法律实务教学路径优化略陈浅见，从实务教学层面解读法律人才培养。

一、推进法律实务教学的必要性

（一）法学教育本质属性的要求

法律的生命在于经验，而法学教育的生命在于实践。法学是一门理论性和实践性极强的社会科学，理论教学和实务教学是法学教育这架马车上的两个车轮，缺少任何一个，法学教育将无法形成完整的教学体系，而法律教育这辆马车也不能正常行驶。法学教育往往是以学生将来从事法律职

* 朱耀斌，湖南人文科技学院法学院院长、教授、博士。郭超群，娄底市娄星区人民法院院长、博士，湖南人文科技学院特聘教授。唐全民，湖南人文科技学院法学院教研室主任。

业为最终目标。法学教育与法律职业之间的内在联系决定了培养学生的实践能力必然是法学教育的一项重要目标。

传统的法学通识教育主要是培养法科学生掌握从理论法学到部门法学各科的通用知识，建立起对宪法和法律的忠诚，形成法律思维和法治方法的自觉性。与法学院传统的理论教学不同，实务教学的侧重点在于“技能”方面：即如何将学到的法学理论知识与司法实践相结合以解决日常工作中的实际问题。它是关于技术的培训、关于能力的培训、关于操作方法和流程的培训。实务教学原本广泛应用于招录法科学生到法律职业工作岗位以后的入职培训、岗位培训、晋级晋职培训、职业进修培训。而随着十八届四中全会提出的司法体制改革进程的不断深化，随着国家治理体系和治理能力现代化进程的不断加快，法学教育同样也面临着一场深刻的变革。现代法学教育和法学研究应当将关注视野和研究重点积极拓展到现代法律实务教学的相关领域中来，现代法学教育不能仅仅只是局限于传统的理论教育和通识教育，而应当密切关注司法实践的最新发展和司法体制改革带来的巨大变革。法学专业特别强调培养学生的思维能力和动手能力，强调综合培养学生的司法实践经验和司法职业技能，强调全面培养“学以致用”的实际应用能力和娴熟操作流程的实操能力。因此，传统的理论教育模式只有与现代法律实务教学相融合才能真正满足现代法学通识教育的现实需要。司法体制改革和法学教育改革的交互影响和双重变革，要求我们必须重新考量法律实务教学与法学通识教育共同的本质属性，并在法学教育改革进程中积极探寻将法律实务教学融入法学通识教育的创新路径与方法。

（二）顺应国家法治建设的需要

法律实务教学对国家法治建设的意义同样非常重大。改革开放以来，我国的法律实务教学与法治建设同步发展，经历了夜校阶段、高级法官委托培训阶段、少量学理教育阶段以及初任法官（预备法官）培训、新任院长上岗培训、新颁布的法律法规培训、刑事民事（含知识产权）和执行业务等专门培训等。整体来看，这些培训项目与内容大体适应了司法人员知识更新和技能提升的要求。但是随着我国法学教育事业的发展和成熟，特别是司法人员学历学位的普遍提高，法律实务教学无论是课程设置还是内容调整和方法改进，都面临着重大的机遇与严峻的挑战。党的十八届四中全会决议提出：推进法治社会建设，必须加强法治工作队伍建设，推进法治专门队伍正规化、专业化、职业化，完善法律职业准入制度，健全从政法专业毕业生中招录人才的规范便捷机制。显然，在统筹谋划全面依法治国和全面深化司法体制改革的大背景下，法律实务教学已经成为国家法治建设的重要组成部分，是实现国家治理体系和治理能力现代化的重要方法和路径。

二、地方本科院校法律实务教学现状的评估

法律实务教学将成为未来法学教育中创建“双一流”法学专业和法学学科建设的重要内容，甚至可能会逐渐发展成为未来高等院校法学院新型法学教育的主业之一。法学教育改革的重点需要积极探寻法律实务教学与法学教育相结合的融合创新之路。面对国家实施高校“双一流”建设战略的新形势，地方高校的法学教育作为我国法律人才培养的主力军，应遵循错位竞争的理念，以服务地方经济法制建设为良机，立足地方法治实践，培养具有高尚职业道德和职业品格、强烈的社会人文关怀、精湛的职业技巧和职业能力、适应多样化法律职业要求、能高质量地独立分析和解决相应工作领域内法律问题的应用型卓越法律人才。这类法律人才需要具有较强的应用性、实践性和职业性，而其培养仅靠高校一己之力是不行的，还需要有法律实务部门的有效参与和深度融合。

（一）宏观背景与实施成效

近年来，国家层面有关联合培养的法律、制度和文件的出台，为地方本科院校应用型卓越法律人才联合培养机制的运行提供了良好的宏观政策环境。《中华人民共和国高等教育法》第 12 条规定：“国家鼓励高等学校与科学研究机构以及企业事业组织之间开展协作，实行优势互补。”《国

家中长期教育改革和发展规划纲要（2010—2020 年）》《国家中长期人才发展规划纲要（2010—2020 年）》《高等学校创新能力提升计划》（2011 计划）《关于实施卓越法律人才教育培养计划的若干意见》（2011 年 12 月）以及教育部相关规定都相继明确了人才联合培养的要求。2012 年 7 月，最高人民法院发布《关于建立人民法院与法学院校的双向交流机制指导意见》，就联合培养卓越法律人才规定了具体的交流方式。《中共中央关于全面推进依法治国若干重大问题的决定》（2014 年 10 月）指出，要“创新法治人才培养机制，健全政法部门和法学院校、法学研究机构人员双向交流机制，实施高校和法治工作部门人员互聘计划”。最高人民法院为此印发《关于建立法律实习生制度的规定》《关于建立法律研修学者制度的规定》（2015 年 7 月），为方便高等院校的法律院系与法院系统联合培养卓越法律人才提供了进一步的制度保障。

其中，2011 年教育部、中央政法委员会发布的《关于实施卓越法律人才教育培养计划的意见》明确提出：“探索建立高校与法律实务部门人员互聘制度，鼓励支持法律实务部门有较高理论水平和丰富实践经验的专家到高校任教，鼓励支持高校教师到法律实务部门挂职，努力建设一支专兼结合的法学师资队伍。鼓励法学骨干教师到海外学习、研究，提高专业水平和教学能力。积极引进海外高层次人才和教学团队，聘请世界一流法学专家学者到国内从事教学、科研工作。”为落实这一任务目标，该意见提出了高校与实务部门人员互聘的“双千计划”的工作措施，从 2013 年至 2017 年，国家共选派 1000 名高校法学骨干教师到实务部门挂职 1～2 年，参与法律实务工作；选派 1000 名法律实务部门具有丰富实践经验的专家到高校任教 1～2 年，承担法学专业课程教学任务。这一规定为今后高校法学院系解决“双师型”师资的严重匮乏问题指出了明确具体的发展方向。首先可以从加强与实务部门的联系开始，请法律实务工作人员在高校教师的专业课课堂上作相关的实务性内容讲座，或者指导学生进行模拟法庭活动、法律辩论比赛、社会调查等实践活动。然后，可以聘请具有丰富法律实践经验的实践工作者担任实践教学的兼职指导老师，与高校任课教师共同完成教学计划。随着合作的逐渐深入，可以聘请具有一定法学理论功底的优秀法律实践工作者承担高校教学计划中部分实践性较强的专业课程。与此同时，高校也可以通过合作方案分批选派青年骨干教师到实务部门挂职锻炼，参与实务工作，了解实务流程，学习实务技能。经过1～2年甚至更长时间的积累，使这些教师能够积累一定的实践经验，而法律实践工作者也可以通过参与高校的实践教学活动熟悉教学事务。这种“双管齐下”的内外结合方式有利于打造一支高水平的“双师型”法律实践教学队伍。

同时，一大批国家级、省级卓越法律人才教育培养基地的建立，为应用型卓越法律人才联合培养机制的运行提供了现实土壤。自2012年首批94个国家级卓越法律人才教育培养基地获准成立以来，至今在国家层面和省级层面又先后成立了一大批不同层次的卓越法律人才教育培养基地，基本遍及全国绝大多数法律本科院校。现有的卓越法律人才教育培养基地通过基地共建、教师互聘、法庭共用、资源共享、课题共报共研、疑难案件共商共讨以及设立各类特色卓越班等方式，为开展法律人才的联合培养提供了有益尝试。

湖南省作为自古有“惟楚有材，于斯为盛”之誉的教育大省，伴随着2011年《法治湖南建设纲要》的出台和2015年时任湖南省委书记徐守盛提出全面打造法治湖南建设“升级版”的号召，公、检、法、司都积极行动起来，群力群策，多方位深化湖南法治建设。“双千计划”自2013年在湖南省开始实施。2014年3月17日，中共湖南省委政法委员会联合湖南省教育厅出台了《关于法律实务部门与高等院校人员互聘工作的实施意见》（湘政发〔2014〕4号）。由此构成湖南省“双千计划”实施的指导性的政策性文件。在“双千计划”实施的2013年至2017年期间，湖南省在法学人才培养模式的改革和创新方面取得显著成效，促进了教育理念的转变，实现了教学方式的多样化，从而激发了学生的学习热情，实现了实务专家与学生之间的良性互动，真正提高了实务教学的教学实效，达成为国家输送大量高素质法律人才的目标。

2018年，教育部、中央政法委推出“卓越法律人才教育培养计划2.0”，进一步明确了校地协同推进卓越法律人才培养的机制问题，要求坚持以马克思主义法学思想和中国特色社会主义法治理论为指导，围绕建设社会主义法治国家需要，坚持立德树人、德法兼修，践行明法笃行、知行合一，主动适应法治国家、法治政府、法治社会建设新任务新要求，找准人才培养和行业需求的结合点，深化高等法学教育教学改革，强化法学实践教育，完善协同育人机制，构建法治人才培养共同体，做强一流法学专业，培育一流法治人才，为全面推进新时代法治中国建设提供有力的人才智力保障。这一文件的出台，为高校与地方法律实务部门联合培养、共同开发实务教材等方面提供了动力和机制。

（二）问题评估

尽管“卓越法律人才教育培养计划”已经实施了较长时间，各高校法律院系的多项改革也已取得了不小的成效，但要完全改变目前法律实务教育不能满足甚至落后于社会需求的困境依然面临着较大的困难。目前我国法律实务教学仍存在下列问题：

1. 培养目标导向不明

我国当前地方高校法律人才的培养大都有目标导向不明、价值导向不清等问题。具体实践中的不足一是培养的法律职业导向不足，对“法律教育的根本目的就是要通过法律职业促进法治社会的形成和发展”认识不够；二是培养的实践导向不足，对要培养什么样的法律人定位不准，对培养对象的应用能力重视不够，无法实现法学教育与法律职业真正融合。

2. 课程缺乏系统性和完整性

目前不少地方高校法律实务教学课程的设置具有很大的随意性，鲜有经过充分的实证调查研究和缜密的论证。实务课程的设置既未遵循认知规律分阶段进行，也不具有系统性和完整性。当前高校法律实务教学课程的开设可谓五花八门，没有一个统一标准，课程名称很多，常见的比如庭审观摩、法律咨询、模拟审判、司法调研、法律诊所、疑案辨析、法律援助、专业见习、毕业论文、毕业实习等。不同高校开设的实务课程都不一样，有的高校实务课程的开设完全是依据本专业的师资力量、教学设施和教学场地等条件有选择性地开设几门课程，谈不上实务教学体系的系统性和完整性。

3. 学生对法律实务教学的认识不足

许多学生是处于被职位选择的被动状态下去完成法律实务教学课程的，往往实务课程就是走过场，或成为普通的“角色扮演”“体验生活”，拿到课程成绩、实习鉴定，向学校交差。而对于开设的相关实务选修课程，大多学生为获得保送研究生资格而将时间精力更多地投入专业学分与成绩上；另外，丰富而多样的商业实习与国际交流机会对学生的吸引力也远大于对实务教育价值与效果的追求。多数学生对这种状态是不满意的，而造成这种现象的很重要的原因在于学生自己对法律实务教学的认识不足。且以往实务教学的目标聚焦于学生实务能力的提升，却忽略或脱离了学生自我对实务教育效果提升的需求。哈洛就曾指出，人的行为是受生物、环境和自我三种不同的驱动力作用的。有效的指导既需要专门指导人员的有效引导，更需要自我驱动。

4. 法律实务界对我国法学专业本科教育、教学事务缺乏有效参与

教育部虽然在《关于实施卓越法律人才教育培养计划的若干意见》中明确要求各高校积极探索“高校—实务部门联合培养”机制，也确有部分一本高校建立了与实务部门的联合培养机制并取得初步成效，但多数地方高校囿于师资、经费等条件的限制尚未真正构建这一联合培养育人机制。出于实践教学的需要，多数高校都会联系当地法律实务部门，比如法院、检察院、律师事务所，作为法学专业的实践教学基地，有的高校甚至与这些实务部门签订了书面的实习基地协议。但部分合作是表面上的、浅层次的，实务部门并未真正融入高校法学专业教学的各个环节，仍有许多教学环节诸如人才培养方案的制定、课程体系的设计、教材的编写、毕业论文

的指导等，实务部门并未参与进来。此外，除了临时性学术讲座之外，国内法学专业本科教育、教学领域较少见到法官、检察官与律师的身影，那些本来适合他们讲授的课程，例如法律文书写作、模拟法庭、法律诊所、职业道德伦理等也没有规范化、体系化地聘请他们来讲授。总体而言，法律实务界人士目前在国内法学专业本科教育、教学事务中的参与领域较为狭窄，专业人才培养的共同体尚未真正建立起来。

三、地方本科院校法律实务教学模式的优化路径

（一）明确法律实务教学的目标

1. 法学专业实务教学有其固有的价值目标

具体而言，法学专业实务教学有四个目标：第一，满足应用性法律人才培养目标要求，构建具有实效性、全过程的实务教学课程体系；第二，遵循法律人才培养的规律，重点培养和锤炼法科学生的法律实务能力，即能够独自参与法律实践活动，运用所学法学理论知识，分析和解决法律实践问题的能力；第三，培育法科学生的法律职业道德和职业伦理，使之牢固树立法律人使命感和责任感；第四，与法律职业接轨，帮助学生掌握从事法律实务工作必备的技巧和方法，使他们毕业之后能够迅速适应法律实务工作的需要。

2. 法学专业实务教学应瞄准的教学目标

地方高校法学专业人才培养目标应定位于面向地方基层的应用型卓越法律人才。围绕这一培养目标，法学专业实务教学体系的构建应致力于培养法学专业学生以下四方面的素质和能力：社会认知与适应技能、法律职业技能、创新能力、法律职业道德。社会认知和适应技能主要指社会认知能力、人际沟通能力和社会适应能力，这是法学专业实务教学中第一个层次的教学目标。法律职业技能是法学专业学生从事法律职业应具备的专业技能，包括语言表达能力、协调沟通能力、制作法律文书的能力、探知法律事实的能力，以及法律诠释、推理和论证的能力。创新能力是技术和各

种实践活动领域中不断提供具有经济价值、社会价值、生态价值的新思想、新理论、新方法和新发明的能力。当今社会的竞争，与其说是人才的竞争，不如说是人的创造力的竞争。作为一名法律人要有创新的精神、勇气和能力才能适应社会发展的需要，才能参与全球化的人才竞争。法律职业道德是法律人从事法律职业的底线和基本保证，是伸张正义、维护公平的基石，正如孙晓楼先生所言："只有法律知识，断不能算作法律人才，一定要于法律学问之外，再备有高尚的法律道德。"所以培养法学专业学生的法律职业道德是法学实务教学的一个很重要的目标。

（二）构建科学合理的实务教学课程体系

围绕上述四个实践教学目标设置相应的四个模块课程，即"社会认知与适应技能模块课程""法律职业技能模块课程""创新技能模块课程"和"法律职业道德模块课程"。[1]

此外，实务教学课程体系设计还应遵循递进式设计原则，即实践课程的安排不能太随意，应根据课程的具体内容、教学目标遵循人的认知规律，从"认知性体验"到"模拟实训"再到"体验式教学"，形成多层次递进式的法律实践教学课程体系，从而达到良好的实践效果，实现教学目标。

（三）提高学生对法律实务教学的思想认识

学生作为法律实务教学的对象，是法律实务教学关系的核心。法律实务教学的有效引导需要关注激发学生的各种驱动力，学校需要在实务教学目标中加入对学生自身如何认知与看待"实务教育"本身，并将教师所设定的教学目标与学生学习的动机相融合。学校应引导学生深入思考与研讨法律实务教学的意义与价值。提高高校和学生对法律实务教学的重视度，加强学校对法律实务教学课程的监督和管理。学校应当和学生一起提升对法律实务教学的重视，不仅要在思想上重视法律实务教学，更重要的是要把它落实到具体实施制度上。同时，学校还应积极引导学生处理好法律实

[1] 刘慧频．论法学本科实践教学目标体系的构建 [J]. 湖北民族学院学报（哲学社会科学版），2010（2）：140.

务教学和法考、考研、就业的关系。例如，在法律实务教学课程前开展讲座，邀请学长做经验报告，邀请通过法律实务教学实现就业的优秀学生谈对实务课程的感受等，以此来激发学生对实务教学热情和兴趣。此外，学校还需明确法律实务教学的具体要求和课程考核的量化标准等，并增设学生评价环节，及时了解学生对实务教学课程的反馈、评价与建议。

（四）加强法律实务界人士对我国法学专业本科教育、教学事务的有效参与

卓越法律人才的培养应当以社会需求为导向，以提高法学学生的实践能力和应用能力为目标，在此基础上制订的培养方案应有法律实务部门的积极参与，同时也要推进法律实务界人士参与法学教育、教学事务的工作。

1. 参与法学专业本科生教学人才培养方案制定及相关事务

人才培养方案是法学专业人才培养的重要计划资料，对法学专业发展与人才培养具有重要意义。事实上，法律实务界人士对于当前法律实务界对法学专业人才的知识结构、职业技能、教学时间阶段等要求有更准确的了解。因此，积极吸纳法律实务界人士参与法学专业本科生人才培养方案的制定有较多的合理因素。各高校可以邀请法院、检察院、律师事务所、公司企业的法务部门等实务单位和部门的法律职业人士，共同探讨法律人才培养方案和教学计划的修订，共同研究课程设置和教学方法，以使高校制订的法律人才培养方案能够符合法律实务的需求。

2. 参与法学专业本科人才培养质量评估

相对于教育行政主管部门而言，法律实务界人士天然适合对法学院校的法学专业人才培养质量进行评估和检验。因此，我国应改变目前法学专业人才培养质量由教育行政主管部门进行评估的传统，增加由法律实务界人士来进行评估的部分。法律实务界人士应具体对各法学院校的教学目标、教学组织、教学方式与方法、师资力量、教学运行与监控、培养方案、校友社会影响力、学院社会声誉等内容进行全面检验与评价。

当然，法律实务界人士对于高校法学专业本科教育、教学事务并非全面参与，而应根据其优势，并结合法学教育、教学的需求进行合理、有限参与。根据美国的经验，法律实务界人士参与高校法学专业本科教育、教学的具体范围可作如下界定：首先，法律技能与法律职业道德模块的大量课程应以法律实务界人士为师资主力。从目前国内法学院校的课程设置来看，这些课程主要包括：法律文书写作、模拟法庭、法律诊所、法律职业道德等课程。其次，有条件的法学院校，可以聘请法律实务界人士担任本科生的实践导师。实践导师应根据教学培养方案的规定，负责本科学生的社会调查与社会实践等课程的具体指导工作。

四、结语

“法学教育应承担起引领时代法律思想走向，提升整个社会法治素养的责任；法学教育应承担起构筑社会伦理体系的责任；法学教育应承担维持社会主流价值的责任。”社会对应用型法律人才的需求决定了法学专业的人才培养离不开法律职业能力的训练。实务教学是法学教育中重要的组成部分，它在培养学生的实践能力和职业技能方面具有不可替代的作用。革除目前法学实务教学中固有的缺陷，积极探索与创新教学方法，搭建法律教育与法律职业的桥梁，缩短法律新人初次处理法律实务的阵痛，承载法治建设对法律人才培育的期许，是法律教育工作者无法回避的社会担当。地方大学应当借高校转型的契机对传统的实践教学进行全方位改革，建立一套科学、规范、操作性强的教学模式，唯有如此，才能够为依法治国培养大量的应用型法律人才，并真正实现法学教育的社会价值。

高校法学教育中的实务技能课程

——以湖南师范大学的实践教学改革为切入点

王葆莳　柏　雪*

摘　要：为满足社会现实需要，促进法律职业共同体的发展，高校有必要开展法律实务技能课程。实务技能课程注重技能培养，而非规则讲解。湖南师范大学建立“法律实务技能课程中心”，设计和实施了六门实务课程，邀请实务界人士参与授课，并通过课后总结、调查问卷分析、教学研讨会等方式，进一步对课程进行调整，达到分享实务经验、提升综合能力、培养问题意识等教学效果，形成新的本科生教学和法律硕士研究生教学模块。实务技能课程的研发不仅为学生群体提供一个提升自我的渠道，还为其他高校开展实务教学提供有益借鉴。

关键词：法律实务技能；法学教育；实践教学；教学改革

为改善法学教育与法律职业之间的脱节现状，各高校都在积极探索法律实践教学模式，其主要形式包括法律诊所教育、集中实习、模拟法庭以及实务技能课程等。由于传统教育观念的束缚、校内教师实务经验的缺乏以及实务课程设置的不合理，现有实践教学的效果尚不够理想。我们认为，实务技能课程应当以能力培养为重心，目的是教授共通的、必要的基础技能和精神，包括解决法律问题所必要的实务知识和技能，以及作为法律人所需要的思考方法和伦理观念等；重点培养以听取事实为中心的事实调查能力、由复杂事实中提取重要法律事实的法律分析能力、从错综复杂的证据中准确认定事实的能力、就法律问题简单明了地进行说明的表现能力。本文将以湖南师范大学法学院实务技能课程的开展为切入点，探讨在我国

* 王葆莳，湖南师范大学法学院副教授，法学博士，研究方向：国际法、民商法。柏雪，湖南师范大学法学院 2018 级硕士研究生，研究方向：民商法。本文系 2016 年湖南省普通高等学校教学改革研究项目“应用型法学本科人才培养研究——法律实务技能课程的研发和实践”（项目编号：湘教通〔2016〕400 号，2016400132）和 2014 年湖南师范大学教学教改课题“法学专业研究生实践创新能力培养模式研究——以学习能力的培养为切入”（项目编号：14JG21）的阶段性研究成果。

法学教育中增设实务技能课程的必要性，并从其特点、实施过程、受益群体以及教学效果等方面进行了深入分析。

一、法律实务技能课程的特点

（一）比较法背景下的实务技能课程

发达国家和地区的法学教育中，均较为重视实务技能的培养。例如在德国，本科法学教育中除讲授课之外，还开设有练习课和研讨课。讲授课即大课教学方式，本科生在学习民法、刑法和公法等基础课程的讲授课后，还会参与助教组织的练习课。练习课重点讲述教学案例的解析方法，讲述中不直接涉及正确答案，而是对所有可能涉及的结论进行论证，故练习课的目的不是仅对案例中的问题作出回答，或做知识记忆，而是要进行原理性思维与逻辑推理能力训练，即“法律头脑的训练”。

又如我国台湾地区，虽然其法学教育模式主要沿袭了德国的法律注释传统，近年来亦重视实务技能的培养。例如在中正大学法律学系，学士班分为法学组和法制组，两个班的前四项核心指标是一致的，包括掌握现代法学各领域之法学基础知识、具备独立思考与逻辑思辨能力、解决法律问题的能力、具备人文素养和专业伦理；但第五项指标有所不同：法学组的学生被要求具备基础法学研究之能力，以培养法学研究人才为主要目标；法制组的学生则被要求具备基础法律实务能力，以培养司法实务从业人员为主要目标。[1] 为弥补教学侧重理论知识的缺憾，台湾地区“法务部”还委托律师联合会所设置“律师训练所”提供职前教育，律师训练所项目和香港地区的法律实务技能（PCLL）具有很大的共性，都是为学生架好法学院学习阶段和法律职业工作阶段的桥梁。[2]

英美法系更为重视实务能力培养。美国大学的法学院向来重视学生实务应用能力的培养，一般均开设有实务技能课程。其中以哈佛大学法学院的 PON 项目最为著名，该项目以“法律谈判”为主题，除了在法学院开设

[1] 参见中正大学法律学系网，http：//140.123.13.73/law2016/about.php，2019-12-15.

[2] 蔡赞烨 . 我国律师职前训练制度之研究 [D]. 台北：台湾大学“国家”发展研究所，2003.

谈判课外，还面向全球开设了一系列谈判培训课程，出版了大量关于谈判的专著、论文，并经常组织相关学术会议。应用型实务技能课程开设最为全面、与实务合作最为成功的则是埃默里大学法学院。该院设立“交易法技能中心”，专门致力于学生实务应用技能的培养，开设的课程包括：法律写作、合同起草和审查、商务谈判、非诉讼争议解决、交易实务、法律伦理和职业规范等。[1] 该中心有 6 名全职教师和 40 多位由资深律师（包括已经退休的律师）和仲裁员担任的兼职教授（adjunct professor）。法学院老师负责设计课程，包括拟定课程大纲、选择教材、设计案例、联系和聘任兼职教授等，兼职教授负责设计具体课件，并结合自身经验授课。这样既可以充分利用律师的丰富经验培养学生的应用技能，又能通过大纲和教材设定具体的教学目标，避免兼职教师任意发挥而影响教学效果。实务课程每个班 15 个学生，每次课程 3 小时，大约一半时间为“学生演练，老师考评”的教学模式，充分保障每个学生的积极参与。

英国专门针对律师培训的法学大学（The University of Law）设有实务技能培训课程（legal practice course，LPC）。与法学理论教育不同，LPC 课程注重培养学生成为律师所需具备的实际技能，课程分为必修课和选修课两个阶段。[2] 必修课的学习内容包括：律师执业规范和职业道德、商法知识和实务技能以及纠纷解决知识和技能三个部分。在这一阶段，老师将带领学生通过法律谈判、法律检索、会见当事人、文章写作与文件起草等方式进行学习。选修课涉及的科目众多，包括刑事诉讼法、不动产法、银行和金融法、商事纠纷解决、竞争法、劳动法等十余门课程，学生可自由选择三门课程学习。LPC 课程目前由英国的 36 所大学等学术机构负责，包括全日制一年和脱产学习两年两种方式，上课以 20 人左右的小班授课为主。教材则由伦敦四大律师学院（Inns of Court，也译为“律师公会”）教师专门编写。法律实践课程设立的目的，是要保证实习事务律师在实习合同开

[1] 参见美国埃默里大学法学院网，http：//law.emory.edu/academics/index.html，2019-11-30.

[2] 参见英国法律大学网，https：//www.law.ac.uk/postgraduate/lpc/，2019-11-24.

始之前即具备有效工作的知识和技能。[1]

在我国香港地区，法学教育从本科时期就注重培养学生理论联系实际的能力。与英国的法律实务课程 LPC 相对应，香港的法学院提供“法律专业资格证书”（postgraduate certificate in laws，PCLL），即一年全日制的高强度香港律师培训课程，作为法学院学生进入律师行业之前必须修读的一个专业技能培训项目。PCLL 课程的重点是法学院聘请实务界工作多年的律师，教学生如何做律师，每个老师会把他认为如何做香港律师的重要资料复印给学生，并结合课堂上的讲解和讨论课上的案例对学生进行强化训练，所有法律文书草拟都是以律师行的名义进行实例练习。以香港中文大学的律师培训课程（PCLL）为例，该课程包括两个阶段[2]：第一阶段是核心必备技能，包括了专业执业技能、商事法律实践、财产和遗嘱认证服务、民事诉讼实务、刑事诉讼实务等课程；第二个阶段是专业选修技能，包括中文和英文双语的诉讼文书写作、贷款和金融服务文书、大陆律师实务、商事法律文书写作、多元纠纷解决实务、会见技巧和法律意见写作、法庭发言技巧。

可见，国外法学教育对实务技能课程的开发和应用已经有相当丰富的积累，尤其重视校内外教学人员的合作与学生的课堂参与，校外人员授课需要遵守教学目标和教学大纲要求，实现了较好的培养效果。反观国内相关实践，仍停留在浅层次的尝试阶段。一方面是校内教师实务经验有限，过于注重理论知识的传授而忽视了实际问题的解决；另一方面，校外人员授课时缺乏系统的教学大纲要求，校内外教师之间尚未形成有效配合，再加上课堂练习和模拟训练的不充足，无法达到预期教学效果。

（二）实务技能课程与传统实践教学的区别

实务技能课程和传统实践教学不同，其并不讲授理论基础和法律规范，

[1] 参见载北大法宝法律数据库，https：//www.pkulaw.com/specialtopic/8ec5f5a2303c6417ea29fa01153ea3febdfb.html，2019-11-25.

[2] 参见香港中文大学法律学院网，https：//www.law.cuhk.edu.hk/en/study/pcll_programme-overview.php，2019-12-02.

而是侧重于技能型知识的训练和讲授，包括与当事人沟通、出庭准备、有效参与庭审、法律写作等。虽然有观点认为，学生们在本科阶段的学习时间有限，没有时间去学习实务技能，但笔者认为，每个学生的发展方向存在差异，法学教育的规模如此庞大，事实上无法对于每一名学生都进行学术化培养，反而要鼓励学生多元化发展，注重职业化培养。[1] 部分学生适合从事科学研究，学校应给他提供这样的土壤，但也有学生立志从事法律实务，学校也应当有相关的课程设计。更为重要的是，如果只有单纯的理论学习，学生对法律的理解停留在条文本身，将不能领会到其在实践中的运用方法。而诸如合同审查和起草这样的实务课程，可以直观展现法律条文在实务中的重要意义，加深学生对法条本身的理解。因此，高等法学教育有必要发挥实务技能课程的特性，使学生真正掌握并实际运用于实务工作中。

在国内，部分高校也积极探索实务型课程的研发和实践。例如，北京大学法学院参照国外模式，针对高年级本科生和研究生开设了十门法律实务类课程和四类法律诊所。法律实务类课程中最具代表性的为合同法实务与天元律师实务。合同法实务是由北京大学法学院和北京仲裁委员会合作开设。课程的目的在于通过对合同文本及其应用的实务训练，增强学生将法律知识应用于实际交易中的能力，启发学生解决合同纠纷的思路，为参加实务工作奠定基础。授课人包括学院教师、兼职导师以及校外专家，主要讲授在实际律师业务中的合同常见问题。[2] 天元法律实务则是由北大法学院和北京天元律师所合作开设。该课程通过讲座的形式为学生讲解商务律师在中小企业法律服务过程中的主要工作。[3] 值得一提的是，目前不少商业性培训机构也瞄准这一教育薄弱环节，推出品质优越的“实务技能课

[1] 王健. 法学教育改革与发展的新动向——2009 年法学教育年会暨中国法学教育发展论坛综述 [J]. 中国大学教学，2009（12）：18–21.

[2] 参见《中华人民共和国合同法实务》2017 年春季学期课程介绍，http：//www.law.pku.edu.cn/xwzx/ggtz/40610.htm，2019–12–02.

[3] 参见 2015 秋季学期“天元律师实务”开课说明，http：//www.law.pku.edu.cn/xwzx/ggtz/25720.htm，2019–12–02.

程”，每门课程（两天）收费 3000 ～ 5000 元。[1]

二、法律实务技能课程的实施：以湖南师范大学法学院为例

湖南师范大学法学院于 2016 年设立“法律实务技能课程中心”（以下简称“实务课程中心”），设计了六门实务技能课程，并纳入法学本科培养计划和法律硕士培养方案，供学生选修。经过近 4 年的探索，逐步形成较为完善的课程体系和双师课堂模式，深受学生好评，有效改善了学生的法律应用能力和实务能力。

（一）针对性问题和解决思路

近年来教育部门对实践教学的重视程度和投入力度不可谓不大。例如“卓越法律人才教育培养基地”“双千计划”等平台大力推进实践教学改革，包括加强建设校外实践教学基地、邀请校外实务人士参与授课、在实践性较强的课程中开展专题研讨活动，以培养学生的实践应用能力。

这些教改工作虽取得一定成绩，但不足之处也显而易见：（1）欠缺法律技能培训。目前开设的课程侧重于传授知识，缺乏技能培训，法科毕业生虽然学习了 16 门法学核心课程，进入社会后却不知道如何审查合同、参与谈判、准备诉讼以及和当事人沟通，难以将所学知识运用于实际工作。（2）实习环节流于形式。法科学生毕业前都要在法律机构进行数月的实习，但由于缺乏相应的技能培训、不了解法律工作流程，无法快速进入角色，加之实习单位工作繁忙，欠缺专人指导，导致实习工作流于形式，未能通过实习提高实务技能。（3）和实务界的交流形式单一，效果欠佳。近年不少实务界的法官和律师受邀在高校讲学，但由于欠缺整体规划和安排，授课者往往根据自身经验“漫谈”。学生虽然开阔了视野，但仍然无法真正掌握实务技能。例如“双千计划”是法学高校和法律实务部门之间的互聘制度，是“卓越法律人才教育培养计划”的重要内容，旨在改善法学教育界和法律实务部门之间的脱节关系。但如果缺乏细致的安排和课程设计，

[1] 如“iCourt”“无讼学院”“梧桐 Live”“万法通学院”等商业性培训机构。

实务部门不能掌握法学院学生的实际需求和授课技巧，也难以发挥该项目的功效。

有鉴于此，我们认为，高等法学教育固然要积极引入校外实务部门的资源，但绝不是邀请律师或法官来课堂上侃大山、谈人生感悟或者做招聘宣传，引入校外资源的学校应做好课程设计和课程大纲，要求授课者尊重教学规律和教学安排，在统一部署下完成教学内容，同时要积极帮助校外讲师掌握授课技巧，协助其与学生的交流，对课堂效果做好回访和调查问卷工作，并定期进行复盘研讨，这样才能切实培养学生的法律应用能力，实现实务技能课程的目的。

（二）课程设计

实务课程的教学目标在于训练和培养学生的实务技能，尤其是说和写的能力。前者包括法律谈判、沟通能力、演讲能力、庭审辩论等环节，后者包括法律写作、合同审查、诉讼文书等方面。围绕这两个中心任务，结合法律实务工作需求，湖南师范大学的实务课程主要包括三个模块：

1. 基础业务技能模块，包括法律检索、案例分析、法律写作、演讲和沟通能力、谈判和调解等课程。基础技能的掌握，决定职业发展的上限，尤为重要。

2. 民事诉讼核心技能模块，该模块具体又分为两个部分，其一是法官视角，邀请资深法官讲述立案常见问题、法官对律师庭审能力的判定和期待、如何有效利用调解方法、执行案件难点问题等；其二是律师视角，讲解如何制定诉讼策略、收集和整理证据、撰写诉讼文书、庭前准备、开庭等。之所以分为法官视角和律师视角，目的是通过不同法律职业者讲授同一个主题，引导学生换位思考，有助于法律职业共同体的形成。

3. 非诉必备技能模块，包括法律尽调、法律顾问、企业法务、合同的审查和起草。从事非诉业务不仅需要敏锐的观察力和判断力，还需要对社会生活的深入理解，其中所需的写作能力、阅读能力以及沟通表达能力也是学生们的“难点”与“痛点”。这些课程的教学大纲中会注入较多的商业元素，包括初步的企业管理和财务知识，帮助学生了解商业模式，形成法商思维。

根据上述培养体系和目标，实务课程中心设计了民事诉讼实务、法律礼仪和职业规划、法律谈判和调解、民法案例分析方法、合同审查起草、大数据和案例检索六门实务技能课程，包括具体的教学大纲和考试大纲。校外兼职教师必须按照大纲准备课件，确保在充分发挥自身实务经验的同时，又能够在大纲的指引下形成完整的知识体系。这样才能够有效将校外人员零散的实务经验整合为系统的知识结构。

（三）双师课堂建设

法治人才培养是一项系统性的社会化工程，需要凝聚社会各方的智慧和力量。从政府到法院、检察院、律师事务所，都需要和高校密切合作、取长补短，使学生把课堂上的法学知识转化成为实践中的法律思维能力、法律表达能力和对法律事实的探索能力。一方面，实务部门应当与高校建立应用型法律人才的合作培养平台，给学生提供多样化的职业体验机会；另一方面，实务技能课程应充分发挥双师课堂的优势，促进校内教师和校外实务人士深度配合，请法官、检察官、律师等法治工作者来到学校，把法治建设和法律实践的最新经验和生动案例带入课堂，让学生从多维度、多角度观察问题。

与传统法学课堂不同，实务技能课程教学不仅要求教师具备丰富的法学理论知识，而且要求其具备熟练的法律实务技能，对兼职教师的选择则提出了更高的要求。一方面，兼职教师必须具备丰富的实务经验、较好的表达能力、扎实的理论知识与一定的授课技巧；另一方面，兼职教师要对法学教育充满热爱和兴趣，充分理解学生的知识需求，能够采取课堂讲授、实例演示、随堂练习与课后作业相结合的教学模式，将实务经验和教学目的有机结合，采取活泼多样的形式让学生获益。

为此目的，实务课程中心首先制订了详细的校外讲师选任标准，之后利用各种渠道，通过大量沟通和走访，从实务部门（包括和法学院有合作关系的法院、检察院、律师所和大中型企业）中筛选兼职教师，进行必要的培训和试讲，目前已经形成一支50余人的兼职教师团队，建立起校内外导师协同培养法律人才的机制。兼职教师原则上按照实务课程中心的要求进行授课，并融入个人实务经验，授课过程中注重学生的动手练习，严格要求学生的文件写作规范，注重在练习中体现职业素养。

（四）教学方式与考核

授课与考核是实务技能课程实施环节中的关键一环。若缺乏细致的课前准备、适当的教学方式以及有效的考核安排，实务技能课程的功效将难以发挥。在实务课程中心和校外讲师的共同努力下，已逐步形成如下的授课规范和考核方式。

1. 课程组织

在湖南师范大学法学院，实务技能课程已经列入培养计划，作为本科生的选修课。为保证教学效果，教学规模上采取“小班教学”模式，每次课程限30人，若报名人数超过30人，教务部门将协同课程负责人组织面试筛选。开课计划确定后，每门课程设定一位老师作为课程负责人，负责联系校外讲授人、把控课程质量、全程参与双师教学；负责人在开学前安排好本学期所有的校外授课教师，并将名单提交教务部门备案。每次授课前一周，负责人应联系讲授人提供课件和教学资料，授课前一天，负责人应再次和讲授人确认。

2. 课前准备

为及时了解学生对课程的期望并相应调整授课内容，校外讲授人在授课前应征询学生意见，由课程负责人和讲授人共同确定教学内容和课件。在教学内容的设计上，应注重以学生现阶段需求为主，贴近生活实际，避免授课内容漫无边际、庞杂无用。除此之外，实务课程中心应提前进行课程介绍、课件上传以及案例发放等工作，确保学生能充分投入到课堂互动与小组讨论中。部分授课人会提前发放调查问卷，布置阅读材料，并要求学生在课前将反馈意见发送到指定邮箱。

3. 教学方式

授课过程中，实务课程中心要求授课人在课堂上不讲“心灵鸡汤”、不讲人生感悟、不讲个人感想，而是重点讲实务技巧、常见错误和疑难问题处理。讲授人通常要结合自身经验和实例讲授，注重随堂练习、互动讨论、实例演练等环节的结合，注重启发学生的思维能力和问题意识，确保学生能将今日所学良好地运用于未来的工作中。部分讲授人也在不断探索创新教学方式，如将学生带到法庭、律所等室外环境体会法律实践的魅力；运用可视化技术或虚拟仿真实验帮助学生理解和运用知识等。

4. 考核方式

实务技能课程改变了传统课程的单一考核方式，不依赖试卷决定成绩，而是注重对知识运用能力的考核。平时成绩和期末考核成绩各占总成绩的50%，平时成绩的考核标准包括到课情况、随堂练习、课后作业等，主要考查学生的课程准备情况以及参与度。例如部分讲授人会布置课后作业，要求学生在限定时间发送到指定邮箱，将作业成绩作为平时成绩的组成部分。期末考核内容则依据每门课程的特点具体安排，重点考查学生运用实务技能解决问题的能力。如民事诉讼实务课程考查学生从律师视角和法官视角处理民事案件的能力；法律礼仪和职业规划课程采取法律职业模拟面试与书面报告相结合的方式进行考查；法律谈判和调解课程要求学生针对具体案件制作谈判纪要和书面报告；民法案例分析方法课程考查学生对实际案例的分析和法律适用能力；大数据和案例检索课程要求学生运用检索思维和检索技术制作法律检索报告或大数据报告。

（五）质量追踪和调查问卷

为进一步改善课程质量，实务课程中心会在每一期课程结束后给学生群体发放调查问卷。问卷内容包括课程是否符合期望、课程设置难度、课程对个人发展的帮助、课堂参与度、对老师授课方式的感受与建议、课程对未来开展实务课程的期待等。通过对学生进行问卷调查，分析法律实务技能课程的缺陷和不足。此外，法学院在每一学年还会举办“实务技能课程研讨会”，邀请校外授课人员和学院领导、课程负责人共同复盘实务技能课程的实施情况，讨论不足和解决方案。

三、法律实务技能课程的教学效果和受益群体

（一）教学效果

在正式接触实务技能课程前，部分法科生对法律实务技能的学习存在误解，认为只需学习实务课程中的法律知识即可，往往忽视了如法律文书写作、表达与沟通、检索归纳等基础技能的培养。法律实务技能课程强调法律知识与基础技能并重，要求学生在获取实务经验的同时，进一步提升综合应用法律知识的能力。此外，实务技能课程通过随堂练习、模拟训练以及小组互动等方式，充分调动学生的问题意识，让学生们尽可能提前地发现问题，尽早地在课堂中解决问题，避免在实际工作中碰壁。参与课程的学生表示，通过实务技能课程，发现了书本知识在实践中的应用技巧，这样反过来推进其理论知识的学习；同时实务技能课程也让自己开阔了眼界，认识到拓展知识面的重要性。根据实务课程中心的调查问卷统计结果，75％的学生表示对实务技能课程非常满意，21％的学生认为实务技能课程基本符合期望，仅4％的学生认为该类课程较为一般。可见，学生对实务技能课程的认可度较高。其中，95％的学生认为实务技能课程促进了自身对法律职业的了解；73％的学生认为在师生良性互动的过程中，培养了自己思考问题和解决问题的能力；68％的学生认为通过对实际案例的剖析获取了实务经验，训练了实务技能；52％的学生认为在实务技能的获取中进一步加深了对法律学术的理解。另有大部分学生表示，实务技能课程的内容实用性较强，上课形式多样有趣，授课过程中的案例讲解与具体问题的解决方法令人印象深刻。

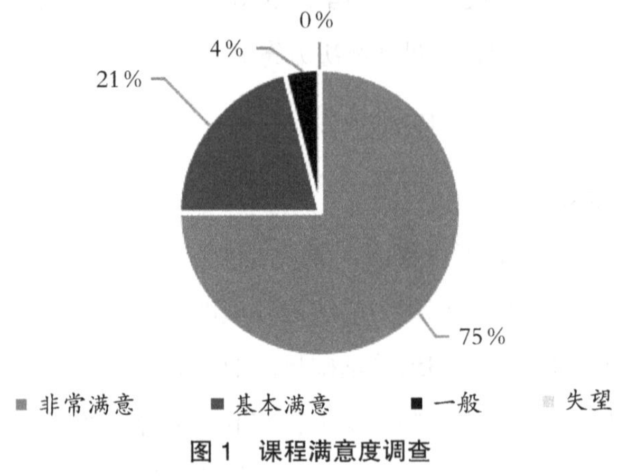

图 1　课程满意度调查

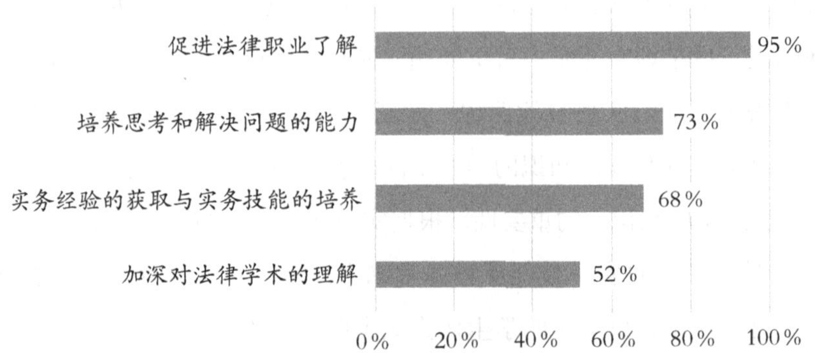

图 2　课程效果分析

另外，通过对调查问卷的分析可知，当前实务技能课程的教学过程中仍存在一些不足之处。例如，在自身课堂参与度的调查中，31% 的学生认为自身参与度不高，除自身性格和爱好原因外，主要是因为缺少实务经验难以产生共鸣、缺少故事和案例讲解容易走神等；在对老师授课方式感受的调查中，有不少学生提出课堂氛围过于拘谨，部分老师备课不充分、语言不流畅，部分老师只讲情怀、干货太少，授课内容稍显宽泛、重点不明确等不足。此外，还有部分学生认为部分课程时间较长，容易造成感官疲劳。由此可知，实务技能课程是否能发挥出良好的教学效果主要取决于老师、学生以及授课内容之间能否产生良好的“化学反应”。

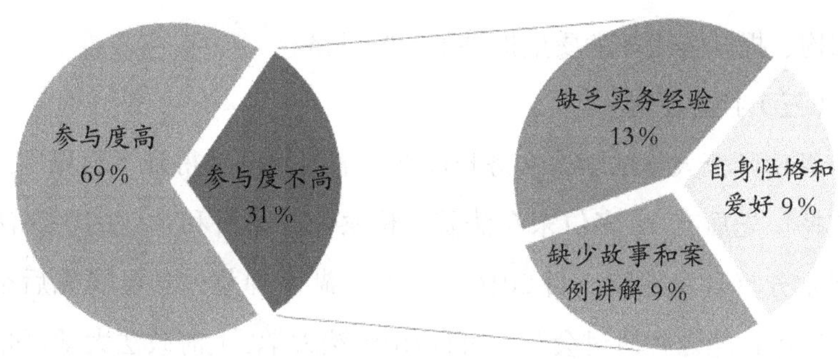

图 3　课程参与度分析

从整体效果上来看，一方面，实务技能课程的开展在促进法律职业了解、实务技能培养、实务经验获取、问题意识养成与思维能力锻炼等方面取得了较好的教学效果；另一方面，由于部分老师欠缺教学经验，再加之课程设置上缺乏体系性和完整性，学生不能将相关知识整合运用，理论转化为实践的过程尚不够理想。基于上述认识，我们认为，在开展实务技能课程的教学过程中，首先应加强对授课教师的教学技能培训，增加课程实质内容审查与课前指导环节。其次应建立“磨课机制”，从课件、讲解方法、演绎过程等方面着手，通过多次磨课形成修改意见，形成标准化程度高的课程。再次应突出教学重点，合理安排知识密度以及教学时长，及时依据学生需求调整课程内容，包括实践案例的选择、互动环节的设置以及课后练习的安排等。最后，应增加与实务技能课程相对应的实践环节，重视实务训练和体验式教学，充分调动学生的课堂参与度和积极性。

（二）受益群体

法学实务教育在中国高校的开展并未实现体系化与规范化，导致从法学院毕业的年轻人普遍缺乏实战技能培训，而实务技能课程致力于打通从学校到职业的“最后一公里”，帮助毕业生更快适应和融入职场环境。实务技能课程的研发在理论研究和实践改革上具有创新性和开拓性，对于提高人才培养质量具有指导作用和推广应用价值。在此基础上，实务技能课程的研发不仅能为其他高校开展相关课程提供有利借鉴，还为优化法学教育结构、提升实践教学质量提供了新的思路。

（三）社会反响

湖南师范大学法学院实务技能课程的研发已经得到了学界广泛的认同与支持。先后有70多位来自法院、检察院、律所和企业的资深法律人走入课堂分享自身经验。自2016年以来，湖南师范大学已经先后举办了多次“实务技能课程研讨会”。来自西南政法大学、上海政法大学、湘潭大学、湖南大学、中南大学、长沙学院等高校的多位老师参会并分享了自己的感受和建议，一致同意高校之间应当加强校际合作，分享实务技能教学的经验，共同探讨法律人才培养过程中的难题。

四、结语

我国目前法学教育对职业技能训练不足、法学教育脱离实践需求、缺乏实践性和主动性，学生很难完成从学校到职场的转变，在工作中缺乏解决问题的经验和能力。法律实务技能课程将法律基础和技能进行有机结合，在提高实务能力、培养问题意识等方面具有重要意义。这一课程的设立不仅与国际化法律人才培养模式相接轨，也符合当今社会对法律人才的需求。

刑事庭审实质化背景下的高校模拟法庭教学研究

冯钟鸣*

摘　要：司法改革引发庭审改革，庭审改革引发模拟法庭教学改革，重新构建庭审核心要素具有重大现实意义，模拟法庭甚至应先于真实庭审进行改革探索。刑事庭审模式分认罪认罚简易模式与不认罪认罚的普通模式，普通模式庭审的实质化必然要求法官具有更高的庭审驾驭能力，公诉人具备更高的示证能力与辩论能力，辩护人具有更高的质证能力与辩护能力，这些专业素质的培养应该在高校而不是司法工作岗位，尤其是针对现实中已经形成的庭审弊端，可以从源头予以纠正。模拟法庭教学是对本科法学生"应用型""实践性"人才培养的集中体现，模拟法庭的教学改革应该以最高人民法院提出的"四个在法庭"为指导思想，构建规范的实质化完整庭审模式。

关键词：庭审实质化；模拟法庭；教学改革

"以审判为中心的刑事诉讼制度改革"是党的十八届四中全会确定的一项重大的司法改革举措，庭审实质化是其中的重要内容，甚至是"以审判为中心的诉讼制度改革"的落脚点[1]。庭审实质化要求实体正义与程序正义并重，顺应司法改革要求重新构建庭审核心要素，具有重大现实意义。实质庭审意为判决形成在法庭，定罪量刑在法庭。以法庭审理为主导，将纠正过去"侦查中心""案卷主义""证据印证主义"等思想所主导下的庭审走过场的错误弊端。庭审实质化应该从程序与实体两个方面构建基本模式，2017 年以来司法实务部门颁发一系列改革文件，增加了庭前会议、认罪认罚速裁等规定，程序模式已有雏形；而实体上却还停留在各地基层法院自我摸索阶段，缺乏理论支撑与实践经验，诉讼参与人的实质化观念不

* 冯钟鸣，男，湖南文理学院文法学院讲师，法律硕士，模拟法庭实验室主任。

[1] 汪海燕．论刑事庭审实质化 [J]. 中国社会科学，2015（2）：103.

适应表现明显；庭前会议、认罪认罚等程序问题虽然在《刑事诉讼法》中已有规定，但实体处置中尚无统一的标准和规范。模拟法庭的教学应该突出庭审实质，注重言词现场审理方法的培养，解决诉讼参与人的基本庭审技能问题，在传统熟悉庭审程序的基础上探索一条培养技能的模式与方法。

一、刑事庭审实质化改革对庭审带来的新要求

2016 年 7 月，最高人民法院、最高人民检察院、公安部、国家安全部、司法部发布《关于推进以审判为中心的刑事诉讼制度改革的意见》和《关于办理刑事案件严格排除非法证据若干问题的规定》，最高人民法院 2018 年 1 月 1 日起实施《人民法院办理刑事案件庭前会议规程（试行）》《人民法院办理刑事案件排除非法证据规程（试行）》和《人民法院办理刑事案件第一审普通程序法庭调查规程（试行）》（简称“三项规程”），上述文件的颁布实施标志着我国拉开了“以审判为中心的刑事诉讼制度改革”的序幕。2018 年 10 月，全国人大常委会作出关于修改《中华人民共和国刑事诉讼法》的决定，在诉讼基本法的层面上确立了认罪认罚从宽制度。这表明认罪认罚从宽已经成为独立于坦白、自首、刑事和解等其他体现认罪从宽制度的一项全新的制度，成为刑事诉讼的一项原则。认罪认罚从宽制度既是实体制度，又是程序制度，它标志着刑事庭审实质化改革又迈出一大步。2019 年 11 月，最高人民法院、最高人民检察院、公安部、国家安全部、司法部联合发布《关于适用认罪认罚从宽制度的指导意见》，该意见与刑事诉讼法相结合，展示了司法改革的构想：将庭审进行分流，认罪认罚案件庭审简易化，适用简易程序或者速裁程序；当事人拒绝认罪认罚或者辩护人做无罪辩护的案件按照普通程序开庭审理，诉讼参与人在普通程序中进行实质化审理。

（一）司法改革提出的问题

如上所述，对认罪认罚案件的简易化审理模式，简易到什么程度？哪些可以从简，哪些不能从简？简易程序中法官审理的流程应该是什么样的？

是否必须当庭判决？判决后被告人还有无上诉权？公诉人、辩护人应该注重哪些环节？认罪认罚简易程序并无模式，既然司法改革提出了繁简分流，则认罪认罚与不认罪认罚两类案件庭审应该分别对待，建立不同的模式。认罪认罚的庭审实质上是对罪与罚的司法确认，实现罪行法定，重在程序。实质问题已经在庭前其他程序（如值班律师制度）中解决，故庭审只需侧重于对认罪的真实性与认罚的准确性进行核实,防止信息不对称以及被“重判胁迫”的情况下被告人无奈认罪认罚，防止错误认罪和他人顶替认罪，整体庭审模式应该相对简洁，突出对罚的准确性进行审理裁判。

不认罪认罚的刑事庭审是完整规范的庭审模式，亦称普通程序刑事庭审模式，此模式下刑事庭审即实质化的庭审在形式上按照刑事诉讼法的规定以及法院系统的庭审流程进行，应该要以言词审理为原则，清晰地解决如下问题：案件本质上要重点查明哪些事实？法律适用上有何争议？法官应该遵循哪些庭审原则？法官在实质上应该如何主导庭审？通过哪些具体环节实现？法官主导庭审的过程中哪些环节可以简略，哪些环节不能忽视？

（二）传统庭审模式的缺陷

我国刑事诉讼领域一直存在着“以侦查为中心”的客观现实问题，“书面化审理”的观念已经根深蒂固，庭审成为法官印证书面证据的过程。从宏观上来说，庭审对侦查与审查起诉工作的主导、指引不够，反而审查起诉与庭审成为侦查行为进行确认的后续工作，普通程序刑事庭审模式的主要弊端如下：

1. 举证制度虚化严重

法庭审判时几乎全部依赖公诉机关所提交的证据，对庭审过程中被告人的当庭辩解及辩护人的辩护没有足够重视，而公诉机关对公安机关的证据也基本上只是形式上核实，刑事案件中大量的口供、证言都是以笔录的形式提交法院，除非被告人提出证据证实与笔录矛盾，否则法庭不会拒绝采信书面证言，关键证人到庭作证的情况更为少见，被害人与被告人对质几乎没有。认罪认罚制度推行后，简易程序庭审中几乎缺乏实质上的举证质证，庭审成为在量刑建议幅度中选择即可的程序。根据《刑事诉讼法》第219条、第224条的规定，简易程序与速裁程序均可不进行举证质证，但这一规定并不意味着被告人丧失了要求举证质证的权利，根据《刑事诉讼法》第222条的精神，若被告人要求举证质证，法庭应该允许，并且不影响认罪认罚从宽处理。

2. 言词审理意识不强

直接言词审理应该是庭审实质化的一项基本原则，可司法实践中受笔录中心主义思想影响严重，庭审参与人既没有现场言词庭审的意识也欠缺此技能，法官满足于阅卷形成心证，通过庭审来印证心证。根据对长沙两级法院的28名法官进行的相关调查的数据显示[1]：75％的法官认为在对证据收集合法性进行法庭调查时，侦查人员基本不出庭接受询问，而是以侦查机关出具的情况说明代替实际出庭，而且当庭作出排除非法证据的决定较为困难，一部分法官提出对非法证据不敢轻易排除。93％的法官认为"三项规程"试行后，证人出庭作证率较"三项规程"试行前仅提高10％，仍存在关键证人出庭作证难的问题；一半以上的法官认为律师参与刑事辩护的案件占其主审案件总数的比例低于50％。

3. 诉讼参与人庭审技能无法满足庭审实质化的要求，难以现场辩论、认证、宣判

语言表达的规范与辩论中的技巧是独立于法学知识体系外的知识技能，目前法科生的教学课程中尚未有演讲、辩论等语言类课程，现实庭审中诉讼参与人多靠自己入行后跟着各自的"师父"学习开庭技能，这一技能水平的高低靠各自的天赋及悟性，现实中不乏优秀者，但也出现很多诸如角色定位不准、语言不规范的情形，如审判人员对于有争议的证据极少当庭认证、公诉人缺乏义正词严、辩护人过于哗众取宠等。

当诉讼参与人开始有庭审实质化的意识时，又往往由于对庭审技能的

[1] 覃东平．刑事庭审实质化改革的困境与出路——以"三项规程"在长沙两级法院的适用情况为例[D]．长沙：湖南师范大学，2020.

误解而出现偏离，类似的情况带有普遍性。如2020年7月经网络视频传播的海南某法院辩护人与法庭对立案件，对立的原因是证据是一组一质还是一证一质双方产生严重分歧，以至庭审无法进行，法官禁止律师发言，律师则扬长而去。其实这是“对抗式庭审”的一个误区，其更接近于对抗制的前身——“争吵式诉讼”[1]。争吵与对抗的区别在于“辩护权”是否是真正实质的权利，以及围绕这一权利所设立的各项实体与程序法律制度。与案件有关的关键证据能否采信，采信或者不能采信的法理原因以及法律规范才是控辩双方需要针锋相对辩论的，至于上述网络视频中的问题大可不必大动干戈，毕竟法庭可以主导庭审，一组一质还是一证一质不影响质证，不分青红皂白锱铢必较是辩护的误区。庭审实质化改革进程中，无论是导审、辩论、举证、询问均对诉讼参与人提出了更高的要求，而在公诉人和辩护人各自的行业系统并没有规范系统的技能培训。

4. 数字化庭审设备的利用率不高

近些年来，各地法院都加大了硬件投入力度，网络庭审直播逐渐增加，但也出现了设备利用率低的状况，这很大程度上在于庭审参与人没有精力掌握使用新设备，直播庭审也只是有准备地选择一些典型案件，没有实现全覆盖。新冠肺炎疫情期间各地法院逐渐普遍采用证人远程作证、远程开庭等数字化庭审方式，5G技术的普及将为庭审带来更大的便利。数字化设备的运用可以打破管辖地域限制，刑事庭审中针对共同犯罪人分别关押在不同地域的案件、证人不便出庭的案件、被告人押运不便的案件都应该远程视频庭审，如笔者在调研中发现目前在常德地区，所有女性被告人均羁押在中心城区，而有些偏远县城法院开庭仅仅押运嫌疑人就需要3个小时，当天不能开庭完毕又需要押回监所，极为不便，亦不安全。采用视频庭审后上述问题迎刃而解。

数字化庭审带来的网络直播给审判的公开化带来了本质的飞跃，使得庭审不再局限于空间，公道自在人心从来没有如此鲜明地体现在中国人的

[1] 兰博约．对抗式刑事审判的起源[M]．王志强，译．上海：复旦大学出版社，2010.

面前，庭审直播既是庭审实质化的重要实现手段，也是传播法治的重要途径，应该是今后庭审的常态。

5. 简易程序或者速裁程序无规范的庭审模式

尽管《刑事诉讼法》确立了简易程序和速裁程序，但传统庭审没有对简易程序或者速裁程序形成模式，实践中也没有具体流程规范，多数基层法院只得依靠自己的理解来进行简化，但简易程序依然需要实质审理，故不论如何简易，基本原则、庭审核心要件必须规范。

二、模拟法庭教学的现状与困惑

1. 走过场、重形式、演台本

高校法学院所设的模拟法庭课程一般都开设在临近毕业的第七学期，以笔者所在湖南某地方一本高校为例，模拟审判与法律实务能力训练属于专业任选课，共计 32 个课时，每周 4 个学时，2 个学分（毕业共 168.5 个学分），两个教学班 100 人左右同时授课，考核方式为考查科目。由于时间少，人数多，学生投入精力不够，在教学过程中教师只能强调诉讼流程，将“台本”交给学生，能满足学生可以扮演角色上台“走过场”的要求即可，谈不上因材施教以及对学生进行个别指导与技能培养，更无法在对案件进行深入分析后引导学生进行实质化的举证质证、法庭辩论、说理裁判。

2. 学生获益面窄，庭审技能培养难

模拟法庭的教学属于实践认知型的教学，学生在老师的指导下，通过扮演诉讼中的不同角色，来运用所学的法律知识，体会不同的法律技能，模拟法院审理案件的整个过程。法学基础理论知识可以通过课堂讲述，而庭审技能的习得需要学生亲自体验，因此对于模拟法庭的教学来说首先要明确教学方式的差异性，教师不能仍然坚持讲述为主的思想。技能的习得属于“只可意会不可言传”，属于“默会知识”，教师无法用讲授法或案例教学法等教学方法以言语、文字等形式传授“默会知识”。其更类似于艺术院校学生的“表演”教学，强调言传身教，这与讲授法、案例教学法、讨论式教学法等其他教学方法不同，学生的个别化差异要求教师必须因材施教，教师还必须做示范演示，但在短时间内，教师是无法针对每一个学生的特点来因材施教的，就更谈不上提高庭审技能了。从案情分析到举证质证提纲、诉讼文书的撰写，由于学生人数多，教师没有办法一一指正，最多只能是模拟庭审后进行粗略的点评总结。而这一点评总结对教师的出庭经验无疑有着极高的要求，各高校有着丰富出庭经验的“双师型”教师比例甚少，以致难以“点拨”学生。

3. 数字化庭审设备运用程度不高

随着国家教育经费的投入加大，目前各高校法学院均设立了模拟法庭实验室，配备了相应的电脑、网络、视听设备，但数字化庭审设备运用程度却不高，一则众多高校的模拟法庭教学由诉讼法教师担任，对数字化设备不能熟练运用；二则目前国内没有很好的模拟审判软件，专业公司开发一套专门用于模拟审判的软件投入巨大而市场却十分有限，导致目前的模拟法庭教学中忽略了数字化设备的运用，停留在最原始的庭审状态。

4. 与司法改革的内容没有衔接，导致用昨天的经验面对明天的挑战

司法实务领域中“以审判为中心的刑事诉讼制度改革”正在如火如荼地进行，而这一变化并没有反映在模拟法庭的教学中，显得教学滞后。其实，高校法学院的模拟法庭是现实司法实践中庭审改革的试验田，肩负着庭审改革先行军的任务，对于实践中探索的各种庭审内容，模拟法庭都可以大胆尝试，比如增加交叉询问、现场认证、被告人与证人对质等环节，以顺应庭审实质化改革的需要，培养新时代的法律人才。毕竟“法律就是法律工作者本身。而法律和法律工作者又是由法学院生产出来的”[1]。

[1] Rand jack & Dana Crowley Jack.Moral Vision and Professional Decisions : the Changing Values of Woman and Lawyer 156 (1989)，转引自杨欣欣 .《法学教育与诊所式教学方法》[M]. 北京：法律出版社，2002.

三、庭审实质化背景下模拟法庭教学改革的思路

《最高人民法院关于全面深化人民法院改革的意见》（法发〔2015〕3号）将“诉讼证据质证在法庭、案件事实查明在法庭、诉辩意见发表在法庭、裁判理由形成在法庭”作为庭审的要求，简称为“四个在法庭”。这一要求可以作为刑事庭审实质化背景下的高校模拟法庭教学改革的基本原则，模拟法庭的教学改革应该以“四个在法庭”为指导思想，围绕着“四个在法庭”构建规范的实质化庭审模式。

（一）诉讼证据质证在法庭原则的实现路径

1. 设立交叉询问环节

交叉询问制度理论在1996年《刑事诉讼法》修改后开始走入我国学者的视线，目前我国刑法理论界对是否已经在刑事诉讼中建立了交叉询问制度上尚存在争议，但这并不能成为阻碍模拟法庭教学中构建此环节的藩篱。2018年《刑事诉讼法》修订后，我们仍然沿袭了庭前卷宗移送的方式，法官基本上会在全面审阅案卷材料之后开始法庭审理，对案卷材料的真实性也给予最大限度的信任和接纳，在判决书中普遍援引案卷笔录作为裁判的根据[1]。庭审中的质证环节演变为公诉人宣读证言，被告人、辩护人就宣读部分“质证”，这样的质证难以奏效，质证意见一般也很难被采信，除非被告人能有证据进行反证，才能破坏法官心中的印证。由于证人不到庭，交叉询问环节亦成为无源之水。

模拟法庭教学中，必须建立交叉询问环节，必须有证人出庭，接受控辩双方的交叉询问以及与被告人对质，交叉询问的技能是法科生必须掌握的庭审技能。刑事交叉询问制度的定义有广义和狭义之分，广义上来说，刑事交叉询问是英美法系当事人主义庭审模式中控辩双方采取的证人调查规则，是对抗制的庭审中，由当事人主导的从对立的立场对证人进行询问及相关规范的总和，包括主询问、反询问、再主询问、再反询问等阶段[2]。

[1] 陈瑞华．案卷笔录中心主义——对中国刑事审判方式的重新考察[J]．法学研究，2006（4）：63–79.
[2] 徐静村，潘金贵．我国刑事审判制度改革前瞻[J]．中国刑事法杂志，2003（5）：10.

如何进行询问？如何进行反询问？法官在什么情况下介入进行“混合式”询问从而构成中国特色的交叉询问？这一系列问题只能在高校的模拟法庭教学过程中探索解决，并向真实庭审提供经验总结。询问学也许本身就可以构成一门专门的知识技能，比如首先应该要明确获得信息的范围，其次应该让证人陈述，随后进行筛选性提问，引导性提问应该是最后的手段，在整个主询问的过程中另一方应该仔细听取每一个细节，运用多种技能进行反询问。可以要求扮演证人的学生现场随机应变，以锻炼辩护人及公诉人现场驾驭语言的能力。交叉询问技能的习得并非易事，但至少在模拟法庭的教学过程中，这是必不可少的环节，其价值更在于要让学生养成交叉询问系庭审重要环节的意识。根据《刑事诉讼法》第 192 条的规定，证人还包括人民警察、鉴定人，在模拟法庭教学中应该让学生体验不同身份证人的询问方式差异。

强化交叉询问能力的培养是举证质证能力提高的核心。模拟法庭教学中要特别注重改变现有书面质证的弊端，现有的以书面质证为主的模式导致质证的对象是几页纸，大前提被固定，丧失了法官自由心证的基础，无非局限于受害人陈述、证人证言与询问笔录间的细微差别处，但对于证言及笔录本身是否真实合法法官无法直观感受，这就是一直存在的“笔录主导”庭审虚化，质证流于形式的弊端。教学中还要注意交叉询问的目的在于辨明证言的真实性，并不是“哗众取宠”，为此，证人的感知能力、记忆能力、表述能力以及有关证人品格方面的问题都是交叉询问时需要询问的问题[1]。长期的书面质证实践让教师没有认识到现场言词质证的重要性，更谈不上注重培养语言表达与逻辑思维能力，学生习惯于纸上的逻辑，而言词的直接交锋往往词不达意，或者因为紧张而难以发挥水准。

2. 对物证、书证等非言词证据举证质证技能的培养

由于物证三性更加明显，模拟法庭教学中应该有物证举证质证环节，举证要求学生能对证据正确分组，分组根据案件的性质与证据的具体情况

[1] 顾永忠，苏凌 . 中国式对抗制庭审方式的理论与探索 [M]. 北京：中国检察出版社，2008.

而定，不可千篇一律，要符合心理认知规律，简单案件、一人数罪案件、一罪多次案件，模拟法庭教学中应该都要涉及。先定罪证据，后量刑证据，举证完毕后对证明目的进行简要说明，这样才符合人的认知逻辑。控辩双方学生都要有举证质证提纲，现场根据提纲进行发言，但要注意防止照本宣科或者场上临阵组织语言这两个弊端。

司法实践中对物证的举证质证一直是薄弱环节，很多物证都被以照片代替并没有实物移送，对于物证如何质证也少有专门的研究。笔者曾经参与一名外国人贩毒案件的庭审，庭审中由于公诉人没有出示该外国人从其母国加工的含有大麻的制品原物，庭审中该外国人坚持其所带的是“Black medicine”，而照片并不能清晰地向法庭展示该物的特征，导致举证方在庭上略显被动，如果将该原物与称重照片及鉴定报告、现场勘查笔录一并出示，则无疑举证效果会更好。在模拟法庭教学过程中，指导教师应该尽量选定适合展示的物件，以原物举证质证，培养学生树立以原物举证质证的意识。

（二）案件事实查明在法庭原则的实现路径

1. 规范认罪认罚简易庭审模式

庭审实质化无疑要普遍适用于普通模式与简易模式，随着司法改革的深入，认罪认罚案件的简易化审理模式将成为基层法院的常态，为此，模拟法庭应该建立此种情形下的简易审理模式，对检察机关的量刑建议权与审判机关的量刑裁判权的具体庭审运用进行研究。此类案件在模拟法庭训练中不能忽视，因为今后基层法院可能多数刑事案件会采取这一简易化审理模式，认罪认罚案件法庭还需要查明哪些事实呢？笔者认为首先要查明认罪的真实性，认罪是否是被告人的真实意思，被告人在作出认罪认罚时是否获得了必要的法律帮助，对其犯罪事实和法律适用是否有正确的认识。其次通过言词审理，排除刑讯逼供等违法取得的证据，提交“认罪认罚具结书”，辩护人发表意见，确认被告人认罪的合法性；最后通过询问告知被告人认罪认罚的后果，确认其自愿性。此外还有一个重要问题即“认罚”的标准，司法实践中对于“认罚”颇有争议，在模拟法庭教学过程中笔者认为“认罚”只需笼统地表示愿意接受处罚即可，至于刑种、刑期、附加刑可交由学生进行辩论。

认罪认罚简易庭审模式更适应模拟法庭教学中面临的学生众多而学时少的情形，具体模式可以由学生在开庭前制作“认罪认罚具结书”，扮演被告人的学生陈述案情，公诉人随后举证，辩护人释明法律，诉讼参与人就“罚”的适用进行辩论，法官当庭宣判，整个过程衔接紧密，便于教师及时指导，学生及时掌握。

2. 规范庭前会议程序，明确庭前会议的环节以及与之后庭审的衔接问题

《刑事诉讼法》及《人民法院办理刑事案件庭前会议规程（试行）》在一审普通程序中规定了庭前会议程序，并对庭前会议要解决的内容进行了明确规定，可实践中庭前会议却进行得不太规范，甚至“庭前会议的功能异化，即本应在庭审环节解决的事项被前移到了庭前会议阶段，导致法庭审理被虚置乃至被替代”。[1] 对此，模拟法庭教学应该予以构建专门的庭前会议流程，除了讨论《刑事诉讼法》明文规定的回避、出庭证人名单、非法证据排除等与审判相关的问题外，模拟法庭教学中可以在教师的主导下将庭审素材中双方有争议的内容加以确定统一，组织双方交换证据清单、证人名单，帮助扮演法官的学生归纳庭审焦点，以便在之后的模拟庭审中提高效率，达到教学目的。但是一定要留意的是，庭前会议是为庭审做准备的预备程序，而不是庭审程序，不能在庭审会议中讨论定罪量刑等实体问题，否则将有悖于庭审的实质化，这也是司法实践中常出现偏差之处，对此在教学环节中应该予以重视。

3. 规范庭审素材的选择

模拟庭审素材选择应该适合教学使用，过于冗长、过于简单的素材皆不适合，明显争议不大的案件也达不到对抗之效果，现实中尚未有定论的法律热点事件应该是较好的选择。选材上应该由教师最后确认素材的内容，避免学生对素材、证据进行“加工”。对于素材中没有的内容可以有合理

[1] 李奋飞. 论刑事庭审实质化的制约要素 [J]. 法学论坛，2020（4）：60.

发挥，但不能有本质突破，这一点由授课教师把握并现场裁判。教学过程中学生为了取得场上的主动往往会不自觉地对案件素材添加补充，2017年湖南省大学生模拟法庭竞赛中，就不止一次出现参赛队制作并且出示了比赛素材中没有的新证据，对此现象，有人认为是合理，有人认为是作弊。何为“合理”发挥，只能依靠授课教师进行判断，但一定要即刻判断生效，避免影响庭审节奏，就模拟法庭教学来说是否合理不重要，重要的是保持庭审节奏，顺带也可以考验学生对现场突发状况的应变能力。

（三）诉辩意见发表在法庭原则的实现路径

1.强化对抗式诉讼的理论基石

控、辩、审三方在庭审中构筑了稳固的三角关系，一方面控辩双方拥有平等的权利是刑事诉讼法的基本要求，另一方面控辩双方的对抗使得法官兼听则明，这是实质化庭审的理想状态。而“书面化”审理则成为庭审实质化改革的瓶颈，多年来形成的“卷宗主义”思想在法官与检察官的心中已经成为心理定势，导致对抗成为多余。目前刑事审判中大量存在的是批量举证，此举导致被告人及辩护人无法有效质证，同时司法实践中控辩双方发言往往被压缩限制，多数情况下控辩双方在辩论环节被要求只进行一轮发言，而庭后将意犹未尽的话提交书面意见，可见非对抗审理观念之根深蒂固。书面审理将对抗弱化，庭审中若没有直观的观点交锋，不利于法官兼听则明，也不利于被告人认罪伏法，有违公开审理的基本原则。模拟法庭教学中应特别注意营造对抗、平等、均衡的氛围，若控辩双方不平衡，则达不到实质化庭审的目的。

2.培养学生习得不同庭审角色的规范表达习惯，提升言词辩论技能

在真实庭审中出现了越来越多的诉讼参与人不再照本宣科，根据现场情况针锋相对的辩论情形，这一积极对抗给庭审带来了一股清新之气，但同时我们也看到很多情况下，控辩式诉讼变为了争吵式诉讼，甚至控辩双方在休庭后还在继续“对抗”，这种看似激烈的对抗却无助于法官居中裁判，这并非对抗制庭审的本意。究其原因概为诉讼参与人角色定位之错误，

加之并无系统的研究法庭论辩而误将法庭论辩与论辩口才混为一体，要么显得杂乱无章、要么偏离主题，甚至出现人身攻击。模拟法庭教学过程中，我们应该规范法庭辩论环节的设计，培养学生的角色定位，培养现场语言归纳能力与表达能力，培养学生的辩论技巧。庭审中表达意见不能带有感情色彩，如法官在语言上要体现不偏不倚、一视同仁，不能成为“第二公诉人”，要注意言辞在不同环节使用的准确性、合法性，不能出现程序上的原则错误，作为法律人要注重言语的逻辑性、策略性，做到以理服人，言之有据；公诉人应该避免强势恐吓、以势压人的表达，其代表国家履行公诉职能，在法庭上的言行代表国家的形象，因此，公诉人的语言及表达技巧显得格外重要；辩护人相对灵活，可以借题发问，以子之矛攻子之盾，还可以根据不同的情况灵活处理，用不同的风格，并无定法，既可以用词语来表示，还可以用肢体语言、情感语言做辅助，增强辩论语言的攻击力、辩驳力、说服力。

（四）裁判理由形成在法庭原则的实现路径

1. 法官认证的规范化、当庭化

认证是对举证质证进行的归纳总结，是对证据有无证明力及证明力大小进行判断、采信的活动，是作出判决的前提条件。长期的司法庭审实践中法官更多的是印证而不是认证，因此对证据是否采信的说理往往庭后在判决书中一笔带过,很少有对疑难证据当场进行认证。有学者甚至认为“当前中国的刑事庭审程序中基本不存在严格意义上的当庭认证”[1]，当庭认证应该是庭审实质化的重要表现，证据决定案件的判决。宣判时对于争议的证据进行评判认定，才能与最后的判决形成逻辑对应。因此当庭认证是为改革的重点，在模拟法庭的教学中首先要培养学生当庭认证的意识，不可全案证据一认了事，尤其是针对辩护人与公诉人有分歧的证据，法官必须当庭予以表态，否则不能体现法官的能力，除非有特殊情况无法认证，这个亦需要当庭说明。实践中的“待合议庭评议后决定”应该就是休庭后马

[1] 何家弘 . 刑事庭审虚化的实证研究 [J]. 法学家，2011（6）：122.

上评议，当场宣判。模拟教学中教师可以让法官当场休庭，评议后立即恢复庭审，法官应该尝试着直接论证证据是为什么不真实、无关联、不合法，而不是一句套话“不符合证据要求”就不予采信。比如针对被告人的品格证据，法官可以基于社会学心理学常识认定“有关联性”，也可以认为人本来就是多重性格且善于掩饰从而认定“无关联性”，其皆由自由心证决定，只要是当场认证就能达到教学目的。

2. 当庭宣判是模拟庭审的必要组成部分

当庭宣判是庭审实质化改革的重要组成部分，《关于推进以审判为中心的刑事诉讼制度改革的意见》中也要求简易程序审理的案件，一般应当当庭宣判。它能最大限度地防止外界干扰，也能避免裁判者记忆力减退对裁判造成的影响，有利于提高司法效率，在模拟法庭教学中应该作为必要程序予以强化。这里要结合司法实践中对于判决文书说理性的要求，指导学生在判决书中对事实认定、证据采信、法律适用进行说理论证。当然，当庭宣判无疑对法官提出了更高的要求，也许实践中当庭宣判会导致法官再次依赖文本审理，提前“预习”，但这并不妨碍模拟法庭教学改革坚持当庭宣判这一标准化模式。教学过程中应该在庭前让学生准备好判决内容的大纲，再根据庭审中的证据认定进行修正，最后当庭宣判。

刑事庭审实质化背景下高校模拟法庭教学研究还包括对数字化法庭的运用研究，数字化设施使得模拟庭审更加真实便捷，更具有未来感。教师可以指导学生在观看网络庭审直播后立即“复盘”，再现庭审，达到演练的目的，同时对各种庭审设备熟练掌握也是学生今后工作中需要的。另外通过组织模拟法庭比赛来引导教学应该是一个成功的方式，因为比赛的规范性、对抗性、表演性会激发学生的积极性，也能培养学生的职业荣誉感。

尽管司法实践中对于庭审实质化改革的具体措施理论上还有争议，比如有学者认为“书面审的办案方式与本土法治资源是存在某种共生关系的”[1]，不应该设立当庭宣判率为改革考核指标，甚至反对将当庭宣判作为

[1] 孙皓．关于刑事当庭宣判的逆向反思 [J]. 当代法学，2020（2）：126.

庭审实质化改革的内容，但这些争议在模拟法庭教学改革中并不应该成为问题，因为理想化庭审模式的构建当然无须考虑现实中的制约因素，学生在校园里掌握完整的庭审模式后自然能在今后的工作中去繁就简、灵活运用，倒是如若在学校没能掌握庭审核心要领，日后的工作中将迷茫畏惧。

当前我国刑事庭审还存在着缺乏言词直接审理、诉讼构造的不合理、举证质证不规范、控辩双方对抗少及繁简分流不完善等现象，在一定程度上影响着刑事庭审实质化的推进。如何针对上述问题探求相应的解决方法，正是高校模拟法庭教学研究的价值所在。如何用更加完备的制度来实现庭审的公平正义是一个永恒的话题，在司法改革背景下的庭审实质化过程中，模拟法庭教学必将起到先行试验区的作用。

地方本科院校法律硕士实践能力培养困境与探索研究

谭伊萌　孟　磊*

摘　要：在高等法学教育深化发展的新时期，培养应用型法律硕士是我国地方本科院校实施“卓越法律人才教育培养计划”的重要手段之一。然而，现行地方本科院校法律硕士的实践能力培养尚面临着办学经验积累有限、校内外财政支持不足、师资力量薄弱、教学设施供给与利用不充分以及课程体系设置缺乏特色等困境。因此，地方院校需要借鉴其他高校培养实践能力的成熟经验，针对存在的问题一一改进，重视实践能力培养，立足地方特色，加强与实务部门合作，努力开拓外部资源，完善法学实践课程内容体系，并融合人工智能开展新型实践教学，培养出适应地方法律市场需求的应用型、实务型法律硕士人才。

关键词：地方本科院校；法律硕士；实践能力

自20世纪90年代至今，伴随着民主法制建设的深入，我国高等法学教育快速发展。据统计，我国目前开设了法学专业的高校超过600所，累计培养的法学毕业生为法治化建设提供了充分的人才支持。但我国的法学人才培养模式相对单一，偏重学术化、理论化的教学风格使学生缺乏相应的实践锻炼，导致了人才培养同质化的弊端，在全面建设法治国家的时代，迫切需要一批法律素养与职业技能兼备，能够娴熟运用专业知识解决实际问题的应用型法律人才。基于此，我国借鉴了国外培养法律实务人才的经验，并结合本国教育实情，设立了强调职业性、应用型定位的法律硕士学位。2011年教育部启动了“卓越法律人才教育培养计划”，坚持“厚基础、

* 谭伊萌，女，湖南理工学院政法学院法律硕士，研究方向：工程法学。孟磊，男，武汉大学法学博士后流动站研究人员，法学博士，湖南理工学院政法学院讲师，研究生导师，院长助理，研究方向：宪法与行政法学、法理学。本文系2019年湖南省学位与研究生教育改革研究项目“地方本科院校法律硕士实践能力培养困境与探索”（2019JGYB251）的阶段性研究成果，发表于期刊《法制博览》2021年第12期。

宽口径”，提倡培养实务技能强的复合型、应用型人才，为响应这项号召和政策导向，近年来全国法律硕士培养单位迅速扩张，经过评估与筛选后目前我国有241所院校已具备了法律硕士招生资格，其中不乏作为我国开展法学教育的重要基地之一的地方本科院校。然而，尽管众多地方院校申报培养法律硕士的愿景美好，但由于诸多先天及后天因素的限制，实践教学依旧没能在实际上发挥应有的作用，在法律硕士的实践技能提升方面效果并不显著。因此，本文将从检视地方本科院校现存的培养困境出发，同时借鉴其他高校成功的实践培养模式，在进一步的理论反思中，寻求一条相对成熟完善的法律硕士实践能力培养进路。

一、地方本科院校法律硕士实践能力培养的现实困境

各大院校纷纷设立法律硕士学位点的趋势在一定程度上满足了中国当下对应用型法律人才的需求，但与此同时，模糊、陈旧的培养方式也逐渐激发了人才饱和、就业形势严峻的矛盾。法学是一门实践性很强的学科，其教授、运用和发展都必须以实践为依托。地方院校要在竞争激烈的法学热潮中抓住此次应用型人才培养的重要契机，更应以培养实践能力作为核心环节，破除以往传统守旧的理论教学模式。但目前地方院校在培养法律硕士实践能力的过程中面临着办学经验积累有限、校内外财政支持不足、师资力量薄弱、教学设施供给与利用不充分以及课程体系设置缺乏特色等困境。基于此，地方院校培养优秀实务法律人才的质量与设立之初的期望还存在着一定的距离。高质量地完成法律硕士的实践教学、有效培养法律硕士的实践能力，对地方本科院校而言，还有很长的路要走。

（一）办学经验积累有限

相较于老牌法学名校，地方本科院校的先天局限性是显而易见的。首先大多地方院校在20世纪90年代才逐渐达到本科层次水平，设立法学学科以及开设法律硕士培养点更是落后于政法院校数余年。本身起步较晚导致地方院校在培养经验和培养能力方面短板明显。其次，滞后发展的地方

本科院校已然在法律硕士的培养中失去了先机和优势，为快速追赶重点政法高校的脚步，他们通常选择在师资力量和学术科研等可视领域进行拔高，而缺乏硬性考评指标的实践能力往往被忽视不提。只有在指导性培养方案要求重视实践能力的作用时，法律实践课程才会象征性地走个过场，进入地方院校法学教育的视野。再者，部分地方本科院校作为新设的法律硕士学位点，其法学实力、院系名气以及办学水平都不够拔尖，因此招生质量自然不能与老牌院校相提并论。地方院校对待法律硕士教育倾向于专业知识的夯实，实践能力的锻炼往往落于末位。

（二）校内外财政支持不足

高校的快速发展与中央经费的多寡密切相关，而地方本科院校获得的远少于省市高校的资金支持在一定程度上也限制了学科发展。根据 2020 年教育部公开的 75 所直属高校年度经费预算以及各省地方高校各自公开的预算数据对比分析，“教育部直属高校间经费差距悬殊，共有 10 所高校预算总数过百亿，同类院校中，东部发达地区的高校，相比于中西部地区的高校，总体经费充足很多；而各省市地方院校的经费相比部属高校的经费差距更大，部分院校基本只有部属高校年度经费的零头”。[1] 高校间的经费悬殊会将学校实力差距进一步拉大，影响地方院校对法学人才培养的投入以及我国法学教育的整体发展。进一步具体而言，各省市间不同的经济发展水平和国家相应的政策扶助力度，已经使地方院校在提升法律硕士的就业率上自顾不暇，实在难以再产生动力去精心培育“抽象”的实践技能。因为它既无法数字量化学生的掌握程度，缺乏硬性考核标准，就业市场对于毕业生的实践技能需求也并不突出，所以地方院校在权衡投入与产出的回报后往往选择放弃法学实践技能教育。经济水平对于学科发展的重要性不言而喻，悬殊巨大的财政投入是影响地方本科院校办学质量的首要不利条件。

[1] 参见《又有百所地方高校公布 2020 年预算，经费差距有点大》，https：//www.cingta.com/detail/17141，2019-12-15.

（三）实践教学师资力量薄弱

实践教学团队的指导能力对法律硕士的培养至关重要，兼备深厚学术功底和丰富实践经验的教师会大大提升实践课程的授课质量，从而保障实践能力的培养取得良好成效。然而现实情况是，与部属高校相比，地方院校的弱势恰恰表现在高层次人才少、师资结构不平衡。其一，授课教师以本科、硕士学历居多，高学历以及具备留学经验的教师匮乏；其二，多数学院派教师自身经历法律实践的机会少之又少，也并不重视法学实践能力，所以他们往往仅有理论知识，在法律实践经验和实务技能方面十分薄弱，因此在法学实践技能的教育上达不到合格的标准；其三，地方院校聘请的校外实务部门专家大多属于律师、法官，其本职工作繁忙之余只能分出零星时间来进行实践教学，实践活动不能实现规模化、体系化；最后，大多本科院校的培养方案中也并没有明确规定实务专家进行法律硕士实践能力培养的成果考核标准，还是趋向浮于表面。因此无论在校内还是校外，教师队伍的力量都还不够完备。

（四）教学设施供给与利用不充分

一方面，由于教育经费的限制，许多地方本科院校的校内实践平台搭建远远不如部属高校的环境水平。诸如模拟法庭、法律诊所等必需的实践平台，在一些地方院校的本科培养和法律硕士培养中难以开展，或者只是形式化的搭建，带领学生走马观花式地体验寥寥数次，根本无法达到实践能力培养的效果。另一方面，校外实践教学基地的面向过窄，学校通常与地方的律所、法院、检察院合作，而忽视了企事业单位、行政执法部门、社会团体等同样可以作为实践基地，将法律硕士的发展限制在了公检法领域，不能满足培养应用型、复合型优秀法律人才的需要。还有一种现象，为显示对实际基地建设的重视，法律院校与数十家实务部门或律所纷纷合作,共同建立“院所合作”的实践基地。但正是由于这种盲目而功利地“共建”，缺少了周密的规划和考察，校内实践与校外实践基地缺乏双向联动，互动交流机制不完善，未能达到深度合作“1+1 ＞ 2”的效果，在实践中学生的实习活动缺乏规章的约束，没有考核制度，造成对法律硕士实践能力培养的初衷难以实现。合作多实效少，许多基地因此成了形同虚设的挂牌基地。

（五）课程体系设置缺乏特色

地方院校为了尽快提高法律人才培养质量和本校办学水平，对法学实践教学改革趋于盲目的跟从，各种实践课程照单全收导致本校特色专业的培养定位日益模糊没有重点。目前，各高校为响应“卓越法律人才教育培养计划”中“着力强化实践教学”的要求,开展了各种类型的法学实践教学。既包括在课堂内进行的法学实践教学，譬如案例教学、模拟法庭、法律文书写作、法律谈判等；也涵盖课堂外的法学实践教学，例如法律诊所、法律援助、毕业实习等。对学生进行系统有效的培训前提是需要有科学的课程内容安排和明确的目标定位。然而，这些实践课程是基于整体法学专业而言的，为所有法学生应具备的法律表达、推理、论证实务技能而开设的，不具有针对性和体系性。部分地方院校现在采用的课程体系，缺乏科学合理的规划，没有针对本校的培养目标和现实优劣具体分析，不能做到扬长避短，不能适应地方卓越法律人才教育培养要求，不利于复合型法律人才实务能力的提高。

二、地方本科院校法律硕士实践能力培养的经验借鉴

我国在借鉴国外法律人才培养模式尤其是美国 JD 学位的成功经验的基础上，结合我国法学教育实情，设立了法律硕士学位点，经历试点、全面铺开、整改后至今开设法律硕士学位点的院校已达到了 241 所。2011 年教育部确立了培养复合型、应用型法律人才的目标，为落实该培养目标，一些政法高校历经数年的发展以及各种创新尝试，在实践能力培养层面逐渐形成了兼具特色与实用性的机制，提供了一套新颖而有影响力的借鉴模板，备受学界瞩目。

（一）校地合作：充分挖掘地方元素

地方院校结合地缘特色寻求法律人才定位，利用本地优势锻炼相应实

践技能。不同的地域、不同的历史文化因素以及经济发展水平决定了其培养的法学生面向的市场也不同，因此，具有地域特色的本科院校应立足于地方发展和社会需要，确立服务于本地法治经济社会建设的法律人才培养定位，并根据该定位着重锻炼相应实践技能。以广西为例，广西地处东盟、海上丝绸之路、泛珠三角经济区的叠加平台，基于其得天独厚的地缘优势，经济飞速发展的同时也激发了巨大的法律人才需求，在开放型经济新体制建设的时代下，高校也需要服务于国家“一带一路”倡议与“走出去”战略。广西的地方院校为弥补在教育资源和学生素质上的不足，着眼于区域发展，以地域特色为依托，采用了“本色＋特色”的人才培养方案。比如进行专业选修课程的改革，并纳入“海上丝绸之路”经济带包含的国家的法律制度以及东盟各国的小语种，力求学生对法律制度的全面了解和法律英语的专业化[1]，为日后从事相关具体实务打下坚实基础；再比如按学生特长进行班级分配，设置多元化特别班级，例如“小语种＋法律”班级、“贸易＋法律”班级、“信息＋法律”班级等，让学生发挥所长且契合本地未来法律市场需求，提升法律硕士整体实践能力水平。

（二）校企联合：依法治企，相融互通

教育部的产学合作协同育人项目提出了鼓励企业与高校深化合作，推动高校人才培养改革的理念。企业通过提供技术与资金支持，实现资源的共建共享，促进教育链、人才链与产业链、创新链有机衔接。法律硕士毕业生在企业从事法务工作的比例逐年提高，企业也愈发重视对法律人才的引进、培养。企业发展与学科发展有共通之处，在合作共赢的发展趋势之中，企业联合高校进行人才共育、成果共享，通过彼此资源的导入和渗透，能为企业和社会培养更多、更高素质的应用型法律人才。例如浙江温州以民营企业为经济发展核心，温州大学基于区域经济发展特色确立了培养服务民营企业的企业法务人才的办学定位，实行“三主三辅一元素”人才培养

[1] 诸葛语丹．区域发展视角下广西高校“本色＋特色”法学人才培养路径研究 [J]．高教论坛，2015（10）：62-65.

模式（即以法学专业为主、企业管理为辅；学校培养为主、实务部门培养为辅；校内学习为主、校外实践为辅体现区域元素），为学生专门开设企业法务以及和从事法务相关的系列课程，从企业法务人员的角度对企业法务的各个环节进行全面系统的阐述，且这些课程主要由从事实务工作的法官、律师和企业法务人员授课，以期培养擅长处理企业法律实务的应用型人才[1]。再诸如上海交通大学法学院为了培养面向大上海、实务型、领袖型的国际化法律人才，携手美国通用电气（中国）有限公司（简称 GE）共同开展院企合作和人才培养活动。主要包括给法律硕士开设国际商务合同谈判培训，法学院遴选和推荐、选聘优秀学生赴 GE 公司实习，院企双方互邀举办专题讲座，合作举办环境法学科征文比赛等合作项目[2]。

（三）校校合作：高等学校对口支援

区域经济发展的不平衡导致了高等教育资源分布呈现不平衡的态势，校校合作是实现我国整体教育资源均衡发展的一条重要途径。高校与高校之间进行对口支援，结成紧密的战略联盟，从学科建设、师资培养等方面入手，利用名校的师资设备，帮扶滞后的地方院校提升办学质量，培养高素质人才。伴随着西部大开发，教育部启动了“对口支援西部地区高等学校计划”，以北京大学对口支援石河子大学为例，北京大学法学院在校内建立起了人力、智力、物力、财力通往支援石河子大学的绿色通道，充分发挥学科齐全、知识信息密集的优势，输出优质教育资源，选派大批教师支教、开设名校名师讲座、运用现代网络技术传输精品课程，实现跨区教育联动。并利用自身在国外高校的影响力，推动石河子大学与国外高校建立交流合作关系[3]。宁波作为滨海港城、经济强市，深化高等教育的发展是强省强市战略的迫切需求。浙江大学宁波理工学院从建立之初就打上了浓

[1] 参见《温州大学法学院创新特色法学人才培养模式》，http：//www.zj.xinhuanet.com/2019-12/15/c_1125349145.htm，2019-12-15.

[2] 参见上海交通大学凯原法学院官网，https：//law.sjtu.edu.cn/Article06.aspx，2019-12-15.

[3] 参见《北京大学对口支援石河子大学情况汇报》，http：//www.moe.gov.cn/s78/A08/gjs_left/s5174/moe_744/tnull_8289.html，2019-12-15.

郁的“浙大”烙印，2020年正式更名转制后，浙江大学将继续支持其办学发展致力于建设“浙大文脉”，优质办学资源直线延伸，尤其是将学术资源、师资资源等实现全方位共享[1]。这些名校利用办学优势在硬件与软件上提高了受支援院校的整体学科建设质量，从而为锻炼法律硕士的实践应用能力拓宽了渠道。

三、地方本科院校法律硕士实践能力培养的完善路径

我国“卓越法律人才教育培养计划”的最终目标是造就一批为社会经济发展服务的多层次、精细化、能解决实务问题的法律职业人才，这决定了法学教学的落脚点应该是培养学生的实践应用能力。而法律硕士实践能力的培养必须在定位、课程设置和资源投入等方面面面俱到。学校首先应当充分认识到实践教学在法律硕士的培养中无可替代的独立地位和重要性；其次需要完善实践课程及内容体系的设计，立足地方院校专业特色提高课程针对性；最后，实践教学的各方面资源投入也是必不可少的。我们应在借鉴其他高校法律硕士培养模式有益经验的基础上，探索适合本校实践教学的培养方案。以下是应对目前我国法律硕士实践能力培养过程中面临困境的几点完善建议：

（一）重视实践能力培养，立足地方特色

法学是一门实践性学科，理论与实践相分离的法学教育重而无基。如果实践环节不能有效开展，法学教育将缺乏实效性，法律硕士只能对教学内容形成表面、浅层的认知，很难掌握法律职业者应具备的诸如谈判、辩论和文书写作等多方面的实践技能。学生的实务业务能力得不到提升，法律服务市场对应用型实务型人才的需求更难以满足，法律硕士的设定目的将与现实效果背道而驰。法律硕士作为培养未来法律实务人才的主要平台，是我国“卓越法律人才教育培养计划”的重点实践群体之一，地方院校更应抓住此次专业改革的重要契机，以培养应用型法律人才作为重要发展方

[1] 甬派．浙大宁波理工学院：建设浙江人家门口的好大学[R/OL].http：//www.nit.net.cn/info/1014/8080.htm.

向，强化对其实践应用能力的锻炼，重视法律职业导向和职业需求。

地方高校培养法律硕士必须体现“特色”才能脱颖而出。这种特色可以是地缘特色，也可以是高校之间的比较优势，总之应当尽量展现差异化。在本科院校与所处地方具有紧密共生关系的情形下，地方本科院校应着眼于本地岗位需求，调整法律硕士的培养定位，培养出服务基层、满足地方法学职位需求的应用型法律人才。例如当设区的市只有一所理工科院校时，其享有优质的理科和工科资源，具有融合法学与理工学科的天然优势，是培养复合型法律人才的重要阵地。理工类院校可以考虑将法律学科与自身的理工特色专业有效结合起来，充分利用本校跨学科资源，发掘出专业政法类院校毕业生所不具有的就业竞争力和比较优势，探索建立“法律＋工程”“法律＋金融”“法律＋知识产权”等新型培养模式组合。

（二）加强与实务部门合作，努力开拓外部资源

即使地方院校在培养法律硕士实践能力方面具有诸多限制，与此同时，它独特的地域性也带来了一些有利条件。非省会城市所拥有的本科院校的数量往往有限，在有限的本科院校中拥有法律硕士专业学位授权点的高校更是鲜见，因而在法律硕士培养中所需要的实践教学基地资源方面，又是极为丰富且相对集中的。有鉴于此，地方本科院校法律硕士实践能力的培养应厘清自身的优劣所在，有效挖掘自身的内在潜能，拓展与地方法律实务部门的合作空间，充分发挥资源集中的优势，弥补与部属高校相比的经济政策弱势。实践教学的基地建设及师资队伍建设是实践能力培养的重要保障，当前高校的首要工作就是通过拓展校外实践合作基地，构建“双导师制”队伍结构来尽快实现对实践教学的有效供给。

1. 学校开展与实践部门的深度合作，充分利用本地资源条件

实践教学基地和地方本科院校同为应用型法学专业人才的培养主体，是实践技能培训的主要平台，共同承担着培养优秀法律人才的职责。首先，地方院校要审视法学实践基地的重要性，认真规划和布局基地建设工作，校内应搭建模拟法庭、法律诊所、案例室和法学应用综合实验室等实践教

学平台，以较好满足研究生模拟审判活动、参加法律实务实践、查阅案件的庭审录像资料、观摩电视教学片和录像资料的需求。其次，最大限度地充分利用现有教学资源，根据本校特色专业发展面向以及实际需要，合理配置本校基础设施，并在此基础上与法院、律所、企业单位等实务部门科学设计联合培养机制。例如将模拟法庭开在法院，让学生可以身临其境地体验审判环境，并能直接与法官沟通学习经验。再者，实际教学基地的建设必须坚持针对性和实效性原则，考虑本校法律硕士的专业培养需要，实际基地的覆盖面应符合特色专业领域纠纷解决的导向。譬如可以选定学校的合作律所、法院、企事业单位为学生的实习地点，并在特色专业相关的部门学习锻炼。

2. 拓展优秀师资力量

同时具备专业的理论知识和丰富的实践经验的教师是优秀法律硕士培养的关键要素，是学生增进实践能力的领路人。在师资队伍的建设方面，地方院校依旧可以同实务部门合作引进优秀师资，通过聘任实践经验丰富的律师或曾担任过法官、检察官的法律工作者为兼职教师，与高校导师组建双导师机制有针对性地辅导学生的实践技能。此外，从教学资源的拓展角度，地方院校可以尝试借助互联网教学资源，构建优质资源共建共享体系进行线上学习。由于地方本科院校受制于区域、经济、人文等因素，师资力量不均衡，而通过网络课程建设打破了校际的壁垒，学生可以通过登录网络终端同步观看其他高校名师的授课以弥补本校师资匮乏的缺陷；或者地方院校之间可以合作开发针对性的专业课程，各方优势互补，使新型特色专业的学生体验到优秀师资和优质教学资源的共享。

（三）完善法学实践课程及内容体系的设计

笼统、零散的课程设计，无法针对学生的专业取向帮助学生提高实践技能。而合理完善的法学实践课程安排，有利于节约教学资源、提高法学教育质量，体现因材施教的科学原则，对地方院校法律硕士的培养具有关键的作用。因此，高校需要围绕提高质量与地方法律职业导向深度衔接的培养目标，充分结合本校特色发展方向，顺应地方社会经济发展的职业需要，改革和创新实践课程体系安排。第一，针对实践性课程内容体系不够丰富的问题，在开设法学专业核心课程的同时，扩大选修课比例，丰富选修课内容，同时重视法律职业伦理培养。开设与法律联系紧密有助于培养复合型实践人才的课程，如谈判学、心理学、金融学等；提高实践课程比重，开展法律诊所教学、法律谈判教学、法律文书教学。第二，对于法学实践课程针对性和实效性不足的问题，应加强教学方式的实务化，授课过程采用多种方式协同的教学方法，在讲授式教学中加入案例教学、模拟法庭教学方法等；并通过取消一些不必要的通用课程、调整法学专业课课时量、延长学生到法务部门以及司法机关的实习时间，或者将实践课程纳入理论教学的课程内容之中，充分提高实践能力的锻炼机会。

（四）融合人工智能开拓新型实践教学

智能时代的来临为实践教学提供了更多样的可能性，跨时间、空间并具有大数据分析能力的信息技术为法律硕士实践教学赋予了新的生机。鉴于地方院校的财力、人力有限，法律硕士实践能力的培养难以在朝夕之间追赶上部属高校的步伐，地方院校应主动促进人工智能与法学学科的深度交叉融合，利用智能技术加快推动人才培养模式改革、实践能力提高，构建包含智能学习、交互式学习的新型教育体系。首先，地方高校可以联合国内法学高校和科研院所、企业等机构，共同打造在线虚拟实验平台，研发致力于学生实务能力培养的虚拟仿真实训项目，开展虚拟仿真实验教学，例如法律谈判虚拟仿真实验、司法鉴定虚拟仿真实训、模拟审判虚拟实践教学等等。通过在平台引入三维动画技术，结合线下学习指导，从而保证每位学生都能体验和参与角色的扮演，大大增强教学的沉浸式、参与式体验感。其次，建立线上线下一体化的辅助教师教学、支持学生个性化学习的场所，如智慧教室、数字化实验室、综合创新实验室等，基于大数据的智能在线学习教育平台，通过教育数据的挖掘与智能化分析、实时跟踪与反馈的智能测评，为学生提供个性化自适应的学习服务。

地方院校卓越法治人才培养实践教学改革探索

龚志军*

摘　要：《关于坚持德法兼修实施卓越法治人才教育培养计划2.0的意见》对我国新时代卓越法治人才的培养提出了更高的要求。目前，作为培养法治人才主力军的地方院校在人才培养过程中仍然存在对实践教学定位不清、重视不够、实践教学课程体系不科学、实践教学资源不充分、实践教学考核评价体系不健全等根本性问题。法学学科是实践性很强的学科，基础相对较差、资源相对较少的地方院校，只有对上述若干方面进行突破性变革，方能突破法学实践教学的现实困境，圆满实现卓越法治人才的培养目标。

关键词：地方院校；卓越法治人才；实践教学改革

2018年10月8日，中央政法委和教育部联合发布了《关于坚持德法兼修实施卓越法治人才教育培养计划2.0的意见》（教高〔2018〕6号，以下简称《卓越法治人才2.0意见》）。这是暨2011年以来我国在实施“卓越法治人才教育培养计划”基础上发布的升级版。可以说，近年来，国家对卓越法治人才的培养日益重视，从另一个角度也充分说明，我国当前的卓越法治人才培养距离现代法治中国的人才要求还有较大差距，离人民满意的法学大学教育还有差距。本文中“地方院校”是指由地方政府主办主管的非部属高等院校，其人才培养一般主要服务于地方社会经济发展。目前，地方院校数量众多，其法治人才培养已经成为我国法学教育的主力军。[1]然而，众多地方院校在法治人才培养过程中存在的实践能力不足现象仍未根本改善，卓越法治人才培养的应用性目标大打折扣，社会对法治人才综合

* 龚志军，男，湖南湘潭人，湖南工商大学法学院副教授，法学博士，硕士生导师，研究方向：国际法学、民法学。本文为2020年度湖南省教学改革研究项目（立项编号HNJG-2020-0647）研究成果之一。

[1] 龚志军，谭和平．地方高校卓越法律硕士培养创新研究[J].衡阳师范学院学报，2017（3）：154.

素质不断提高的需求与目前高校法治人才实践应用能力普遍不足的结构性矛盾仍未根本扭转。在笔者看来，要解决这一矛盾，地方院校在培养卓越法治人才过程中亟须变革和完善法治人才培养的实践教学体系乃关键之一。

一、地方院校法学实践教学变革的动因

1. 新时代挑战对法治人才应用能力的新要求

随着依法治国步伐的加快，卓越法治人才培养早已提上日程。2011 年《关于实施卓越法律人才教育培养计划的若干意见》明确指出："我国高等法学教育还不能完全适应社会主义法治国家建设的需要……培养模式相对单一，学生实践能力不强，应用型、复合型法律职业人才培养不足。"这既指出了长期以来我国数量众多、规模庞大的地方院校法律人才培养实践教学存在严重不足，同时也说明，高校在法治人才培养过程中受到既有理念、方法、模式等传统思维定势的惯性影响，一定程度上阻碍了我国法治人才培养中新的实践教学理念和模式的普及。[1]

中国共产党第十八届四中全会通过了《中共中央关于全面推进依法治国若干重大问题的决定》，提出了"建设中国特色社会主义法治体系，建设社会主义法治国家"的总目标。2017 年 5 月，习近平总书记在中国政法大学考察时，提出"建设法治国家、法治政府、法治社会，实现科学立法、严格执法、公正司法、全民守法，都离不开一支高素质的法治工作队伍。法治人才培养上不去，法治领域不能人才辈出，全面依法治国就不可能做好"。同时还强调，"法学学科是实践性很强的学科，法学教育要处理好知识教学和实践教学的关系。要打破高校和社会之间的体制壁垒，将实际工作部门的优质实践教学资源引进高校"。这一系列的重要指示和意见，充分反映了新时代对法治人才培养的新要求。作为卓越法治人才培养主力军的地方院校，亟须深刻领会上述指示和精神，变革传统的法学实践教学理念和模式。

[1] 刘同君. 新时代卓越法治人才培养的三个基本问题 [J]. 法学，2019（10）：138.

2.《卓越法治人才 2.0 意见》对实践教学的新要求

2018 年《卓越法治人才 2.0 意见》明确要求，卓越法治人才培养要“重实践”，要“进一步提高法学专业实践教学学分比例，支持学生参与法律援助、自主创业等活动，积极探索实践教学的方式方法，切实提高实践教学的质量和效果”。同时提出要“深协同，破除培养机制壁垒”，“切实发挥政府部门、法院、检察院、律师事务所、企业等在法治人才培养中的作用，健全法学院校和法治实务部门双向交流机制”，不断提升协同育人效果。上述《卓越法治人才 2.0 意见》关于法治人才培养实践教学的要求是具体而明确的，也是不断满足我国法治国家建设对人才培养要求的必由之路，作为欠缺更为明显的地方院校的法学教育，不断优化法学实践课程体系，变革法学实践教学的手段和模式迫在眉睫。[1]

二、地方院校卓越法治人才培养实践教学的现状

1. 定位不够清晰，地位不太合理

现行的法学专业设置比较特殊，真正培养法治人才的法学专业隶属于大的法学门类中的法学一级学科。且自 1997 年以来，法学专业取消了按照二级学科进行专业设置，转而按照一级学科设置统一的法学专业，因此现在所有的法学院系在招生和培养人才上均是叫作法学专业。这样的后果一是淡化模糊了各校法治人才培养的特色，大多走的是培养德智体美劳全面发展，系统掌握法学专业基本理论与实务技能，具有法治观念、扎实的法学理论素养和良好的职业道德，能胜任党政机关、企事业单位和社会团体法律工作的综合法治人才；二是按照一级学科设置的法学专业囿于其学分和课程开设门数，客观上也导致了法学院系在法治人才培养过程中理论课尤其是通识教育和专业基础课学时比重偏高，更加细化、更具操作性的专业课程开设偏少，实践教学课时当然也就更少的情况。

从目前大多数地方院校法学院系的法学人才培养方案来看，实践教学

[1] 房绍坤．我国法学实践教学存在的问题及对策 [J]. 人民法治，2018（16）：79-82.

仅仅是培养方案中的一个环节，其定位和在整个法治人才培养体系中的地位均存在一些问题。从法学专业人才培养方案中实践教学与理论教学关系来看，大多院校是通过三年甚至三年多的时间在校进行法学专业基础理论的学习，然后在第四年安排 2 个月左右的时间进行专业的毕业实习，以实现理论联系实际。当然，在专业毕业实习之前，一般还会安排认知性实习、暑假社会调查以及模拟实训等实践课程，但这些环节或课程要么是时间短、形式灵活而分散，要么是专业性不强，要么是徒有实践之名而非真正的实践。总而言之，大多数地方院校在法治人才培养过程中，在主客观因素共同作用下，其实践教学定位不够清晰，实践教学无论是从量上还是质上，其地位大多居于附属地位。法学专业作为实践性很强的专业，这一现状严重制约了卓越法治人才的培养效果。

2. 法学实践教学课程体系不科学

法学专业是实践性很强的科学。笔者认为，其实践性强度几乎不亚于医学。医学除了要掌握专业理论与知识外，还需要大量的临床实习的积累方能治病救人。而法学，同样需要系统掌握专业理论与知识，同样需要面对与书本上完全不同的形形色色的法律问题，唯一不同的是，医学面对的是作为生物的人，治疗的是人的疾病，而法学应对的是作为社会的人，救助的是人的社会关系疾病。两者在本质上都不能纸上谈兵，具有很高的相似性，法学实践教学本应借鉴医学专业的临床教学体系。相对于目前已经基本系统化的包括了基础课、核心课、限选课、任选课等多模块组成的法学理论教学课程体系而言，法学实践教学课程尽管形式上也有一定的体系，一般包括了认知实习、社会调查、学年论文、毕业论文、案例研讨、模拟法庭、毕业实习等，但由于学校和老师对其定位和地位存在误区，导致法学实践教学在重视程度、考核形式以及教学效果上存在较严重的问题，所以说，“我国法学院的实践教学课程还远远没有达到体系化的程度”。[1]

[1] 宋锡祥，蔡建敏．借鉴美国法学教育改革经验，提升中国大学法律实践教学的质量 [J]. 和田师范专科学校学报，2015（6）：14-15.

3. 法学实践教学资源不充分

法学实践教学需要丰富的资源。然而，近二十年来，我国高校尤其是地方院校法学专业招生点和规模不断扩大，法科学生数量增长很快，但法学实践教学所需的师资、教材、平台、技术等并未相应地实现专业化和专门化。目前，众多地方院校很少有专职的实践教学教师，即使是“双师型”教师也较为缺乏，更重要的是目前缺乏支持和鼓励“双师型”教师深度投入实践教学的体制机制，导致一部分现有的实践教学师资也没有真正发挥其作用；实务部门专家由于其本身工作任务繁重自顾不暇，也很难腾出时间来真正参与高校法治人才的培养。由于我国目前法学实践教学尚未形成标准化流程，目前指导法学实践教学的教材也比较缺乏，实践中主要依靠理论教学师资的经验和案例来完成。在实验室与实习基地等实践教学平台与技术方面，囿于主管部门的观念、专业的文科属性、资金和人员的投入等方面的原因，目前大部分地方院校也没有形成足够支撑培养卓越法治人才的教学资源。这些都导致众多法学院系的专业实践教学流于形式、效果不佳。

4. 实践教学考核评价体系不健全

考核评价机制是影响法学专业实践教学效果的关键。正如有的学者所言：“法学实践作为一个系统，必须要有评价，没有科学的评价方式很难保证教学的实践性特征。”[1] 尽管各高校对实践教学的考核评价在不断地摸索和改革，但总体而言，目前众多地方院校仍然没有形成法学实践教学的科学考核评价机制。加上目前高等教育在管理中的信任成本比较高，管理方要求一切都要留痕，这一点对于理论教学考核没有太多问题，但对法学实践教学而言就严重制约了考核评价的科学性和完整性。比如，目前法学实践教学的考核评价方式主要有论文、调查报告评阅考察，专业实习主要是单位鉴定，模拟实训也没有统一的科学标准。总而言之，在现行体制机制下，法学专业实践教学的考核评价，基本流于形式，表现为缺乏标准、形式单一、不看重实践过程更看重实践“证据”，教师、学生和实习单位

[1] 邵文涛．我国本科法学教育中实践教学体系的构建与运行 [D]. 山东：山东师范大学，2008.

的参与热情都不高。此外，法学专业实践教学对教师实践、精力的投入要求与现有的职称评定、津贴待遇等不成比例，法学专业学生出于功利主义考虑也不会像医科学生那样愿意花太多时间和精力进行专业实践，这些与法学实践教学考核评价机制又互为掣肘。

三、地方院校卓越法治人才培养实践教学的变革与探索

1. 明确法学实践教学的定位和地位

法学学科是实践性很强的学科，实践教学是整个法律人才培养中不可或缺且十分重要的一个部分，对实践教学没有准确的定位，将会严重制约卓越法治人才的培养效果。因此，地方院校在进行卓越法治人才培养过程中，一定要明确法学实践教学的这一定位，进而将其摆在卓越法治人才培养的重要位置上，贯穿于法治人才培养的始终。首先，地方院校的各级领导和管理人员要充分认识到实践性对于法治人才培养的重要作用，要谨遵习近平总书记在中国政法大学考察讲话的指示精神，将实践性作为法治人才培养的重要指挥棒，在整个卓越法治人才培养过程中，全程重视和贯彻法治人才的实践教学；其次，要根据法学实践教学的属性和重要地位，多方面、多角度地完善法学实践教学环节、平台与方法，制定标准化的实践教学方案，使法治人才培养的实践性通过科学完善的法学实践教学充分体现出来；最后，在卓越法治人才培养过程中，还要严格要求学生，培养学生重视实践教学和加强实践性学习的理念与思维，同时设置科学的考核评价方法予以保障。

2. 优化法学实践教学课程体系

卓越法治人才的实践性培养，需要地方院校的各级领导和教学人员不断优化其实践教学课程体系，以最大化实现法治人才培养的实践性效果。笔者认为，要打破传统的法学实践教学体系，根据社会对卓越法治人才的实践和应用性能力需求，科学构建各地方院校的卓越法治人才培养实践教学体系。除了众多地方院校的法学院系要高度重视法学实践教学、提高实

践教学经费投入、提高实践教学老师的待遇和地位、完善实践教学的工作机制外，要真正培养卓越法治人才，还应该有类似于法学理论教学的课程体系。我们可以借鉴法学理论教学已经形成的较为成熟的课程体系模块的经验，结合理论教学的知识和能力发展阶段，按照学生实践应用能力形成和发展的规律，科学设置法学实践教学课程体系。一是要注重单一应用能力、综合应用能力和实战应用能力培养的紧密衔接，对照《法学本科专业教学质量国家标准》，构建从理论课案例教学、模拟训练到模拟法庭、法律诊所的综合能力训练，再到实践教学基地的专业实习与实训的实战锻炼的实践教学环节；二是要在社会实践、专业试验、毕业论文与设计等其他实践课程中，结合社会需求和办学特色，以不断提升学生的综合应用素质为目标，进行实践教学课程的改革与探索；三是要摒弃解决各种法律问题的“全科医生”式法学实践教学模式。各地方院校应结合不同地区、行业、专业对法治人才应用能力需求的差异性，来探索构建类型化的实践教学课程体系。[1]

3. 充分利用和开拓法学实践教学资源

地方院校改革实践教学培养卓越法治人才，需满足一个重要的前提条件即充分利用和开拓法学实践教学资源。一是要为理论课程教学中的案例教学与训练提供合适的教室和虚拟现实等教学设施，为传统的理论课教学增添新的活力。二是要结合培养方案，建立若干法务模拟实训室和诊所式法律实践教学研讨室等，让学生体验运用法律解决问题的方法和过程，提升学生解决法律实际问题的能力。[2] 三是要开展真正的校企（所）合作，共建一批优秀的实习实训基地。这就要求地方院校既要结合自己的特色与优势，又要考虑校外实践导师资源，还要激发企、事业单位共建基地的积极性，从而真正实现对卓越法治人才的联合培养。四是要充分利用高校法律援助站、法律咨询服务中心等实践平台，尽可能为学生提高法律应用能

[1] 龚志军．地方院校法律硕士实践教学体系研究 [J]. 当代教育理论与实践，2017（11）：35.
[2] 江保国．我国诊所法律教学的实践困境与制度培育 [J]. 中国大学教育，2013（5）：75-76.

力创造机会。五是加强培养和利用法学实践教学师资。各地方院校应该激活具有法律实务背景和较好实践能力的优秀老师承担实践教学任务的机制；同时，要将法律实践能力培训合理制度化，鼓励教师考取法律职业资格证、赴法律实务部门交流、挂职锻炼等；此外，通过“请进来、走出去”的措施，引进或聘请更多具有律师、企业法律顾问、法官、仲裁员等执业资格的教师承担法学实践教学任务，真正落实习近平总书记“要打破高校和社会之间的体制壁垒，将实际工作部门的优质实践教学资源引进高校”的指示。

4. 健全法学实践教学考核评价体系

目前众多地方院校法学实践教学流于形式的一个重要原因就是缺乏科学有效的实践教学考核机制。长期以来，法学专业学生通过学科理论知识考试和学位论文答辩等进行考核评价以决定能否毕业，至于本应该具有重要权重的实践教学的考核则基本上流于形式，现实中很少有因实践环节课程不合格而影响学生毕业的情况。很明显，这种传统考核评价体制严重制约了以实践应用能力为目标的卓越法治人才培养的效果。因此，地方院校应该重视法学实践教学的考核，建立科学有效的实践教学考核评价体系。一是各地方院校应构建包括闭卷考试、实务操作考察、法律文书撰写、案例分析等多样化的法学专业学生实践教学考核评价形式；二是可聘请实务部门专家作为考官，由实务领域的专家来考核学生的实践应用能力；三是要借鉴理论教学的考核评价方法，设置补考、重修以及与之相配套的实践教学激励制度，不断健全和优化高校的法学实践教学考核评价职能，如此方能实现卓越法治人才培养与法学应用型的人才培养目标的真正对接。

法律硕士实践教学改革的探索

胡 海*

摘 要：法律硕士实践教学是法律硕士培养的重要内容，中共湖南省委党校（湖南行政学院）在法律硕士培养上特别重视实践教学，法律硕士培养在授权点专项评估工作中取得良好成效，其运行状况可以为全国省级党校法律硕士实践教学改革提供一定的参考。本文首先阐述了为什么要进行法律硕士实践教学改革，接着分析了法律硕士实践教学存在的突出问题，最后提出了法律硕士实践教学改革的基本思路。

关键词：省级党校；法律硕士；实践教学

在全面依法治国背景下，作为党校的重点培养学科，重点学科建设是党校建设的重要内容。2018 年 10 月 8 日教育部、中央政法委联合颁布的《关于坚持德法兼修实施卓越法治人才教育培养计划 2.0 的意见》提出了强化法学实践教育，切实提高实践教学质量和效果的要求。法律是一种不断完善的实践，法学是一门实践性很强的学问，有学者认为法学从来就不是在理论上自给自足的。法律硕士教育主要是培养法律职业人才，其培养目标是走出校门即可成为法律实务岗位的应用型人才。因此，要适应新时代发展要求，必须不断探索和改革法律硕士实践教学内容和方式。

一、探索法律硕士实践教学改革的重要性

（一）培养应用型的法治人才是法学教育的重中之重

党的十八届四中全会强调："创新法治人才培养机制，形成完善的中国特色社会主义法学理论体系、学科体系、课程体系，培养造就熟悉和坚持中国特色社会主义法治体系的法治人才及后备力量。"十九大报告亦强

* 胡海，湖南省委党校法学教研部教授，主要研究方向：法学教育、财税法学。

调："完善以宪法为核心的中国特色社会主义法律体系，建设中国特色社会主义法治体系，建设社会主义法治国家。"因此，培养符合社会发展需要的法治人才是当前及未来法学教育工作的重中之重，尤其是创新型、复合型、应用型的高素质法律人才的培养，其工作的重要性、关键性和急迫性不言而喻。

（二）实践教学是法律硕士培养的核心内容

从目前许多培养单位的法律硕士专业学位研究生培养方案中不难看出其办学特色和培养模式的新颖之处，但从其培养模式中也发现了法律硕士培养的不足之处。例如，受法学硕士培养模式的影响，仍然注重法学理论教育，实践教学学分占比不高等问题。从法律硕士学科本身的要求和社会发展需要的法治人才来看，实践教学是法律硕士培养的核心内容，实践教学环节是区分法律硕士与法学硕士培养方式的关键所在，实践教学效果和实践教学规程的好坏是检验法律硕士培养质量高低的重要标准。但从目前全国各个培养单位法律硕士的培养实践中不难发现，重理论、轻实践仍然是各个培养单位法律硕士培养模式的通病，从某种程度上说，此类培养模式与法律硕士职业化的培养目标有一定的差异，对法律硕士的培养质量有一定的影响，也不利于法律硕士教育的良性发展。

（三）法律实践教学环节是法律专门型人才培养的关键环节

"法律硕士专业学位应具有特定的职业指向性"，这是全国专业学位指导委员会对法律硕士专业学位提出的基本要求。法律硕士的培养目标是：掌握法律职业领域相关理论知识、具有较强的解决法律实际问题的能力、能够承担法律实务工作、具有良好的法律职业素养的高层次、应用型法律专业人才。即强调对法律硕士的要求，不仅需要扎实的法学理论综合知识，也要求有过硬的专业素养和实践能力。法律硕士不仅是学术教育或人文教育，更是承载着培养法律职业人的专业教育或实践教育。而法律实践教学环节是法律专门型人才培养的关键环节，对法律人才职业能力培养起着至关重要的作用。因此，改革和创新法律实践教学体系对法律硕士职业能力的培养显得尤为重要。[1]

二、法律硕士实践教学面临的主要问题

（一）沿袭以理论为主体的讲授式的传统教学模式

从目前来看，各培养单位基本上仍然沿用以教师为核心，以专题讲授为方法，以理论知识为本位的传统教学模式。大部分教师在教学过程中还未树立围绕“提升法律职业能力”为主体的理念，仍以法学理论知识为授课重点，法律应用为点缀，特别关注法学理论知识的学科系统性和完整性，而忽略了对学生法律思维、法律语言等法律职业能力的培养，出现了法律硕士与法学硕士培养模式难以区分甚至高度一致的后果。

（二）缺少有针对性和系统性的法学实践教学环节的设计

目前在法律硕士培养中存在一个误区，大部分培养单位认为组织学生到公、检、法及律所等实务部门实习就等同于实践教学。因此在法律硕士实践教学环节的设计上，实践教学往往被设置成理论教学完成之后的一个独立环节，这样的认知结果导致法学理论教学过程和实践教学过程是一对平行线，无法达到将理论教学与实践教学融于一体、相辅相成的效果，更谈不上对法律实施过程中出现的实际问题进行有针对性的启发式教学，从而无法调动学生学习的主动性，使得学生从实际情况出发发现问题、解决问题及反思问题的能力无法系统训练，难以真正锻炼与提高学生的法律职业能力。

（三）实践教学方式及考核模式单一

如果将法律硕士的实践教学模式就等同于实习，相应的实践教学考核方式就变成了提交一份到法律实务部门实习后的实习报告。多数培养单位未进行系统法学实践教学环节的设计，学生很少能有的放矢地进行基础性法律职业素养的训练，因此实习的效果差强人意。加上培养单位将学生交给实习单位后，主观上和客观上都缺少有效了解学生实习实践状况的方式，

[1] 张弘．职业化模式下法律硕士实践教学体系的改革与创新——以福建省 F 高校法学院为例 [J]. 南方论刊，2019（9）：94-97.

也就无法协助实习单位带教老师对学生进行有效的指导，导致学生实习收获不大。在实习收获较小情况下提交的实习报告多是官话套话，内容空洞无物；主观感悟多，客观分析少；解决问题多，反思问题少；认识深度不够，借鉴价值较小，也不利于学生毕业论文的设计。如果用一份实习报告来评价一个法律硕士生的实习效果，显然不能有效地对学生实习过程中法律思维、法律语言等法律职业能力提高与否进行客观评价，这使考核流于形式。[1]

（四）经费受限导致实践教学课程难以深入拓展

中共湖南省委党校（湖南行政学院）针对法律硕士开设的实务训练课程的学时在所有课程总学时中比例高；针对法律硕士开设的法律写作、法律检索、模拟法庭、模拟仲裁、模拟调解、法律谈判、专业实习等实训课程达 15 个学分，在所有学分中比例较高；要求法律硕士的实习时间不少于 6 个月。其中模拟法庭、模拟仲裁、模拟调解课程系统性最强，已经成为惯例。特别是模拟法庭教学，注重学生亲身参与，将课堂中所学到的法学理论知识、司法基本技能等综合运用于司法实践，以实现把理论和实践相统一作为教育目的的教学模式。有时模拟刑事案件庭审活动，有时模拟民事案件庭审活动，有时模拟行政案件庭审活动，并邀请法院、检察院、公安局、司法局、律师事务所等实务部门主要业务人员担任指导老师，实务部门工作人员和法学专家担任评委，确保课程学习深入透彻。但由于理论传授和实践教学课程并重，加之传统观念认为人文社会科学只需要教师传授、学生阅读即可，无须更多设施设备。这导致各培养单位建设经费普遍不足，难以支撑庞大的实践教学系统。尤其是模拟仲裁和法律谈判只能在课堂上由授课教师组织实务模拟活动，不能形成年级之间的竞争，体系化建设恐难实现。[2]

[1] 张弘．职业化模式下法律硕士实践教学体系的改革与创新——以福建省 F 高校法学院为例 [J]. 南方论刊，2019（9）：94–97.

[2] 陈欢，徐前权．“双一流”建设背景下法律硕士实践教学改革 [J]. 长江大学学报（社会科学版），2019（2）：99–103.

三、法律硕士实践教学改革的实现路径

（一）构建阶段性的法律硕士实践教学体系

可以将法律硕士的实践教学体系划分为由低到高的四个阶段，实现递进式训练。该过程以时间轴为序，经历法律思维、法律语言建立，特定职业技能、职业伦理训练，实习实践以及法律执业技术锻炼四个阶段。（1）第一阶段，为法学专业知识体系构建阶段。时间从第一学期至第二学期中，主要通过专题讲授、案例教学、特色板块或方向课程组植入的方式教学，目的在于通过以法学一级学科为主干的专业基础知识体系的授课，建立初升学法律硕士基本的法律思维，使其获得最基础的法律职业伦理训练。（2）第二阶段，为特定职业技能和职业伦理训练阶段。时间从第二学期中至第二学期末，主要通过实践训练课程的设置，加强法律硕士法律职业技能训练。比如开设法律谈判课、模拟法庭、法律诊所等课程，同时开展学生间的法庭辩论比赛、演讲与口才比赛、礼仪比赛等专业实践活动。（3）第三阶段，为实习实践阶段。时间从第二学期暑假至第三学期末，主要通过司法实践，让学生将所学法律知识与现实环境融合，学以致用以提升法律职业技能的实践能力。（4）第四阶段，为毕业设计及论文答辩阶段。通过实习实践，学生根据原先规划的实践课题，积累和收集大量的案例及素材，也从定期讨论中获取疑难问题的解决途径，在导师的指导下完善课题研究并形成毕业论文，参加论文答辩。

（二）制定阶段性的实践教学目标

在法律硕士的培养过程中，可以设立三个阶段性的教学目标。第一阶段，设置基础性的教学目标。即实现法律硕士升学后对法学知识和法律应用技能的基本掌握。通过上述第一阶段的法学专业知识体系构建阶段，结合专题讲授、案例教学和特色模块化教学，使得初升学的法律硕士能够系统地掌握专业知识，形成法律思维，建立法律语言系统，掌握基本法律应用技能。第二阶段，将实践教学目标定位于特定职业技能和职业伦理的训

练。这一阶段目标注重于实训效果，引导学生到实务部门进行调研、访谈，要求学生有目的地去寻找问题，有的放矢地指导学生开展法律实践课题的调研与规划，形成课题意向，为毕业论文做好前期准备。第三阶段，实践教学目标定位于关注实习过程和评价学生实习实践效果。这一阶段性目标的实现，主要通过三个途径，一是分享实习实践经验。通过定期的研讨和交流，对实习实践过程中的收获进行共享以及对疑难问题进行解惑，让学生能及时反馈知识运用情况，开拓解决实习具体问题的思路。二是实习实践专项训练。由培养单位组织实务部门专家把疑难案件带回课堂，将观摩庭审过程、针对庭审焦点的研讨、专题研究报告三者有机结合，促使学生把法学理论与法律实践相结合，由此展开法律职业能力的实际应用训练。三是实习实践结果的专项考核。在实习实践结束之后，由培养单位组织召开专题汇报会，由校内导师、校外专家、实务部门指导教师组成考核小组，对学生实习开展专项考核，遴选优秀实习生。

（三）形成由注重结果取向转向过程取向的多元化的评价方式

相对于理论学习的衡量标准，实践教学的效果评价更具复杂性，需要综合反映学生的法律知识、职业技能、法律方法等多方面的学习运用情况。由此，培养单位应针对不同实践教学内容的要求，制定多元化的评价标准，实现由单一的成绩评定向综合素质评价转变，实现从关注结果向关注过程的转变。例如，模拟法庭实践课程的传统评价方式，即在课程结束阶段，对学生课堂表现和期末考核表现综合给予成绩评价，这样的评价方式较为样板化，针对性不强。如若对模拟法庭实践课程的评价方式进行改革，可根据模拟法庭实践课程的特殊性，分别从庭审设计、案件分析、模拟庭审和总结交流四个维度进行评价，给出优、良、中、差四个等级综合素质评价成绩。又如对实习实践结果的专项考核方式，培养单位应综合考量多方因素，而不是简单地就实践情况评价实践效果，应将百分制的评价体系充分优化，例如从实习单位对学生实习实践的评价（20%）、校外导师评价（10%）、校内导师评价（10%）、实践专题报告评价（30%）、实习答辩评价（30%）五个维度进行综合评价，给出优秀、良好、合格和不合格四个等级的成绩评定。总之，对于法律硕士的实训课程、实习实践课程等的评价，不应只关注结果，而应注重实践教学过程中学生技能学习及训练的综合表现，强调专业知识与实践的融合以及综合能力的培养过程。此外，多元化的评价方式也对导师的能力和组成提出相应的要求，培养单位应综合配备实践教学师资，重视法律实务背景，倡导校内导师—校外实务专家合作式授课模式。培养单位在选择法律硕士培养师资方面，应注重理论基础、实务能力、实践经验等多重标准，以法律硕士特定化的培养目标为核心要求。

（四）加大法律硕士实践教学经费投入

在现阶段，实践教学中校外实践活动的经费严重不足已成为限制大多数培养单位法律硕士职业能力提高的主要因素。法律硕士职业能力培养的社会积极效果一般在学生就业五年后可见成效。法律硕士学习阶段一般为投入期，加强实践能力培养为学生成长打下坚实的基础；毕业后五年内一般为成长期，法律硕士生毕业后五年内将法律知识和实践能力运用于工作，快速成长；毕业五年后会迎来成效期，法律硕士逐渐成为本省本地法律相关工作者中的翘楚。这些法律界精英可以为本校法律硕士的实践锻炼带来更多机会，因而各个培养单位需要付出的经费成本也会大幅度降低，形成良性循环。因此，各培养单位必须在法律硕士培养的初期加大实践教学和实践活动的经费支持，培养出学术水平高、实践能力强、工作中成长快的首批法律硕士学生，为持续的法律硕士职业能力培训带来良性循环。[1]

[1] 陈欢，徐前权．“双一流”建设背景下法律硕士实践教学改革 [J]. 长江大学学报（社会科学版），2019（2）：99–103.

民事法案例研习课的理论与实践探讨

何　坦*

摘　要：民事法案例研习课程是一门重要的案例研究和分析的方法论课程，选取中国现行民法中的请求权体系的经典案例或争议案例进行研习，采取课上案例研讨、课下撰写案例分析报告的组织形式，根据该课程存在的问题，应通过小班授课、线上线下混合授课、优化目标案例等方式来应对。

关键词：民事法；案例研习课；请求权；理论与实践研究

一、概说

法学教育的性质以及法学人才培养目标的设定决定着法学教育的过程，包括法学专业课程设置、教学内容、教学方法以及教材选择等多方面的内容。[1]笔者所在学院围绕学校“建设特色鲜明的高水平应用型地方大学”的方针，以“法律课程建设国内有特色，法学教育研究省内有影响，复合人才培养社会有口碑”为战略目标，以学生发展为中心，开设了法律实务和财税法实务两个方向。法律实务方向主要注重培养能够通过国家统一法律职业资格考试的高素质专业型法律人才。为了培养法律职业人才以及强化学生实践能力，学院已在2017年法学专业人才方案中开设系列案例研习课程，其中民事法、刑事法、行政法、经济法案例研习课程为法律实务方向的学生的专业限选课程，各占2个学分。

自2017年秋季学期至今，案例课程已运转两个学年。在这期间，笔者通过参与民事法案例研习课程设计、讨论与反馈工作，对于该门课程的设计与实践略有思考，借此文就民事法案例研习课的课程设计与存在的不

* 何坦，女，湖南湘乡人，德国汉堡大学博士，长沙学院法学院讲师，研究方向为民法。

[1] 田士永．民法学案例研习的教学实践与思考[J]．中国法学教育研究，2011（3）：79.

足进行简单剖析，欲抛砖引玉，以期与同行深入交流。

二、民法学案例研习课的基本情况

民事法案例研习课程着重于对已学的民法基本理论的实际运用，是一门非常重要的案例研究和分析的方法论课程。笔者所在学院开设的民事法案例课程是以不同当事人的思考模式为切入角度，希望通过本课程的学习，能够促使学生掌握民事案件中民事法律关系的分析方法，提高学生分清案件事实和法律事实的能力，锻炼学生运用民事法律规范分析民事案例的逻辑思维。目的是使学生在掌握民法实体法的框架和内容的基础上，大幅度提升学生的案例分析能力和在实践中解决民事法律问题的能力，从而能够全面系统地运用民事实体法和程序法的相关知识，建构民事法律关系分析体系，完成从法学理论学习到法律实务实践的转变，为将来通过国家统一法律职业资格考试和从事法律实务工作夯实基础。

目前课程采用方向班级教学为主，授课对象为法律实务方向两个班级的学生,约 65 人。授课方式主要是通过教师对理论知识以及案例进行导入，由学生在课堂下选择目标案例、开展分组讨论，并回归到课堂中对目标案例进行剖析。课程的基本学习方式定位于教师和学生之间的双向互动、对话和研讨。

民事法案例研习课现开设于本科生第六学期，2020 级人才培养方案已调整至第五学期。其先修课程包括了第一至三学期开设的民法学(一)(二)(三)、第四学期开设的民事诉讼法学，同期修读课程包括仲裁法学、证据法学等，后续课程则包括模拟法庭实验、法律文书写作、文献检索与法学论文写作等。从人才培养方案的课程时间设计来看，民事法案例研习课的开设时间较为合理。学生在第一至四学期内已完成民法、民诉法理论知识的学习。尽管教师在此阶段通常会通过案例来进行讲授，但在理论课堂中所列举的实例多偏重特殊或个别问题。而学生“对于实例常不求甚解，偏重记忆，在考试时不免凭借记忆，搜索曾经做过、听过的题目，有意识或无意识地，企图以此作为解答样本。然而法律上的实例，犹如数学演算题，不可徒事记忆，非彻底了解其基本法则及推理过程，实不足以应付层出不穷的案例”。[1] 因此培养法科学生去面对处理“未曾遇见”的法律问题的思考方法，就成了促使高年级学生从理论学习向实务转换的必要之选，而案例研习正是立足于学生已掌握基本理论知识的基础上，结合同修与后修的实践课程，从而培养学生处理案例的能力。

三、教学安排、教学内容的设计与实施

（一）教学安排

民事法案例研习课程共设置 32 个学时，每周 2 个学时，实际教学周为 16 周，考核形式为考查。课程运行之初，因受新冠肺炎疫情影响，故而以网络为载体采用翻转课堂教学。以 2020 年上学期为例，第一周主要对课程安排和要求进行说明，自第二周始每周集中研习一个案例，形式为老师简单讲授基础理论和理论拓展，导入案例，选取目标案例的学生在课上展示课下已经讨论的案例分析，然后由其他学生参与讨论，最后老师就留白问题进行引导与点评。

（二）案例研习

既往民事法课程旨在促使学生学习法律知识，明了现行法制体系、基本法律内容、各种权利义务关系及救济程序，而案例研习课则是强调通过分析具体的案例，依循法律逻辑，以价值取向的思考、合理的论证，练习解释和适用现有法律。鉴于我国大学学制的设计，法学专业学习时间较为有限，往往着力于法学基本内容的学习，而如何查明案件事实的技能并未成为法科大学阶段的教学内容。因此在案例研习课中的案件事实一般都是给定的，不需要学生对此进行查明。学生在案例研习课中的主要任务是结合案件事实分析现行法的适用，锻炼其“目光多次往返流转”于案情与民事法律规范之间的能力。

[1] 王泽鉴．法律思维：请求权基础理论体系 [M]. 北京：北京大学出版社，2009.

处理实例题的主要方法有历史方法（historische methode）和请求权方法（anspruchs methode）。历史方法是指就案例事实发生的过程，依照其顺序检讨其法律关系。请求权方法是指处理实例应以请求权基础（anspruchs grundlage）为出发点。关于请求权关系为内容的案例，究竟采用历史方法还是采用请求权方法曾有争议。这样的争议无关对错，而在于何者较合目的性。德国民事法案例研习现多采用请求权方法，认为实例解题采用该方法较合目的性，原因主要在于：第一，在诉讼上所争执的，多属于一方当事人是否存在某种作为或不作为的义务，而请求权方法比较适合实务的需要。第二，请求权方法有助于针对问题作答，能够集中检讨各种能够成立请求权基础的要件。第三，请求权方法可以保障解题内容的妥当性。可从法律的立场去思考问题，避免个人主观的价值判断及未受节制的衡平法思想。[1]

典型的民事法案例题的构造应当为“谁得向谁，依据何种法律规范，主张何种权利”。解题的主要工作在于探寻得支持一方当事人，向他方当事人有所主张的法律规范。而这样一种经探寻所获得的法律规范，即为请求权基础。因此请求权基础的寻找，是处理民事法案例分析的核心工作。因此请求权基础是每一个学习法律的人必须了解与掌握的基本概念及思考方法。

（三）案例研习的教学内容

在过去的民事法案例研习课堂上，老师主要针对中国现行民法中的请求权体系，选取一项涉及合同上的请求权、与合同相关的请求权、无因管理上的请求权、侵权法上的请求权、亲属法与继承法上的请求权以及其他请求权的经典案例或争议案例。就案例所涉理论知识进行简要说明，并向学生展示如何通过请求权基础来分析案件。其他案例习题则由老师提前两周左右发送给学生。选用相关目标案例的学生利用时间差进行组内讨论，形成案例分析报告，以便在课堂上进行展示与讨论。在案例分布上，考虑

[1] Medicus，Bürgerliches Recht[M].Carl Heymanns Verlag，1996.

到司法考试多涉及财产法请求权，尤其是与合同相关的请求权，因此在课程设置上对合同上的以及与合同相关的请求权多有偏重。从进度上亦是按照中国民法请求权体系的分布顺序，兼顾学生对案例分析的掌握情况，力求从易到难。

四、教学组织形式

（一）课下撰写案例分析报告

在已经结束的民事法案例研习课堂中，老师是在课堂讨论结束之后再要求学生就其选择的目标案例撰写案例分析报告，并将最终的书面报告作为考核内容。由于学生在形成报告之前经历了信息搜集、小组讨论与分工以及课堂集中讨论、答疑等环节，因此终稿呈现出的分析效果令人较为满意。尤其是负责主报告的同学所撰写的分析报告质量通常高于其他参与的同学。

（二）课上案例研讨

民事法案例研习课堂主要采取案例研讨的形式，分为准备阶段、课中讨论阶段。

在准备阶段，由老师向学生依次展示按照我国民法请求权体系筛选出的目标案例，并对案例进行简单说明和引导。学生按照自己的兴趣选择目标案例并按照选择项来结成学习合作小组。目前参加民事法案例研习课的学生约计 65 人，因此分组时组数不宜超过 8 组，每组不宜超过 8 人。

在课中讨论阶段，合作小组内部由一至两名学生负责案例的口头报告，一名学生负责点评，同组同学可以分别从原告、被告、辩护人、法官、检察官等角度阐述相关问题的见解，其他组同学可以针对案例中的争议问题进行追问和交流。时间安排大致为：口头报告 20 分钟，点评 15 分钟，同组观点陈述 10 分钟，自由讨论 25 分钟，老师总结 20 分钟。

五、课程问题与对策

（一）存在的问题

老师在民事法案例研习课结课后向学生开展了对该课程教学效果的调查。结果显示绝大多数同学能够积极参与，对于研习的模式也较为认可。经过对比、分析与总结，笔者认为该门课程的设计与实践还存在以下问题，有待进一步改善：

1. 大班不利于开展研习课

按照目前的上课学生人数与课时配比，一组学生只能全程参与一次目标案例研习。此外，由于学生课下学业任务也较为繁重，往往不会将更多的精力投放在自选目标案例之外的案例，因此尽管在课堂上学生们也会参与其他目标案例的讨论，但是其参与度较低，所获得的思维构架训练也呈碎片式。

2. 纯线上授课不利于开展研习课

从 2020 年上学期的网络翻转课堂效果来看，合作小组在讨论自己所选择的目标案例时积极性往往较高，但是可能是不适应全线上的讨论模式，因此其他小组参与度并不高，活跃度欠佳。

3. 报告格式未做要求

从目前教学情况来看，学生往往看重实体的内容，而容易忽视文书报告的写作与格式。从上交的报告来看，字数多为千字左右，且格式凌乱，多数报告的格式未能按照老师在课程准备阶段的要求进行撰写。

4. 课下讨论质量难以把控

按照目前的授课方式，教师无法有效参与学生的线下讨论。自学生选择目标案例到课堂讨论期间，老师处于“真空”地位。学生对争议问题进行独立讨论所能达到的深度以及涉及的广度往往都无法达到老师的预设状态，因此在课堂讨论环节可能会出现重点问题被忽略，而次重点问题被纠缠过多的情况，最终影响课程的授课效果。

5. 案例设计的目标性有待加强

目前研习课程所选用的多是经典案例，并且是以裁判文书的形式呈现在学生面前。“原汁原味”的案例尽管能使学生获得更多的参与感，但是从培养学生法律思维的角度而言，对内容进行直接“搬迁”显然尚不足以支撑此目标。

（二）应对策略

1. 小班授课

德国大学法学院的案例研习课与研讨课，通常是采用小班教学的模式，人数不超过 30 人。与大班相比，研习课人数如果能控制在 30 人以下，可以保障学生在一学期的研习课中合理选择并有效分析 2 ～ 3 个案例，通过对案例思维模式的反复训练与巩固，从而获得利用请求权基础分析民事案例的能力。

2. 线上线下混合授课

民事法案例研习课的最佳模式应当是线上线下相结合。老师在布置任务、分配案例以及在讨论课前与学生的交流可以采用线上模式，而线下课程中可以充分利用智慧教室。长沙学院今年新投入使用的智慧教室共设教师端 1 个，学生端 6 组。教师端可以连接、操控至多 4 名学生的手机或电脑投屏。学生端则为一个 U 形桌，一组可以容纳 8 ～ 10 名学生。通过多屏共享的方式，可以直观展现目标案例组学生各自分工所形成的最终学习效果，并且能够有效地与其他组学生进行交流与讨论。

3. 规范格式

应当说在大学本科阶段，除了文书写作课程与最终的毕业论文写作，学生没有更多的机会能够专门对格式规范进行训练。这就导致了在毕业论文写作阶段，学生的论文写作往往会存在格式问题。此外，法律职业的重要工作是表达，而书面表达正是其中重要一环。尽管书面表达的能力在未来工作中可以逐渐培养，但是大学课堂可以也应当附带培养这一方面的能力，因此对民事法案例研习课的案例分析报告应当对学生做格式上的要求。

要求说明在准备阶段通过教师口述与网络上传的方式告知学生，并要求最终成稿应当符合格式要求。

案例分析报告应当包括六个部分：封面、案件事实与争议问题梳理、请求权基础分析、结论、参考文献、签名。（1）封面内容应当按照老师给定的统一模板进行填写制作，旨在培养学生提纲挈领地表达所完成的书面文件性质的能力。模板信息应覆盖课程名称、课程编号、授课老师以及学生信息等。（2）案件事实的主要来源是学生从目标案例中抽象整理出的内容，目的是能够使读者明确争议问题的事实基础。在明确了案件事实的基础上再由学生梳理出跟案件相关的具体争议问题，从而有效指引案例分析。（3）请求权基础分析是构成案例研习报告的主要部分，学生的目光应当流转于具体案例与法律规范之间，形成的报告应当包括请求权构成要件、法律效果等内容。（4）结论旨在培养学生的概况、总结能力，要求学生针对争议问题在结论部分作出明确的解答。（5）参考文献部分旨在培养学生规范检索文献的能力，也为读者提供明确的参考范围。（6）签名部分是构成完整法律意见的重要组成部分，通过该部分亦可以培养学生的角色意识和责任意识。

由于案例分析报告是学生通过研习课训练法律思维的效果的直观体现，并且是研习课的考核形式，因此报告除了格式规范外，对于内容与字数也应当有所要求。

4. 加强课下交流

按照课程安排，一周进行一组讨论。为了消除课下与课上的“真空”状态，老师应当在上课之前与下一组参与讨论的小组之间进行单独交流。在交流中一方面是引导学生把握案例分析重点，另一方面是了解小组的准备情况，回答小组在准备过程中所遇到的各种问题。交流的地点与形式不限，可在办公室，也可通过线上会议室等方式。

5. 优化目标案例

案例研习课的主要目的并不是训练学生阅读案例材料的能力，因此直接采用原始判决书并不能促进学生法律思维的训练。老师应筛选、改编或设计出能够符合案例研习教学需求的教学案例。案例设计时首先可以结合近年来法考的主观题型，设计出具有创意的题目；其次，案例设计应当着重于对法律基本概念、法律原则的考察，解释适用及法学上论证的能力、细节性以及记忆性的特殊问题应当尽量避免；再次，案例设计最好是覆盖民法体系各编，从而使每组学生都可以全面地复习理论知识、构建完整的思维模式。

六、结语

传统法学教育强调以老师为中心，多重课堂讲义、教科书，考试题目也偏重于议论题。然而法律并非背诵之学，应当通过理解来记忆。抽象的概念不能一味地死记硬背，必须具体化为个别事物，通过一定量的专门化训练来透析概念所涉及的基本法则及推理过程，并由此应对层出不穷的案例。民事法案例研习课正是这样一门能够训练学生根据法律规范分析案例、推导出结论的课程。应当说民事法案例研习课对传统法学教育进行了改良，对转向于“以学生为中心”的课堂多有裨益，但是不可否认的是，由于案例研习课在我国开展时间较短，其教学模式是否妥当，还有待教育理论进一步说明，也有待于教学实践进一步检验。

高校法学本科实习教育的困境与对策

王　亮*

摘　要：我国高等院校法学院的专业实习存在“重形式、轻实质”“参与度低，目的性强”“表层化多，实质化少”等问题，原因是缺乏严格的法学本科实习全程管理制度，缺乏完善的高校与实务部门合作机制，缺乏严格的法学本科实习质量评价制度。针对目前法学本科专业实习上存在的部分问题，有必要在法学本科实习教育的各个环节上进行“推陈出新”，实现法学本科实习教育从理念到制度的变革。主要方式有革新法学本科实习教育的理念，强化法学本科实习教育的全过程培养，完善法学本科实习教育的质量评价标准，加强法学院校与实习基地的深度合作。

关键词：法学本科；实习教育；实习基地；培养理念

法学作为社会科学中理论性与实践性并重的学科，以高度的职业化、实践性为导向。中国高等院校法学院普遍针对法学专业本科生开展了与专业联系紧密的实习工作，旨在通过组织法学本科生在社会实践的展开中实现理论与实务的良性互动，将书本上的“法”与实际中的“法”结合，在具体法律工作中完成职业教育的经验养成，从而形成理论与实践的“双螺旋”模式的互促结构，即在实习过程中完成课堂及书本知识向社会法律实务的过渡，再由法律实务的实践经验反哺理论知识，回归到更高层面的理论认识维度。可以说，法学本科毕业生作为我国法治建设的基础性力量，对国家法治建设起到了举足轻重的作用。而加强法学教育，是为国家法治建设培养人才的重要举措，其重中之重就在于法学本科生的实习教育。然而就现有的法学本科生实习教学模式而言，存在不少“为实习而实习”的现象，使得实习教学“流于形式”，未能契合法学实践教育的本质。

* 王亮，湖南省委党校法学教研部副教授。

一、法学本科实习教育的现状

法学本科实习教育是本科教育的重要阶段。目前，在各高校的法学本科教育实习中，主要分为两个实习阶段：

第一个实习阶段是在大二学年结束后的暑假，时间共计为 8 周。此阶段称为“司法认知实习”。此时法科生已经初步完成对“三大诉讼法”的学习，对司法的运行形成了理论层面的初步判断，但对于真实的司法实践却无半点经验。为此，安排司法认知实习，使得法科生们能够主动观察法官、检察官等主要法律工作者的日常生活，理解法官、检察官以及其他诉讼参与人的法律事务，进而加深对法治中国建设的理解。司法认知实习是强化法科生们对基础知识掌握的重要环节，为未来两年法学专业课的学习打下认知基础，从而有利于其掌握基础的法律知识，为未来深造或者进入社会从事相关工作奠定认知基础。

第二个实习阶段一般安排在大四阶段的上半年，时间大约为 4 个月，此阶段可以称之为“毕业实习”。大四阶段的实习是大学生真正意义上的实习，主要目的是增强法科生的实践能力、培养法科生们分析问题和解决问题的能力以及综合运用所学基础知识和基本技能解决法律实务问题的能力，同时也是法科生们最终完成本科教学不可或缺的阶段。实习阶段是法科生们巩固和深化理论知识、加强实践锻炼以及培养获取知识、运用知识创新能力的重要教学环节；是法科生们了解社会，接触实际，进行素质教育的重要途径。

这两个实习阶段有几个共同的特点：一是均在司法系统中进行，特别是在法院、检察院和律所进行；二是都在签约的联合培养单位或者实习基地进行；三是皆为法科生们安排了学院的实习指导老师和实习单位的实习指导老师；四是都安排了特定的考核任务，对法科生们的实习过程均有考核。

二、法学本科实习教育存在的问题

第一，实习教学的“重形式、轻实质”。从管理制度来看，目前本科生的司法认知实习与毕业实习都施行学分制管理与实习要求挂钩，纳入教务管理系统；从组织方式来看，大致包含学院集中统一安排实习和学生个人分散实习相结合的方式；从实习单位来看，多是检察院、法院、律师事务所以及公司企业的法务部；从实习内容来看，主要在于熟悉和掌握最基本的法律实务工作，对中国司法实践现状及法律运行常识有基本认知和领略。虽然实习制度本身是比较完美的，但从实践教学开展的总体情况及同学们的意见反映来看，当前法学本科实践还存在着较多的问题：一是从实习主体的诉求来看，当下本科实习教学工作存在较为严重的“形式化”。主要表现在本科学生在实习中的主要工作是“负责打扫卫生、端茶倒水以及持续不停地装订卷宗和业务递交”，这使得初出校园的“未来法律人”颇为“失望”。诚然这并非是说这些实习中的小事杂活不重要，因为“一屋不扫，何以扫天下”，但这与高校法学院开设实践教学的初衷存在一定程度的偏离。二是从实习主体的工作过程来看，许多司法案件在检察院阶段都属于“秘密”，很难让实习学生参与；即使在法院阶段，法官也顾及隐私或者其他原因，也难以让本科学生深度参与，因而实习的效果并未完全展现。

第二，实习学生的“参与度低，目的性强”。实习是教学的必经环节，但司法认知实习与毕业实习都与本科学生的学分息息相关，所以学生参加实习的目的旨在取得学分、顺利毕业。可以说，学生对于实习的功利性较强。主要体现在：一是有关实习的认识不到位。本科学生们虽然声称实习是为了把学习与就业结合起来，有助于确立未来职业。但是现实却是对实习持有消极认知的学生比例颇高。有学生坦言“听学长学姐讲，实习就是打杂，对专业知识的提升并没有实质性的帮助”，甚至有学生认为实习可有可无。究其原因，在于学生们缺乏正确的实习理念和明确的实习目标。大多数学校缺乏科学合理的实习教育体制机制，未能较好地培养学生对实习理念的合理认知，导致学生未能认识到专业实习的重要性，这在某种程度上又会影响学生的顺利就业。受传统应试教育模式的影响，许多学生在观念上存在偏差，“重理论轻技能”成为一个普遍现象，认为实务技能的掌握是就业以后的事，将教学与实习、就业割裂开来，导致思想上不重视实习，敷衍了事。二是毕业实习时正是学生即将毕业之际，与毕业找工作、复习考研和法考的时间相冲突，导致很多学生在实习阶段忙于公务员考试、考研、法考，无心顾及专业实习，导致实习教育的“形式化”。

第三，实习方式的“表层化多，实质化少”。从目前实习的方式来看，主要有分散实习和集中实习两种。一是从集中实习的安排来看，学院一般会安排带队老师负责对学生进行监管，正常情况下就是带队老师将学生送到实习单位，然后与检察院或者法院政治部的同志办理好交接手续再离开。从实习过程来看，大部分带队老师并没有直接掌握学生的实习情况，只是偶尔过问一下学生的实习情况，或者过一段时间“慰问”一下学生，这样导致实习学生与带队老师本身难以有过多交集。从实习单位来看，检察院、法院都会给实习学生安排指导老师，但一般是一名指导老师带数名学生。由于指导老师工作繁忙、个人精力有限等原因，往往缺乏对实习生进行业务指导的耐心。二是从分散实习的安排来看，其中存在的问题就更多，最主要的表现在于难以监管。基于学生的实际情况，或者学院的实际情况，有时候分散实习也是被允许的，且在某些地方还是主流实习方式。分散实习时，一般学院也会安排专门的实习带队老师，但老师一般不会直接联系实习单位，因此导致分散实习缺乏有效的监管。有的学生可能实习时间没有达到学校要求；有的学生在实习中来去自由；有的学生甚至根本就没有参加实习，只是开具一个实习证明拿回学校交差，导致实习的质量受到严重影响。

三、法学本科实习教育存在问题的成因

第一，缺乏严格的法学本科实习全程管理制度。一是缺乏对法科学生们实习成绩的严格认定制度，特别是对于“何为不合格”的实习，难以进行有效认定；二是指导教师权利、义务、责任的划分不明朗，特别是指导教师的责任大，权力小，容易在安全防范等方面带来心理压力；三是欠缺

实习过程中的严格监管制度，尤其是一些分散实习的学生，在其整个实习过程基本属于“失控状态”；四是实习效果评价机制不健全，尽管学校会要求学生写实习日志，并在实习结束时填写实习鉴定表，但是对于这些日志和鉴定表却缺乏相应的鉴别和评价的流程和标准；五是没有足额的实习经费，导致学院的实习带队教师难以对学生花费足够的监管时间。

第二，缺乏完善的高校与实务部门合作机制。在市场经济条件下，合作只有达到“双赢”的结果时才会焕发持久、旺盛的生命力。虽然各法学院都会有自己的实习签约单位，也都有所谓的“实习实践基地”，但是深度合作的实习基地比较少。目前，许多法律实务部门参与实习基地建设的积极性不高，其根本原因是实习单位在接收实习生的过程中，得不到足够的收益，无法真正做到责权相统一。一些校外实习基地建设仅仅依靠学校或院（系）领导、专业教师和合作单位相关人士的个人情谊来维系，日积月累逐渐变成双方的一种负担，而一旦发生人员更换，实习基地便难以为继，从而严重影响实习教学基地的稳定性。这样一来，导致实习单位的指导老师只能依靠自己的“良心”去指导实习学生。负责任的实习指导老师就会认真对待实习学生，教给学生一些实用的知识；而一些比较“粗糙”的指导老师，则只是把实习学生作为外来人看待，难以倾囊相授，只是将其作为订案卷、送材料、端茶水、“打酱油”的“日杂工”。特别是在目前严格的行政机关经费管理制度下，带一个实习生基本进入工作量的考评体系，是没有实习指导补贴的，相反个人还会多一个“累赘”，这导致实习生的经验性学习“有名无实”。

第三，缺乏严格的法学本科实习质量评价制度。法学本科实习不同于书面知识的学习。书面知识的学习可以通过考试的方式进行检验，但是实习是否能够获得知识，获得了多少知识，却难以通过实践检验。并且基于指导老师的差异、所在实习单位的不同等多种因素的影响，不同的法学本科实习生获得知识数量必定有所不同。因此，建立严格的实习质量评价制度，明确实习目标和要求，并将目标、要求与实习成绩评定结合起来，建立目标管理与过程管理相结合、以目标管理为主的实习管理机制，对法学本科专业实习过程中实践能力和专业技能方面的培养发挥着关键性作用。

四、完善法学本科实习教育的对策

法学本科教育的培养目标，是要培养德、智、体等全面发展的具有创新精神和实践能力的建设社会主义法治国家的高级法律专门人才。针对目前法学本科专业实习上存在的部分问题，有必要在法学本科实习教育的各个环节上进行“推陈出新”，实现法学本科实习教育从理念到制度的变革。

第一，革新法学本科实习教育的理念。毫无疑问，对于法学专业的学生而言，司法认知实习和本科毕业实习都是法学实践教学体系中重要的环节，是对学生进行思想教育、职业教育和专业技能训练的重要环节，也是全面检验和提高教学质量、培养合格人才的重要措施。在巩固这一些理念的基础上，需要对法学本科实习教育的方式方法和培养模式进行变革。鉴于法学本科专业实习的目的在于巩固学生所学理论知识，培养实际工作能力和专业技能，可结合法学本科教育的实际情况，将专业知识教育、专业能力教育与大学生发展的现实情况结合起来制定培养计划。因此，法学本科教育的理念一定是现代化、国际化和精英化的。此外，实习虽然能够增长知识，但是还需要通过本科实习教育来培养法学本科生的适应能力，即适应社会的能力，从而使其在毕业之后能够尽快转变为可满足社会需要的高层次法学专业人才。

第二，强化法学本科实习教育的全过程培养。结合法学本科教育的新理念、新目标和新任务，重新制定法学本科教育的培养方案。进而，对法学本科实习教育的全过程制定详细的规章制度，对法学专业实习的方式与时间、专业实习的组织与管理、专业实习的指导、实习纪律、实习成绩的评定及优秀实习生的评选等法学专业实习的各个环节做出全面、细致的规定。在规章制度的设计过程中，结合学院在专业实习上的资源优势，力求突出科学性、规范性和可操作性。此外，还要建立完善的过程管理监督制度，既解决学生实习过程中碰到的实际困难，也监督实习学生的各种纪律问题，要将专业技能的学习、适应实习单位工作的能力以及思想品德的培养统一起来；并不断鼓励教学经验丰富、工作态度负责的法学专业教师投身到法学本科实习教育中来，加强对实习学生的专业实习指导工作，适时提供指导意见，从而全面提高法学本科专业的实习效果，为以后专业实习工作的改进提供依据。

第三，完善法学本科实习教育的质量评价标准。什么样的本科实习教育才是好的教育？什么样的制度体系才适合法学本科教育实习？这需要在不断的探索中予以完善。通过完善本科实习教育，将新理念、新目标融入本科实习教育过程中，确保法学本科生能够在实习中获得知识、锻炼融入社会的能力，则本科实习教育的评价标准建构必不可少。具体而言就是：一是实行指导老师深度参与法学本科学生的实习、带队老师纪律管控以及实习指导老师业务把控机制，实现双重把关；二是建立实习日常工作考核标准；三是建立一周个案反思总结标准；四是建立司法文书撰写标准；五是建立模拟裁判或者模拟公诉意见书撰写标准；六是建立实习总结撰写标准；七是建立学院层面的实习考核委员会，实行实习总结与面试相结合的终极考核制度；八是实行实习奖惩措施，对于实习不合格者责令重新实习。

第四，加强法学院校与实习基地的深度合作。法学专业实习基地是培养学生创新精神和实践能力的重要场所，是学生了解社会、接触司法实践的桥梁。因此，要在建立稳固的法学实习基地的基础上，创新法学院校与实习基地之间的关系，形成深度合作关系。一是建议教育部与财政部、国家编办、中央政法委等国家机构联合发文，促进法学实习教育的发展，为法学院校与实习基地之间的深度合作提供制度依据，甚至对于合作得好的单位，可以有适当的财政补贴；二是健全法学院校与实习基地基于人才的共同培养机制，进行科研研发、普法宣讲等方面的合作；三是建议本科实习教育入课堂，即鼓励实务人员进入大学讲堂，形成理论与实践的深入对话。

省级一流法学专业建设中案例教学与本科生法律实务能力培养

丁德昌*

摘　要： 地方院校法学专业在省级应用型一流专业建设中应发挥重要作用，关键在于培育学生法律实务能力。法律实务能力是法律人在法律实践中解决法律问题应该具备的技巧、方法和能力。案例教学对于培养法学本科生法律实务能力具有重要价值。然而，法律实务能力培养中案例教学重形式轻效果，存在教学方式粗放、方法简单以及教学师资和环境缺失等问题。加强案例教学，优化法律实务能力培养，不仅应突出培养目标的实践性，实施教学模式改革；而且应完善法学案例教学方法，提升案例教学技能。不仅应强化师资团队建设，优化案例教学环境；而且应加强案例教学协通创新，形成法律共同体协同育人机制。

关键词： 案例教学；法律实务能力；专业建设

2015 年 10 月，国务院印发《统筹推进世界一流大学和一流学科建设总体方案》，强调分“三步走”的战略，计划到 21 世纪中叶，我国一流大学和一流学科的数量和实力进入世界前列，基本建成高等教育强国。2017 年 2 月，湖南省人民政府关于颁发《湖南省全面推进一流大学与一流学科建设实施方案》，引导和支持高校结合自身发展实际，找准发展定位，突出发展重点，在不同层次、不同类型中争创一流。一流大学和一流学科建设需要一流专业的支撑。法学是治国之学、强国之学，地方院校及其法学专业在省级应用型一流大学和一流专业建设中必将占据重要地位。

法学不仅是一门理论科学，更是一门实践科学。法学本科生必然成为未来法律实务部门的主力军。本科生法律实务能力的培养，对于其将来从事法律实务工作具有深远的意义。毋庸讳言，传统的以“灌输式”为基本

* 丁德昌，湖南文理学院教授。

特征的授课法对本科生法律实务能力的培养效果较为有限。“灌输式”的传统法学教学方法是与省级法学应用型一流专业建设培养目标根本悖离的，而“案例教学是一种以教学案例为基础，以本科生在课堂内外对真实事件和情境的分析、思辨为重点，以提升本科生应用理论创新性解决实际问题的能力为目的的教学方法”。[1] 将本科生置于具体的案例场景，以讨论或研讨为基本特征的案例教学对于培养其法律实务能力，乃至对于地方高校法学专业建设省级应用型一流专业都具有重要价值。

法律实务能力是法律人在法律实践中解决法律问题应该具备的技巧、方法和能力。法学专业是一个实践性很强的专业，必须将法律知识和法学原理通过一定的法律技巧和方法运用于法律实践，且法律人应具有很强的法律实务能力。王泽鉴先生认为，“能够认识法律，具有法律思维、解决争议的能力”“一个人经由学习法律，通常可以获得以下能力：1. 法律知识：明了现行法制的体系、基本法律的内容、各种权利义务关系及救济程序；2. 法律思维：依循法律逻辑，以价值取向的思考、合理的论证，解释适用法律；3. 解决争议：依法律规定，作合乎事理规划，预防争议发生于先，处理已发生的争议于后”。[2]

法律实务能力从广义而言，还包括实务性职业的通用能力，如人际沟通能力、团队协作能力、心理调控能力等。从狭义而言，法律实务能力应仅指法律实务的专业能力，主要指法律思维能力、法律事实的探索能力和法律表达能力等，本文主要从狭义角度探讨。法律思维能力不仅包括法律概念和命题的正确理解和把握能力，也包括法律推理和法律论证能力。法律事实的探索能力是对法律事实“调查、收集、制作、组合、分析、认证”[3] 的能力。法律表达能力既包括口头表达能力也包括书面表达能力。准确而精练的表达，是法律人应具备的基本法律实务能力，雄辩而深刻且富有创造性的表达则是法律人才具有优秀的法律表达能力的具体体现。

[1] 郭忠兴. 案例教学过程优化研究 [J]. 中国大学教学，2010（1）：59.

[2] 王泽鉴. 法律思维与民法实例：请求权基础理论体系 [M]. 北京：中国政法大学出版社，2001.

[3] 张文显. 法理学 [M]. 北京：高等教育出版社，2011.

案例教学在法学教育中具有重要地位。案例教学在法学教育中的重要地位是与法学教育的基本目标紧密关联的。“法学教育不仅要传授法学知识，而且还要担负起培养掌握各类法律技能、胜任实际法律工作的‘法律人’的重任。”[1]法律人不仅要具备法学知识、掌握法律理论，更应具有解决各种法律问题的实务应用能力。理论是实践的指导，法律知识和法律理论是法律实务能力的前提和基础。不具备一定的法律知识和法律理论，法律实务能力是无从谈起的。但仅具备法律知识和法律理论也是远远不够的，这些法律知识和法律理论和法律事实有机结合，必须通过法律思维。除此之外，为有效解决法律问题，还必须配套各种综合能力，主要包括法律检索与探索能力、证据收集能力、法律表达能力、交际协调能力等。

实践证明，法律实务能力的培养单靠传统的“灌输式”讲授方法是难以实现法学教育的基本目标的。将本科生置于一个个感性的典型案例场景，通过设置相关问题或引导本科生提出问题，然后引导本科生通过探索具体法律事实和研讨法律问题，通过教师的启发式教学解决所有相关的法律问题，从而让本科生的法律实务能力在“润物细无声”中潜滋暗涨，得到有力的培育和提升。

一、建设省级一流法学案例教学在培育法律实务能力中存在的问题

（一）案例教学对法律实务能力的培养重形式轻效果

案例教学在目前的法学教学中，也不是新的话题，大多学校法学院都在实施。无论是常规的课堂教学和模拟法庭，还是专业见习或专业实习，本质上也主要是案例教学，通过一个个案例的把握，让本科生解剖一个个“麻雀”从而学习和把握解决案件的方法和技巧。然而在实践中，法学案例教学大多注重形式有余而效果重视不够。有些教师对每节课通过案例教学培养本科生的具体能力不明确，走过场现象较为严重。有些教师将案例教学等同于举例教学，没有对案例教学的总体布局，案例问题的设计比较

[1] 王泽鉴．法学案例教学模式的探索与创新 [J]. 法学，2013（4）：40.

随意，没能把握案件的焦点和核心，案例讨论浅尝辄止，案例分析不深不透。很多教师选择的案件典型性缺失、争议简单，大多学生一眼就能看出答案。这样的案例教学难以激发学生的参与热情，学生被动学习现象严重，难以有效地培养本科生的法律思维。有些教师进行的法学案例教学，可能看起来案例教学的各个环节齐备，甚至课堂上也热热闹闹，但囿于形式，案例教学培育学生法律实务能力的效果极为有限。

（二）法律实务能力培养中案例教学方法粗放，启发性教学缺失

本科生法律实务能力培养是一个系统工程。通过多种形式的案例教学培养本科生法律实务能力是一种符合教学培养目标的重要选择。然而，实践中，由于对法学案例教学缺乏精细的安排，不少地方法学案例教学处于一种粗放的模式，方法也很简单，培养学生法律实务能力的效果欠佳。不少教师进行的法学案例教学，没有课前案例的布置、缺乏学生熟悉案例的过程，缺乏案例相关法律法规和相关资料的查找，缺乏对案例问题的初步探讨。课堂中教师临时举出案例，由于有些案例较为复杂，学生基本案情都没完全搞清，教师就进入到下一个环节。案例课堂教学，不少老师往往是在上课时结合相关知识点把案例在 PPT 中展示一下，再当场提两三个问题，找几个学生回答一下，也不加深入分析草草做个总结，就算完结了。

案例教学对案例中的焦点和核心问题的解决是案例教学的关键。教师深入引导学生探索案件焦点和核心问题，学生的法律实践应用能力就能得到有力提高。没有课中教师对一个个问题的引导、层层深入地讨论争鸣，本科生法律实务能力的培养往往只是浅尝辄止，难以深入。然而，有些教师在案例教学中缺乏启发性教学，缺乏对案例的引导性教学，缺乏引导学生对案例问题的深入探讨，难以有效地培养本科生探索案件事实的能力。这种简单粗放缺乏启发式的案例教学，显然对培养学生的法律实务能力较为有限，更难以有力促进法学省级应用型一流专业的创建。

（三）通过案例教学培养法律实务能力中教学师资和环境缺失

案例教学是必须具备相应师资和物质条件的。不少法学院真正具有较强兼职律师经验的教师不多，大多教师不具备从事案例教学的实务经验条件，案例教学对其来说也是勉为其难。不仅如此，传统的“灌输式”教学方式，不需要过多的教学设备；而案例教学对网络技术依赖较强，尤其是本质上仍属于案例教学范畴的智慧模拟法庭，对教学设备和网络技术依赖较大。然而，大多法学院由于办学经费有限，难以支撑案例教学需要的物质条件。目前，大多司法实务机构纷纷将人工智能引进到司法实践，而高校在法学案例教学中仍然投入极为有限，法学培育的法律专门人才难以和司法实务部门相衔接。

二、加强省级一流法学专业案例教学，强化法律实务能力培养的路径选择

（一）突出培养目标的实践性，实施教学模式改革

培养目标是人才培养的方向指南，回答的是培养“什么人”，是培养理论性人才还是培养实践性人才的问题。我国大部分高校法学专业培养目标应着眼于培养法律应用型人才，即法律实践性、技能型人才。因此，在法学专业人才培养方案中一定要加强培养目标的实践性。而具体培养方案是培养目标的具体实施。在培养方案中，案例教学应作为重要的教学模式予以明确规定，甚至对每门课的案例教学和讲授课的时间比例也应予以明确界定。在人才培养方案中，加强培养目标的实践性，必将强化法律实务能力的培养；同时明确案例教学为法学教学的主要模式，将对法学教学实践中本科生法律实务应用能力的培养产生深远的影响。

（二）完善法学案例教学方法，提升案例教学技能

“工欲善其事，必先利其器。”干任何事情都是有一定方法的，法学案例教学也有其方法。教师应结合自身教学实际，包括教学环境提供的教学条件和本科生的实际状况，有效地探索符合自己教学实际的案例教学方法。其一，选择多种形式的案例教学模式。案例教学的模式可以是课堂案例教学、法庭旁听讨论式案例教学、模拟法庭角色演练式案例教学、“诊所式”

案例教学等。教师应根据教学目标和本科生具体实际灵活多样地选择这些案例教学模式，多层次、全方位培养本科生法律应用能力。其二，精选案例，注重案例的争议性。精选案例应注意案例的真实性，避免虚构，应坚持案件的典型性，主张案例的争议性。同时尽可能挑选发生在全国范围内的有重大影响或师生身边典型的案例，这样更能激发本科生的学习和探索兴趣。其三，教师充分运用启发式教学方法，加强师生双向互动。选择典型案例激发本科生兴趣是有效提高教学效果的基础，教师加强启发式教学是提高案例教学效果的关键。通过学生之间、师生之间有效的互动，案例中问题的答案在互动中自然呈现，教师适时画龙点睛，如此，本科生法律实务能力可在潜移默化中得到有效培育。

（三）强化师资团队建设，优化案例教学环境

一直以来我国高校评职称的分值权重科研轻教学，高校教师更加注重科研，大多教师是科研型，教学敷衍性强，实务经验缺乏。为了有力进行案例教学，必须大力提升法学教师“双师双能”型比例，将教学打造成理论和实务“双强”型人才。其一，法学院教师原则上应具有国家法律职业资格或同等资格。没有国家法律职业资格或律师资格是不能从事相关职业的，因为他们难以从一个个具体案例中获取法律实务经验，在法学案例教学中难免隔靴搔痒，难以真正落到实处。其二，鼓励法律职业或律师资格的教师在不影响教学的前提下，积极从事法律咨询和律师服务工作，为案例教学积累宝贵的实务经验。其三，制定高校法学教师在法检业务部门定期实践提升机制。可以有计划分批次将高校实务经验缺乏的法学教师派到法检实务部门进行实践业务提升，提升法学实务经验，为法学案例教学奠定良好的师资基础。建议将高校派驻法检业务部门的教师的实务提升时间定为 1 年，并建立相应的考核机制。时间太短，法律业务提升效果有限；时间太长，对高校法学教学势必产生影响。

同时，为了有力提升高校法学案例教学的绩效，加强案例教学投入，优化法学教学条件和环境势在必行。目前，大多学校法学教学设备陈旧，由于经费原因现代智能化先进的教学设备难以引入到课堂。比如，大多地方法院开始建设智慧法庭，而大多法学院特别是地方法学院由于经费短缺难以建设智慧教学模拟法庭。因此，应加强法学专业实务技能教学的经费投入，优化法学专业的案例教学条件和环境，从而有力提升法学本科生案例教学的绩效。

（四）加强案例教学协通创新，形成法律共同体协同育人机制

“形而上者谓之道，形而下者谓之器。”法学不仅是“道”层面的理论学科，更是“器”层面的技能学科，二者兼而具之。法学不仅应培育本科生法律技能，也应培育本科生的法律精神，前者是前提和基础，后者是提升与升华。对于省属地方高校法科本科生而言，通过案例教学培育其法律应用技能至关重要。而传统法学专业教学校内课堂教学，由于教学平台的限制，培育本科生法律技能深度毕竟有限，拓展创新法律技能培养的新型模式势在必行。构建校院合作、校所合作和校企合作的协同育人培育本科生法律应用技能将是必要之举。教育部、国家发展改革委、财政部《关于引导部分地方普通本科高校向应用型转变的指导意见》（教发〔2015〕7号文件）提出：“建立产教融合、协同育人的人才培养模式。”实际上，法学教学部门和实务部门协同创新培育本科生法律实务能力，核心仍然在于实务部门应通过一个个活生生的现实案例进行教学。实务部门和教学部门应进行沟通互动，讨论如何有的放矢地通过案例教学培育本科生法律实务技能。在人才培养方案的制定、培养模式的确定、培养方式的选择上应加强互动，案例教学方法的提高上应加强双向互动与协同。

学以致用：案例教学实践在传统教学模式下的应用与思考

兰 照 段慧玲*

摘 要：传统讲授式教学模式培养出来的学生实践能力不足，而源于欧美的案例教学方法却能有效解决这一问题。但该方法自20世纪中后期被引入我国后，由于诸多因素的影响无法完全有效发挥其作用。通过比较分析，我们认为若是兼顾讲授式教学模式与案例教学模式，将两者的比重以教学目的为标准达至均衡，同时注重对学生学习、研究方法上的培养，将会有效提高我国人才培养质量。

关键词：案例教学；实践能力；教学改革

案例教学法是一种以案例为基础的教学方法。通常认为该教学方法起源于20世纪初期，由美国哈佛大学商学院所倡导。早在19世纪70年代，时任哈佛大学法学院院长的兰德尔就创立了判例教学法，作为当时一种全新的教学方法，它以真实判例（法律上的案例）为主要的内容，辅之以苏格拉底教学法引导学生通过自主思考、分析案件问题向学生传授法律知识，逐步培养学生的法律思维与实践分析能力。正是这种教学模式造就了如今的美国法学教育。同时又经由哈佛大学商学院的倡导，案例教学模式逐渐被许多欧美大学所采纳与使用，并被视为一种高效的教学模式。早期，我国一些高校在研究生教育中也开始陆续引入了案例教学模式。而以法学研究生教育为例，案例教学法在20世纪80年代末被引入我国法学教育之中。经过近些年的发展与本土化，案例教学法在我国法学教育中起到了很大的作用，但这种作用并不理想。同时这种教学方法仍然不是主流，案例教学方法在一些法学院校里只是作为一种实验性产品而偶然为之，有的甚至以

* 兰照，男，河南郑州人，湖南工业大学法学院硕士生导师，主要研究方向为法理学。段慧玲，女，湖南郴州人，湖南工业大学法学院硕士研究生，研究方向为法理学。本文为2020年湖南省普通高等学校教学改革项目"'走进法庭'案例教学常态化运用模式创新研究"的研究成果；2020年湖南省教育厅一般项目"案例教学常态化应用模式研究"的研究成果。

失败而告终。为何案例教学在欧美被视为一种高效的教学模式在我国却无法完全有效地发挥其作用、是否有采用这种模式的必要性以及它能否在我国得以有效的使用和推广，都是不得不考虑的问题。

一、采用案例教学模式的必要性及可行性分析

（一）案例教学模式的特点

案例教学模式以案例教学法为基础辅之以苏格拉底教学法，一般由老师在课前将案例材料发给学生，由学生在课下研读分析案例，收集相关材料。上课时再由学生和老师共同来讨论分析这个案例。学生就案例材料提出自己的看法并由老师持续向学生提出一系列相应问题，逐步引导学生理清思路、看清问题，培养学生从案例中主动发现知识的能力，而不仅仅是简单地向学生传授知识。相比于传统的教学模式，案例教学模式具有以下特点：

1. 鼓励学生通过独立思考去发现和解决问题

传统教学模式虽然也鼓励和要求学生课前做好预习，但这也只是对老师所要讲的内容及教材的预览。而案例教学模式课前发给学生案例材料，并给予一定的期限，要求学生在课下经过对材料的分析与研读，自己首先尝试着去发现和解决问题。而老师在课堂中则扮演着一个引导者的角色，通过不断提问，引导学生去发现和触碰问题的本质。学生作为教学的主体，需要通过不断的独立思考及对自己收集材料的完善来应对老师可能发出的“诘难”。这与《中庸》中的“审问、慎思、明辨”的治学之道有异曲同工之妙。

2. 作为一种互动式教学模式，重视师生之间的双向交流与及时反馈

传统的讲授式教学模式以教材为核心，老师作为主讲人，目的在于向学生“传业、授道、解惑也”。这种模式下，学生只是信息的接收者，师生之间在课堂上很少互动，教师无法及时得到学生的反馈，从而对教学做出合理的调整。而案例教学模式是一种互动式的教学模式，老师向学生就案例材料提问，学生针对问题各抒己见，师生之间处于一种不断互动的状

态，老师也可以很好地了解学生在课堂上的学习状况和效率。

3. 以案例为基础，注重理论与实践相结合

这可以说是案例教学模式最重要的一个特点。以讲授为主的传统教学模式只注重理论知识的传授，而缺乏实际案例指导，即使在讲授中提到一些案例，那也只是为了理论教学服务。这种理论与实际脱轨的讲授式教学模式导致学生毕业后无法学以致用，是传统教学模式的一大弊端；而案例教学模式注重理论与实际相结合，通过师生对实际案例的分析与探讨，在解决问题的同时，能在案例中学到知识，学会思考。

（二）采用案例教学模式的必要性分析

为什么要采用案例教学模式？其必要性可以从传统教学模式的弊端、案例教学模式独有的优势及社会需求这三个方面来看。

在我国，传统教学模式以讲授为主；在欧洲主要有讲座（lectures）和"席明纳"（seminars）这两种教学模式。讲座与我国的传统授课模式相似，都是以老师为主讲人，以理论知识为内容，向学生传业授道。学生作为信息的接收者只负责认真听讲，师生之间缺乏互动。而"席明纳"教学模式通常译为研讨班，起源于德国，在欧美的高等教育中被广泛运用。费孝通先生在《留英记》中认为将之译为"席明纳"更能传达该词的精神。"席"有围席而坐之意，大家围席而坐一起来讨论问题；"明"在于明白，把问题讲清楚，弄明白；"纳"意旨采纳、纳新，大家在讨论中皆有所获。[1]

在"席明纳"教学模式中，师生处于平等的地位，有同等的发言权，有时老师甚至只作为"席明纳"的主持者，较少发言，只是引导着学生们讨论。讨论的结果或许是多样化的，老师也会对最后的结果作出点评，与英美法系中的庭审辩论颇有相似之处。这种互动式的教学模式可以很好地解决师生之间缺乏互动这一问题。在国内亦有许多学者极力推崇此种教学模式。如中国政法大学的郑成良教授在《法学野渡》一书中对这种教学模

[1] 谢志浩．开满鲜花的田野：播种者费孝通 [J]. 广西民族学院学报（哲学社会科学版），2005（5）：40-43.

式有所介绍与推荐。然而就培养学生的实践能力方面，“席明纳”教学模式却依然显得苍白无力。

正如前文所述，案例教学模式有一个其他教学模式无法比拟的优势——以案例为基础，注重理论与实践相结合；采用了苏格拉底教学法，注重师生之间的互动。这使案例教学模式在欧美成为一种高效的教学模式。而后被引入中国，由于诸多因素而未能有效发挥其作用，故被一些教学人员误解，将之视为一种低效的或并不适合我国国情的教学模式。

20 世纪末以来，随着我国经济的迅猛发展，社会对应用创新型人才需求越来越大。而当时高校依然普遍采取以传授理论知识为重点的讲授式教学模式，导致学生实践能力不强，毕业后无法将其所学知识有效地学以致用。政府因此也先后出台了许多有关培养应用创新型人才的计划。以法学教育为例，2011 年教育部和中央政法委员会针对目前中国法学院培养模式单一、学生实践能力不强的现状，出台了“卓越法律人才教育培养计划”，旨在培养应用型、复合型法律职业人才。而在 2015 年 7 月，教育部又提出了创新人才培养机制，探索具有鲜明特色的应用型、复合型、创新型法治人才培养模式的“卓越法治人才教育培养模式”。在“卓越法治人才教育培养计划”中重点提到了案例教学法在法学教育中的重要地位。故而在我国高等教育中采用案例教学模式是很有必要的。

（三）采用案例教学模式的可行性分析

自 1870 年美国哈佛大学法学院院长兰德尔创立了判例教学法以来，案例教学模式并非一成不变，虽然自其产生之后就不断为人诟病，但历经多次改革，至今日趋完善。不仅在大多数欧美法学院被采用，而且经由哈佛商学院倡导后，进一步为世界更多高等院校所沿用，并取得了显著的效果[1]。

早在 20 世纪 80 年代这种教学模式开始被引入我国，虽然出现了一定的水土不服，但经过二十多年的发展，案例教学模式在我国的高等教育中已起到了很大的积极作用。这种注重实践能力培养的全新的教育理念也受

[1] 郭崇．论本科法学教育中案例教学法之完善 [D]. 长春：吉林大学，2013.

到一些师生的重视和欢迎。这也就说明了案例教学模式在我国已取得了一些相对成功的经验。再者，改革开放以来由于国家经济发展，政府对高等教育投入不断增加，许多高校师资及教学条件有所改善，这对采用案例教学模式提供了可靠的硬性条件。最后，我国高等教育，特别是研究生教育大都采取小班教学，在规模上适宜采用案例教学模式。

二、不同教学模式的比较分析

如果以是否采用案例教学模式为标准进行分类的话，高等院校的教学模式大致可以分为无案例教学模式、全案例教学模式、传统讲授模式与案例教学模式相结合的教学模式这三种。

无案例教学模式即全采用讲授式的传统教学模式，这种模式注重学生理论系统的构建，而缺乏对其实践能力的培养，致使学生毕业后常常无法立即从事实践工作。以我国的传统法学教育为例，讲授式教学模式以立法机构颁布的法律法规作为教学素材，在教学过程中着重强调法学的系统性、抽象性、理论性、概念化及其形式结构。而这种模式下培养出来的学生法学理论基础固然扎实，但面对实际的法律案子却常常不知从何处着手。学生毕业后通常还要在执业律师的教导下或在公检法等机关的前辈带领下才能逐渐开始走向实践领域。我们注意到，不少以传统讲授式教育为主的高校在学生毕业前会要求学生进行为期数月的实习。这正好表明了这些高校或许已经意识到了传统讲授式教学模式的不足（当然不排除有些高校安排毕业实习是出于教育主管部门的要求或盲目跟风）。但不可否认的是毕业实习是在高等教育的教学计划内为弥补讲授式教学模式对学生实践能力培养不足而设计的一种制度。但是这种制度设计是否合理？又能否实现设计者预期的目标提高学生的实践能力呢？

一般高校会安排最后一学年的几个月作为学生的实习时间，实习和专业课一样也算一定的学分，并要求学生定期撰写实习报告，单位开出实习证明，有的高校甚至安排了专门的老师带队实习，并为学生的实习状况进行评分。可见这一制度设计得并不粗糙。然而现实中大学生实习经历造假的新闻层出不穷。即便是有按规定认真实习的，也会遇到“实习单位难找，实习时很难学到实质性的东西”等问题。这些问题的出现不能完全归因于学生不努力或企业单位门槛高，关键原因在于学校的传统教学方式导致了学生的理论和实践脱节太明显，快毕业或刚毕业的学生即便是通过了几年的专业理论学习也无法立即胜任一些实践问题。[1] 可见只是生硬地给学生安排一些实习，并不能有效弥补传统讲授式教学模式的不足。当然这样表面上能让社会大众认为学校是重视学生实践能力培养的，但由于学生的理论知识与实践脱节太明显，其效果则不言而喻。案例教学模式以案例为基础，师生通过互动式的教学，一起分析案例、解决问题，在案例材料与问题中应用或是抽象提炼出理论知识，可以使知识更加生动地体现在学生面前，同时让理论知识的传授与实践能力的培养衔接得更为密切。[2]

如是分析，既然我们看到案例教学模式有这么多优点，又是否意味着我们要极力推崇案例教学模式，摒弃传统讲授式教学模式呢？下面我们来分析全案例教学模式即只采用案例教学模式来培养学生的教学模式。

全案例教学模式无论是在我国不同高校范围内还是在不同学科领域内或是普通本科教育层次中都运用得并不是很广泛。一些高校的 MBA（工商管理硕士）培养中案例教学模式运用程度应该是最高的。个中原因也是为许多学者所诟病的，第一，案例教学模式对师生的智力水平和综合素质要求较高。若是没有一定的功底，案例教学模式很难开展。第二，案例教学模式较之传统讲授式教学模式在理论知识的传授方面效率是比较低的，对于本科教育或是其他初级高等教育所要求的理论知识传授要求并不是最佳的选择。所以案例教学模式更适用于高层次的高等教育。第三，案例教学模式过于注重逻辑推理而轻视结果和生活的真实经验。[3] 而现实生活不仅

[1] 赵丽．法学专业实践教学评价探讨 [J]. 西部素质教育，2018（6）：110-111.

[2] 朱江．现代远程教育下法学教育实践探索研究 [J]. 湖北函授大学学报，2018（15）：131-132.

[3] 孙记，董凯．论互联网时代法学实践教学开展中的悖论——以地方高校本科教育为主的分析 [J]. 黑龙江教育（理论与实践），2018（9）：16-17.

要依靠逻辑，更重要的是生活的真实经验。就法学领域，正如美国霍姆斯大法官所说：法律的生命不在于逻辑而在于经验。

在此我们不难看出，全案例教学模式的不足又恰好能为讲授式教学模式所补充。二者的这种互补以至于我们可以认为前述的第三种教学模式，传统讲授模式与案例教学模式相结合的教学模式是相对来说最佳的教学模式，然而问题到这里并没有结束。我们不禁还是要问，这种相对最好的教学模式难道就可以很好地适用于我国的高等教育吗？下面我们将分析这种教育模式所存在的问题及其对策。

三、讲授式与案例教学相结合的教学模式之问题与对策分析

如前所述，案例教学模式可以弥补传统讲授式教学模式对学生实践能力培养的不足，讲授式与案例教学相结合的教学模式又能在一定程度上减少全案例教学模式的一些弊病。然而在我国的高等教育中，这种教学模式依然有一些问题需要予以重视和解决。这些问题有的则是全案例教学模式所遗留下来的问题。

首先这种教学模式是由讲授式和案例教学结合而形成的教学模式，我们既然认识到纯讲授式教学模式和全案例教学模式都不好，那么讲授与案例教学各应占多少比重？如何做好二者之间的有效平衡？我认为这种平衡应根据教学需求作出，不可一概而论。在不同教学层次上，本科刚开始应接触学习更多的理论知识，讲授式教学应占更多比重，而后面可以逐渐增加案例教学比例；研究生阶段由于已有了本科的理论基础，可以偏重一点案例教学。在不同专业层面上，有的专业更侧重理论知识，讲授式教学模式应占更多比重；而有的侧重实践则应加强案例教学。我国研究生教育分为学术硕士和专业硕士。以法学为例，法学硕士教育侧重于理论研究讲授式教学，故讲授式教学模式所占比例要大；法律硕士更重视法律应用人才创新人才的培养，案例教学则应占更大比重。

其次是对老师能力的要求。这一问题实质上是案例教学模式所遗留下

的一个问题。案例教学模式对老师的能力和素质水平要求较高。它首先要求老师要准备足够的合适的教学案例，并且自己对案例材料要有事先熟悉的了解。其次是要求老师要善于在课堂上通过对学生提出问题，引导学生去分析案例、发现问题和解决问题。[1] 而仅仅是在讲课过程中对理论知识进行举例说明并不是案例教学模式，而依然属于讲授式教学。

最后是对学生思维和能力的要求。首先，与欧美教育不同，我国学生从小接受的大都是填鸭式教学（或讲授式教学），上课只负责认真听讲记笔记，没有养成很好的批判性思维。这导致学生在案例教学中由于习惯性地被动接受而无法成为一个积极主动的参与者参与到案例分析中来。其次，案例教学模式要求学生提前翻阅查看案例及大量相关材料以做好课前准备。而我们教育的另一个不足在于很少对学生进行阅读方法及文献检索方面的培养，这导致学生参与案例教学的准备将会是很吃力的。

对上述问题的提出和分析并不是为了否认讲授式与案例教学相结合的教学模式，而是希望这种模式能够通过解决这些问题更好地为我国高等教育服务，为我国社会经济发展提供更多优质人才。[2]

四、结语

传统讲授式教学模式下培养出来的学生常常被认为实践能力不足。即使是在毕业前安排一定时间的实习，由于学生理论知识与实践脱节太明显也无法有效解决这一问题。案例教学模式以案例为基础，理论知识的传授与实践能力的培养衔接更为密切，能有效解决学生实践能力不足的问题。而纯粹的案例教学模式对师生能力素质要求过高，在理论知识的传授方面较讲授式教学模式效率更低，在我国高等教育中无法得到很好的适用。若是兼顾讲授式教学模式与案例教学模式，将二者的比重以教学目的为标准达至均衡，同时注重对学生学习、研究方法上的培养，将会有效提高我国人才培养质量。

[1] 韩阳．中国法学教育的目标困境及教育模式的重置 [J]. 学习与探索，2012（4）：108–110.

[2] 朱祥海．走出法律教育的"囚徒困境"[J]. 现代教育科学，2011（9）：15–17.

“走进法庭”实践教学创新模式研究

彭宏伟*

摘　要：国内外生命教育开展的类型大致分为学科形式的生命教育，以活动体验为主的生命教育、以生活内容为本位的综合多学科的生命教育和单一主题的生命教育。多学科的生命教育主要集中在德育、伦理、心理学、社会学等学科，多在道德宗教领域开展，而忽视法律这个调解人与社会关系的领域。生命教育与法律的衔接不只是课堂中讲解几个与生命教育有关的典型案例，更重要的是让大学生切身体验各类法律案件审理过程中包含的生命教育的具体内容。本文的目的是通过大学生走进法庭旁听案件的实践教学形式丰富生命教育的内容、挖掘生命教育教学方法的新形式、探索生命教育新领域。

关键词：生命教育；人权；法律；走进法庭；实践教学

1968年美国华特士（James Donald Walters）首次提出生命教育的思想，并在其创办的学校里倡导和实践生命教育。此后，生命教育逐渐成为一种教育思潮并在全球引起了关注。我国大陆学术界在吸收和借鉴港台地区和海外生命教育的理论成果和实践经验的基础上提出生命教育的基本内涵。有学者认为生命教育就是包括“自然生命的教育、精神生命的教育和社会生命教育”在内的“复杂的、完整的教育网络和有机统一的教育体系”。[1]也有学者认为生命教育应该涵盖一个人从摇篮到坟墓的全部生命历程，是对受教育者所进行的一种富于人文性的、较为完整而全面的关于生命意识和生命价值的培养和教育的活动[2]。还有学者将生命教育划分为“生存意识

---

* 彭宏伟，女，湖南永州人，湖南工业大学讲师，研究方向为诉讼法学。本文为2020年湖南省普通高等学校教学改革项目“‘走进法庭’案例教学常态化运用模式创新研究”的研究成果；2020年湖南省教育厅一般项目“案例教学常态化应用模式研究”的研究成果。

[1] 冯建军．生命与教育[M]. 北京：教育科学出版社，2004.

[2] 刘剂良．生命教育论[M]. 北京：中国社会科学出版社，2004.

教育”“生存能力教育”和“生命价值升华教育”等三个层次，指出这三个层次的教育是一个相互联系、相互渗透的有机整体，应该随着时代的发展变化不断增添新的内容。[1]生命教育的内容体系从横向上可以划分为以“生命的活力”“生命的成长”“生命的实现”“生命的伦理”“生命的兴致”“生命的意义”为内涵的六大主题和以“生命的探索”“生命的体会”“生命的实践”为主体的三大向度以及以“体会生命的价值、探索生命与大自然的关系、实践解难能力、体会及管理自我情绪、探索人与人的关系”为要素的五大单元。[2]生命教育内容体系从纵向上具体分为：小学和中学阶段的生命教育，在于让学生逐步树立正确的生命意识，理解生命、感悟生命、关爱生命、享受生命，养成健康良好的生活方式，培养积极的生活态度和人生观。大学阶段的生命教育，在于引导大学生正确“看待生命现象，既认识到生命的伟大与崇高，又认识到生命的脆弱与无助；既了解人类生命的价值，又了解自然界中其他生命的意义”，从而使其能够“以平等的眼光看待世间万物，以敬畏的心情善待一切生命，以负责的态度关爱自己和他人的生命”。[3]

一、生命教育中融入法律内容的理论背景

生命教育的价值在于让当代青少年学生应对生命成长中的沉重压力，缓解精神焦虑，提升幸福感，重塑生活信心与目标，从而享有完整、愉悦的人生。生命教育也是我们切实纠正传统社会、家庭和学校教育中重知识传授、轻品德教育，重成绩提高、轻境界升华的重要途径。然而，社会上频繁出现青少年学生厌世、自杀，甚至违法犯罪的新闻，所以生命教育不能仅停留自我内在层面，需要关注外在的社会层面，在生命教育中需要渗透法律内容。从某种意义上讲，法律是权利之学。在以人类中心论为主流的前提下，权利首先是人的权利，人的权利分为应有权利、法律权利和现

[1] 许世平．生命教育及层次分析 [J]. 中国教育学刊，2002（4）：4.

[2] 盛天和．港台地区中小学生命教育及其启示 [J]. 思想理论教育，2005（9）：27-30.

[3] 汤丽芳．近 20 年中国大陆生命教育研究述评 [J]. 学校党建与思想教育，2013（1）：24-27.

实权利。应有权利对应的是人权理论。

（一）生命教育与人权

生命教育倡导认识生命、勇于生存（生命的体验），敬畏生命、提升质量（生命的探索），尊重生命、实现价值（生命的实践），热爱生命、顿悟人生（生命的超越）。这些观点与人权的基本理论有着许多相近之处。人权，是指在一定的社会历史条件下每个人按其本质和尊严享有或应该享有的基本权利，本质特征和要求是自由和平等，实质内容和目标是人的生存和发展。人权提倡人要有尊严地生活，有尊严地生活的前提是生命的存在。《世界人权宣言》第3条规定，人人有权享有生命、自由和人身安全。《公民权利和政治权利国际公约》第6条规定，人人有固有的生命权，这个权利应受法律保护。不得任意剥夺任何人的生命。生命权是人权最基本的权利。生命权不能被抛弃，也不可被转让。人的生命分为自然意义上的生命和社会意义上的生命，社会意义上的生命是人的生存尊严和意义所在，是连接全部社会关系的物质中介。人权中的生命主要指社会意义上的生命，并在规范设计上重视生命权在社会秩序中的地位，因此自然人当然享有的自杀权会被社会秩序观所抛弃。人权对生命的立场与生命教育中对生命的理解有相通之处，因此，在生命教育中渗透人权理念是生命教育理论的有益补充。

（二）生命教育与法律

现实社会的法律状况为生命教育的兴起提供契机，生命教育为法律遵守提供精神保障。近年来，生命教育不断受重视的因素之一是青少年违法犯罪逐年增加。其原因不是我国调整人的外在行为的法律不健全，而是法律背后的“理”不能深入人心。在信息发达、价值多元、生存竞争激烈、贫富差距加大的今天，大学生群体面对压力增大，心理危机日益严重，大学生自杀、他杀等新闻时有发生。来自网络上的资料显示，近几年来，“青少年犯罪率逐年提升，大学生违法犯罪人数占高校总人数的1.26％”。[1]“九〇后”大学生违法犯罪率不断攀升的原因很复杂，表象

[1] 邵立峰．高校法律教学融入生命教育的探究[J]．法制博览（中旬刊），2013（10）：305+301.

上看是缺乏道德教育和法律教育，究其根本是生命教育的缺乏。生命教育是道德修养和法律素养的根本，缺乏最基础的生命教育，道德熏陶和法律强制都停留在表面。从某种意义上甚至可以说，生命教育是一切教育的基础，是人本教育的“本”。“生命教育的低层次目的是避免个体做出危害自己、他人和社会的行为。高层次目的则在于培养个体正面积极、乐观进取的生命价值观，并且能与他人、社会和自然建立良好的互动关系。”[1] 正如我国主张的首要人权是“生存权”一样，生命教育首先要保证实现低层次的目标，否则高层次的目标会因缺乏物质载体而无法实现。低层次目标的底线是不要违法犯罪，如何预防青少年违法犯罪是生命教育的目标之一。现在的法律教育多是解析法条式的教育模式，犯罪心理学等课程也不能从根本上预防犯罪，而生命教育却能解决这一难题。

二、“走进法庭”实践教学在生命教育中的运用

（一）在生命教育中开展实践教学模式的机遇

生命教育是一种知识教育，更是一种实践和体验式教育，后者更能达到生命教育的目的。生命与社会实践之间存在天然的密切关系，生命是社会实践之源，社会实践是生命的表现形式之一。传统的高校教学模式是“重课堂，轻课外”“重理论，轻实践”“重说教，轻养成”“重教化，轻内化”，远远脱离新媒体时代大学生的理想与现实，学生们厌倦、抵制传统的教学模式。所以，在高校教学中必须强化实践性教学环节，使理论与实践结合起来。而且实践性的生命教育模式要与当今大学生的身心特点相适应。90后的大学生是在新媒体滋养下长大的一代，网络、手机等新媒体改变了已往学生的学习观念和学习模式，新媒体为大学生提供海量信息，同时也考验学生们的判断能力，模糊学生们的信仰。新时代的大学生是在文化多元与价值冲突中找寻自己的位置。在新媒体的影响下，大学生对课堂上单纯的理论讲授式教学模式普遍抵触，所以因人施教的古老教学理念呼吁在课

---

[1] 李琼瑶．生命教育：大学生法律教育的新视域 [J]. 当代教育论坛，2009（11）：99-101.

堂之外开展实践教学模式，尤其是像生命教育这样需要切身体验的课程。

（二）“走进法庭”实践教学在生命教育中的尝试

“走进法庭”实践教学是生命教育渗透法学内容，而且是让学生走出课堂，走近法庭，直面法律案件的庭审。选取的是与大学生自身生活相关的民事案件、亵渎生命的刑事案件等，能让学生亲历庭审现场、领略法律的威严和法庭的庄重，加深对生活的感知、生命的理解；加深大学生接受与认识生命的意义，尊重与珍惜生命的价值，感悟与体认生活的别样；使学生树立起积极、健康、正确的生命观，最终达到生命教育的目的。

“走进法庭”实践教学在生命教育的多元教学模式下有着先天的优势。无论是生命教育中融入法律环节，或者是法律教育中渗透生命教育的环节，涉及法律的部分无外乎典型案例的讲解、情景展示、模拟法庭等传统的课堂教学形式。新媒体时代大学生们对生活中热点案例的知晓度远超预期，且对案例有自己独到的见解。大学生演绎真实案例等情景展示方式需要学生们的表演才能，而且表演者和观众关注更多的是演技，而忽视情景展示内容，博得大家一笑，活跃课堂气氛的作用大于生命教育的目的。模拟法庭的形式需要学生们具有比较全面系统的法律知识储备，这对非法律专业的学生是个挑战。如果在模拟法庭的过程中出现法律专业知识的错误而误导大家，这样的教学模式不但不能树立正确的生命观，而且还会在法律上误导众人，最后往往是事倍功半。“走进法庭去旁听司法审判”，听了就让学生们兴奋。现在的本科生教学课时数多，学生们依然延续高中的上课模式，故“走出学校课堂”的授课模式得到学生们的青睐。这种授课模式帮助他们走进专业的司法审判庭，聆听真实的案例审理及判决的过程，实现了对生命的珍视、生活的感知。我国诉讼法规定，除了涉及国家秘密、个人隐私及法律另有规定的案件外，法院审判一律公开审理。这就意味着，旁听公开审理的案件审判是我国公民的一项法律权利，大学生群体拥有这项法律权利。“走进法庭”实践教学可以避免学生们因法律知识缺乏而导致模拟法庭中的错误，是真实案例带来的感官及心灵的刺激强于学生们的情景演绎，是走出课堂的模式在生命体认知和法律传授上效果都好于传统的教学模式。

“走进法庭”实践教学的生命教育模式的意义在于把课堂内外相融合，理论与实际相结合。学生不仅是课堂的主体，更是自己生命的主导。从笔者几年来采取此种方法的教学效果来看，课外实践教学模式是学生们喜欢和收获很大的教学模式，甚至取得了传统的课堂无法比拟的效果。笔者曾经带领 100 名学生旁听了发生在本校附近的一起死刑案件，让学生近距离地接触“死亡”。庭审之后，学生们不仅学习了刑法方面的知识，更深刻地领悟了生命的真谛。走进法庭，再次提醒大学生的社会担当。走出书本，走入实实在在的社会大课堂。旁听庭审时,学习法律知识,也知晓社会百态。“走进法庭”的实践教学是生命教育开展的必然。

三、“走进法庭”实践教学在生命教育中的开展

笔者进行的教学探索是在法律基础课程中融入生命教育，“走进法庭”的实践教学模式也是在这门公共基础课中开展的。具体的操作环节分为三部分：

第一，准备阶段。第一次课即布置好这学期“走进法庭”实践教学的任务。课堂中老师引导学生浏览几个法院的网站，了解近期的开庭信息，也提起学生们的兴趣。实践教学分为两种，一种是老师带领全体学生去法院旁听庭审，每学期进行一次。另一种是学生以小组的形式自行前往，把全班同学（一般每个自然班 45 人，合班 90 人）分为 10 组，要求每组全体成员在这学期内至少自行去法院旁听一次庭审。原则上各个组之间不重复旁听同一时间同一地点同一案例。旁听的时间根据法院的开庭时间和学生们的课外时间自由调解，从作业布置到这学期结束前每组陆续进行。选择旁听的法院一般集中在基层和中级人民法院。选择的案例包括刑事、民事、行政等。

第二，实施阶段。每组学生旁听庭审后把本组的心得体会以文字的形式在上课前 24 小时内发给老师。老师课下充分准备，课堂上适当引导会使

课堂讨论达到更好的效果。每组学生都要在下次课堂中展示本组“走进法庭”实践学习的收获，包括提前的准备工作、案情介绍、法律知识的分析、生命的启迪、社会的万象等的体会。展示的形式多样化，可以 PPT、口头表达、文字等形式。本组成员课堂展示后，其他学生就此次“走进法庭”实践活动提问和讨论。最后老师总结，包括此次案件涉及的法律内容和生命教育的内容，生命教育的内容是讨论和总结的重点。因为不同的庭审得来的法律知识对非法律专业学生来说都是细小和碎片式的，甚至是非法律人无法发现的。而案件到法院层面通常也非日常法律常识能够解决，复杂疑难的案件需要懂法理懂生活的人去解析，我们学生“走进法庭”实践教学能够收获更多的是生命教育。老师带领全体同学旁听庭审的案件会选择发生在学生身边、社会影响大的案件，以课堂讨论和课后网络讨论的形式结束。

第三，考核阶段。法律基础课程的期末总分一般包括期中、期末考试和平时分，在百分制中期末 40 分、期中 20 分、平时 40 分。“走进法庭”实践环节占“平时 40 分”的一部分。得分的标准分为每组同学对这次作业的课前准备程度、旁听庭审的状况、课堂展示的理论深度、身心体验程度等。其他参与讨论的非本组成员都有鼓励性加分。参与老师带队旁听庭审讨论的同学以加分的形式获得分数。每组的分数由老师给出，每位同学“走进法庭”作业的最后分数为老师给的分数加上讨论得的鼓励分的总和。笔者教学实践几年下来，学生们在“走进法庭”这个学习环节上分数差别不大，重要的不是分数的拉大，而是学生此行的收获。

在生命教育中开展“走进法庭”实践教学需要面对一定的困难。首先，走出课堂的实践教学需要人力、物力的投入。尽管法律规定旁听公开审理的案件是每个公民的一项权利，但是老师带领全班同学去旁听还是要事先与法院协商，如有采访拍照等还需经法院的宣传部门同意。前去法院的交通费用也需要学校相应的经费自助。其次，旁听的权利有时被恶意剥夺。自行前往旁听的学生们有时还被有的法院以非法律理由拒之门外，需要师生们共同去争取才能进入法院旁听。再次，学生们的上课次数多，在工作日开展课外实践教学活动的时间较少。尽管需要面对的困难重重，但为了大学生能够真切地尊重生命、理解生活的意义，“走进法庭”实践教学需要克服困难顺利开展下去。

四、结语

近年来，媒体接连播报各地女大学生失联的新闻，一方面是为了取得类似“漂亮白人女性失踪案”的社会关注度，另一方面也说明女大学生群体缺乏安全意识，社会对犯罪高危人群缺少监督机制。“走进法庭”实践教学在生命教育中的运用，首先让大学生群体预防犯罪、珍视生命，继而在亲临庭审中受到心灵的感化，形成一种深刻的生命情感，增加大学生对生命的理解，从而实现生命教育的目的。

一流法学专业实践教学模式探究

李进平 *

摘　要：根据全国教育大会精神和教育部《关于加快建设高水平本科教育全面提高人才培养能力的意见》，高校人才培养要坚持以学生为中心，全面发展，注重培养学生的创新精神和实践能力，健全协同育人机制，优化实践育人机制。法学专业实践教学是训练和提升法科学生法律实务能力，培养应用型法律人才的重要途径，是法学教育的重要组成部分。目前我国高校的法学实践教学普遍存在教学模式单一、形式化倾向严重、教学实效性差等弊端，难以实现实践教学目的。在一流专业建设背景下明确法学专业实践教学目标，构建一套层次分明、体系完整、结构合理的实践教学体系是提高法学实践教学效果，培养法科学生法律职业技能，优化法律人才培养质量的重要保障。

关键词：法学专业；实践教学；法学教育

美国著名的大法官霍尔姆斯曾说过，“法律不是逻辑的结果，而是经验的积累”。[1] 法学专业实践教学过程就是法科学生法律实务经验的积累过程，是培养和提升学生的法律职业技能的必经途径和重要渠道。教育部十分重视高校的实践教学和对大学生实践能力的培养，2011 年出台的《关于实施卓越法律人才教育培养计划的若干意见》中强调要强化法学实践教学环节，强化学生法律实务技能培养，提高学生运用法学与其他学科知识方法解决实际法律问题的能力，促进法学教育与法律职业的深度衔接。2018 年教育部《关于加快建设高水平本科教育全面提高人才培养能力的意见》中也着重强调注重培养学生的创新精神和实践能力，健全协同育人机制，优化实践育人机制。在一流法学专业建设背景下实践教学的重

* 李进平，男，湖南常德人，湖南文理学院文史与法学学院副教授，法学硕士，主要从事法学教育、刑事法学研究。

[1] 博登海默 . 法理学法哲学和法律方法 [M]. 邓正来，译 . 北京：中国政法大学出版社，2004.

要性显得尤为突出，目前我国地方高校法学专业的实践教学普遍存在教学模式单一、形式化倾向严重、教学的实效性差等弊端。笔者根据自己多年指导法学专业实践教学的经验和体会对法学专业实践教学模式的构建谈几点粗浅的认识，以期抛砖引玉，和同仁们共同探索一条促进法学专业实践教学的有效路径。

一、目前高校法学专业实践教学存在的问题

（一）实践教学的目的不明确

教育部《高等学校教学管理要点》强调了实践教学的重要性，明确规定："实践教学是教学过程中的一个极其重要的教学环节。"2005 年教育部颁布的《关于进一步加强高等学校本科教学工作的若干意见》第 10 条明确要求："大力加强实践教学，切实提高大学生的实践能力。"各高校也遵照教育部的规定加大对实践教学的投入和改革，"但传统上片面注重理论教学的惯性作用仍旧持续，相当多的教师和学生缺乏对法律实践的基本认知，实践教学被看作是弥补理论教学缺失的辅助工具，而非一种独立的教学手段"。[1] 比如课堂内的案例教学，不少教师只是将这种教学方法视为帮助学生理解掌握理论知识的一种手段，当讲授某一知识点时举一案例让学生运用刚刚讲过的知识点进行分析，这样虽然有利于学生当堂理解消化知识点，但由于没有给学生一个事前收集、查阅资料和独立思考的过程，所以对学生分析解决问题能力的培养并无多大帮助，也没有达到案例教学的真正目的。课堂外的实践教学活动也是如此，各高校法学专业人才培养方案中大多设置了数门实践教学课程，但每一门课程究竟要培养学生什么样的能力并不是很清楚，就拿法律咨询这门课程来说，不少高校的做法是将学生分成若干小组下到社区、街道、公园、广场摆摊设点散发传单、问卷调查、接受咨询，事前并没做好充分的准备工作，接受咨询也大多是指导老师代为进行，这样的实践活动很难起到锻炼学生实践能力的作用。

[1] 冯惠敏．法学实践性教学体系构建研究——河北大学法学专业实践性教学改革 [J]．河北大学成人教育学院学报，2011（4）：77.

（二）实践教学课程设置缺乏合理性

1. 实践课程所占比重过低

长期以来，我国高校法学专业的教学受“重理论轻实践”的影响，法学专业实践教学在法学教学体系中的地位较低，法学专业的总学分一般为160个学分左右，其中公共基础课占比达25%左右，专业理论课占比为65%左右，实践类课程占比往往不到10%。教育部一再强调各高校法学专业要重视实践教学，要把实践教学视为培养应用型法律人才的必经途径，并在2011年出台的《关于实施卓越法律人才教育培养计划的若干意见》中着重指出要加大实践教学比重，确保法学实践环节累计学分（学时）不少于总数的15%。在这一背景下各高校开始修改法学专业人才培养方案，适当增设了一些实践课程，但是这一修订并未实质性改变实践教学的地位，增设实践课程只是从形式上加大了实践教学的比重，至于实践教学的效果如何，实践教学的目的能否实现则在所不问。比如不少高校法学专业人才培养方案中增设了法律诊所这门课程，但囿于师资力量、教学场地和教学经费等条件的限制，这门课程实际上很难开设，即使开设了也是走走过场，达不到开设这门课程的目的。

2. 实践课程的设置缺乏阶段性和系统性

目前不少地方高校法学实践课程的设置具有很大的随意性，鲜有经过充分的实证调查研究和缜密的论证。实践课程的设置既未遵循认知规律分阶段进行，也不具有系统性和完整性。当前高校法学实践课程的开设可谓五花八门，没有一个统一标准，课程名称很多，常见的比如庭审观摩、法律咨询、模拟审判、司法调研、法律诊所、疑案辨析、法律援助、专业见习、毕业论文、毕业实习等。不同高校开设的实践课程都不一样，有的高校实践课程的开设完全是依据本专业的师资力量、教学设施和教学场地等条件有选择性地开设几门课程，谈不上实践教学体系的系统性和完整性。而且课程的设置并没有严格遵循认知规律分阶段进行，比如不少高校法学专业一、二年级没有开设一门实践课程，所有的实践课都放在三、四年级开设。

暂且不说这样的课程设置是否科学，单就这些实践课程能否顺利进行就有很大问题，一般来说，大学三年级的专业理论课程是比较多的，大学四年级的学生面临着考研、考公务员、参加法考和找工作准备就业等一摊子事情，想让他们静下心来参加这些实践活动恐怕并不现实，其实际效果也会大打折扣。

（三）实践教学的实效性差

现阶段不少地方高校由于师资力量、教学设施设备和教学场地等因素的影响，法学专业的实践教学流于形式，实际效果较差。导致高校法学专业实践教学缺乏实效性的因素是多方面的，笔者将其归纳为以下三个方面：

1. 实践教学的师资力量匮乏

地方高校法学专业的师资主要来源于法学专业应届硕士毕业生或博士毕业生，这些毕业生法学理论基础扎实，知识面广，但他们普遍缺乏法律实务工作经历，法律实务能力欠缺，即便有少数人兼职从事法律实务工作，比如做兼职律师等，也因为局限于某一领域，没有与实践教学有效挂钩，其自身的法律实务能力难以全面提升。教师自身的实务能力都有很大欠缺，又如何能有效地指导学生的法律实践活动，提升学生的法律实务技能呢?

2. 实践教学缺乏有效的评价机制

当前高校对法学实践教学的评价分为两个方面：一方面是针对指导实践教学的教师，另一方面是针对参与实践教学活动的学生。由于长期以来，法学实践教学没有从整个教学体系中独立出来，没有在教学体系中占主导地位，再加上当前高校对教师工作绩效的评价和职称评定更多的是偏重于教师的理论研究成果，这就使得绝大多数教师只注重本专业的理论研究，而忽视了对实践教学的研究探索，没有投入足够的时间和精力，多数情况下处于一种应付交差的状态，其实践效果就可想而知了。对学生的评价普遍存在简单化的倾向，往往是在一项实践教学活动结束之后让学生写一篇心得体会或实习报告，指导教师仅仅依据这份心得体会或实习报告给学生评定实习成绩，至于学生有没有真正参与实践活动，具体做了哪些工作，有何成效概不考虑。如此一来严重挫伤了学生参与实践教学活动的积极性，导致多数实践教学活动流于形式，其效果不言而喻。

3. 没有构建与校外实训基地联合培养育人机制

教育部虽然在《关于实施卓越法律人才教育培养计划的若干意见》中明确要求各高校积极探索“高校—实务部门联合培养”机制，也确有部分一本高校建立了与实务部门的联合培养机制并取得初步成效，但多数地方高校囿于师资、经费等条件的限制尚未真正构建这一联合培养育人机制。出于实践教学的需要，多数高校都会联系当地法律实务部门，比如法院、检察院、律师事务所，将其作为法学专业的实践教学基地，有的高校甚至与这些实务部门签订了书面的实习基地协议。但这种合作是表面上的、浅层次的，实务部门并未真正融入高校法学专业教学的各个环节。

二、一流法学专业实践教学模式构建的目标及原则

法学专业实践教学有广义和狭义之分，广义的实践教学是指以培养和提升法科学生实务技能为目标，重点训练学生的法律操作能力和法律职业伦理的课程体系、教学方法和考评机制的总称。它包括课堂内的实践教学和课堂外依托实践教学基地平台所实施的所有实践教学活动。狭义的实践教学仅指依托校外实践教学基地，并与校外实务部门联合共同培养训练学生法律实践能力的教学活动。本文中所指的法学专业实践教学是指广义上的实践教学。

笔者以为，法学专业实践教学模式构建有其固有的价值目标和应当遵循的基本原则。具体而言,法学专业实践教学模式的构建有四个目标:第一，满足应用性法律人才培养目标要求，构建具有实效性、全过程的实践教学课程体系；第二，遵循法律人才培养的规律，重点培养和锤炼法科学生的法律实务能力，即能够独自参与法律实践活动，运用所学法学理论知识分析和解决法律实践问题的能力；第三，培育法科学生的法律职业道德和职业伦理，使之牢固树立法律人的使命感和责任感；第四，与法律职业接轨，

帮助学生掌握从事法律实务工作必备的技巧和方法，使他们毕业之后能够迅速适应法律实务工作的需要。

法学专业实践教学模式的构建除了要实现上述四个目标之外还应遵循以下三个原则：第一，全过程覆盖原则。实践教学体系的设置要贯穿于大学四年，包括大学一年级都要设置实践课程。第二，循序递进原则。实践课程的设置要遵循认知规律，按照认知性体验—模拟实训—体验式教学这一顺序安排实践教学体系。第三，实效性原则。实践课程的设置，实践教学模式和考评机制的构建要确保实践教学的实效性，即要保证每门实践课程落到实处，产生实际效果，能真正培养和提升学生的实践动手能力。

三、一流法学专业实践教学模式的构建设想

（一）科学定位法学实践教学目标

当前我国高校法学专业人才培养目标存在“千校一面”的弊端，尤其是地方高校往往直接采用“拿来主义”，效仿一本高校制定本校法学专业人才培养目标，而鲜有考虑自身的办学条件和地方特色，导致培养出来的学生走入社会后没有自身的特色和优势，缺乏竞争力。笔者以为，地方高校法学专业人才培养目标应定位于面向地方基层的应用型卓越法律人才。围绕这一培养目标，法学专业实践教学体系的构建应瞄准以下教学目标展开，即致力于培养法科学生以下四方面的素质和能力：社会认知与适应技能、法律职业技能、创新能力、法律职业道德。社会认知与适应技能主要指社会认知能力、人际沟通能力和社会适应能力，这是法学专业实践教学中的第一个层次教学目标。法律职业技能是法科学生从事法律职业应具备的专业技能，包括语言表达能力、协调沟通能力、制作法律文书的能力、探知法律事实的能力，以及法律诠释、推理和论证的能力。创新能力是技术和各种实践活动领域中不断提供具有经济价值、社会价值、生态价值的新思想、新理论、新方法和新发明的能力。当今社会的竞争，与其说是人才的竞争，不如说是人的创造力的竞争。作为一名法律人要有创新的精神、

勇气和能力才能适应社会发展的需要，才能参与全球化的人才竞争。法律职业道德是法律人从事法律职业的底线和基本保证，是伸张正义维护公平正义的基石，正如孙晓楼先生所言："只有了法律知识，断不能算作法律人才；一定要于法律学问之外，再备有高尚的法律道德。"[1] 所以培养法科学生的法律职业道德是法学实践教学的一个很重要的目标。

（二）构建递进式、全过程实践教学课程体系

法学实践教学课程体系的设计应围绕上述四个方面的教学目标进行，遵循两个原则，分四个模块构建递进式、全过程的实践教学体系。

1. 实践教学课程体系设计应遵循的两个原则

第一个原则是全学程覆盖原则，即法学实践课程应贯穿于大学四年的全过程。法科学生实务能力的培养是一个循序渐进的连贯过程，不是短时间集中突击就能奏效的。应从大一到大四每个学期不间断地安排实践课程，并将各课程的功能与各学期的理论课程相匹配。第二个原则是递进式设计原则，即每个学期实践课程的安排不能太随意，应根据课程的具体内容、教学目标遵循人的认知规律，从"认知性体验"到"模拟实训"再到"体验式教学"，形成多层次递进式的法律实践教学课程体系，从而达到良好的实践效果，实现教学目标。

2. 四个模块实践教学课程体系的构建

围绕上述四个实践教学目标设置相应的四个模块课程，即"社会认知与适应技能模块课程""法律职业技能模块课程""创新技能模块课程"和"法律职业道德模块课程"。当然这四个模块课程的划分是相对的，四个模块并不是完全分开的，某一模块课程主要训练和培养学生某一方面的技能，但同时也可能对其他方面能力的培养起到一定作用，四个模块课程的功能有交叉重叠的地方。第一个模块是"社会认知与适应技能模块课程"，这一模块课程着重训练学生的社会认知、适应能力和人际交往沟通能力。这一模块课程可由法律实务专题讲座、司法见习、司法调研、庭审观摩等课

[1] 孙晓楼. 法律教育 [M]. 北京：中国政法大学出版社，1997：12-13.

程构成。法律实务专题讲座可配合专业教育进行，由实务部门专家就司法实践中的一些热点、难点问题开设讲座，一方面激发学生学习法学专业的热情，另一方面让学生初步了解司法实践。通过司法见习这门课程的学习和实践可让学生初步接触了解司法实务部门和法律案件的处理程序，培养其对法律事实的认知能力。通过司法调研这门课程的学习可让学生初步接触了解社会，尤其是了解目前的法制建设现状和公民的法律意识，培养其法律人的责任感和使命感。庭审观摩课程可让学生亲自感受庭审现场，深刻体会各类案件的审理流程。第二个模块是“法律职业技能模块课程”，这一模块课程可由法律咨询、疑案辨析、模拟审判、法律援助、法律诊所、毕业实习等课程构成。这一模块课程着重训练从事法律职业的技能、技巧，包括语言表达能力、法律文书的制作能力、协调沟通能力，以及法律认知、推理和论证能力等。第三个模块是“创新技能模块课程”，这一模块课程包括学年论文和毕业论文，通过学术论文的写作可培养学生关注社会实践，发现问题、思考问题和解决问题的能力，训练学生的创造性思维，提升其创新能力。当然，创新技能的培养可通过多种途径实现，上述“法律职业技能模块课程”的开设除了训练学生从事法律职业的技能、技巧之外，同样也能训练学生的创造性思维和创新能力，此外鼓励学生参与“全国大学生挑战杯”竞赛，参与大学生研究性、创新性项目的申报和研究等活动均能起到培养学生创新技能的作用。第四个模块是“法律职业道德模块课程”，这一模块包括专门的法律职业道德课程和系列的法律职业伦理讲座。除此之外，实现这一目标的主要途径是，“完善实践课程体系和教学方法，借鉴西方国家进行法律职业道德教育理论探索和实践经验的结晶，将讲授法、渗透法、案例教学法、示范和角色体验等方法引入法律职业道德教育，为学生创设情感体验场并为学生积累情感经验提供机会，使理论知识内化为学生的道德自觉性，养成学生的职业道德人格”。[1]

[1] 刘慧频．论法学本科实践教学目标体系的构建 [J]. 湖北民族学院学报（哲学社会科学版），2010（2）：140.

（三）强化实践教学效果

当前地方高校的法学实践教学活动普遍存在形式化倾向，实践效果较差，成了法学实践教学改革的“瓶颈”，如何突破这一“瓶颈”就成为强化实践教学，实现实践育人目标的关键。笔者以为要加强法学实践教学的实效性需从以下几个方面着手努力：

1. 整合师资资源，构建“双师型”教师团队

构建一支有扎实的理论功底和丰富实践经验的师资队伍是提升法学实践教学效果的根本保障。地方高校可通过“外引内培”的方式构建“双师型”教师团队，一方面学校采取激励措施鼓励本校教师参加国家统一法律职业资格考试，获取律师资格证之后到律师事务所兼职做律师，积累实践经验，同时选派青年骨干教师到法院、检察院等实务部门挂职锻炼，提升法律实务技能；另一方面学校可以从实务部门聘请实务经验丰富的法官、检察官和律师来校做兼职教师，指导学生的实践教学活动。

2. 建立有效的实践教学评价机制

实践教学评价机制由两部分组成，一部分是针对指导教师的评价，另一部分是针对学生的评价。对指导教师的评价要强化激励机制，不仅将教师指导实践教学活动折算成工作量纳入绩效考核，还应将教师参与指导实践教学的工作纳入教师个人的年度考核，并与教师的职称评定挂钩，作为年度评先评优和职称评定的考核指标，以此激励老师们积极投入实践教学活动。对学生的评价要注意量化，注重过程，避免以往仅凭一份报告或一次考试就决定学生最终实习成绩的局面。不同的实践教学项目可以制定不同评价标准，比如模拟审判实践活动成绩的评定可由以下几部分构成：第一部分是理论课成绩，占总成绩的40%，考核的指标包括上课考勤、课堂提问、课后作业、平时测验等；第二部分是模拟审判表演成绩，占总成绩的60%，考核的指标包括庭前准备情况、角色扮演情况、庭上表现、评委的评价、学生互评情况等。通过细致的过程考核，量化打分，使学生感受到实践教学不是走过场，不是敷衍了事就能交差的，从而激发学生参与实

践教学活动的积极性，突出实践教学的主体地位，增强实践教学效果。

3. 加强与校外实务部门的深度合作，构建联合培养育人机制

2019 年 4 月教育部办公厅《关于实施一流本科专业建设“双万计划”的通知》中强调报送高校需不断完善协同育人和实践教学机制，着力推进与政府部门、企事业单位合作办学、合作育人、合作就业、合作发展，强化实践教学，不断提升人才培养的目标达成度和社会满意度。

在一流法学专业建设背景下，各高校更应重视加强与当地法院、检察院、律师事务所、监狱等司法实务部门的深度联系和合作，应通过建立实习基地，签订合作协议明确双方的权利和义务，使实务部门深度融入法学专业实践教学的各个环节；应通过实务部门专家来学校开设法律实务讲座，共同商讨制定人才培养方案、课程体系，指导学生的模拟审判、毕业论文和毕业实习等活动，切实培养提升学生的法律实务技能。

我国普通高校法学本科毕业生就业的现状问题与完善对策研究

李 灿*

摘 要：当前普通高校法学本科毕业生就业在就业形势、就业岗位、就业结构及就业效果上存在着问题，应当引起高度重视和关注。对当前普通高校法学本科毕业生就业问题可以从深层次探寻其原因，从改善人才培养结构和优化高校法学本科教育等入手来重点解决。

关键词：法学本科毕业生；就业质量；就业政策

一、我国法学本科毕业生就业的基本概况

随着我国市场经济的不断深化，高校招生规模的不断扩大，人才买方市场的形成，就业竞争日趋激烈，法学本科毕业生的就业表现出多元化，法学本科毕业生就业受到政府、高校、就业市场、用人单位和法学本科毕业生自身等多种因素影响。社会、政府、学校、家庭有责任教育和引导法学本科毕业生树立正确的就业观念，法学本科毕业生本人的就业心理也要更加理性。笔者选取这一主题作为研究对象，旨在通过对市场经济条件下法学本科毕业生就业难的原因进行分析，从而提出解决法学本科毕业生就业难问题的对策。

我国高校法学本科毕业生就业大致分为三个阶段，第一阶段：改革开放前，计划经济，高等学校法学教育实行的基本上是精英教育，当时被称为“天之骄子”的法学本科毕业生极其稀缺，供不应求，国家实行的是统一招生，财政统一出钱培养，毕业后国家统一分配政策，不存在就业难的问题。第二阶段：20世纪90年代，国家开始实行劳动合同制，由于我国

* 李灿，湖南省委党校法学教研部副教授。

的教育发展比较滞后，高学历人才短缺，所以法学本科毕业生毕业就业制度的演变落后于全国就业制度的改革步伐，但仍然实行“以统和包为特征的毕业生分配制度”，也不存在大学毕业就业难的问题。第三阶段：直到90年代中后期，随着计划经济体制向市场经济转轨，我国的劳动力就业也逐渐向市场化转变，传统的就业制度逐步改革，用人单位和劳动者都有了一定的自主选择权，市场化就业模式开始形成，法学本科毕业生不包分配进入人才市场，即“市场导向，政府调控，学校推荐，学生和用人单位双向选择”。

近几年，法学本科毕业生人数不断增多，已经成为近年来需要解决就业岗位的首要考虑因素。因此可以预测，随着我国的大学入学率的不断提高，法学本科毕业生的就业难问题不会在近几年内得到较大程度的缓解。法学本科毕业生就业形势可以说是越来越严峻，问题越来越突出。

二、普通高校法学本科毕业生就业难的现状分析

（一）我国区域经济发展不平衡以及学科、层次等结构性矛盾的影响

现在的情况是法学本科毕业生想去的地区和单位不要人，而急需人才的地区和单位却要不到法学本科毕业生。长期以来，我国经济发展比较落后的中西部地区和边疆地区很少能接收到法学本科毕业生。即使从这些地区考上大学的法科学生，毕业后绝大多数不愿回去，拼命想往大城市挤，形成“孔雀东南飞”现象。再从层次和专业上看，法学专业研究生在人才市场上比较走俏，供不应求；本科生中的工科，特别是计算机、电子信息等专业，还有药学、师范等专业需求较旺，而法学专业需求不足。

（二）全国总体就业形势的影响

过去法学本科毕业生的就业去向主要有：国家机关、事业单位和国有大中型国企等。但是随着国家各项改革措施的出台，传统的主渠道吸纳能力下降。政府机关和国有企事业单位长期以来是接收法学本科毕业生的主渠道，但从1998年来，中央政府机构大幅度分流和精简人员，地方政府

的机构改革也在逐步实施当中，采取只出不进或是出多进少，因此不可能大量吸收法学本科毕业生。在历次机构调整中，分流人员基本上是在事业单位找到出路，而事业单位由于经费紧缩等原因本身也面临着精简的问题。国有企业也因经济效益、社会负担等多方面的原因，都在深化企业内部改革，减员增效，因此吸纳的法学本科毕业生的人数也大大减少，导致就业压力进一步增大。

（三）法学本科毕业生择业观念的影响

目前很多法学本科毕业生存在着攀比、心理不平衡、自负、依赖性强等心理，择业观远不能适应当前的就业形势。教育部高教司对部分高校6000多名法科毕业生择业行为的调查显示，期望在沿海开放城市就业的学生比例高达66.67%，仅有6.37%和2.59%的人选择内部省会城市和中小城市。高薪、白领、大城市成为很多法学本科毕业生就业的首选。一些法学本科毕业生中流传着这样一句话:“找单位要找金（金融）银（银行）财（财税）宝（保险),两电（邮电和电力）一草（烟草）。”当年流行的“到农村去、到边疆去、到祖国最需要的地方去”的口号，现在演变成了“到沿海去、外国去、到挣钱最多的地方去”。

（四）用人单位用人观的影响

现在的法学本科毕业生就业市场上，部分用人单位人才高消费的现象十分严重，许多用人单位对人才需求的思路不清晰，用人配置不准确，过分地强调工作经验，急功近利地期望进的人马上能发挥作用、创造价值，要招有经验的往届生，以减少企业对职工培训的成本，并把这种成本不切实际地转嫁给了法学本科毕业生。接收毕业生时盲目追求高学历，互相攀比，这无形中提高了法学本科毕业生就业市场的门槛。本来法科本科生就可以胜任的工作，偏要法学研究生来做。在许多地区的人才市场上，不少单位不管自己的级别如何，都打出了只招法学研究生的牌子。由于用人单位对人才的推波助澜，使得法科毕业生相互挤占岗位的现象比比皆是，在一定程度上也加剧了法学本科毕业生的就业难度。

（五）我国的法学本科毕业生就业制度改革的影响

1998 年我国实行“并轨”，从统招统分到自主择业的变革，毕业生资源不再是通过指令性计划而是主要通过市场进行配置。自主择业像一把双刃剑,在把选择的自由给了毕业生的同时,也给予了用人单位。从过去的“统包统分”到今天的“双向选择、自主择业”，从“包”分配工作到自己“找”工作，一字之差，两个天地。这使得法学本科毕业生坐不住了，纷纷走出象牙塔。这是高校毕业生就业体制改革中出现的好现象，也是法学本科毕业生观念更新、思想解放的实际体现。法学本科毕业生只有从过去的等待转变为今天的走出校门求职择业，才能寻找到适合自己的理想单位。这也是从校门走向社会迈出的可喜一步。法学本科毕业生只有观念转变了，做到了真正意义上的自主择业，就业难的现象也就才有可能开始真正消除。

三、实现法学本科毕业生充分就业的对策思考

（一）要结合社会经济的发展，促进人才培养层次和结构的科学协调发展

高等学校法学教育如何适应我国政治、经济、社会发展对人才的需求？如何处理高等学校法学教育同基础教育、职业教育的结构、层次、比例关系，从而实现“规模、质量、结构、效益”的协调科学发展？一方面，应根据社会发展变化的新情况新趋势，不断调整高等学校法学教育人才培养层次、学科专业和教育结构。各层次高等学校法学教育都有一定的比例控制和引导，要通过政府宏观政策调节、学科专业办学水平评估、高校排名、公布高校及其学科专业毕业率以及就业人才市场预测等手段，逐步建立起科学有效的学科专业结构和人才培养结构以及有层次的监控、优化、调整机制。另一方面，对学校来说，学校应以就业为导向，给自己一个明确的定位，不能盲目地发展，适时地调整学科专业和学生招生数量，逐步形成鲜明的办学特色，不仅学生的就业能力与社会的需求一致，还能推动社会需求的发展。对学生来说，更要面向实际，选择适合自己能力素质和价值

追求的发展目标。高等学校改革的方向是“面向社会，自主办学”。高等学校培养的人才能否被社会所接纳，应该作为衡量高等学校办学质量好坏的一个主要标志。让高等学校进入市场，促使高等学校根据市场和社会的实际需要培养人才，特别要结合社会经济发展状况、产业结构、经济和社会发展规划来培养人才，既要考虑当前的社会需要，也要考虑国家长远发展的人才需求。高等学校法学教育通过自身层次结构的调整和优化，就可以形成比较合理的层次、结构，以适应国家产业结构调整和升级需要，进一步全面优化人才培养结构，提高学科专业整体对社会变革的适应力。

（二）要保证教育经费持续稳定增长，提高高等学校法学教育经费的使用效益

当前阻碍高等学校法学教育质量提高的原因是多方面的，但是资金投入不够与高校扩招直接导致学校经费投入不足、基础条件差、教学设施短缺应是主要原因。教育投入占 GDP 的比重是衡量一国教育投入水平的重要指标之一，世界各国公共教育支出占国民生产总值（GNP）的百分比按地区划分，北美和西欧最高，平均达到 5.7 %，其次为拉美和加勒比海及撒哈拉以南非洲为 5.0 %，中东欧 4.9 %，东亚和太平洋 4.7 %，阿拉伯国家 4.5 %，南亚和西亚 3.6 %，中亚 3.2 %。欧盟国家中丹麦 8.28 %，瑞典 6.97 %，芬兰 6.31 %。发展中国家巴西 4.4 %，墨西哥 5.3 %。由于国家政府投入严重不足，经费资源远远赶不上高校规模的扩大导致的一系列问题，从根本上影响到高校的收费项目和收费尺度。从一定程度上说，中国的大学是为政府的投入不足背上了高收费的黑锅。为此，教育部提出了加强制度创新和依法治教，切实转变政府职能，探索建立现代学校制度；建立与公共财政体制相适应的教育财政制度，保证教育经费持续稳定增长，同时建立社会投资、出资和捐资教育的有效激励机制；大力发展民办教育；进一步扩大教育对外开放，加强教育的国际合作交流等今后一个时期教育改革和发展的举措。当然高等学校法学教育还要通过深化改革，不断提高高等学校法学教育经费的使用效益。效益和投入是一个问题的两个方面。一要不断增加教育的投入，二要精打细算地把现有的经费用好。同时采取多种措施，向管理要效益、向改革要效益，把有限的经费用在“刀刃上”，从而保证高校教学质量的提高。

（三）优化法学本科毕业生的供给质量，培养复合型人才

从供给角度看，核心是提高法学本科毕业生综合素质和能力，用人单位是看重法学本科毕业生的专业知识和技能、敬业精神和可塑性，沟通协调能力、分析问题和解决问题的能力。

首先，高等学校改革的发展方向要“面向社会，自主办学”，并紧跟世界经济全球化步伐，培养时代发展需要的高级复合型人才。大力推进教育体制的改革，让高等学校进入市场，促使高等学校根据市场和社会的实际需要培养人才，特别要结合社会经济发展状况、产业结构、经济和社会发展规划来培养人才。同时扩大高校的办学自主权，使其真正走向市场。

其次，大力加强法律职业教育，培养高素质的“银领”劳动者。中国正处于快速工业化过程中，被称为“世界加工厂”。但我国高技术人才严重短缺。据统计，全国技术工人仅有7000万名，其中中高级工人占40%，与发达国家占85%的占比相比差距很大。由此可见，大力发展法律职业技术教育、调整人才的培养方向已是迫在眉睫。但应当注意的是，高等学校法学教育的兴衰关键取决于以下几点：一要专业设置合理，符合国家经济建设的需要；二要紧紧围绕法科学生的动手、实践、素质能力进行培养，加强校企双方的“订单式”合作培养。把企业的实践环节引入学校的法学教学过程中，真正建立起校企合作培养的机制，缩短学生与企业的磨合期，使培养出来的法科学生能与企业很好地接轨，把学生在学校学习的理论知识和实际动手操作能力有效地结合在一起，达到学校培养学生的目的；三是要建立一套科学、高效的学生“进口和出口”管理体系。

再次，高等学校应该积极调整专业结构和课程设置，实行厚基础、宽口径的新专业格局，培养应用型、复合型的人才。在法学专业教育中，学校应积极推进一些教学改革，要加强综合性教育，拓宽基础学科范围，适当增加人文学科知识和自然科学知识。把单纯的精专业教育转变为通识教育基础上的大专业教育。由于高校教学计划始终滞后于人才市场的需求变化，因此，每年都会有相当数量的法学本科毕业生找不到专业对口的工作，必须改行。如果法学本科毕业生具备了不同专业的知识，那么就会增加就业的机会；另一方面，在同类高校之间实行互认学生学习学分，使得有精力的学生多掌握一门技能，成为复合型专业人才，也可增加学生就业的机会。要加强专业基础教学，不能模糊专业方向，要不断研究和追踪学科、专业的基础理论、基本知识、基本技能的新进展，提供给学生最必要、最先进、最有效的基础课程；要体现不同学科交叉、渗透、融合而推动专业发展的时代特征，解决专业课程过于讲求学科自身结构的问题。要按照知识、能力、素质的要求，构建多样化的人才培养模式。即各种人才模式的基本要求应包括对学生进行基础知识、专业知识、相关知识等的传授；对学生进行多方面能力的培养；同时加强对法科学生进行思想道德素质、科学文化素质、心理素质、身体素质的培养。如日本教育为了提高对学生的创新能力、实践能力的培养，在20世纪末将教育与科技两部委合为一体，成立新的文部科技省，就是其重要的举措之一。其理由是日本要在新的世纪继续成为世界经济强国，就必须使教育从以往培养长于模仿的人才向善于创新的人才转变，通过提升国民基本素质努力在竞争中掌握主动权。

（四）建立健全毕业生就业指导服务体系，加强政府对就业市场的管理、服务、引导和鼓励

随着我国市场经济的发展和我国高校就业体制的改革，对学校的就业模式提出了新的挑战。高校不能将学生推出校门了之;更不能为了“政绩”，制造虚高就业率，贻误学生前程。首先，高等学校要提高认识，加强领导，把毕业生工作作为一项战略性和经常性工作来抓。建立健全毕业生就业指导服务机构，在经费投入、人员及办公条件方面给予保证。要加强就业指导教师队伍建设，提高就业指导的水平，让毕业生的就业率应成为高校评估和领导班子考评的重要内容。其次要充分提供就业信息。法学本科毕业生刚刚跨出校门到社会去择业，必须通过多种途径，积极主动地联系单位推销自己。但限于“势单力薄”，他们的信息来源主要是学校。因而学校要履行好“中介人”的角色，公正、透明、及时、有效地搜集、整理、储存和发布用人单位的需求信息以及相关法规政策，组织好各种形式的校园招聘会。要切实增进招聘者和应聘者之间的沟通，尽力减少信息的不对称性，这是高校促进法学本科毕业生就业的优势所在。再次，政府要建立高校毕业生社会服务体系，加强对毕业生就业市场的管理和监督。发达国家的法学本科毕业生就业指导和服务对促进法学本科毕业生就业尤为重视，设立专门职业服务部门，除了帮助毕业生找工作，还为那些难以进入劳动力市场的毕业生提供特别技术服务，帮助学生开发职业管理技巧，提供建议，甚至在学生毕业了两年之后还为他们提供这些服务。各地应尽快建立毕业生就业市场，要根据市场的需求定期举办职业技能培训，通过网络提供丰富的信息服务。政府主管部门要对以不实之词、虚假信息吸引参展单位和学生的招聘会主办单位和个人予以查处，对各类毕业生招聘会予以引导、规范，改善招聘会的软硬环境，提高毕业生招聘会的质量。最后，国家鼓励高校毕业生到西部地区、到农村和基层工作。因此，国家要采取多种优惠鼓励措施，如提高工资待遇、提前晋职（定级）、给予较高额的住房补贴和安家费、提供深造及发展机会、工作期满自由流动等。在市场经济条件下，采取上述办法才有可能吸引法学本科毕业生到西部、农村去工作。值得注意的是，目前大中城市存在“教育过渡”现象，即接受高等学校法学教育的劳动力供给过渡机会，导致越来越多的高学历劳动力从事低学历就可以完成的工作，致使广大农村、牧区、小城镇及边疆海岛人才严重匮乏。

（五）法学本科毕业生的就业观念亟须更新

法学本科毕业生的就业观念是影响法学本科毕业生就业的重要因素之一。目前，毕业生的就业观念并没有得到根本的转变，就业期望值较高，理想与现实存在较大差距。应引导他们树立“先就业，后择业，再创业”

的观念，让他们认识到，只有脚踏实地才能有所作为，切勿眼高手低。应鼓励他们到基层去，到艰苦的地方去，到国家建设需要的地方去。中共中央办公厅和国务院办公厅下发了《关于引导和鼓励高校毕业生面向基层就业的意见》以后，各地也先后出台了实施意见和配套措施，引导和鼓励法学本科毕业生到基层就业。这确实是具有战略眼光的重大决策，对国家的建设、高校毕业生就业，以及毕业生的成长和发展，都是非常有利的。

总之，人才的流动与择业是由其内在的规律决定的。我们必须对高等学校法学教育体制进行反思和变革。而创新和变革必须有国家政府部门和全社会齐心合力的支持，有根植于民族优良传统和世界优秀文职的精神做基石，有居安思危的意识和勇于拼搏的意志做动力，有严明公正的法律和以诚信为基础的契约做保证，有全球教育发展的经验教训做借鉴，法学本科毕业生就业难问题才最终会有较大改观。

湖南党校（行政学院）系统领导干部法学教育培训的探索成效与发展梳理

彭　澎*

摘　要：党校行政学院是培养领导干部的主阵地，领导干部法学教育培训是各级党校行政学院工作的重要内容，是强化和创新党校行政学院工作的重点领域，推动领导干部法学教育培训在全面推进依法治国的时代显得尤为重要。湖南党校（行政学院）系统领导干部法学教育培训事业不断发展，为国家法治建设和法治湖南建设做出了贡献，湖南党校（行政学院）系统法学教育培训在不断地探索中前进、在不断地发展中壮大，取得了很大的成效，形成了鲜明的实践路径，表现出独特的发展特性。

关键词：湖南党校（行政学院）系统；领导干部；法学教育培训

党校和行政学院是中国共产党在长期的革命和建设过程中的伟大创造，体现了党执政的体制特色和制度优势。习近平总书记在2015年12月11日至12日召开的全国党校工作会议上强调："实现全面建成小康社会奋斗目标、实现中华民族伟大复兴的中国梦，关键在于培养造就一支具有铁一般信仰、铁一般信念、铁一般纪律、铁一般担当的干部队伍。党校承担着为领导干部补钙壮骨、立根固本的重要任务，必须坚持党校姓党这个党校工作根本原则，更加重视干部教育培训工作，切实做好新形势下党校工作。"改革开放四十多年来，国家持续不断地推进法治建设的现实需要，各级领导干部在国家法治进步和社会发展中所处的地位决定了从事党的领导干部培训教育工作的各级党校需要落实中央战略部署、紧贴实际的开展新时代领导干部法学教育培训工作，正是在这样一种宏观背景和发展环境之下，湖南党校（行政学院）系统的领导干部法学教育培训事业不断发展，

---

* 彭澎，湖南省委党校法学部主任，教授，法学博士。

茁壮成长，为湖南省的法治建设培养了一大批合格的领导者和实践者。这么多年以来，湖南党校（行政学院）系统法学教育培训在不断地探索中前进、在不断地发展中壮大，取得了很大的成效，形成了鲜明的实践路径，表现出独特的发展特性，体现在以下几个方面：

一、湖南党校（行政学院）系统领导干部法学教育培训的观念认识不断深化

与改革同行，与开放同步。湖南党校（行政学院）系统领导干部法学教育培训不断发展，对领导干部法学教育培训的观念认识在不断深化。改革开放四十多年来，逐步强化了一种观念，即加强领导干部法学教育培训是推进国家治理体系和治理能力现代化的基础工程；是适应市场经济发展和社会现代化发展的现实需要，是全面推进依法治国的核心工程；是科学谋划与有效解决发展问题，是现代化进程中建设中国特色社会主义民主政治制度的重点工程；更是加强党风廉政建设和净化党内政治环境的重要举措，是党要从严治党管党的关键工程。加强党校行政学院系统领导干部法学教育培训，不管是从政治维度，还是从法治视角，其目的都是帮助领导干部更好地去深刻理解和认真领会依法治国的重要内容，形成重要的价值共识，要让法律在治国理政中发挥主体作用，要确立和突出法律的权威、正确处理权力与法律的关系和依法规范党的执政行为，这不仅成为党校行政学院系统加强领导干部法学教育培训的政治内涵，更是加强领导干部法学教育培训的基本目标。

二、湖南党校（行政学院）系统领导干部法学教育培训的功能作用不断加强

湖南党校（行政学院）系统领导干部法学教育培训有力地推进了法治湖南建设的需要。法治湖南建设是湖南建设发展的重要任务，需要党政干部拥有法律思维和法治能力，更需要湖南的党政干部积极参与和推进法治湖南建设。湖南党校（行政学院）领导干部法学教育培训，培养了一大批熟悉法律、崇尚法治的优秀领导干部，提高了湖南党政干部的法治思维和

法治能力，全方位促进了法治湖南建设。湖南党校（行政学院）系统领导干部法学教育培训有效地满足了专业化的法治建设需要。湖南党校（行政学院）系统领导干部法学教育培训充分发挥党校干部教育培训特色和优势，湖南党校（行政学院）与全省各级党政机关领导干部和国有企事业单位的工作人员具有天然的联系和人脉优势，党校具有培养法律人才的传统和学科优势，对党政干部和公务员的培养有针对性和吸引力，基本满足了湖南省数万名公务员队伍按照《中华人民共和国公务员法》关于职位分类管理要求、增强专业性特征而进行法学教育的需求，也在一定程度上提高了湖南省其他国有企业、事业单位工作人员增强法律风险预防的能力。湖南党校（行政学院）系统领导干部法学教育培训顺应了党政干部的发展需要。湖南党校（行政学院）以在职党政领导干部、国有企业事业单位工作人员为主要培养对象，每年约有 2000 多名各级各类党政干部到中共湖南省委党校学习培训，他们通过学习成为面向地方或实务部门的应用型专业人才，具备一定的解决法律实际问题的能力。

三、湖南党校（行政学院）系统领导干部法学教育培训的学科体系不断完整

1. 较早开展在职研究生法学教育

湖南党校（行政学院）自 1984 年成立法学教研部，至今已有 37 年的法学学科发展积淀。1999 年，开始招收法学专业全日制学历研究生，至今为止共培养了 170 名全日制学历研究生。2003 年招收法学专业在职学历研究生，共培养了 2500 多名法学在职学历研究生。在这将近 20 年的学历研究生培养中，积累了丰富的法学教育培训经验。

2. 积极开展法律硕士专业学位研究生教育

2016 年湖南党校（行政学院）获得国家法律硕士专业学位授予权，制定了较为完整的法律硕士教育培养方案，2017 年招收了 24 名法律硕士研究生，2018 年招收了 22 名法律硕士研究生，2019 年招收了 20 名法律硕

士研究生。开展法律硕士教育拓展了湖南党校（行政学院）系统法学教育培训的范畴，完善了湖南党校（行政学院）系统法学教育培训的体系，提升了湖南党校（行政学院）系统法学教育培训的层次。

四、湖南党校（行政学院）系统领导干部法学教育培训的发展特征不断明显

长期开展干部培训和在职研究生教育，湖南党校（行政学院）具有经验丰富、特色彰显的办学优势。目前，湖南党校（行政学院）的教学科研在全国省级党校、行政学院处于第一方阵，办学经验多次在全国党校和行政学院系统会议上进行交流，得到中央党校（国家行政学院）的充分肯定和全国同仁的高度评价。湖南党校（行政学院）系统领导干部法学教育培训的特征就是“法政结合，党校特色”。一是紧扣党政部门和国有企业事业单位依法执政、依法行政、依法管理和推进社会依法治理的需要，培养党政干部和国有企业事业单位工作人员的法治思维和法治能力，形成“法政结合”的教育培训特点。二是加强与各级政府机关和行业部门的联合教育培训，如湖南省委党校与湖南省司法厅签订了合作协议，由各地司法行政部门派出部分优秀人才来中共湖南省委党校就读全日制学历研究生，从而为其培养高层次、复合型、应用型人才；湖南省委党校已与国家电网湖南省电力公司、中国石化湖南省分公司、湖南省农村信用联社等部门达成合作意向，由他们派出部分优秀人才来校学习深造。三是党校领导干部法学教育培训有很强的针对性，紧密结合国家的方针政策和现实需要，主要聚焦依法执政、依法行政、依法治理的法治需求，形成“党校特色”的法学教育培训模式。

五、湖南党校（行政学院）系统领导干部法学教育培训的学习课程不断丰富

湖南省、市、县各级党校深入贯彻党的路线方针政策，准确把握法治建设的重大意义，明确了各级党校干部法学教育培训的重点内容。全省各

级党校主要设置了以下干部法学教育课程：(1) 形势与政策课。重点学习党的中央全会精神辅导、推进依法治国应当把握的基本问题、培育法治思维、自觉尊法学法守法用法、坚持走中国特色社会主义法治道路、完善中国特色社会主义法律体系、维护宪法权威加强宪法实施、深入推进依法行政加快建设法治政府、保证公正司法增强司法公信力、增强全民法治观念推进法治社会建设、加强和改进党对全面推进依法治国的领导、全面推进依法治国加强法治工作队伍建设等内容。(2) 有实用性的法治研讨课。重点研讨提高领导干部运用法治思维与法治方式的能力、提升领导干部的法治素养、行政决策的法律风险与防范、行政执法的法律风险与防范、行政决策案例分析、行政执法案例分析、更新刑事司法理念、加强人权司法保障、职务犯罪的心理成因及预防对策、构建和谐社会完善纠纷解决机制、优化法治环境建设和谐社会、推进地方法治建设、提升应诉能力促进依法行政、以法治湖南建设为核心的地方性法规的学习宣传、法治新时代下社会改革与治理、权力清单制度的调查与思考等内容。(3) 有针对性的法条导读课。一是以宪法为核心，加强领导干部的宪法理念和宪法意识教育。宪法是我国的根本大法，是一切法律法规合法性来源的基础。领导干部的一切行为都应当奠定在宪法的基础之上，既要熟悉宪法，也要遵守宪法，更要能够运用宪法，重点掌握宪法、立法法、选举法、组织法等法律法规，使干部全面深刻理解宪法精神，推动社会主义法治理念深入人心。二是行政法律知识的教育，对具体的行政法律法规进行解读。三是民事法律知识的教育。民事法律的核心和基础是契约自由和权利至上，通过加大民事法律知识教育，使领导干部了解民事权利在法律体系中的地位，加强对公民权利的保护理念。四是知识产权保护制度的学习教育。知识产权本质上是一种制度安排，知识产权制度的实质是既保护发明人和创新投资者的利益，又促进技术合理、有效扩散。使领导干部了解保护知识产权就是保护自主创新，知识产权战略实施是中国梦的重要篇章。(4) 知识性的基础理论课。重点学习法治政府建设、基层法治建设、法治社会建设、社会公平发展、人权司法保障等相关问题及对策的内容。

六、湖南党校（行政学院）系统领导干部法学教育培训的教学课时不断充足

从课时比例来看，湖南党校（行政学院）各类主体班干部法学教育课时量一般占该班总课时的10%～17%；地市级党校（行政学院）各类主体班干部法学教育课时量一般占该班总课时的10%～17%，最低在各个主体班中所占的比例为8%，一个地市级党校（行政学院）在各个主体班中占比达到23%，最高在各个主体班中所占比例达到33.33%。

七、湖南党校（行政学院）系统领导干部法学教育培训的方式方法不断更新

对于领导干部的法学教育培训，湖南各级党校（行政学院）主要采取案例式教学等教学方法来开展教学活动，力求使得每堂课都能体现出一定的理论性和实践性，具体教学方式方法主要包括：

1. 案例式教学。案例教学法是一种以案例为基础的教学法，案例本质上是提出一种教育的两难情境，没有特定的解决之道，而教师于教学中扮演着设计者和激励者的角色，鼓励学生积极参与讨论，不像传统的教学方法，教师扮演着传授知识者的角色。

2. 专题讲授式教学。即老师给学生讲授的教学方法。作为一种传统的教学方法，讲授式教学法仍然是各级党校普遍采用的主要的教学方法。专题讲授式教学主要适用于党性教育、湖南经济社会发展、政府管理与依法行政、能力建设与领导干部素质提升等理论和实践的讲授。

3. 研讨式教学（含结构化研讨）。研讨式教学是以解决问题为中心的教学方式，由教师创设问题情境，然后师生共同查找资料，研究、讨论、实践、探索，提出解决问题的办法和方式，使学员掌握知识和技能。它包括阅读自讲式、讨论式、启发式、专题式、课题制式、案例和讲授式等多种具体教学方式。结构化研讨是围绕某个大家共同关注的主题，在培训催化师引导下，

按照一定的程序和规则，灵活采取团队学习、团队决策工具，帮助学员分步骤、多角度开展研讨的一种形式，是多种研讨方法和工具的综合运用。

4.“研讨式＋案例式”教学。即将研讨式教学法和案例式教学法结合在一起进行教学的方法。这种教学方法是探索党校教学由课堂讲授式为主向研讨式、案例式、体验式教学为主的转变，初步形成以案例教学为核心载体、以专题讲授为理论载体、以系列调研为实践载体、以交流研讨为互动载体的“四位一体”的研讨式案例教学新模式，该教学方式的突出特征包括主题的实践性、案例的生动性、方式的集成性、资源的整合性和模式的开放性，把案例调研的视角向理论高度、实践广度和思考深度拓展，使干部通过深入调研和案例研讨开阔了视野、拓展了思路、提升了能力。

5. 项目教学。这是少数市州党校采用的一种教学方法。所谓项目教学是指充分调动学员的主观能动性，就一个热点专题到有关的政府部门、企事业单位进行实地调研，然后在调研的基础上形成调研报告。项目教学打破了单向知识灌输式的常规模式，它是以学员为中心、调研单位为教材、教师为引导的新型教学模式。项目教学的开展和实施取得了较好的效果，学员思考问题、研究问题以及处理问题的能力得到了提升。

6. 实践教学。实践教学是巩固理论知识和加深对理论认识的有效途径，是培养具有创新意识的高素质工程技术人员的重要环节，是理论联系实际、培养学员掌握科学方法和提高动手能力的重要平台。有利于学生素养的提高和正确价值观的形成。目前湖南省各级党校通过现场教学、旁听法院审判、参观监狱、纠纷解决实践等多种方式来推进领导干部的法学教育，做到了法学教育既有灵活性又有实效性。

7. 情景模拟式教学。情景模拟教学法是指根据教学内容和教学目标，通过设计特定的场景、人物、事件，让学员扮演情景角色，使学员在高度仿真情景中获取知识和提高能力的教学方法。情景模拟教学法运用于干部法学教育培训中，具体方式包括模拟法庭等，该方法有利于培养学员的观察、分析和综合思维能力，提高学员灵活运用法言法语的语言表达能力，在一定环境下的思维能力、组织能力、操作能力、团队合作能力及应变能力。干部法学教育培训中，运用情景模拟教学法对于提高学员的综合能力，增强培训效果具有重要作用。

八、湖南党校（行政学院）系统领导干部法学教育培训的师资队伍不断增强

2019年3月，在深化党和国家机构改革的过程中，原湖南党校（湖南省直属机关行政学院）整体并入中共湖南省委党校（湖南行政学院），师资力量进行了深度整合，湖南党校（行政学院）的法学教育培训师资队伍得到增强。从湖南省委党校的情况来看，目前省委党校有专职法学教师26人，兼职教师25人。专职教师队伍中，有教授9人，其中有二级教授2人；副教授8人；博士6人；国务院特殊津贴享受者1人，湖南省优秀社科专家1名，湖南省十大杰出中青年法学家1人，湖南省121人才第一层次人才1人，新世纪百千万人才工程国家级人选1人。湖南省委党校法学教育培训的师资队伍具有自身的特色，表现在：第一，从教师的实践能力来看，湖南党校（行政学院）教师具有最鲜明的实践能力。在教研人员中有3位教师曾在政法系统工作过；有9位教师曾经在县、乡（镇）政府挂职锻炼过，非常熟悉基层工作现状；还有6位教师从事法律实务工作，熟练掌握法律的运作过程。第二，湖南党校（行政学院）教师中有多位是省委省政府和相关部门的决策咨询专家，多项决策咨询报告得到省委政府主要领导批示。第三，从研究能力来看，湖南党校（行政学院）专职教师科研能力突出。一是科研成果对策性强。湖南党校（行政学院）教研人员着眼于为湖南党政机关的决策提供咨询论证，关注现实问题和重大问题，摆脱了学术研究中的不接地气问题。以解决现实问题为目的的科学研究和政策咨询是湖南党校（行政学院）科研的基本特色，许多决策咨询建议被湖南省委省政府采纳。二是科研成果社会影响大。有45篇论文的观点被《新华文摘》《中国社会科学文摘》《高等学校文科学术文摘》、中国人民大学复印报刊资料

等刊物全文转载或者论点摘编。三是成果数量多。近几年来共主持国家社科基金项目 3 项，省部级课题 35 项，发表论文 350 余篇，出版著作与教材 10 多部。四是科研成果发表刊物的层次高。近五年来在国家级报刊上发表了有学术价值的文章 20 余篇，在法学核心刊物上发表了有影响的论文 60 余篇。从地市党校来看，12 所调研的地市党校中，一般的法学专兼职教师人数为 3 ～ 6 人，法学教师人数占该校教师总数的 8％ ～ 27％。年龄结构集中在 60 后至 80 后；学历学位结构为本科生、硕士研究生和博士研究生毕业不等，法学专兼职教师中基本上都是法学科班出身；职称结构为教授、副教授、讲师、教员均有分布;常德市委党校法学教师中，有专职教师 5 人，兼职教师 4 人，专职教师中有 3 名教师拥有法律职业从业资格证，有 4 位教师从事法律服务。从县级党校来看，12 所调研的县级党校中，一般的专职教师师资人数为 8 ～ 13 人，另外有 12 所县级党校的 1 ～ 3 名校委是兼职教师，有 4 所县级党校聘请各单位的一把手作为兼职教师，有 2 所县级党校聘请当地较为知名的律师事务所主任作为兼职教师。有 8 所县级党校没有专门的法学科班出身的老师，有 1 所党校有 3 名法学科班出身的老师。有 3 所党校有 1 名科班出身的法学老师。

九、结语

党校和行政学院是中国共产党在长期的革命和建设过程中的伟大创造，体现了党执政的体制特色和制度优势。党校行政学院是培养领导干部的主阵地，领导干部法学教育培训是各级党校工作的重要内容，是强化和创新党校行政学院工作的重点领域。领导干部是法治建设的“关键少数”，抓住了党员领导干部就抓住了全面依法治国的重心，推动领导干部法学教育培训在全面依法治国的时代显得尤为重要。湖南党校（行政学院）系统领导干部法学教育培训借助改革开放的春风，抓住改革的契机，利用开放的机遇，通过一系列举措来优化和完善湖南党校（行政学院）系统法学教育培训的体系，在不断地发展中以取得更加显著的成绩。

党校系统法学教育的现状问题和发展路径研究

杨启敬*

摘　要：新的历史时期，党校系统法学教育应针对现状、问题，厘定党校系统法学教育培训的思路，党校法学教育要面向实践、面向基层、面向未来，实现党校系统法学教育培训的发展，从而培养高素质的法律人才，增强各级领导干部的法律知识、本领、素养。

关键词：党校；法学教育；发展路径

新的历史时期，国家法治建设出现了新的发展轨迹，历史又赋予了党校系统新的发展任务。党的十八届四中全会通过了《中共中央关于全面推进依法治国若干重大问题的决定》，是新时期国家法治建设的新号召、新部署、新规划和新举措。当前，公务员法学教育既面临着千载难逢的机遇，又面临着前所未有的困境，这对党校系统的法学教育培训是一种考验，对党校系统的法学教育培训的信心和决心是一种考验。

一、党校系统法学教育培训的现状问题

1.法治作为国家政治体制的重要内容，与国家的政治结构和政治体制紧密相关。虽然，国家鼓励和支持法学教育，但这种支持是在国家既有的政治体制中和统一的法治框架内来进行的，法学教育的自主性和创新性空间仍然有较大的限制，这是包括党校系统法学教育培训在内的公务员法学教育普遍面临的一个最大的现实问题、体制问题和基础问题。实事求是地说，法学教育领域很多举措如果不能从政治体制和法治结构的根本上或者整体上做出变革和创新的话，局部性或者单方性的法学教育改革和创新是很难取得根本性的成果和成效的。

* 杨启敬，湖南省委党校法学教研部副教授。

2. 我国政府公务员群体中存在着许多制约政府实现法治的深层次障碍和阻力，其中包含传统的社会交往习俗、陈旧的人际关系准则等。同时，我国地域较大、人口较多，地区差距较大，文化素质差距明显。传统官场中所谓的“格局”“规则”“传统”等在很多地方还大量存在，特别在某些地区甚至比较严重，再加上中国社会固有的官本位思想、权力意识等因素影响，对党校系统法学教育培训具有一定的阻碍作用。

3. 党校系统法学教育培训发展不平衡，突出表现在：地区之间法学教育不平衡。这些不平衡发展现状已经深深影响到了党校系统法学教育培训的整体进程，成为党校系统法学教育培训的结构性失衡的重要表现形式。

二、党校系统法学教育培训的思路厘定

1. 坚持科学正确的党校系统法学教育培训方向，坚定不移地推进党校系统法学教育培训的各项工作，个人认为要坚持以下理念：党校系统法学教育培训建设是一项长期而艰巨的任务，要以改革为统揽，贯穿改革创新精神；要将坚持党的领导、人民当家作主、依法治国“三位一体”思想贯穿教育培训始终，确保正确政治方向；教育培训要紧贴国家法治建设的重点。

2. 建立健全自上而下完整的党校系统法学教育培训的组织机制和领导体制，将法学教育培训作为党校系统的中心任务和核心工作来对待。国家党校、省级党校、市级党校、县级行政学校要相互配合、相互协调、各司其职、共同努力，加强国家党校在法学教育中的组织领导和智力指导作用，推进法学教育培训落到实处，形成“全国一盘棋”的党校系统法学教育培训工作格局。

3. 立足各地法治建设的实际。有为才能有位。开展法学教育培训要有针对性，既要站在国家整体宏观的层面，更要立足各地法治建设的实际。要结合实际，有的放矢地精心挑选法治课题，增强法学教育培训的生命力。在设计法学教育培训专题时，要与各地方的实际情况相结合，法学教育培训也必须急政府之所急，虑政府之所虑，解政府之所忧，这样法学教育培

训才能具有针对性、实效性，才能有生命力。

4. 加强党校系统法学教育培训工作，提高教研队伍的法学教育能力、法学研究能力和法治决策能力，为党校系统法学教育培训提供强有力的人才保证和智力支持。在党校系统法学教育培训中，广大教研人员是主力军和主导者，他们不仅是国家法治建设的宣传队、播种机，更是党校系统法学教育的践行者、发动机。教研人员在党校系统法学教育培训中发挥着重要作用，具有不可替代的特殊地位。党校系统的法学教育工作者要有对法学教育持久敬业的热度、要有积累功底的厚度、要有联系实际的密度，同时挖掘问题要有深度、提炼观点要有精度、架构层次要有硬度、征引论据要有广度、驾驭教学要有亮度、激发学员参与要有强度。

5. 要以法治需求为导向，科学安排教学内容，开展现场教学，提高学员的法治行为能力，不能再只是满足于法治思维训练。结合公务员行政工作的实际，以学以致用为目的，增强法治教学内容的实用性，使每一次法学教育培训成为公务员提高依法行政的行为能力的重要过程。

三、党校系统法学教育培训的发展路径

（一）党校法学教育要面向实践

在我国法学教育中，存在一个相同的问题，即不重视实践能力和操作技能的训练，重理论知识传授，轻职业技能培养，重理论讲解，轻实践训练。而法学本应是一门应用性、实践性很强的学科。实践教学应当是法学教育的一个特色，对于检验学生所学的专业知识和理论体系、训练法学专业思维、强化法律职业伦理修养、提高法律职业技能等，具有极其重要的作用。特别是对于党校法学在职研究生来说，学员大多来源于各类党政机关和行政部门，来自工作一线，本身就是以实际工作为主。因而，党校法学教育应当以实践为本位，要求党校法学教师要树立正确的教育理念，变革传统的教学模式，从法学教育的实践性、职业性特点出发，构建以实践为核心的、面向实践和重视实践的教学模式。

（二）党校法学教育要面向基层

基层是最需要法律人才的地方，基层是展示与运用法学知识和法律技能的大舞台。由于长期的城乡差异、区域差异和分配制度的影响，基层法律人才匮乏，基层领导干部的法律信仰和法治精神不强。广大的基层地区经济和社会发展急需法律人才，但是吸引人才的物质条件又相对不足，人才越来越向发达地区聚集，如果任由其发展，将加剧基层干部队伍知识结构不合理的状况，严重制约基层经济社会各项事业的发展。面向基层应当是党校法学教育的选择倾向。基层就是国情、基层就是感情、基层意味着本领。基层是生产劳动最直接的领域，是社会实践最丰富的地方，最能反映中国的国情，也是我国法治最薄弱的环节，是中国法治建设不能忽视的重要一环。党校作为培养我国各级领导人才的红色学府和干部摇篮，它的学员有很大一部分来自基层，因此党校的法学教育理念一定要深入基层，使广大领导干部充分地了解国情、民情，与广大群众建立深厚的感情，引导领导干部将自身个人价值与国家的基层民主法治建设紧密结合起来。有感情，知国情，才能激励党校法学在职研究生努力掌握改变基层法治落后面貌的知识和本领，才能使各级领导干部在改变基层法治落后面貌的社会实践中做出贡献。

（三）党校法学教育要面向未来

21世纪是走向法治社会的时代。依法治国，走向法治社会，是中国人民数千年来梦寐以求的理想。在中国的语境下，依法治国，就是广大人民群众在党的领导下，依照宪法和法律规定，通过各种途径和形式管理国家事务，管理经济文化事业，管理社会事务，保证国家各项工作都依法进行，逐步实现社会主义民主的制度化、法律化；使社会主义民主更加完善，社会主义法制更加完备，人民的政治、经济和文化权利得到切实尊重和保障。在法治社会，党校法学教育应当树立立法为公、执法为民的法学教育宗旨，追求真理、维护正义的崇高教育理想，崇尚法律、法律至上的坚定信念，认同职业伦理、恪守职业道德的自律精神；党校的法学在职研究生应当成为尊重和遵守旨在维护秩序、保障公正、实现自由的法律规则的模范，成为抵制和监督一切违法行为、捍卫法律尊严的英雄。因此，党校法学教育应该担当起培养这种法律领导干部人才的历史责任。

21 世纪是走向权利的时代。从传统社会走向现代社会，在法律制度和法律生活层面，最主要的标志就是权利的张扬和彰显。具体表现为权利备受关注和尊重，人们越来越习惯于从权利的角度来理解法律问题，来思考和解决社会问题；权利话语越来越彰显和张扬，权利话语成为越来越占主导地位的话语系统，面对权利时代，党校法学教育应当注重帮助各级领导干部树立民主的、理性的、科学的权力观，明确自身权力行使的界限性，在法定范围内行使自己的权力，自觉地遵守宪法和法律，权为民所用、情为民所系、利为民所谋，勇敢地捍卫人民群众的权利，要对一切合法的权利（包括个人的、集体的、国家的、人类的权利）给予同等的尊重和维护。

21 世纪是中国全面建设和谐社会的时代。经过 30 多年的改革开放，中国社会发生了深刻变化，根据对社会转型规律的科学认识和转型后的中国社会发展趋势的科学判断，党和国家提出了建设社会主义和谐社会的总纲领。和谐社会是物质文明、精神文明、政治文明和生态文明相互交融、协调发展、互为表征的社会。四种文明的协调发展将使中国社会步入新的文明阶段。和谐社会的科学内涵是“民主法治、公平正义、诚信友爱、充满活力、安定有序、人与自然和谐相处”。四大文明的协调发展与和谐社会建构必将深刻地影响到法律的价值体系、制度构成、调整机制，从而对党校法学教育提出更高的要求。面对中国社会的转型和转型后的社会建设和发展目标以及法律的变革，党校法学教育的自身定位也将相应调整，以适应建设和谐社会对高素质法律人才的需求。

21 世纪是经济全球化趋势越发明显的时代。经济全球化进一步发展对未来法律全球化和法律人才的培养提出了挑战。经济全球化是以全球化的市场为目标，以全球性的信息为条件，以科技发展为保障，世界各国在生产、销售、市场和人才等方面跨越国界，并相互依存，不断推动资金、商品、服务、技术和信息等实现国际化的流动，随之法律全球化的趋势越发明显，法律全球化的发展是经济全球化发展的必要条件和内在保障，法律跨越国界向着世界一体的方向发展是未来的发展趋势，主要表现在制定大量的共同遵循的、国际性的规则体系。对于各级领导干部来说，一定要有国际化的发展眼光和世界性的战略思维。作为培养各级党政领导干部摇篮的党校，要注重未来世界法律人才的国际化，要拓宽干部的视野，这对未来的党校法学教育提出了更高要求。中国经济走向全球需要国际化的法律人才和智力支持，党校法学教育要面向未来，才能在经济全球化的发展潮流中勇立潮头。

四、结语

自从认识到中国必须走法治之路起，法律人在“依法治国，建设社会主义法治国家”的伟大进程中的地位不断得到提升，法治话题逐渐闯入人们的视野中来，同时人们也意识到法律人在其中发挥作用的分量也越来越重。近来有学者强烈地批评了从法律之外寻找法治真谛和法治之路的观点，认为我们必须从法律的内因来寻求法治的真谛和中国的法治之路，法治的内在基础在于法律人阶层，这种研究意念和学术思路的核心是：法治的内在基础在于法律人阶层，中国的法治之路要靠中国法律人开创。中外历史经验的对比告诉我们：没有法律自治，就不可能有法治；而没有职业自治，就不可能有法律自治。建立一个强大而自治的法律人阶层，是中国步入法治社会的基本前提。更有学者进一步指出：“依法治国乃是以法律家治国，而不是一堆死的规则对社会的调整。”伴随着中国政治经济体制改革的加快和深入，法律人必定是未来中国社会的“中流砥柱”。培养高素质的法律人才，特别是增强各级领导干部的法律知识、本领、素养和精神是中国法治建设的需要。作为我国法学教育重要组成部分的党校系统法学教育，肩负着中国法治建设的光荣职责和神圣使命，更应该认清中国法治道路的真正要求，更应该清醒地认识到自身的工作实际，转变传统的法学教育模式，面向实践，面向基层，面向未来，为各级党政机关和行政部门培养合格的法律领导干部。

党校（行政学院）开展党内法规教育的思考

周易茗*

摘　要：党内法规教育培训是党校（行政学院）的重要职责，是党性教育“主业主课”的重要内容。党校（行政学院）开展党内法规教育培训，要深入贯彻习近平总书记对党校工作的重要讲话和指示精神，在基本着眼、课程体系、培训实效、科研支撑等方面着力。

关键词：党内法规教育；党章教育；负面清单教育

习近平总书记指出："各级党校要把党章和党规党纪学习教育作为党性教育的重要内容。"党内法规是党员和各级领导干部的行为规范，学好党内法规是党员干部做人做事、履职用权的基础。党内法规教育培训是党校（行政学院）的重要职责，要深入学习贯彻习近平总书记重要讲话指示精神，在找准基本着眼、优化课程体系、深化学习效果、强化科研支撑等方面持续努力。

一、党内法规教育的基本着眼

（一）着眼于坚持党章为本

《中国共产党党章》是党的根本大法，是全党的总规矩、总遵循。习近平总书记在全国党校工作会议中指出学习贯彻党章的重要性，党校要引导各级干部自觉学习党章、遵守党章、贯彻党章、维护党章，真正使党章内化于心，外化于行。学习贯彻党章的水平，决定着党员队伍党性修养、党组织凝聚力和战斗力的水平。我们党是中国工人阶级、中国人民和中华民族的先锋队，以全心全意为人民服务为宗旨，以人民对美好生活的向往

* 周易茗，湖南省委党校法学教研部讲师，湖南省中国特色社会主义理论体系研究中心省委党校基地特约研究员。

为奋斗目标。尊崇党章、遵循党章、贯彻党章，是永葆党的先进性、纯洁性的根本要求。党员自举起右手面对党旗庄严宣誓那天起，就应当时刻铭记党的宗旨，坚定共产主义远大理想和中国特色社会主义共同理想，切实增强党的意识、党员意识、党章意识，始终不忘初心、牢记使命，做到立党为公、执政为民。因此，党员的第一身份是政治身份，第一职责是为党工作，第一义务是为民奉献，第一要求是锤炼党性，第一学习是时时重温党章，以党章为镜。党校是党的政治学校，因党而立、为党而办，坚持以党章为本开展党内法规教育，是党校姓党的内在要求，也是干部教育的现实需要。

（二）着眼于增强规矩意识

习近平总书记指出，“很多领导干部犯错误，最后在忏悔书中都说对党章和党规党纪不了解、不熟悉，出了事重新学习后幡然醒悟，惊出一身汗。如果把党章和党规党纪学好了、掌握了，又自觉遵守了，防患于未然，就可以防止一些干部今天是‘好干部’、明天是阶下囚的现象”。党内法规对各级党组织工作、活动和全体党员行为作出了严格规范，遵守党内法规是党员的共同义务、基本要求和行为底线。能不能守纪律、讲规矩，是领导干部党的观念强不强的试金石。心中明明白白，牢记纪律和规矩，才不会走岔路、走偏向；说话、办事、决策把规矩挺在前面，才会不破底线、不触红线。分析一些领导干部从“好同志”到“阶下囚”的过程，无一不是始于破规矩、破戒律。守纪律、讲规矩，对领导干部既是约束也是爱护，既是限制也是保护。在党的全部纪律规矩中，政治纪律和政治规矩是最重要、最根本、最关键的规矩，增强“四个意识”、坚定“四个自信”、做好“两个维护”，是政治纪律、政治规矩的集中体现。党内法规教育应当立足于推动广大学员从灵魂深处唤醒并强化规矩意识，形成按原则办事、按规矩用权的政治自觉，把忠诚、干净、担当刻印在心，实践于行。

（三）着眼于提升法治能力

“奉法者强则国强，奉法者弱则国弱。”法治是党领导人民治国理政的基本方式，全面依法治国是中国特色社会主义的本质要求和重要保障。党依法执政，既要求党依据宪法法律治国理政，也要求党依据党内法规管党治党。党的十八届四中全会把党内法规纳入中国特色社会主义法治体系，党的十九届四中全会对坚持和完善社会主义制度、实现国家治理体系和治理能力现代化作了全面谋划部署。各级领导干部在实际工作中不仅要做到重大改革措施于法有据，还要坚决摒弃人治思维，破除人情网络，秉公行使权力，维护公平正义。党内法规教育要促进学员深刻领会党内法规“法”的属性和对推进依法治国的引领保障作用，贯彻落实依法治国和依规治党有机统一方针方略，更好发挥法治固根本、稳预期、利长远的重要作用，不断增强依法行政、依法办事和引导群众遇事找法、解决问题靠法的能力。

二、党内法规教育的课程体系

（一）整个理论与党性教育中突出党内法规教育

法规理论是党的理论的重要构成，法规教育是党性教育的重要内容，法规掌握运用是理论掌握运用的重要检验。2015 年 12 月习近平总书记在全国党校工作会议讲话中引用中央纪委调查数据时指出：“党校开设的党章和党规党纪课程只占总课程的2.5％。这个比例太低了！”要求“加大力度、增加分量，安排足够时间，形成党性教育课程体系”。近年来党内法规普遍进了党校课堂，但总体来看分量仍然不够，结构也不尽合理。从现实需要来看，十八大以来党内法规建设突飞猛进，过去不健全、不完善的状况有了根本性改观，目前中央正在实施立法第二个五年规划，党内法规仍将呈现密集出台的特点，党员干部的学习普遍存在来不及、没时间和不系统、不深入的问题，亟须在党校静下心来接受系统深入的教育培训。这要求党校提高党内法规课程和课时比例，形成常态化制度性安排；在设计党内法规课程体系时，坚持顶层设计、统筹谋划，形成既讲授马克思主义法治理论、习近平新时代中国特色社会主义法治思想，又讲授党内法规知识、单行法规内容，既讲“规”，又讲“依规”的课程体系。

（二）党内法规教育中突出党章教育

党章体现全党的整体意志和共同理想，是“万规之源”“万规之基”“万规之首”。党内法规教育应坚持以党章为统揽，将党章精神贯穿于党内法规教学，同时使党章与党史、国史教育相贯通，与宪法、行政法等国法教学相协调，以此为思路开发党章教学系列课程。系统的党章教育，应当包含理想信念和党的宗旨教育，促进党员不忘初心、牢记使命，固根本、壮筋骨、明方向；民主集中制原则教育，促进党员深化“四个服从”认识，自觉把服从党中央集中统一领导、维护习近平同志核心地位作为首要服从；党章党规与宪法法律教育，促进党员树牢党章为本、宪法为上意识，自觉落实党委“统筹全局、协调各方”，坚持党对一切工作的领导，提升依法执政、依法行政能力；以政治建设统领党的建设教育，促进党员旗帜鲜明讲政治，自觉抓好党的各项建设，把从严治党、依规治党落实于党的建设全过程；党员义务与权利教育，促进党员做好本职，奉献人民，更好发挥党员的先锋模范作用。

（三）主干法规教育中突出纪律处分条例等负面清单教育

习近平总书记指出：“党规党纪是对党章的延伸和具体化，学好了党规党纪，就能弄清楚自己该做什么、不该做什么、能做什么、不能做什么。”党内法规规定党员必须做什么、怎么去做，也明确不能做什么、做了怎么办，既有正面清单，也有负面清单。从现实看，对以《中国共产党纪律处分条例》为代表的负面清单学习教育，既是常学常新的主题，又是十分紧迫的任务。领导干部犯错误栽跟头，有的是对纪律权威缺乏起码的敬畏之心，有的是存在侥幸心理，也有不少是对“六大纪律”的“犯规”情形概念不清、判断不明、误打误撞。而且，一部党规不可能细化到所有情形，需要结合其他党内法规的规定，结合根据主干法规配套制定的规定、规则、细则、办法来进行，做到分条析理、引证有据。这决定了学习《中国共产党纪律处分条例》是一项关联性系统性很强的任务，在主干党内法规教学中应当置于突出地位。

三、党内法规教育的效果

（一）坚持正确的教学原则

坚持理论联系实际的原则。理论联系实际是党的三大作风之一，是党的唯物主义思想路线具体体现，也是进行理论宣传和理论教育必须遵循的根本原则。脱离实际的理论，只能是没有生命的教条。党内法规教育既讲理论，又讲实践，二者紧密结合，方能起到“内化于心、外化于行”的效果。坚持问题导向原则。坚持问题导向是推动一切工作的基本要求，党内法规教育应当聚焦问题，明确靶向，有效推动学员解决政治上、思想上、组织上、作风上、纪律上存在的突出问题。坚持释疑解惑原则。传道授业解惑是教育的基本职能，党内法规教育应坚持这一基本定位，传授理论，解除困惑，授予本领，使学员真正成为党内法规的领悟者和践行者。

（二）采取有效的教学方式

不同的方式决定不同的效果，采取何种方式，应当根据教学内容、教学对象、教学目标合理确定。目前学员对党校教育方式一个比较集中的反映是讲授式教学占主导的方式，一些教师大水漫灌式说教，带来理论上的枯燥。而党内法规体系化的特点，也增加了教学的难度。因此，应注重分类教学，按照“1+4”为基本框架的党内法规制度体系，即党章之下，党的组织法规制度、党的领导法规制度、党的自身建设法规制度、党的监督保障法规制度，分门别类开展教学，为学员提供比较清晰的学习框架和思路；改进专题教学方法，课堂中多设置研讨、访谈、问答等互动环节；提高警示教育、案例教学比例，加强以案说法、以案释法；适当安排论文征集、学术沙龙等活动，延伸课堂载体。在案例教学中应避免一味运用本地正面案例和外地负面案例的做法，更多运用身边案例进行教学，用熟悉的人、熟悉的事更好地触及心灵、洗礼精神。

（三）建设良好的学风校风

党内法规教育效果不仅验之于社会，更首先验之于校内，“镜子”是学风校风。党校应把从严治党要求与从严治校方针结合起来，把各项制度规矩立起来、硬起来，为教师和学员提供严格的管理环境。党校姓党原则决定了党校教师都姓党，一切教学活动、一切科研活动都应当遵循这一原则，做到党校讲坛有纪律，践行用学术讲政治。教师是为人师表的职业，应当自觉树立良好师风，以身立德，以身立教，同时敢于管理、善于管理。党校是领导干部学员汇集的地方，社会关注度高，学员进了党校，就应当确立“职务清零”“知识清零”理念，自觉实现由领导干部到学员、由办公室到教室、由家庭生活到集体生活的转变，切实遵守学校规章制度。中央“八项规定”和中纪委、中组部关于学员管理的规定既是重要的党内法规，也是良好学风校风的保障，教师和学员应当模范遵守。纪检监察专责机关、组织部门应当把学员学习情况纳入监督考察范围，运用好学员综合考评鉴定，防止学习期间成为监督“空窗期”。

四、党内法规教学的科研支撑

（一）实施一体化创新工程

教学科研是紧密关联的整体，咨询是科研的延伸和深化。有人形象比喻，教学是饭碗，科研是饭碗容量，咨询是饭碗分量。近年来在中央党校带动下，各级党校逐步推行教学科研咨询一体化创新工程，为办学提供了一个全新的抓手，取得良好效果。党内法规教学也应遵循办学规律，运用好这一创新性举措。党内法规教学纳入一体化创新工程，应当坚持打通梗阻、加快融合、一体化发展目标，针对党内法规应用性强的特点，在确立科研项目时，兼顾理论性与应用性，侧重应用性项目，使研究既站在理论前沿，又站在实践前沿，形成成果后，及时转化为课堂专题。要建立科研立项、集体公关、教学专题申报、集体备课、督导评审、成果验收、考核激励制度，对高端学术成果和教学成果加重奖励，将一体化成果纳入职称评聘、评先评优的重要依据。从当前实际情况看，还应及时总结经验，完善提升，继续防止教学话语体系从学术到学术、从理论到理论，防止实践应用找不准学术接口，防止研究成果止步于文本。

（二）整合科研优势资源

从目前实际看，党内法规教学科研还存在机构设置不一、师资力量分散的问题，普遍没有设立专门的党内法规教研机构，相关业务有的放在党建教学部门，有的放在法学院，有的放在马克思主义学院，集中的学科力量尚未形成。在各级党校已经完成机构改革的情况下，可行办法是，以项目为载体，以课题组为形式，以集体攻关为方式，打破部门界限，整合教师资源，在党内法规课题申报研究上做足文章。具备条件的，开展党内法规研究生学位教育，推进学科建设。加强党内法规专业人才引进，鼓励教师专攻党内法规研究教学或拓展专业领域，采取进修访学、挂职跟班等方式加快专业人才培养。放宽眼界，吸收校外知名专家学者、兼具理论功底和实践经验的党政领导干部担任特邀教授，充实党内法规专家库阵容。

（三）搭建更多研究平台

科研离不开平台，搭建平台尤为重要和迫切。目前各级各类党内法规研究机构加快设立，根据主办单位性质不同，大致可分为四类：高校院所类，由高校或者科研院所主办；法学会类，由全国或地方法学会主办；党校类，由中央或地方党校主办；合办类，由地方党委、党校、法学会和高校合作成立。相对于高校而言，党校设立党内法规研究机构略显滞后，这与党校地位职能并不相称，与党内法规属于党校主业主课的要求不相称，也与党校“老五门”仍为优势专业的现状不相称。应把设立党内法规研究机构纳入校委议事日程，争取有关部门重视与支持，至少省一级党校应当普遍成立。对党校设立的党内法规研究机构，以及挂靠于党校的各类省级学会、研究会，应当纳入办学工作，给予更多重视。同时积极参加外地外单位研究机构举办的学术活动，有针对性地参加国际学术活动，拓展学术交流范围，促进学术水平的提升。

基于核心素养的高职法律课程深度教学思考

王 频*

摘 要：针对高职法学不同于基础教育的异质特点，在核心素养理念下开展高职法学教学需要从深度、广度和关联度上克服现有教学的局限性，实施深度教学，引导学生深度学习。

关键词：核心素养；高职法律课程；深度教学

核心素养是关于知识、技能、情感、态度、价值观等多方面的综合表现，是每一名学生获得成功生活、适应个人终生发展和社会发展都需要的、不可或缺的共同素养。这个20世纪70年代由德国学者迪特·梅腾斯（Dieter Mertens）所提出的“关键能力”发展而来的概念，得到了世界各国教育界的高度关注。经济合作与发展组织于20世纪90年代开始推行的测评学生是否具备参与未来社会所必需的基础知识与基本技能的“国际学生评价项目”，联合国教育、科学及文化组织和美国著名智库机构布鲁金斯学会联合启动的“学习指标专项任务”等活动都是核心素养培养的实践研究成果。随着我国《中国学生发展核心素养》的发布，以文化基础、自主发展、社会参与三大维度构建的包含人文底蕴、科学精神，学会学习、健康生活，责任担当、实践创新六大要求的联系紧密、相互促进的中国核心素养体系正式成形。有鉴于高职法学所处学段、学科及类型的不同，核心素养培养的落地在高职法学教学中呈现出一定的特殊性。我们需要从深度、广度和关联度上克服表层教学的局限性，实施深度教学，引导学生深度学习。

一、深度教学的内涵思考

深度教学来源于深度学习的要求，从深度学习走向深度教学是教学

* 王频，女，汉族，湖南现代物流职业技术学院副教授，主要研究方向为高职法律课程教学。本文发表于期刊《中国多媒体与网络教学学报（中旬刊）》2019年第12期。

一体的融合性所决定的。深度学习的概念最早由美国学者 Ference Matron 和 Roger Saljo 于 1976 年提出，2012 年美国国家研究委员会（United States National Research Council）正式将深度学习定义为一种能够使学生将从某一情景中所学应用到学习新情境中的学习过程。与传统的片面注重外部灌输和被动接受的学习相比，深度学习是一种立足于真实情境的问题解决，侧重于高阶思维能力培养和学科整合，突出深度思辨思维指向的强化情感驱动的"非认知学习"。作为一种能够将旧知和新知联结起来实现知识迁移的学习方式，深度学习强调学习过程中的反思，注重概念的转换和认知结构的训练养成，注重学习结果的达成及学生核心素养的培育。一方面，深度学习包含的认知领域、个人领域和人际领域的三大深度学习能力，与核心素养的文化基础、自主发展和社会参与三大方面要求亦有着密切的对应关系；另一方面，深度学习具备的理解与联系、批判与整合、构建与迁移的特点，使得深度学习与核心素养培育有着天然联系。就高职法学教学而言，在深度学习基础上的深度教学并不是单单追求法律教学知识内容的难度以及知识的深度，而是在教授过程中剖析学科知识的构成要素，理解法律知识的真正意义，尽可能提升法律教学的知识丰富度，避免学生在法律知识学习的过程中仅仅停留在学习的表面，引导学生正确理解法律理念，在脑海中建立法律知识系统，将法律知识有效结合在真实生活情境中，用法律思维去解决实际问题，有效实现核心素养的培养要求。

二、深度教学的行动思考

党的十九大报告明确指出，"建设中国特色社会主义法治体系、建设社会主义法治国家"是全面推进依法治国的总目标。法学教育承载着法治中国建设的重要使命，肩负着提升国民法治素养重任。高职法律课程深度教学的重要目的在于追求能引导高职学生通过法律知识的认知提升自己的核心素养和专业素养，最终实现培养"德法兼修"社会主义法律人才。传统的高职法律课程在一定程度上仅仅是灌输给高职学生法律条文内容，没有在开展核心素养理念下深度教学。深度教学的缺失，使得学生灵活运用法理分析、解决问题的能力有所欠缺。加拿大学者艾根认为“学习深度”具有三个基本标准，即知识学习的充分广度（sufficient breadth）、知识学习的充分深度（sufficient depth）和知识学习的充分关联度（multi-dimensional richness and ties）。借鉴学习深度的三分法，在核心素养导向下，我们在高职法学教学过程中可以对应从三个方面加以修正。

1. 把握广度

高职院校的教育工作者在制定法律教学人才培养计划的同时，需要充分结合高职院校法律专业人才的就业形势以及实际法律岗位的具体职责要求，有效设置法律教学的课堂体系，在开展深度教学时要把握好教学的广度。在教学体系方面，有鉴于法学教学是一种理性教学，在注重联系岗位技能需求的基础上，法律教学体系可以适当加入法律伦理讲授和法律逻辑训练内容，以期帮助学生建立正确的法律职责操守和培育良好的法律品质。在法律教学课堂上，教师可以结合法律条文内容，要求学生针对性地对典型法律案件进行有效的法、理、情的三维分析，以矫正学生们感性思考的方向，引导学生们用法律意识去分析案例，提升学生们对于法律条文的熟练度。在课外，教师们可以结合社会对法律人才的实际需求，鼓励学生们积极实践，在课余时间或者寒暑假的时候去选择一些实际岗位进行实习，让学生们了解社会法律人才的实际需求，在实际工作中意识到法律知识的重要性，也帮助学生们在实际操练中有效地结合在课堂上所学习到的知识，有效提升学生们的实际法律能力，提高学生们社会就业的适应能力。在教学内容整合方面，课程内容的整合需要实现高职院校法律课堂教学与社会法律实践教学的整体性。通过高职院校的相关法律职业调查报告分析，我们能了解到社会对于法律人才能力水平的具体需求。在此基础上，再对高职院校法律专业的人才培养方案进行有效修改，减少一些实用性不大、理论性不强的课程学习时长，尽可能将一些不必要的课程进行概论学习。在一定程度上提升课程教学之间的关联度以及因果程度，对于相似的知识板块，我们可以以项目化形式将其串联，帮助高职学生们对法律知识内容的有效吸收。在法律教学课程内容设计过程中，将不同的知识体系进行有效划分，保证相关课程在同一时间进行学习，在一定程度上能提升高职学生们的学习效率，能有效解决高职学生课堂学习时间不足的问题，尽可能提高学生们的课堂知识吸收度，减少重复课程的可能性。

2. 加大深度

高职法律课程可以系统性地提升高职学生们的法律意识以及法律观念，培养高职学生落实法律道德责任、法律核心素养，强调高职学生在学习过程中法律认同感以及法律理性思维的全面培养。法律教师想要有效落实高职学生提升知识、充分深度学习的教学任务，需要进一步促进高职学生法律思维以及法律意识的培养以及发展，需要结合高职学生的实际学习能力，通过深度教学的思想，有效贯彻落实高职学生的法律学科核心素养。

鉴于高职教育的职业导向性，虽然在高职法学教学中实体法和程序法内容在高职法学教学中都有所涉及，但操作性的具体规定会在教学侧重点中。虽然在学术体系上，教师在实际教学中会将程序法以及实体法加以区分，但在课堂授课时，我们需要借助话题、项目、案例等“学习支架”将这两类学习内容有针对性地结合起来。这些“学习支架”需要紧紧围绕法律深度教学，紧密对应法律知识的学习要求，尽可能实现法律情感价值的真正体现以及法律核心素养发展水平能力的提升。首先，我们需要引导高职学生们对实际案例进行自由的分析讨论，独立或者在小组协作的前提下，帮助学生在学习法律课程的过程中，全面、系统地掌握法律的基础理论知识，有效提升学生们的法律思考意识。然后，在学生们自主解决问题之后，再在课堂上开展小组之间的相互评价，将解决方案中的不足找出来。最后，教师在小组分析之后，总结每位发言同学的解决思路，针对思路的不足之处提出有效建议。在课堂上解决复杂案例的时候，法律教师需要引导学生们使用课堂上的法律知识内容，在学生们运用知识进行分析的时候，点明分析过程中需要使用到的相关法律知识点，鼓励学生们用法律理念去进行思考，用法律的严肃性去分析案例。通过思辨性的问题导向学习，学生们可以在问题解决的过程中，围绕问题以及法律教学为中心，实现法律课程教学的开放性、递进性以及多元性，有效地培养高职学生的自主法律学习的能动意识，增强自身实际运用法律知识解决问题的实践应用能力。

3. 密切关联度

建构主义学习理论认为：知识不是通过教师传授得到，而是学习者在一定的情境下，经过他人的帮助，利用必要的学习资料，通过意义构建方式获得。学会知识构建需要我们在教学中充分引导学生进行知识之间的有效迁移。这种迁移不仅发生在学科内部的旧知和新知之间，也应该包括学科间的知识关联。迁移学习中有两个重要的概念：域和任务。迁移学习中的域就是深度教学中的教学情境，迁移学习中的任务就是深度教学中教学项目的设计。迁移学习的关键点在于用什么迁移、如何进行迁移和何时合适迁移，具体到高职法学教学中，时事热点、经典案例、影视作品、新闻人物、动漫游戏等都可以成为学生感兴趣的深度教学的迁移“载体”，概念的关联、工作域的交集、动作流程的连接、生活日常的联系等都是进行深度教学的迁移“中介”，按照认知规律和教育规律设计而成的由浅入深的“够得着的挑战”是深度教学的迁移“节点”。

在核心素养理念下，高职法学教学可以通过选取生动体现法律知识的科学性的真实、生活的情景来提高法律知识学习的画面感。这种活动型课程既能帮助学生完成自有知识的迁移，也能完成社会生活与抽象法律制度的迁移。能让学生在真实情景中，通过自主学习、协作学习和研究性学习，主动进行意义建构。通过批判性的法律知识学习以及法律知识学习的反思，引发学生对有价值问题的思索与破解，激发学生进行自我教育，有效提高法律知识学习的充分关联度。

深度学习需要达到学会知识建构、学会问题解决、学会身份建构和学会高阶思维。基于核心素养理念在高职法律课程教学中落实“四会”是深度教学的施行目标。随着教育现代化的深入推进，深度教学的广度、深度和关联度亦将在今后的具体教学中调整匹配，以适应以学生为中心的新时代教学观的具体要求。

全国司法职业院校法律实务技能大赛研究
——基于专业技能的分析

吴 畅*

摘 要：全国司法职业院校法律实务技能大赛有法律基础知识竞赛、法律文书制作竞赛和法律事务处理竞赛这三个赛项，对接工作岗位，涵盖法律实务类专业多项核心技能，专业技能考核与专业知识考核紧密结合，呈现形式和评分标准贴近司法实务。大赛以赛促教、以赛促学、以赛促改，对专业技能训练的积极影响深远。为有效备赛，应建立备赛训练机制，推进校企合作和院校横向交流，将赛项融入日常教学，实现大赛与教学同向同行。

关键词：技能大赛；法律实务；专业技能；训练机制

司法部全国司法职业教育教学指导委员会于2017年开始举办全国司法职业院校法律实务技能大赛（以下简称技能大赛），参赛单位为各省司法警官职业学院和政法职业学院。技能大赛每年举办一次，到2020年已是第三届。各省相关院校十分重视，参赛积极。作为行业内的重要比赛，该赛事影响广泛。

一、技能大赛赛项基本内容

根据大赛相关文件精神，大赛目的为全面考察全国司法职业院校相关专业学生的基本法律素养，以及法律知识的掌握程度和运用能力；为全国司法职业院校师生提供一个技能展示交流平台，向社会展示司法职业教育的办学特色和人才培养成效；推动院校适用行业需要，增强法律职业能力

* 吴畅，男，湖南长沙人，湖南司法警官职业学院副教授，法律系主任，主要研究方向为诉讼法学、法律教育。本文系2019年度湖南省社会科学成果评审委员会课题"'双一流'背景下法律实务专业群技能培养与训练机制研究"（XSP19YBC153）阶段性成果，本文发表于期刊《新疆职业教育研究》2019年第4期。

培养的针对性，提升人才培养质量。

赛项内容包括三个模块：法律基础知识竞赛、法律文书制作竞赛和法律事务处理竞赛，三个模块均为必考模块。法律基础知识竞赛测试学生对法律基础知识的掌握情况，内容为宪法、法学基础、民法、刑法、行政法和诉讼法。该部分以计算机在线答题形式完成，以个人为单位参加比赛。

法律文书制作竞赛测试学生对常用法律文书样式及内容的掌握情况，对法律知识的运用能力和对法律语言的组织能力。内容涵盖常用诉讼法律文书、人民调解法律文书、社区矫正法律文书、劳动法律文书、中小企业常用法律文书、其他非诉法律文书和司法文书。该部分以参赛队为单位，根据给定案件材料，团队共同制作一份相关法律文书。

法律事务处理竞赛测试参赛学生运用法律知识分析和解决问题的综合能力、团队合作能力和语言表达能力。竞赛内容为案例分析与汇报、法律咨询（会见当事人）、民间纠纷调解。由组委会从上述三种类型中选取一种作为最终参赛内容，由参赛团队按照给定案件材料，共同完成资料分析、方案制作和面试汇报与演示。

二、技能大赛赛项特点分析

（一）对接工作岗位，涵盖法律实务类专业多项核心技能

大赛虽然没有直接指定参赛专业名，但根据大赛名称和赛项内容，可以明确判断出，大赛是针对高职法律实务类专业举办的学生技能竞赛。根据《普通高等学校高等职业教育（专科）专业目录》，法律实务类涵盖 4 个专业，分别为法律事务专业、法律文秘专业、司法助理专业和检察事务专业。法律事务专业主要面向基层法律服务工作者助理、律师助理、人民调解员、中小企业法务和法检系统书记员岗位。法律文秘专业主要面向司法秘书和法检系统书记员等岗位。司法助理专业主要面向法检系统、律师事务所和基层司法所的助理岗位。检察事务专业主要面向检察官助理、检察事务岗位。大赛中的法律文书写作、案例分析与汇报、法律咨询、民间

纠纷调解等竞赛项目，都对接了法律实务类专业的上述岗位，是岗位要求的核心技能。如法律文书写作是专业类通用的核心技能，案例分析汇报在法检系统、律师事务所、法律服务所的相关助理工作中经常会有，法律咨询和纠纷调解也是相关法律职业的常见工作任务和内容。

（二）专业技能考核与专业知识考核紧密结合

法律实务类专业的职业能力要求，既强调司法实务操作技能，同时也得具备一定的法律基础知识，才能完成相关工作任务，才能符合专业技术性比较强的法律实务类工作岗位需要。即，法律实务类专业的专业技能与专业知识是紧密结合的，在司法实践中密不可分。法律实务技能有极强的综合性，是法律职业所要求的法律职业者应该具备的综合法律思维能力、法律知识和实践经验于一体的能力和技巧。[1]法律实务技能中的基础性技能，就直接包含了对法律基础知识的掌握。大赛注意到了这个方面，在赛项内容安排上，将法律基础知识竞赛作为单项内容，并予以三分之一的权重。而且，不管是法律文书写作竞赛，还是案例分析与汇报、法律咨询和民间纠纷调解等法律事务处理竞赛，也揉进了相应的法律基础知识。赛项内容做到了专业技能与专业知识两部分考核的紧密结合。

（三）呈现形式和评分标准贴近司法实务

法律文书制作竞赛，是在常用诉讼法律文书、人民调解法律文书、社区矫正法律文书、劳动法律文书、中小企业常用法律文书、其他非诉法律文书、司法文书这些类型的文书中，由组委会抽选一种文书来进行考核。大赛对这些类型的法律文书范围做了具体的列举，遴选的都是法律实务类专业就业岗位中经常使用的主流法律文书，并设置了相应考核要点与具体量化评价指标及评分表。法律事务处理竞赛中的案例分析与汇报、法律咨询和民间纠纷调解，分别设置有具体的考核内容、考核方式和评分标准。如案例分析与汇报这一类型，为书面考核和现场考核相结合，既考核案件分析提要书面稿，又考核面试汇报。该类型的考核针对案件事实概括、法

[1] 吴畅．法律实务专业群视域下实践教学的困境与突破 [J]. 新疆职业教育研究，2018（2）：31.

律关系分析、案件处理思路和整体表现等方面，设置了详细的评分标准。赛事内容的呈现形式和评分标准贴近司法实务。

三、技能大赛对专业技能训练的积极影响

（一）以赛促教

赛项对接工作岗位核心技能，有详细的呈现形式和评分标准，体现了岗位综合要求，也达到了以赛促教的目的。第一，实现了对指导教师的职业能力提升的倒逼。教师指导参加技能大赛，既能了解行业岗位的标准做法和技能要点，也能积累教学素材和教学经验，促进教师完成自身技能更新，提升教学能力。第二，引导教师根据比赛规则改革教学内容，调整教学方法。教师在有效指导比赛的同时，其所了解和掌握的考核要求规范，以及技能训练做法，也会自然而然地反馈到其日常教学中，并对教学内容进行更新，对日常教学也起到良性作用。

（二）以赛促学

首先，通过比赛，提升了学生的学习兴趣和积极性。目前教育部举办的全国职业院校学生技能大赛中，没有公安与司法大类专业的竞赛，学生能参与的高级别比赛很有限。全国司法职业院校法律实务技能大赛的举办，给了学生们一个重要的表现机会，增强了参赛学生的荣誉感，学习积极性显著增长。其次，拓宽了学生视野，提升了学生对自己专业的认识和认可度。通过参加技能大赛，拓展了学生的法律实务知识视野，学生对岗位要求和工作任务要点有了更深的了解，对专业技能的理解和掌握程度更高。最后，通过参赛选手的典型示范作用，带动周边学生学习氛围的高涨，提升整个学生群体对专业技能训练的重视程度。

（三）以赛促改

大赛对行业院校影响深远，促进各院校相关专业革新课程体系以符合行业需要，更新教学内容以适应岗位要求，加强实习实训以提升专业技能，注重师资培养以取得参赛成绩。深化教育教学改革，促进产教深度融合。

四、参赛启示与建议

随着各院校对大赛的日渐重视，大赛的竞争也越来越激烈。要想在大赛中取得好成绩，必然有一些值得各参赛院校参考和借鉴的经验和做法。

（一）建立备赛训练机制

单纯依靠课堂教学和学生自主复习备赛，很难达到理想的效果，建立一套行之有效的备赛训练机制必不可少。备赛训练机制包括选手选拔机制、赛前集训机制、心理辅导机制等。

选手选拔机制包括对参赛选手的推荐选拔、过程考核和淘汰机制。选手的遴选，一般先由专业教师和辅导员推荐优秀学生，以及学生自荐的方式产生一批备选人员。然后通过层层测试的方式，优中选优，确定备赛团队名单。为了看出学生的成长性和潜能，测试应拉长时长，以给学生一定的成长时间和空间。综合考虑学生前后成绩来完成选拔。在备赛过程中要进行过程考核，即通过相关测试和备赛综合表现来予以考察，最终淘汰部分选手，确定上场队员。

赛前集训机制是指在赛前一段时间，对参赛选手进行集中训练的安排机制。要根据日程安排做出相应集训方案，以指导老师集中授课为主，学生课后练习相结合。要提早确定指导老师，做好课程安排，过程中加强监督和管理。指导老师的全程、全身心参与，是获得大赛好成绩的关键。

心理辅导机制是在备赛集训和参赛过程中，针对参赛学生的心理建设和辅导的机制。在高强度的集训、人员选拨和比赛过程中，选手可能出现紧张、情绪不稳、泄气等心理情况，影响备赛和参赛，故心理辅导必不可少。心理辅导最直接可行的方式，是由指导老师随时辅导，随时发现苗头及时采取相应措施解决问题。可以采取单独谈心、安排队友关怀、邀请往届优秀选手现身说法等等形式，在必要时选派心理老师进行定期的心理疏导。

（二）推进校企合作，院校横向交流

大赛赛项内容对接工作岗位，考核要点和评分标准贴近司法实务。那

么在备赛中，融入行业、依靠行业，推进校企合作备赛就有切实意义了。各参赛院校应该多“请进来”，邀请法检系统和律师事务所实务专家来给学生的技能训练作专业指导。同时，也要“送出去”，指导老师带领学生多观察实践，跟岗实践，在实践中获取知识与技能。另外，参赛院校间的横向交流也是题中应有之义。技能大赛是全国性赛事，省份临近的相关院校可以组织区域赛、友谊赛，加强交流，相互学习借鉴。

（三）赛项融入日常教学，实现大赛与教学同向同行

优质的教学资源指向少部分的竞赛参与者,这是很多院校的“通病”。[1]目前,大赛对相关院校学生的直接普惠性不足。受项目经费、指导教师人手、上场选手数等方面的制约，备赛集训的只会是很少数学生。经过大赛集训出来的学生都很优秀，但绝大部分未参赛的学生，仅仅通过日常教学不可能完全达到与参赛学生同等的专业知识和技能训练水平。[2]在目前的教育资源条件下，又不可能也无必要将备赛训练强度全面铺开到日常教学中。应当逐渐建立大赛项目向专业技能训练项目及课程资源转化的程式。借鉴大赛的赛项和范例，广泛适用情景式、项目式和案例式教学。解读赛项相关职业标准，分析职业内涵、技能规范和技能考核要求等，为课程内容与职业标准对接提供权威依据。[3]这样，日常课程教学逐渐贴近大赛标准与要求，全体学生学习效果逐渐与备赛学生学习效果靠近。另外，为全面贯彻十九大提出党的教育方针，推进教育公平，政府教育主管部门和大赛主办方也应在教育教学制度建设和大赛的制度性设计方面高度重视，多给予参赛院校指导和引导，帮助学校克服存在的备战集训与日常教学“两张皮”的现象，实现大赛与日常教学同向同行。

[1] 夏敏．技能大赛与专业实训课程融合的教学探析 [J]. 才智，2019（21）：96.

[2] 刘东菊．全国职业院校技能大赛对教学改革与发展的影响力研究 [J]. 职业技术教育，2015（10）：31.

[3] 马成荣．职业学校技能大赛促进专业技能教学体系改革的研究与实践 [J]. 中国职业技术教育，2015（17）：30.

论法学人才培养中的课程体系建设

姜晓华 *

摘　要：法学教育要抓好质量和特色，但由于法学人才培养定位同质化，地区之间、学校之间的培养结果同质化等原因，法学人才培养不能满足于社会人才多样化的需要，法学研究生就业的“软着陆”问题一直得不到很好的解决。只有进行法学教育体制改革，厘清法学教育本身的性质，用不同标准规范法学教育各个阶段的层次性，狠抓教学质量，鼓励学生创新，建立因材施教的多样化教师队伍，加强校企、校校合作，才能改变我国课程体系在当前法学教育人才培养中的滞后现状，多方并举打造有特色、高质量的法学教育。

关键词：法学课程体系；人才培养同质化；教育多元化

从 2011 年启动的全国“卓越法律人才教育培养计划”[1]，发展到 2018 年的全国“卓越法治人才教育培养计划 2.0”[2]，我国法学高等教育在培养国际型、复合型、基层应用型人才方面已经取得长足进步。围绕提高人才培养质量这一中心，高等院校需要以课程体系建设为抓手，解决人才培养中面临的问题，更好地回应社会对高质量的人才培养需求，这也是我国发展成为高等教育强国的必由之路。

一、我国课程体系建设在当前法学教育人才培养中的现状

我国的法学教育有自身的教育模式和特色，其为我国法治建设提供了宝贵的人力资本，但近年来产生了法学教育与社会需求脱钩的问题，以及

* 姜晓华，中南林业科技大学政法学院讲师，湖南师范大学法学院全日制在读博士研究生。本文系中南林业科技大学 2019 年研究生教学改革与研究项目（2019JG022）的研究成果。

[1] 中华人民共和国中央人民政府网．我国将启动“卓越法律人才教育培养计划”[R/OL].http：//www.gov.cn/jrzg/2011-07/09/content_1902829.htm.

[2] 参见教高〔2018〕6 号文件，教育部、中央政法委《关于坚持德法兼修实施卓越法治人才教育培养计划 2.0 的意见》。

出现了日益增多的法学人才资源趋同化现象。有学者指出："法学教育的同质化是我国当前法学教育的主要特征。法学教育的同质化，简单地说，就是法学教育的模式和'产品'——法科毕业生存在严重的趋同现象。"[1]社会对法学人才的需求是多样化的，但法学教育培养出来的人才却简单划一，难以满足社会的需求，在法学本科、硕士、博士阶段的人才培养定位同质化，这与课程体系建设目前的滞后现状直接相关。

目前法学本科生、研究生的授课环节，都以讲授理论知识为主，对法律谈判课、法律文书课、模拟法庭课等实训环节的职业能力训练明显不足。在地方高校还普遍存在法学本科生与研究生的培养方案大同小异，教材教具出现雷同，授课教师为同一班人马的现象，其授课内容、方式的重复则更加普遍。上述现象直接造成法学本科生、研究生在培养目标、培养方案、培养过程中的差异甚微，课程体系中区分的理论型人才与应用型人才，在落地实操中形同虚设，尤其是法学学硕与专硕从培养到产出都严重趋同化。据第三方专业评估机构麦可思公司调查报告显示，自2016—2019年法学专业被称为就业率垫底、就业满意度较低的红牌专业。[2]虽然法学专业被就业难问题一直没有很好地解决，但是大量的学生涌入法学专业，各大高校法学专业扩招势头并未削弱。这种现状就造成法学专业的学生虽然在获取知识的广度、深度等方面不同，但是在专业知识结构、职业技能水平、论文评价标准等方面定位培养的同质化程度高，并且普遍存在重理论知识学习、轻社会实践锻炼，重基础知识研究、轻复合能力培养等问题。加之由于全国各地高校专业设置的课程体系没有突出特色，造成法学教育资源的滥用，校校之间法学人才培养的同质化则更加突出。据悉，2019年7月为止，全国共有611所高等学校开设法学专业。[3]这其中既有专门的政法

[1] 王新清．论法学教育"内涵式发展"的必由之路——解决我国当前法学教育的主要矛盾[J]．中国青年社会科学，2018（1）：9.

[2] 参见麦可思发布《2019年就业蓝皮书》，2018届大学生就业率91.5%，http：//www.sohu.com/a/319591994_112831，2019-11-27.

[3] 参见2019哪些大学开设有法学专业，https：//www.dxsbb.com/news/9591.html，2019-11-30.

院校，也有综合性大学，甚至还有理工类、农林类大学等。很多高校在培养方案、课程设置、教学内容等方面，雷同现象严重，地区之间、院校之间的差异性小，贪大求全的院校专业设置、严重滞后的课程体系则成为法治人才培养出现类似俄罗斯套娃现象的根源，也正是这种缺乏长远规划的做法，催生了全国卓越法律人才计划与法治人才计划的出台，旨在落实差异化人才培养目标，减少甚至遏制法学人才培养中的恶性竞争现象。

从现行法学专业课程体系看，主要是公共课程、专业学位课程、专业选修课程、实践环节（包括学术活动、开题报告、中期检查、教学实践、实习）。以上课程体系虽然一定程度上体现出人才培养、知识获取的综合性、专业性特点，但是其并不能满足社会对复合型、应用型法学人才培养的需求。有学者指出："素质教育选修课少及课程设计面不广，实践教学形式单一，难以满足应用型、复合型法律职业人才知识的供给，是影响'卓越法律人才教育培养'的主要因素。"[1]这种现象表现在法学人才普遍的人文综合素养较少，将法律这种社会科学局限在某一范围或者某几个小范围之内，人才培养只是注重职业技能的训练，对于综合的人文素养视而不见，毕业生论文中的逻辑思维混乱、语言表达含糊不清，毕业生对法学的相关边缘领域了解一片空白，这都与人文类综合素养课程设置缺失直接相关，而以上现象在专门类政法院校更加突出。此外，部分法学院校采用的教材、教辅类书籍更新较少，有些教师习惯性按旧教材备课，对知识的讲授也常常跟不上法律日新月异发展的需求，教学的内容与手段都显得有些陈旧。部分形式主义编写的教材容易禁锢教师的思维与想象力，在课堂上引经据典的教师目前还不多，相反依据古板教材一板一眼、照本宣科的讲授者却不在少数。教师尚且如此，学生的情况则更令人担忧。如果学生只是局限于教材中对法条、法律概念的僵化思维与理解，那么课堂教学就很难发挥其人才培养主阵地的作用，此课程与彼课程之间的差异化理解更是天方夜谭，

[1] 肖北庚．课程体系优化：应用型复合型法律人才培养之关键[J]. 湖南师范大学教育科学学报，2013（7）：91.

这对学生日后走向社会从事法律职业极为不利，这也就不难理解，为何经过四年甚至更长时间，进行法学专业系统训练的毕业生，在法考中甚至考不过仅仅突击培训几个月的非法学专业社会人士的原因。课程体系中的理论知识部分尚且如此，实践部分在训练学生的动手能力和落地实操方面更加堪忧。目前大学三年级之后的暑假普遍会有学生去法院、检察院、律师事务所等地进行专业方面的实习培训，期限一般为两个月左右，然而由于学生在学校培养下知识面较窄、动手能力较差、思维能力较僵化等，学生实际上只能从事装订案卷、收发文档等打杂工作，实践课程的效果没有保证。如果再碰上与法考、考研究生、找工作之类的时间冲突，学生的教学实习环节则更加流于形式。为此，有学者指出："必须通过比较大胆的改革举措使法学教育'消肿'，回归到适当规模，进而明确法学教育的目标和方法，否则就难以满足建设法治国家、参与全球治理、实现合规经营、解决各类纠纷等重大社会需求。"[1]

二、加强课程体系建设需要厘清法学教育人才培养的性质

要优化课程体系，形成差异化、系统化的课程模块，我们应围绕人文素养欠缺、实践课程不足等问题，加强课程体系的建设，以课程促教改、促科研、促师资队伍和学生培养质量的提高。在此需要厘清课程体系建设在法学人才培养中的定位，只有弄清楚课程体系建设成为核心地位的原因，才能够在法学教学环节中更好地提高人才培养的质量，落实"卓越法治人才教育培养计划 2.0"所提出的"为全面依法治国奠定坚实基础的人才"的培养目标。[2]

[1] 季卫东．我国法学教育改革的理念和路径 [J]. 中国高等教育，2013（12）：31.

[2] 参见教高〔2018〕6 号文件，教育部、中央政法委《关于坚持德法兼修实施卓越法治人才教育培养计划 2.0 的意见》。目标要求经过 5 年的努力，建立起凸显时代特征、体现中国特色的法治人才培养体系。建成一批一流法学专业点，教材课程、师资队伍、教学方法、实践教学等关键环节改革取得显著成效；协同育人机制更加完善，中国特色法治人才培养共同体基本形成；高等法学教育教学质量显著提升，培养造就一大批宪法法律的信仰者、公平正义的捍卫者、法治建设的实践者、法治进程的推动者、法治文明的传承者，为全面依法治国奠定坚实基础。

关于课程体系建设在法学人才培养中的地位，有学者指出："法治人才培养目标的实现，法治人才培养机制创新，关键的环节在于法学学科体系和课程体系的优化。"[1] 法学人才培养的方向转变在于人们进一步深化了对法学这门社会科学的自身性质的认识，这也成为法学课程体系建设发挥人才培养核心地位的关键原因。关于法学教育的性质定位直接关系到法学人才培养的导向，关系到法学课程体系建设的具体路径。一直以来，法学教育究竟是精英教育还是大众教育，是素质教育还是职业教育的争论不断。有学者从分析事关人才培养理念顶层设计的"道"与中观、微观路径和方法的"术"的角度出发，提出理性破解新时代卓越法治人才培养的理念误区，指出："法学教育定位：法律职业教育的基础地位日趋稳固。"[2] 然而也有学者反对，从为什么要有大学法学教育、什么是中国的法学第一学位、究竟颁发了多少法学文凭、为什么法学研究生要被切割为如此之多的"二级学科"、如何评估法学院这五个问题出发，连续追问后得出结论："法学教育应当是法律职业的通才教育。现有的'法学二级学科'人为地分割法学教育，限定学生的知识兴趣，增加学生的就业困难；锁定教师的发展范围，增加教师的失业风险，似应全面废除。"[3] 由于法学学科特点，笔者同意方流芳教授的观点，主张法学教育定位为大众教育、通才教育。事实上，巨大的法学本科生群体将占据法学教育受教育人数的大部分，毕业生在毕业后就业的岗位是千差万别，很多毕业生并不会从事法律或者是法律相关的职业，只有定位在素质教育才能更加利于学生今后的就业和职业生涯的规划。葛云松教授曾以文悼念已故的何美欢教授，肯定其对法学教育所做的努力贡献，葛教授在其长文《法学教育的理想》中认为，通识教育并非法学教育的特点，法学教育的讨论主要针对专业教育部分，法学教育应以训练法官能力为主，其指出："德国的法学教育的主要目标，是培养学生具备'法官能力'。这意味着法学教育以法律适用而非立法为重点，也就是，不是

[1] 蒋新苗．加快构建中国特色法学人才体系 [J]. 中国大学教学，2017（5）：35.
[2] 郜占川．新时代卓越法治人才培养之道与术 [J]. 政法论坛，2019（3）：40.
[3] 方流芳．追问法学教育 [J]. 中国法学，2008（6）：20.

学习怎样制定好的法律，而是怎样适用既有的法律。”[1]

法治不是万能的，法律的稳定性决定其滞后性，法学教育也不能穷尽一切社会现象，培养学生法官能力其实是种法学思维的主张，要在法学课程设置中，增加法律方法课程，从理论与实践两方面着手，除了在理论课程中加入方法论课程之外，还要在实践环节注重法律方法的加入，“法律方法具有强烈的实践性品格，因此，司法实践应当成为法律方法课程的重要内容”。[2] 在方法论、思维能力训练课程方面，不能拘泥于法学学科的小圈子，“他山之石，可以攻玉”，可以通过网络课程在线选课方式，可以选择非法学方面的方法论课程，以此来拓宽知识眼界，为交叉学科融合及打造学科之间的对话交流平台打下基础，这也是加强校校合作的课程资源共享。这种方法论的思维训练课程，也是打破陈旧落后教材的举措，但要注意在课程内容优化时，应该提炼出一般性法律原则和准则，注意法律现象之间内在的联系，避免挂一漏万或者法条主义、形式主义。

[1] 葛云松．法学教育的理想 [J]. 中外法学，2014（2）：292.

[2] 孙光宁．法律方法课程在法学研究生教育中的引入 [J]. 学位与研究生教育，2008（11）：45.

我国法律硕士实践应用能力培养存在问题探析

侯宇晗*

摘　要：全面推进依法治国对法律硕士的培养提出了新高度、新要求。法律硕士应当能够运用法律思维分析解决法律实务问题，能够熟练掌握诉讼程序运用法律从事代理、辩护和非诉业务，法硕人才要具有独立从事法务工作的能力。而在实践中，法律硕士的实践应用能力的培养却不能达到法律职业的要求。本文立足于我国实际情况，从师资、课程设置、教学、考核标准、教学案例等五个方面分析了法律硕士应用能力培养过程中所存在的问题，并提出了相应的完善建议。

关键词：实践应用能力；师资结构；法律职业；实践体系；案例教学

随着我国经济的飞速发展，法治强有力的保障作用愈加凸显。党的十九届四中全会强调，坚持和完善中国特色社会主义制度、推进国家治理体系和治理能力现代化，要坚持和完善中国特色社会主义法治体系，提高党依法治国、依法执政的能力。为加快建设社会主义法治国家，党的十八届四中全会审议通过了《中共中央关于全面推进依法治国若干重大问题的决定》（以下简称《决定》），对全面依法治国战略作了重大部署，明确提出要加强法治工作队伍建设。这与法律硕士的培养息息相关，法律硕士的培养应当为我国社会主义法治建设过程充实人才，面向立法、司法、检察、公证、律师、监察等各部门培养高层次的法律专业人才。治国经邦，人才为急，从“三农问题”到“一带一路”建设，从基层工作到国家治理，无不需要法律人才。我国坚持选贤任能原则，聚天下德才兼备的英才而用之，这是我国法律人才最好的时代，在如此优越的时代背景下，法律硕士毕业生自身竞争优势却并不明显，原因之一就是法律硕士实践应用能力仍然有待提高。法律硕士应当能够运用法律思维分析解决法律实务问题，能够熟

* 侯宇晗，女，山东省济南市人，湖南科技大学法律硕士研究生在读，主要研究方向为民商法。

练掌握诉讼程序运用法律从事代理、辩护和非诉业务，法硕人才要具有独立从事法务工作的能力。笔者在本文中对法律硕士的实践、应用能力的培养过程中国存在的问题进行分析，并试图探索问题的解决办法。

一、法律硕士应用实践能力培养的意义

全面推进依法治国，加强法治工作队伍建设，国家战略对于法治人才培养在质量上提出了更为具体的要求。《决定》提出，要建设社会主义核心价值观和社会主义法治理念教育下高素质的法治专门队伍，要加强立法队伍、行政队伍、司法队伍的思想政治建设，坚持把党的地位、人民利益、宪法法律放在首要位置。国家要完善法律服务体系，加强法律服务队伍的建设，使法律服务人才跨区域流动制度化，以逐步解决基层法治高端人才匮乏和法律服务资源较少的问题，使法律服务从业者之间结构合理，实现优势互补。按照《决定》要求，要建设通晓国际法律、善于处理涉外事务的法治人才队伍，在法治人才培养的过程中，要高举中国特色社会主义的伟大旗帜，加强思想政治建设，使马克思主义法学理论和中国特色社会主义法治理论全方位占领高校、科研机构法学教育和法学研究阵地，增强学生基础理论学习，培养熟悉坚持中国特色社会主义法制体系的法治人才，为我国中国特色社会主义法治理论体系的发展提供后备力量。

国务院学位委员会办公室发布的《法律硕士专业学位研究生指导性培养方案》（以下简称《培养方案》）中对法律硕士的培养目标明确指出，“本专业学位主要培养立法、司法、行政执法和法律服务领域德才兼备的高层次的专门型、应用型法治人才”。并针对法律硕士的基本要求和具体要求进行了明确，基本要求对法律硕士的思想素养和法学理论素养作出规定，具体要求专业技能方面作出规定，第一，在全面掌握法律专业知识的前提下，学生要能够运用法律思维分析和解决法律实务问题，并熟练运用法律解释方法，具有在具体案件中进行法律推理的能力；第二，学生要掌握诉讼主要程序，熟练从事法律事务代理和辩护业务，熟练从事非诉、法律实

务以及法律事务的组织和管理；第三，学生要熟练掌握法律文书制作技能。《培养方案》将法律硕士的培养目标定位为专门型、应用型法治人才，探究法律硕士实践应用能力培养意义重大。

二、法律硕士实践应用能力培养模式存在的突出问题

美国著名法学家霍姆斯有个著名论断，“法律的生命一直不是逻辑，而是经验”[1]。法律职业的特殊性决定了法学教育必须以法律职业为导向，法律理论的学习可以增强学生的法治思维，可法治能力的培养与法律实践息息相关，当前我国法学的教育培养人数迅速扩张，法律硕士的招生单位也进一步扩大，而法律硕士的培养模式却与培养目标有所出入，法学教育同法学硕士的差异化较小，具有理论化研究倾向。中国著名法学家方流芳教授曾经提出：“1949 年之后，中国法学教育和法律职业间出现断裂。[2]”法律职业的人才需求绝大部分在实务部门，学生们的就业选择也多为实务部门，当前的法学教育模式与实际法律职业的需求不相对应，法学院校培养的研究型人才常常难以适应法律职业的要求。法律硕士以培养应用型、实践性法律人才为目标，而实际情况中，众多地方法学院校在法律硕士的培养过程中往往轻视了应用能力的培养，导致法律硕士人才的应用实践性目标大打折扣，法律职业对法硕人才综合素质需求的提高与法硕生实践应用能力不足的矛盾日益凸显，笔者将法律硕士培养过程中存在的制约法硕生实践能力形成的问题归纳为以下五点。

（一）实践教学师资欠充实

目前，我国地方院校开展法律硕士实践工作困难重重，首要问题就是实践教学的师资不足，教师重视对于理论课程的教授，而忽视了实践课堂。法律硕士的培养，在校内需要得到专业的老师指导，进行实践活动时也应由具有丰富实务经验的老师指导。而我国现实的情况却与培养方案的要求有一定冲突，进而培养的法律硕士实践应用能力不能达到预期目标。

[1] Oliver Wendell Holmes. The Common Law[M]. Dover Publications Inc，1991.

[2] 方流芳. 法律硕士教育面临的三个问题 [J]. 中国政法大学学报，2007（1）：1.

陈兴良教授曾感叹："作为一名法学教师，同样存在这样的困惑，给本科生上课知道讲什么，给法学硕士生上课也知道讲什么，就是给法律硕士上课不知道讲什么。"其一，部分从事法学教育的导师，实践经验稍欠缺。地方高校法学专业的师资主要来源为法学专业应届博士毕业生，这些毕业生的法学理论功底深厚，知识面广，"从学校到学校"的经历使他们缺乏法律实务工作经历。多数高校的法律硕士由一名校内从事教学研究的导师进行指导，导师对于诉讼流程、法庭辩论和法律谈判技巧缺乏了解，很难指导学生的实践课程。法学专业的教师往往投入大量精力于理论教学、科学研究、申报课题中，对实践经验较为匮乏，理论实践兼顾的"双师型"导师少之又少，导致法律硕士的实践能力不能得到有效培养。其二，学校聘请实务型专家过少。我国大多数高校尤其是地方院校，囿于学校经费问题，无法花重金聘用法律实务领域的专家来担任法律硕士的导师。其三，导师的课程压力大导致所指导学生的培养计划难以落实。法律硕士的导师与法学硕士的导师通常为相同的教师，容易将专业型硕士当作学术型人才来培养，虽省时省事却不能达到培养方案的需求。老师人数较少的法学院硕士生导师同时要给本科生上课，这就带来了老师在工作日不能拿出充足的时间前往律所、法院等实务部门进行交流，兼具教学、实践的"双师型"导师培养越发困难，进而影响到对学生实践能力的培养。

（二）实践课程设置欠科学

我国对于法律硕士的课程设置，仍然重视理论课程，实践课程易被忽视。首先，法律硕士实践课程设置较少，理论课程设置较多。就《培养方案》中对法律硕士的课程学分设置可见，法律硕士（法学）（以下简称法本法硕）实践课程占比不足三分之一，法律硕士（非法学）（以下简称非法本法硕）实践课程占比不足四分之一。法本法硕课程依据其性质可分类为程序法与实务（18 个学分）、法学专题（16 个学分）、实践教学（15 个学分）、学位论文（5 个学分）四个部分，非法本法硕的课程分为法学专业课（53 个学分）、实践教学（15 个学分）、学位论文（5 个学分）三个部分。法律硕士的实践教学以外的课程老师注重理论知识的传授，实践知识次之，实践教学课程中的法律写作、法律检索也通过上课的方式进行完成，实际上最能锻炼学生实践能力的课程仅为专业实习。

其次，在专业实习课程中，实践能力培养的效果并不明显。由于法学教育一直沿袭理论培养模式，加之非法本法硕同学法学理论薄弱，学校往往将专业实习放在专业课程的学习（常为前三学期）结束后，意在增强学生的理论储备。而实际情况是，法律硕士培养前一年半的时间中，专业课程的设置均为理论的传授，学生“死读书”导致法律思维能力较弱，难以分析实际案件中的法律关系，运用所学法律知识解决现实生活中实际问题的能力较差，缺乏处理法律实务的法律技能。第二学年下学期，学院将学生安排到实务部门实习，学生从理论学习突然转变为实践，很多学生难以适应实践生活，学生集中实习六个月期间，律所、法院、检察院等实习单位即使为实习生安排了指导老师，多数指导老师的指导仍然是从零开始，且由于学生理论充分、实践少、实践能力弱、缺乏信心，指导老师不敢放手让学生具体操作完整的法律实务，学生实习期间完成一个案例都十分困难，导致学生实践能力的培养虚于形式。

再次，模拟法庭训练表演效果强，参与学生所占比例较小。我国学习美国式的法律职业教育模式，比如以诊所式法律课程（clinical legal education）和法庭辩论课（trial advocacy）[1] 为主的一系列实践性法学教育课程，然而在美国教学模式向我国本土转化的过程中，却出现了如下的问题。其一，研究生部开展的模拟法庭形式倾向于有关法律问题的大专辩论赛而非法庭的模拟，表演效果较强，案例常为社会热点，案例原型往往能够找到，题目信息较少，比赛双方发挥余地常常是学理争锋而非证据、程序等法庭辩论的问题，导致学生难以切身体会和学习法庭辩论的程序；其二，学院选拔同学参与省级模拟法庭常常是以比赛获奖为目的，功利性较强，选拔

[1] 王晨光．法学教育的宗旨——兼论案例教学模式和实践性法律教学模式在法学教育中的地位、作用和关系 [J]. 法制与社会发展，2002（6）：33-44.

方式不是以模拟法庭的形式选拔，而是简单的报名，法学专业内部开展模拟法庭常常流于形式；其三，囿于省级模拟法庭参与人数的限制，多数同学不能参与其中，能够代表学校参加比赛的同学语言表达能力较其他同学来说较强，未参与的同学更需要学习抗辩能力，而这部分同学由于没有实际参加，理论的学习难以联系实际，抗辩能力难以提升。

（三）理论与实践教学需融合

高校法律院（系）与法律实务部门合作的实践教学内容丰富、沟通紧密，是法律硕士实践教学机制得以持续运行的基础和发展的动力。笔者将目前高校培养学生的导师模式，划分为一导师（一个校内导师担任学生的指导老师）和双导师（校内理论型导师和校外实践部门的导师共同指导学生）两种情况进行如下分析。

第一，就一导师制的普通高校来说，学生先学理论再集中时间实践的方式使得学生理论知识与实践能力相脱节。在理论教学中加入实践和在实践教学中学习理论，这是理论教学与实践教学相融合最好的两个方式，在我国目前的法律硕士教育中，学生在课程中学习理论知识，在实习中学习实践能力，在课堂案例中对实践应用能力的学习效果并不明显。导师主要在学生写论文和学生的日常课程中对学生进行指导，而在学生实习期间，导师对学生的指导并不方便，因此学生实习期间接受的指导多为律所等实习单位的指导老师的指导，这时的指导就偏重实践了，我国这种理论学习与实践相分离的模式，与培养目标有一定矛盾。

第二，教育部在《关于实施卓越法律人才教育培养计划的若干意见》中明确要求各高校积极探索高校与实务部门联合培养法律人才的机制，确有部分高校建立了与实务部门的联合培养机制，并取得初步成效，但多数地方高校出于实践教学的需要，与人民法院、律师事务所等实务机关签订实习基地协议，但很大一部分的合作是表面上的、浅层次的，实务部门并没有真正融入高校法学专业教学的各个环节。比如人才培养方案的指导、毕业论文的指导、课程设置的体系等，如果有法律实务部门的参与，高校即便实行导师制，学生也能得到更科学化的理论与实践培养方案。

第三，就实行双导师制的法学院校来说，培养单位聘请法律实务部门（律师事务所、人民法院、检察院等）专家作为校外导师，自学生入学、学生实践阶段或论文指导阶段开始参与指导培养（具体时间笔者不进行深入探讨），理论上，学生可以得到校内外导师的同时指导，有更多的机会将理论与实践相融合，可实际效果并非如此。首先，国务院《关于印发国家职业教育改革实施方案的通知》中提出要实行双导师制，但并没有具体可操作规范供培养单位参考，校外导师的任职条件不够明确，校外导师对学生指导的基本要求和规程无规范可寻，导致双导师制的高校在实际操作中有较大随意性。其次，《中华人民共和国法院组织法》《中华人民共和国人民检察院组织法》《中华人民共和国律师法》等法律对法官、检察官、律师等参与法学教育的权利义务无相关规定，学校的聘任工作难以开展。再次，培养单位对校外导师重视不够，仅达成名义上的合作而实质意义上的指导难以落实。个别校外导师工作繁忙，与校内导师沟通少，配合困难，学生处理校内外导师关系的难度较大，导致双导师制不能很好地发挥作用。

（四）法律硕士考核标准待明确

地方院校所培养的法律硕士人才，既要具有不同于法学本科生的法学理论知识与法学素养，更要具备高于本科生及法学硕士的实务实践应用能力，这也是法律硕士的独特意义所在。法律硕士的培养模式和考核标准与法学硕士的培养模式和考核标准应当存在较大差别，在培养模式方面，法学硕士强调学术和理论的研究，注重对研究生的学术能力培养，而法律硕士的培养更应注重其应用性和实践性，侧重法律实务能力的训练。与此对应，法律硕士的考核标准应当与其培养标准相对接，应强调法律职业所需要掌握的技能和知识，注重对实践应用能力的考察。

首先，考核标准单一，不能达到法律职业能力培养的要求。依据《培养方案》可知，法律硕士要能够运用法律思维分析和解决法律实务问题、熟练从事非诉业务、法律事务代理和辩护业务、熟练掌握法律文书制作等技能。孙笑侠教授在《法律人思维的二元论——兼与苏力商榷》一文中提出，法律思维方式固然不同于法律方法，但是法律思维是以方式和方法的形式而存在的。法律方法更具体地表现为思维的技能，如法律解释、漏洞填补、不确定条款的特殊适用等法教义学方法和法律推理方法。而思维方式是一种长期运用特定的职业方法而形成的思维习惯和思维模式。法律思维基于法律方法而存在，否则法律人思维就无以存在[1]。可见，培养方案要求达到的法律职业能力主要为法律职业思维方式、法律职业行动技能等，这些方式和能力的获得，都以学生亲自动手参与为基础。然而，法律硕士在必修课、选修课、实践课程结课后，培养单位的课程考核标准多为课程小论文和闭卷考试的方式，难以在法律职业技能的培养中形成有效督促机制。学生学位论文考核形式单一，法律硕士多采用学术性毕业论文的方式，评价标准与法学硕士相同。培养单位虽然允许学位论文采取案例分析、研究报告等多种形式，而学术论文之外形式的学位论文尚缺乏考核标准，培养单位只能要求学生撰写学术论文，通过学位论文的考核来测试学生法律硕士学习期间所培养的实践能力的目标大打折扣。

其次，法律硕士的培养过程中，考核学生法律职业能力的标准模糊。虽然评价学生对实务操作技能的掌握运用存在难度，但应当有一个统一的考核指标或考量因素来评价学生的实践学习效果。《培养方案》虽然规定了法律职业能力的具体内容，但对于考核标准为何，如何进行考核，并没有相应的规定。这就导致许多培养单位根本就没有实践能力的考核标准，只要求学生参与实践教学环节，对其实践效果不做任何考核。这种状况给法律硕士培养造成一定的混乱，非常不利于法律硕士实践教学的推广，与法律职业能力培养目标并不相符。

（五）案例教学效果待提高

案例教学在法学实践教育中占据主要地位，教师在理论授课时引用案例来帮助学生理解，在培养学生法治思维能力方面具有不可替代的作用，

[1] 孙笑侠．法律人思维的二元论——兼与苏力商榷 [J]．中外法学，2013（25）：1105-1136.

是目前法学教育中增强学生的实践能力最重要的方法。由于我国不是判例法国家，案例教学仍存在一定弊端，地方高校在案例教学环节主要存在以下问题：第一，案例教学在课程体系中没有明确的地位，高校对案例教学不够重视，导致学生在学习过程中分析案件较少，实践思维被局限。第二，典型案例过于重复，缺乏科学性。法律硕士（法本）在本科阶段的学习过程中对专业课已有系统学习，硕士阶段的课程与其本科阶段课程具有一定重复性，高校囿于典型案例过少，在硕士的培养中与本科学生的培养教学案例相同，不能扩充学生视野。在典型案例的选编方面各学科典型案例交叉重复，且出现的刑事案例多，民事案例少，行政领域的案例更少，而在司法实践中，民事纠纷数量最多，学生对于民事纠纷的敏感度应为最高。第三，具有实践经验的“双师型”导师人数较少，理论学者的案例更新慢，纸上谈兵式的教学易与实践相脱节。例如“于欢案”中正当防卫的认定，在刑法教学中学者往往一笔带过，而在实践中的认定常常需要运用法律人的法治思维。

在发现问题后，对症下药也就简单得多，笔者通过从实践教学体系的完善、强化实践教学体系环节、教学师资队伍建设、构建实践教学考评机制和教学案例本土化的构建等五个方面进行分析，试图为我国法律硕士实践能力的培养进言献策。

三、法律硕士实践体系的创新完善

（一）构建法硕分类教学体系

法律服务行业日益呈现出专业、细分的趋势，精通全部领域法律知识，“全科医生”式的法律职业者已几乎不存在，地方院校的法律人才培养单位也可以充分考察不同地区、行业对法律硕士应用能力需求的差异性构建不同类型的实践教学体系开展实践教学。苏力教授也提出，中国大陆社会转型和经济的快速增长要求更多的各类质量的法律服务[1]。首先，要结合地

[1] 苏力．当代中国法学教育的挑战与机遇[J]．法学，2006（2）：3-21.

方法治人才需求来构建科学的法律硕士实践教学体系。地方院校培养法律硕士人才的使命之一，就是为地方培养适合地方经济社会需求的卓越法治人才。地方院校应结合地区特点，凝练自身特色，构建有特色的教学体系。其次，结合法律职业的不同类型构建不同类型的法律硕士实践教学规划。我国已形成众多的法律职业门类，在同一法律职业中又划分出许多专业领域的人才。地方高校应立足自身优势，针对学生自身的优势和兴趣，对不同学生制定不同的法律硕士教学培养方案。

（二）强化实践教学平台

打破集中、单一的传统实践模式，将法律硕士实践能力的培养生活化是实践教学环节改革的关键所在。首先，要改变传统的教学模式，教师应突出案例教学增强学生参与感以增强学生的实践能力。在案例教学过程中，学生的法治思维能力得到培养，学生在理论课学习的同时有案例的代入感，通过学生间的争论和教师最后的点拨实现学生资源获取、运用法律技巧等能力的提升。其次，健全法律硕士实践教学平台，实现学生实践能力培养生活化。地方院校应充分利用校内外法律援助站、法律咨询服务中心，学生以法律援助的方式参与到案件中，并且该实践方式有效地避免了专业实习的集中性，学生在课余时间即可参与实际案件的办理，在提高学生的实践兴趣的同时又能增强其实践能力。

（三）建设实践教学师资队伍

构建一支有扎实理论功底和丰富实践经验的师资队伍是提高法律硕士实践能力培养的关键。首先，地方高校可以通过“外引内培”的方式来构建“双师型”教师团队。地方高校一方面可以从实务部门聘请经验丰富的法官、检察官、律师来校做兼职教师，指导学生的实践教学活动；另一方面学校可以鼓励本校教师去律所做兼职律师积累经验，或是选派理论功底深厚的教师去法院、检察院等实务部门挂职锻炼，以提升法律实务经验，且能获得最新且真实的案例供学生学习。其次，培养单位应当注重校外导师与校内导师的沟通机制，坚持以学生为重的理念，充分发挥校外导师的作用。再次，校外导师规范化也是亟待解决的问题。学校可以深化高校管理体制改革，为师资队伍水平提升提供制度保障。[1] 教育部门应当加快对校外导师制度的规范，明确校外导师的聘用条件，建立校外导师考核机制，使校外导师的引进“有规可循”。

（四）改革法律硕士考评机制

地方院校应将法律硕士考核评价机制的重心转移到法律专业知识与实践技能的综合考察上，考核机制应当与培养实践型、应用型人才的培养目标具有一致性。从现有的法律硕士的考核方式来看，包括平时考核、期末考核和学位论文，笔者认为改革的方向应该是以下几点：首先，法律硕士的平时考核让学生办理一个实务案件，而非传统的以提交专题论文的方式来考核，以学生办理案件的完成度为评价标准。其次，期末考核可以改为案例分析或办案心得报告的形式，利用这种形式，既可以改变往常全部课程写论文和闭卷考试的形式，又能够使学生反思学期内所办理的案件，一举两得。再次，法律硕士的学位论文应当体现法律硕士的培养目标和特色。第一，论文选题可以偏向法律实务问题，学生在实践中遇到的有意义的案例或问题，这些案例对解决其他同类实际问题具有一定的借鉴或参考意义。第二，培养单位应鼓励学生采用案例分析、研究报告、专题研究等论文形式。第三，论文的考核标准可以以解决法律实际问题为标准，而不以是否进行了学术性理论探讨为标准。重视与法律职业能力培养对接的考核标准。我国大量学者也为法律硕士的考评机制改革提出了建议，李劲教授提出学生应当参加法院庭审、撰写庭审报告[2]。袁碧华教授在《法律硕士考核标准的反思与重构》一文中提出，对于理论课程的教学和考核就不应依循法学本科和法学硕士的方式，应更加注重法律知识的实践性和应用性，设置配套的案例研习环节，加强案例教学，并以案例为中心设计考核标准。在考核时，

[1] 祖彤，孟令军，李娜．法学专业“双师型”师资队伍影响因素分析 [J]. 黑龙江高教研究，2016（9）：95–97.

[2] 李劲．法律硕士专业研究生课程考核问题探究——成果导向教育理念的运用 [J]. 辽宁工业大学学报，2019（30）：134–136.

应明确突出法律职业技能的考核，并在所学课程知识中提炼出可以考查学生综合应用能力的内容[1]。

（五）构建本土化教学案例

美国哲学家约翰·杜威曾说，最好的一种教学就是牢牢记住学校教材和现实生活二者相互联系的必要性，使学生养成一种态度，习惯于寻找这两方面的接触点和相互的关系。案例教学就是联通杜威所说的这两方面接触点和相互关系的一种绝佳方式。首先，选择的案例应是法学教师所公认的常识性内容，对学生的学习应有极大的吸引作用。美国教授艾兰德有言，掌握法学原理最有效的方法是学习包含着这些原理的经典案例。[2]教师应将案例分析与理论知识以科学的方式进行讲授，通过一个案例的深入，由点及面引入对理论知识的学习，学生在学习的过程中将养成主动探索的思维习惯，实现案例分析与理论学习的融会贯通。学生课堂的活跃度与教师选取案例的吸引程度有直接关系，因此，案例的选择与教学效果息息相关。其次，选取的案例应有一定争论性，避免过于综合和难度较大。若案例结果一目了然则会影响学生讨论的积极性，难度过大偏离了案例经典性的本意，会使学生失去探索的兴趣，过于综合则不利于集中解决案例的焦点问题，难与理论学习相联系。再次，应尽量选取最新的中国司法案例，条件成熟或可编纂案例教材以解决案例匮乏的问题。基于国家责任感，学生往往对于本国案例更感兴趣。

综上所述，笔者从法律硕士教学的师资队伍、课程设置、理论与实践教学脱节、考核标准和案例教学五个方面进行分析，探寻法律硕士实践应用能力难以达到培养目标的问题所在，笔者以一个法律硕士在读的视角，针对每一个问题提出了学生所期待的解决方案，期望为法律硕士培养的改善进言献策。

---

[1] 袁碧华.法律硕士考核标准的反思与重构——基于法律职业能力培养的视角[J].高教探索，2013（5）：118–122.

[2] AMY R M. Teacher Thinking and Case Method：Theory and Future Direction. Teacher College Press，1993，p.64.

法科生应当具备的核心素养及其培养路径探析

张晓阳*

摘　要：在全面推进依法治国背景下，我国培养的法律人才应当具备良好的法学理论基础、广阔的知识背景和崇尚法律、坚守公义、恪守法律职业道德等核心素养。针对法科学生培养质量日趋下降、理论基础薄弱、法律思维能力不足、知识结构单一、实践性课程价值偏差等问题，法学院应当调整14门核心课程，同时扩充人权与民主宪政、法律职业伦理方面的课程。在法律实践环节应该注重塑造学生的法律思维能力、培养学生是非观和法律观。

关键词：法科生；人才培养；核心素养；法律实践

在全面推进依法治国的大背景下，社会对优秀法律人才的需要愈加迫切。而随着社会主义市场经济的进一步发展，法律教育已经从精英教育转向大众教育，由此带来法律院系“大跃进式”的扩张，招生规模迅速扩大，而整体培养质量却越来越受到质疑和担忧。可见，单纯的规模和数量增长，并不能满足社会对卓越法律人才的需要，而且在繁重的课业负担和就业压力下，法科生将主要精力付诸完成课程要求及法律职业考试，不可避免地造成了法科生普遍在知识结构、法律思维和法律实践方面存在缺陷。至今，距离教育部、中央政法委员会联合发布《关于实施卓越法律人才教育培养计划的若干意见》已经过去9年，我们很难说“形成开放多样、符合中国国情的法律人才培养体制，培养一批……高素质法律人才”[1]的总体目标臻于实现，所以正视我国目前法学教育各方面存在的问题并寻找解决方案，是当下亟须面对的社会现实。

---

* 张晓阳，女，湖南科技大学法学与公共管理学院在读2018级法律硕士（法学），研究方向：民商法。

[1]《教育部中央政法委员会关于实施卓越法律人才教育培养计划的若干意见》第一点第二项总体目标，经过10年左右的努力，形成科学先进、具有中国特色的法学教育理念，形成开放多样、符合中国国情的法律人才培养体制，培养造就一批信念执着、品德优良、知识丰富、本领过硬的高素质法律人才。

一、目前在校法科生培养存在的突出问题

（一）法律基础理论薄弱、法律思维不足

在应试教育模式下，法科生的主要精力致力于研习每门课程配备的教材，以有效地完成培养计划并获得相应的成绩和学分，以求完成学业。[1]因此产生一种普遍现象，即在校法科生大多仅仅为了完成课程要求停留在考什么学什么，对于基本法学理论很少有精力再进行深入学习和探讨。在这种模式下，除去繁重的课业负担外，法科生浏览和研习其他经典著作的精力和时间非常有限，例如整个法学院中只有寥寥几人读过卢梭的《社会契约论》或者孟德斯鸠的《论法的精神》，更难说有人看过马克思的《资本论》或者梅因的《古代法》等经典文献了。如此一来，缺少法学大家的思想熏陶和民主宪政思想的启蒙，法科生虽然在课程中学习并掌握了一些基本知识，但很难了解法的真谛，也未能够培养出法律人应具备的法律思维。

法学教育作为一种素质教育，其内容比较广泛，其中包括人文教育、科学教育、法律知识传授、就业和生活能力培养等。但其核心是科学的、理性的、民主的、法治的、不断创新的法学理论教育。具体法律工作者容易受自身法律偏见和法律经验的束缚，容易盲从现行的法律制度。通过学习法学理论而培养良好的法学理论素质和理性思维能力，能够帮助人们超越自身的法律偏见和法律经验的局限性，保有对现行法律制度反思和批判的能力。

（二）知识结构单一

不论本科还是硕士阶段，法科生在校基本只学习法律一门科学，对于法学以外的政治、经济、哲学等社会科学与自然科学知之甚少，这远远不能胜任社会对复合型人才的需求。而各校为迎合复合型人才培养需要开设的经济学、社会学等选修课只是14门核心课程的点缀，实质上并未将法律课程与其进行有机结合，形式上其作为选修课/考察课，在应试教育模式下也难以得到师生的重视。这导致法科生的知识结构存在明显缺陷，一方面法学理论素养不足，另一方面对于法律以外的科学只知皮毛。

[1] 郭锋.法科学生的知识结构、思维训练与法律实践[J].法学杂志，2007（6）：25.

（三）素质教育和职业道德教育薄弱

随着办学规模的扩大，不仅我国法学教育中固有的缺点凸显，也出现了一些新的问题。突出的问题是，不仅人才培养模式僵化、教学方法依然单调，而且素质教育和职业道德教育薄弱，学生难以确立法律工作者的职业良知和素质。大多数法学院在本科生教育中并未设立法律职业伦理相关课程，学生对于职业道德的了解多来自法律职业考试备考过程中所诵记的条例和规定，难以树立相关的道德信念以及道德责任。由于长期以来我们疏忽了对法律职业伦理建设的关注，致使法律职业伦理道德失范的现象层出不穷。如法官集体嫖娼案、检察长受贿案、律师背叛当事人案等。他们也曾经是各法律院校的莘莘学子，却没有在青年时期培养出足够的意志力来规范和引导对自身行为的理性选择。法律职业理念为法律人独立判断奠定了基础，是现代司法应当遵循的关于法律职业伦理的科学认识。[1] 因此，法律离不开法律职业人良好职业道德的培育，法律职业道德始终是法律职业活动最基本的价值。在一个民主国家中，法律职业伦理和道德建设非常重要，我们的法律职业始终要有这样的道德信念。因此，法律职业伦理的构建对于我们培养卓越法律人才乃至确保司法公正、提高司法效率具有现实意义。

（四）实践性法律课程的价值取向偏差

目前一些高校借鉴美国模式设立了相关法律实践课程，其单纯追求法律实践活动的数量与社会影响，追求打造品牌活动却忽视了这些实践活动所应具有的真实价值。例如各校现在广设法律诊所、法律援助中心，其课程目标是锻炼学生的社会实践能力和解决实际问题的能力，但是学生花大量时间奔走于司法部门和当事人之间，完成的都是一些低法律技术含量的工作，在法律思维能力和创新能力等方面难以获得实质性的提高。所以我们应当客观地分析和评价这些法律实践课程的作用。笔者认为，这些法律实践活动完全可以放到假期进行，而不是占用学生宝贵的在校学习时间，全日制教学的重点应当是基础理论的学习、法律思维能力的培养、学习方

[1] 张燕．论法律职业伦理道德责任的价值基础 [J]. 法学，2018（1）：95.

法的掌握和创新能力的提升。实践性法律课程真正应该实现的是让学生在优质的法律实践活动中能更深入理解所学的理论知识，形成法律思维，并培养自身理论联系实际的能力，而不是耗费理论学习和思考的时间去完成毕业以后应由工作单位所担负的职业培训。

二、法科生应该具备的核心素养

法学教育首先是一种素质教育，法律人才的培养应当以素质教育为基础是一种少具争议的共识性观点。[1] 素质教育的法学教育观解决了法律人才知识结构和通识性基础的塑造问题。从我国当前实际来说，有相当比例的法科生毕业以后不会从事法律职业，甚至多数进入与法学不直接相关的职业领域，通识教育和法律思维训练就显得尤为重要。

（一）文化素质：良好的知识结构

首先对法科生培养的知识核心是法学基础知识和基础理论的掌握。对于一名学习法律的人来说，法学理论素质的提高比其他任何事情都更为重要。部门法学和法律实务所要解决的问题大都是实践性、技术性很强的问题，这些问题的解决需要法学理论作指导。这是因为我们不仅要知道有关法律规范，而且必须知道他们是怎样成为这样的法律规范以及为什么是这样的法律规范；不仅要知道解释和运用法律规范的技术，还必须要知道解释和运用法律规范时应当坚持的价值标准。在这种情况下，学习法学理论，培养法学理论素养和法律思维能力，比仅仅习得具体的法律知识重要得多。显然，具有较高法学理论素质和法律思维能力的人比起那些仅仅掌握法律的某些细节性知识的人，能更好地适应法律和社会的进步及变迁。所以大学教学中应该更注重对学生的法学理论的培养，将一些经典著作的基本理论问题纳入课堂讨论以鼓励学生在课堂之余研读经典著作，并为其加深理论功底创造有利条件。

其次，从法律人才培养本身来说，法律关系的复杂性和多样性决定了法律人才必须具有广博的人文经济、社会历史乃至哲学基础和自然科学技术

[1] 杜承铭．论本科法学职业教育目标的多元化及其实现 [J]. 中国大学教学，2014（8）：11.

基础。法律与经济、政治、科技、文化等现象紧密交织，共同构成了我们所见的社会生活，因此法学与哲学、政治学、经济学、社会学乃至自然科学有着密不可分的联系。作为法学院的学生，应当具有广阔的知识背景，对社会政治、历史、经济和哲学领域中的基本问题有所认知。因此大学法学教育在重视法律专业课程和知识的学习的同时，必须适当兼顾非法学专业课程和知识的学习。一方面学校应当开设相关课程令学生具备一些其他领域的必要知识，另一方面应当为学生进一步深入了解自己感兴趣的领域的知识创造其他有利条件，并建立一定的鼓励机制激励他们进行法学以外的知识学习。

（二）思想素质

1. 崇尚法律，坚定法律至上的信念

我们赞同这样一种观点：法律信仰的树立与否是法律人才培养是否成功的核心因素。[1] 法学教育应当把培养学生对法律的崇尚和信仰作为首要的教育目的。法律信仰是以法律为认识客体而产生的一种强烈的信赖感，并在行动中以此为自己的行为准则，是个体关于法律的知情意行的合金，是人的法律精神的最高境界。[2] 作为法律人只有其本身信仰法律，遵守法律，维护法的尊严，在他们踏上法律职业征途时，才能身体力行地与一切违反法律、无视法律的黑恶行为做斗争。当然，培养学生尊崇法律并不是机械照搬法律条文或者盲从法律，而是要使他们认同法律权威，把握法的精神，并且通过自己的职业和实践去维护和完善法律所构建的秩序。法律信仰就是信奉法律至上、权利本位，发自内心深处地崇尚法律精神和法律职业，坚信法律至上，奉法神圣。

2. 法律思维能力和法律表达能力

法律思维是以法律语言为思维语言、以崇尚法律和恪守公正为思维定势和价值取向的一种群体性思维，属于理性主义引导下的经验思维。理论和实践均已说明，法律人的职业活动绝非如同分析实证主义法学所比喻的

[1] 郭锋．法科学生的知识结构、思维训练与法律实践 [J]. 法学杂志，2007（6）：26.

[2] 徐淑慧，苏春景．法律信仰的特点、结构与培养策略 [J]. 教育研究，2016（6）：97.

自动售货机——吃进的是法律条文，吐出的是法律判决，而是结合法律渊源与案件事实推导出法律结论的过程。无论是法律推理，还是法律论证，实质上都是依托于或者说是表现为法律人的法律思维活动。[1] 以法官为代表的典型法律人，他们工作的形式是将抽象的法律规范具体运用到案件事实的过程。这个过程包括发现案件事实真相、选取合适的法律规范以及得出判决结果。从客观事实转化为法律事实，从抽象的规范中解释出具体案件规则都离不开法律解释的技术和方法。一旦没有既定的成文规则或先例可遵循，法官必须承担起依据法律精神进行法律漏洞填补的工作，他必须给出一个裁判结果。其间对法律背后的立法目的和意义的探寻以及对法律漏洞识别的都是法律思维展开和升华的过程。只有依靠正确的思维活动，包括严格合法的法律推理、法律解释和法律论证，才可能形成、推导出解决法律问题的正确结论，真正做到依法办事。由此从根本上决定了法律思维是法律人所必不可少的基本品格。

法律表达能力可以分为口头表达和书面表达能力。法律人，无论是法官、检察官，或是律师、法律顾问，在其职业活动中都需要以口头的方式与他人交流，表达自己对特定事实或问题的认知和看法，也都需要以书面的形式表达自己的法律意见，记载特定法律事实和法律关系。因此，法律表达能力是法律人必备的重要能力。

3. 坚守公义，恪守职业伦理道德的自律精神

法律既应当是真理的，又应当是正义的。[2] 对真实和真理的探求是法律活动的特征之一，对正义和公正的探求是一个持续不断的过程，法律活动便是这一过程的重要表现形式。法学教育应当致力于使学生树立孜孜不倦地追求真理和维护正义的理想。法律职业始终以追求公平、正义这一最高伦理价值为目的，法律职业伦理的主体应当包含崇尚法律真实、崇尚程序公正和崇尚自律精神这三个方面。法律职业道德即是法律职业存在的方

[1] 石旭斋．法律思维是法律人应有的基本品格 [J]. 政法论坛，2007（4）：121.

[2] 周世中，倪业群．法学教育与法科生实践能力的培养 [M]. 北京：中国法制出版社，2004.

式，同时也是维护法律职业良好地位和形象的重要因素。法律职业伦理是一门关于法律职业人的学问，关注着法律职业的需求、权利、利益和尊严，体现着法律职业的价值。公众对法律职业的信赖不仅仅取决于法律人的知识，同时也决定于法律人的独立人格。进入法律职业的前提就是接纳、认同和恪守法律职业伦理。为了保证学生在毕业后能迅速被法律行业接纳、尽快融入法律职业角色，法学院应当向学生介绍法律职业伦理，引导学生认同这种职业伦理并通过培养其意志力来获取这种美德。

三、法科生培养体系的完善路径

（一）第一课堂内容前沿化、方法灵活化

1. 法学课程内容设置优化改革

目前法学本科所教授的 14 门核心课程包括：宪法、法理学、中国法制史、民法、刑法、行政法、商法、民事诉讼法、刑事诉讼法、行政诉讼法、国际法、国际私法、国际经济法、知识产权法，但为适应社会变迁应对 14 门核心课程进行相应的调整。比如在当今社会背景下，中国法制史是否还具备作为核心课程的必要性，国际私法与国际经济法是否存在重复等。而在市场经济大发展的背景下一些新兴的前沿学科，例如环境法、自然资源保护法、金融法等是否应增加为核心课程也值得考虑。

法学院应当增设人权、当代西方民主制度、法律职业伦理等课程。法的目的之一是确认保障人权和民主，是建立和维护以分权制衡为特征的民主宪政体制。作为一名法科生应当认识到自己有与生俱来的作为人应当享有的权利，并能清晰地懂得各种权利的正当性、可行性、界限性，在法定范围内主张和行使自己的权利，并且懂得如何去尊重人权、保护人权，如何去为完善现代民主制度而努力。这就要求学生应该懂得基本人权知识、西方民主制度，理解人权的价值和内涵，法学教育的一个重要内容就是要教会学生这些人权与民主宪政知识。同时基于对法律职业伦理建设的重视，有必要为本科生设置专门的法律职业伦理课程，引导学生树立孜孜不倦地

追求真理和维护正义的理想，并加以言传身教鼓励学生形成正确的是非判断观、养成恪守职业道德的自律精神。

2. 转变教学观念，更新教学方法，培育智能型人才

科学技术的发展使社会变迁和转型加快，面对知识进步和创新的加速，面对社会变迁加快，我们必须彻底转变以知识传授为本的教学观念，培养善于收集现代信息，并能利用现代信息创新知识的智能型人才。这主要表现为培养和开发学生自主获取知识的能力、自己消化知识的能力、主动接受新知识的能力、组织协调能力以及综合判断能力。在本科生培养方面，要克服以往传统的“填鸭式”教育方法，引入案例教学法、讨论式教学法、启发引导式教学方法，激发学生学习的主动性和积极性，培养学生的问题意识与创造性法律思维能力。案例教学法以真实案例为研究素材，依靠学生自己获得对法学知识的独立见解，不仅能提高学生的理论学习水平，还通过再现法律运作的真实环境激发学生积极思考，提高发现问题和解决问题的能力。

在研究生培养方面，应注重对不同方向研究生的专业知识培养，使其对某一领域具有专业和深入的理解和研究。同时还要培养研究生对现存社会问题、现实制度的观察力和反思、革新的能力。在此方面专题研习法较为适合研究生教育，并且至今已经被诸多教授在课堂使用。专题研习法是一种针对某个常见的现实问题进行综合性研讨的教学方法，该方法需要老师具有深厚的理论功底、广泛的知识面，并且要求老师花费大量的时间选取合适的问题以做到难度适中、效用显著。学生则需要围绕专题广泛查阅有关案例与文献资料，经过思考形成自己的见解，在一番论证之下得出结论。由于这种教学法需要较多深层次的知识和充分的互动，不适合大堂授课，更适合研究生课堂。

（二）构建法学实践活动体系

1. 第一层次：充分发挥校内法学实践活动的价值，找准法律实践活动的价值定位

目前的法律实践主要形式有：法律诊所、法律援助、模拟法庭或法律

辩论。其中法律诊所 / 法律援助正在成为一些高校法学院法律实践的主要模式。笔者认为，法学实践活动应是为了加深学生对所学理论的理解、培养法律思维能力、培养学生的是非观，作为演讲式教学、案例教学的补充而非取代。尽管传统式教学存在弊端需要改革完善，但并不是要以法律援助等法律实践课程取而代之。[1] 对于法科生而言，他们在法学院进行法学理论学习的时间只有短短几年，而他们以后有相当多甚至余生全部时间都可以从法律职业实践中学习，并且这种实践是比法律诊所 / 法律援助更深层次的，建立在其具有丰富的理论基础之上的。劳伦斯・M. 弗里曼在考察美国法学教育背景时，曾有过“法学院给予学生的知识是律师事务所的培训所无法比拟的”[2] 相关言论。因此，法科生在校期间更应当集中精力学习理论课程，注重法学理论素养的提高。

2. 第二层次：走入社会亲临现实，做好校外法学实践基地建设

法律实习是法学专业学生将理论运用到实践，并熟悉执业环境的一个重要的实践环节，但是由于受到实习条件的客观限制，这一实践环节往往流于形式，没有发挥应有的功效。因此，应该合理安排实习的时间，避免与学生考研、找工作等事务安排相冲突。同时，应当建立实习基地，使实习活动能够常态化和规范化。法律实习中学生不应只是做打印复印、装订案卷等简单辅助性的工作，法院、检察院在办理重要、疑难案件时，可以让学生参与讨论，积极充分地与办案人员沟通交流，参与检察院对犯罪嫌疑人的提审、支持公诉，参加法院的庭审、合议庭的评议、撰写裁判文书等实质性的工作。有实质性的接触才能使学生在真实的法律案件中调动所学理论知识，锻炼自己的法律思维，从感性认识中培养是非观，坚定对社会公正的信心。常态化和规范化的实习对于教会他们以法眼透视社会的不公平现象，鼓励他们不懈努力去追求实现法的价值目标具有重要意义。

[1] 郭锋．法科学生的知识结构、思维训练与法律实践 [J]. 法学杂志，2007（6）：27.

[2] 劳伦斯・M. 弗里曼．美国法学教育背景 [M]// 韩大元，叶秋华．走向世界的中国法学教育论文集．北京：中国人民大学法学院，2001.

高校教师教育教学权行使的问题与对策

杨梦兰 *

摘　要： 教师教育教学权的行使是高校人才培养的重要保证，但高校教师在教育教学权行使的过程中仍然存在着部分高校教师不敢行使、怠于行使以及随意行使等诸多问题，为此，可以通过完善高校教师考评机制、健全相关法律法规、强化教育教学过程监督及师德师风建设、拓宽教师权利救济途径等五项措施对高校教师的教育教学权行使进行规制，以推动我国高校教师教育教学水平的提高和高等教育体制改革的进一步完善。

关键词： 高校教师；教育教学权；规范对策

高校教师在行使教育教学权的过程中仍然存在着一些不容忽视的现实问题，只有通过分析其中存在的原因，才能进一步找到规制高校教师教育教学权行使的对策，提高高校教师的教育教学质量，推动我国向着高等教育强国的新阶段迈进。

一、高校教师教育教学权规制的必要性

（一）高校教师的教育教学权属于公权，必须要加以规制

《中华人民共和国教育法》《中华人民共和国教师法》《中华人民共和国高等教育法》等相关法律法规对教师在教育教学权方面的权利和义务作了简要规定。而高校教师的教育教学权则是高校教师基于特定的职业身份，建立在教师法定权利基础之上的依法享有和自主行使教育教学活动的一系列权利[1]。这一权利究竟是属于公权力还是私权利？长久以来饱受争议。一般来说，私权利是指法律所赋予和保护的社会主体的一种资格、自由和利益，

* 杨梦兰，女，湖南常德人，湖南科技大学硕士研究生在读，主要研究方向为宪法与行政法。

[1] 刘冬梅．高校教师教学权利性质之辨析 [J]. 高教探索，2011（1）：90-92.

高校教师的教育教学权正是国家通过法律的形式赋予和保障高校教师行使教育教学的权利，是高校教师在进行教育教学活动的过程中所享有的一种自由，从这方面来看，其属于私权利。可从主体上，高校教师的教育教学权属于从事高校教师职业的专业群体，而非某个个人；从客体上，高校教师的教育教学权所指向的是公共事务——公民的受教育权，是为公众服务的非营利性质的非商业行为；从功能上，高校教师的教育教学权行使目的是为了推动公民受教育权利的实现，是一项受众广泛的公共利益的满足[1]。这三个点皆符合公权力的基本特征，因而高校教师的教育教学权既属于私权又属于公权。公权与私权自产生之日起就存在地位上的不平等，公权以国家的强制力为后盾，一旦没有相关制度和机构的监督约束就会被滥用，造成无法挽回的严重后果。我国是社会主义国家,社会主义的本质就是以人民的利益为核心。保护人民的意志和利益，必须要对公权力进行规范。而高校教师的教育教学权具有公权的性质，作为公权，在我国必须要被加以规制。

（二）高校教师滥用教育教学权案件频发，亟待规整

2017 年 12 月，有学生和家长举报河南职业技术学院一名教师利用专业课教师的身份将自己网上选好的物品以链接的形式发给学生替他付款，还直接以“挂科”和留级相威胁向学生兜售纪念币、邮票、图书等物品[2]；2018 年 1 月学生罗某发文实名举报北京航空航天大学教授、长江学者陈小武，利用职权持续性骚扰女学生，时间跨度至少长达 12 年，受害的女学生至少有 7 人[3];2019 年 12 月 26 日，南京邮电大学一研三学生因三年来经常被导师辱骂、不给改文章、甚至被威胁不给毕业等原因，压力过大而选择在实验室点火自杀[4] ……此类高校教师滥用教育教学权侵害学生权利事

[1] 蒋淑波．试论教师教育权的强制性及其实践意义 [J]. 大庆师范学院学报，2011（5）：29-31.

[2] 参见《郑州一高校老师以“挂科”逼学生买东西续：涉事教师被停职》，http：//www.hnr.cn/news/djn/201712/t20171219_3047281.html，2020-10-01.

[3] 参见《界定模糊、投诉举报渠道缺失建成高校防性骚扰机制还要走多久？》，https：//www.sohu.com/a/217374573_313745，2020-10-01.

[4] 参见《南京邮电大学一名男研究生意外死亡涉事导师回应：死者为大》，https：//baijiahao.baidu.com/s?id=1654952849946981690&wfr=spider&for=pc，2020-10-01.

件，多年来数不胜数，令人胆战心惊。改革开放以来，我国法制建设不断加强，现已形成一个相对独立的教育法律体系[1]，但我国目前关于高校教师教育教学权的法律法规却只零星见于《中华人民共和国教师法》和《中华人民共和国高等教育法》之中，不仅对其权利的具体行使没有规定，对其行使的边界也并无要求。而在高校之中，由于教师手中掌握大量学术科研、就业指导等方面的权力和资源，就更是加剧了师生之间的不平等和对高校教师权力限制的困难。孟德斯鸠曾说，从古至今，无数事实证明，一个人一旦拥有了权力，就会滥用权力，一直到榨干权力所能发挥的最后一丝作用，他才会善罢甘休[2]。也正是由于当前法制体系在高校教师教育教学权行使方面的空缺，故对高校教师的教育教学权进行规制刻不容缓。

（三）优秀人才的培养需要对高校教师的教育教学权加以规制

2019年重庆师范大学一名副教授在课堂上发表损害国家声誉的不当言论[3]；2020年4月有网友举报湖北大学文学院某教授，曾在自己实名认证的微博中大量转发、论述亲日内容并作出不当评论；哈尔滨师范大学历史文化学院党委副书记在个人社交平台公开发表不当言论[4]。国以才立，政以才治，业以才兴，高校优秀人才作为知识创新和科技进步的核心力量，是实现中华民族伟大复兴的重要一环[5]。但优秀人才的培养深受教师言行举止的影响，高校教师在教育教学活动中所传授给学生的不仅仅是专业知识和创新能力，更是以其自身的价值观念直接影响着学生的三观。教学自由不代表着绝对自由，必须将高校教师的教育教学权规制在一个合理的范围之内，才能规范高校教师的教育教学行为，更好地为我国现代化建设输送高质量的优秀人才。

---

[1] 刘梦真．浅谈我国大学生权利的法律保护 [J]. 法制与社会，2015（1）：62+64.

[2] 孟德斯鸠．论法的精神 [M]. 北京：红旗出版社，2017.

[3] 参见《重庆一高校老师课堂上发表不当言论 被撤销教师资格》，http：//m.ce.cn/sh/sgg/201903/28/t20190328_31761274.shtml，2020-10-01.

[4] 参见《从梁艳萍到于琳琦："无道"的教授如何向学生"传道"？》，https：//baijiahao.baidu.com/s?id=1666286953783732833&wfr=spider&for=pc，2020-10-01.

[5] 居艳，余华凌．论高校优秀人才的素质要求及其培养模式——以高校优秀教师为例 [J]. 理论导报，2009（10）：42-45.

二、高校教师教育教学权行使中存在的问题与原因

（一）高校教师教育教学权行使中存在的问题

1. 部分高校教师不敢行使教育教学权

有部分高校为了确保和提升教师教学质量，推出了“教师末位淘汰制”，学生评分排名末位的教师将会面临培训、暂停开课资格、转岗等相应的处理决定，这使得许多严格且负责任的教师反而排名不高，而一些一味迎合、讨好学生，例如课上不追责学生无理由的迟到旷课和早退、考前直接告知学生考试的重点和范围、考后评分放水等教师获得了学生评教的高分，久而久之，越来越多的教师为了自身的生存和晋升学习机会而对学生不敢抓不敢管，放任课堂纪律混乱；我国还有部分高校因为担心教师的个人发展会对学校的教学安排以及教学秩序产生影响，对教师的继续深造持不赞成或沉默态度，当教师一离开岗位继续学习，就会撤销其原本职位，因此多数教师会为了继续就业而放弃继续深造的机会，不敢行使自身的教育教学权利。

2. 部分高校教师怠于行使教育教学权

部分高校教师在工作中过于重视物质利益而忽视了自身本职工作中教书育人的价值所在，重业务而轻育人，为了上课而上课，怠于花费时间在课前备课上；有部分高校除了将科研任务当作教师考核评价体系的硬性规定以外，还对教师规定了较重的课时安排，高校教师们不仅需要完成规定的教学任务，还需要花费大量的时间进行科学研究，且大部分高校教师都已成家，家庭里的老人、小孩都需要照顾，因此在教学任务、科研压力和家庭负担的三重压力之下，部分教师往往选择降低教学质量，以将更多的时间投注于科研项目和家庭之中；此外，由于近几年各高校相继扩大招生规模，但是学校教师队伍数量不足，因此常常出现数个班级一同上课、缩减课程课时的情形，教师为了在学校规定的课时内完成教学任务，对“育人”职责置之不理，对学生的情况漠不关心。

3. 部分高校教师随意行使教育教学权

高校教师中还存在着一些教师职业行为不规范的情况，如上课迟到早退、规定的教学任务不按时按计划完成、上课用词不严谨、不文明、有差别对待学生，不能一视同仁等等；还有一些教师存在着道德水平欠佳的情况，如盗取学生科研成果和学术论文、以奖项和出国机会或是毕业等理由为胁迫对学生实施性侵、不合理增添课外义务等等，当学生不同意教师的要求时，教师往往会通过自身的教育管理权力，对学生打击报复，由于地位的不平等，大多数学生只得屈服且保持沉默。

（二）高校教师教育教学权行使中存在问题的原因

1. 高校教师的观念转变和认识不到位

一方面，改革开放以来，中国社会由传统计划经济体制走向市场经济体制，不论是经济、政治还是思想层面都引起中国社会各个层面的根本性变化，在这种体制的影响下，西方不良思潮，如功利主义、个人主义、享乐主义等涌入，使得我国一些高校教师的思想深层发生了重大改变，追名逐利、自私自利、目空一切的思想泛滥，教师责任意识薄弱，急需引导纠正；另一方面，高校教师在高校学习期间所就读的学校专业大部分都不是师范类别，他们接受的更多的是关于所学学科的知识教育，从未接受过正规教育理论知识的学习和教学实践锻炼，对高校教师的教育教学权也是一知半解，高等教育教学技能也相对较为薄弱[1]。而在进入高校教学前的岗前培训也仅仅只对《中华人民共和国高等教育法规》《高等教育学》《高等教育心理学》和《高等学校教师职业道德规范》四个方面进行理论上的讲解，缺乏对具体教学步骤的认知，脱离了与教学实际的联系和需要，再加上高校教师的岗前培训时间短暂，考核评价体系流于形式，忽视了对高校教师自身的要求。

2. 现存的高校教师考核系统欠缺科学性

一方面学生评教作为高校评价教师教学质量的重要手段，在被各大高

[1] 郑敏. 高校青年教师的角色困境及其原因分析 [D]. 芜湖：安徽师范大学，2005.

校广泛采用的同时也慢慢暴露出许多方面的问题。大多数学生对评教工作持儿戏态度甚至是不耐烦的态度，经常出现随意评分、代为评分的现象；再加上部分高校将评教结果不合理使用，以学生的评教结果作为教师职称晋升、参与评优等的重要依据，严重打击了部分高校教师的教学积极性[1]。另一方面由于科研水平的高低在一定程度上反映了高校的综合实力，因此多数高校会为了招引学生获取政府资金支持，而将科研成果列为高校教师考核的另一重点所在。在教师聘任、职称评定和晋升等方面，主要评定的标准便是教师发表的论文数量、取得的科研项目和科研经费、已经取得科研成果数量等等，但是教学成果是由于难以量化作为考核指标的，因此在教学任务和科研的双重压力下，高校教师会把科研项目作为硬性指标来完成，从而敷衍教学任务，减少教学投入[2]。

3. 现行法律法规制度的不完善

《中华人民共和国教师法》中虽然规定了教师所享有的权利和应当履行的义务，但在《中华人民共和国高等教育法》中有关高校教师行使教育教学权的规定仅仅只在第 52 条[3]中有所体现，且该条法规只是说明了高校教师应当以教学和培养人才为中心做好本职工作，但对高校教师如何行使教育教学权、何为高校教师的教育教学权以及该项权利行使的边界问题却没有相关具体的规定。此举的初衷是为了更大程度地发挥各高校教师的教育教学自主权，使得高校教师能够在自由的教学环境中培养出更多的青出于蓝而胜于蓝的高级创新型人才，但是随着实践的发展以及市场经济的影响，对高校教师教育教学权规定的空白优势逐渐成为不受法律控制的劣势，高校教师自主权过大，高校教师师德下滑。

4. 高校教师教育教学权利行使的环境欠佳

高校教师虽然有自主制定教学计划、选择教学教材以及组织实施教学

[1] 胡俊峰. 现行高校学生评教体系存在的问题与对策刍议 [J]. 教育现代化，2018（34）：259-260.
[2] 汪丽丽，郭苏敬. 高校青年教师教学科研压力研究 [J]. 合作经济与科技，2017（17）：148-149.
[3]《中华人民共和国高等教育法》第 52 条规定：高等学校的教师、管理人员和教学辅助人员及其他专业技术人员，应当以教学和培养人才为中心做好本职工作。

活动的权利，但是在教学执行中，教学方案和教学计划当前没有统一的评定标准。各个高校教师按照自己的风格自成一派，教学进度也随着高校教师的不同而各有差异，存在较大的个人依赖性，常常会出现同一高校同一专业不同班级却有不同的教学进度，甚至是不同教学内容的情况。且学校教学督导听课检查的随机性也决定了教学督导只能对该高校教师的某一节课讲课情况作评价，而不能监督到该教师所讲授整门课的上课进程和上课质量。此外，在高校教师的权益保障机制方面，只有诉讼才是解决纠纷的最彻底有效的方法，但从我国教师权益的救济途径来看，只有《中华人民共和国教师法》第 39 条规定了教师在自身合法权益受到侵害时可以向教育行政机关提起申诉，后续也没有规定申诉结果是否可以继续提起行政复议或行政诉讼，因此在实践中，教师很难通过行政复议或行政诉讼的方式维护自身合法权益，申诉逐渐成为一个封闭性的行政救济途径，难以达到教师权益救济的目的和需求[1]。

三、规范高校教师教育教学权行使的对策

（一）健全相关法律法规

一方面，由于高校教师在教学上对比其他教师的特殊性，在《中华人民共和国高等教育法》中应当重新确认高校教师所享有的教育教学权，并细化其中的权利义务范围，在权利方面赋予教师应当享有的教育教学权，保障教师享有的权利不受他人的非法侵害，在义务方面明确教师权利行使的边界和范围，可以通过基本原则的形式确定下来，如不得损害学生利益、不得损害公共利益、不得妨碍教学秩序等等；另一方面，可以根据实际需要制定和完善《高等学校教师职业道德规范》《高校师德师风建设长效机制》等相关法律法规，引导教师树立为人师表的职业道德观念，使得教师的职业行为和道德素养皆能有章可循。相关法律还应当确认高校教师的法律地位，由于教师的教育教学权具有公权力的性质，可以将高校教师定位

[1] 汪张林．论我国教师申诉制度的困境与出路 [J]. 巢湖学院学报，2012（1）：42-45.

为国家公务员，把学校与高校教师之间看作一种行政法律关系，以更好的保障和救济高校教师的合法权益。此外，还应该对现有的教师申诉制度作进一步的完善，将申诉主体、申诉范围、申诉程序和申诉期限等内容通过法律条文的形式具体明确的制定下来[1]，并对申诉决定不服是否可以提起行政复议和诉讼的救济方式以及如何提起行政复议和行政诉讼也要有相应衔接，拓宽教育行政诉讼的受案范围，有效引入行政诉讼机制，提高教师申诉制度的可操作性和规范性。

（二）完善高校教师考评机制

学生评教是为了以学生的打分结果使教师认识到自身教学过程中存在的问题，以及时改进，从而促进自身教学水平的不断提升和人才培养质量的提高，但是由于目前高校部分学生在评教过程中持儿戏态度，主观意识强烈，学生评教所能反应的高校教师教学能力的客观性有所降低，因此不能只将高校学生的评教结果作为评价高校教师教学水平的主要依据，而是作为其中之一。此外，科研项目的完成需要依靠大量的脑力劳动，科研成果的创新更是一个漫长而艰苦的过程，而如今高校对科研项目的推崇，更是使得高校教师在平衡科研项目和教学任务中更多的偏向科研一方，对教学任务的履行流于形式。因此作为对高校教师的考评依据，不能仅仅只将某一项或少量的测评数据作为高校教师考评的主要依据，它需要结合高校教师在高校工作中的方方面面来做评测，如师德师风、教学成果、社会服务等整体考评，以一个全方位、多角度的教师考评表推动高校教师考评机制的科学性、合理性和真实性。

（三）强化教育教学过程监督

高校教师在教育教学上的不作为大多体现在对教学计划的不完全履行和教学质量问题上，因此，严格要求高校教师对每一任教学科、每节课时都制定详细的教学计划，并通过学院审核及在学校官网上公开教学方案和教学具体步骤的方法，多主体地对高校教师的教学进行监督，更好地促进

[1] 王祥修，程文娜．我国高校教师申诉制度研究 [J]. 教师教育论坛，2017（11）：16-21.

高校教师教学问题的解决。一方面，学生是最能直观感受到高校教师教学进度和教学质量的群体，因此将任课教师的教学方案和教学详细计划部分向学生公开，既能使学生在上课前对老师上课的内容予以预习和了解，又能使学生在上课的过程中对教师的讲课内容和讲课进度予以监督，学生评教时针对评价"教师教学进度的计划性""教师教学内容讲解有条理"等部分，也能够有所依据地作出较为真实的评分；另一方面，教学督导员可以根据高校教师制定的详细教学方案对听课内容进行监督，发现有不符合本应进行的教学内容方案时，可以先对任课教师予以询问，听取任课教师的意见，并写进听课记录备注之中，交督导中心评定。只有多重主体共同承担对高校教师教育教学权的监督工作，才能更好地促进高校教师教学能力的提高和教学任务的落实。

（四）强化师德师风建设

教师需要遵循的是比普通人更高的道德标准，但高校在与高校教师签订聘任协议之前，多是以该教师的专业水平作为签订的依据，常常忽视了对教师师德的考察，尽管高校教师在就任前会参与相关的岗前培训考核，但其理论化的教学常常使得该培训流于形式，难以真正发挥作用。因此，要使高校教师树立良好的师风师德，一方面，学校要建立相应的师风师德考察机构，内设相关的学生救济部门，在发生有学生的权益受到高校教师侵害时可以向相关部门寻求救济，及时成立独立检查小组，利用时间和地理上的优势对相应的事件进行调查，查明事情真相，这既是对学生的保护，也能保障高校教师免于诬告陷害；另一方面，高校教师的岗前培训机制要进行相应的改革，首先在授课中可以多采取情境教学法和案例教学法，通过列举具有代表性生动案例的形式，拉近新进高校教师理论与实践的距离，使其能深刻体验教学的鲜活与复杂。与此同时，变更相应的结业考核方式，将教学实践能力纳入考核体系之中，构建既能考核新进教师教育教学理论知识，又能考核他们对先进教学理念、教学技能等实践能力的岗前考核机制[1]。当然师德的培养不能局限在岗前，在高校教师任职之后，也要抓紧对高校教师教育教学权的宣传和教育，将其内化于心，外化于心。首先可以建立高等学校师生沟通交流平台，并在该交流平台上置放关于高校教师权利义务的相关法律法规条文电子版，以供高校教师及学生查阅学习；其次可以在该平台上设置一个关于录入全国不同高校、不同专业优秀教师教学技能的展示课程和思想政治教育课程，这样既可以提高新进高校教师的教学能力，使其对入职后的教学任务不会迷茫无措，又能增强对高校教师的思想教育，帮助建立良好的师德师风。

（五）拓宽高校教师权利救济途径

教师和学校签订的是双方同意的聘任合同，而校方仅仅只根据教师的末位排名就单方对教师解聘，这一“教师末位淘汰制”的推行是严重缺乏法律依据的，要维护高校教师的合法权益，提升高校教师在权利救济方面的弱势地位，关键在于拓宽教师权利的救济途径。一方面可以建立教师维权组织，如教师协会，教师协会不仅可以通过建立专门网站和教师维权论坛的方式，引导教师掌握必要的法律知识和维权意识；还可以通过该组织与校方的协调关系，建立和完善劳动争议调解组织，维护教师的合法权益[2]。另一方面,我们还可以借鉴国外的“教育法庭”制度，建立教育仲裁机制。当出现教师与教师、教师与学生、教师与学校之间影响高校教师教育教学权行使的纠纷时，当事人可以将纠纷提交至依法设立的教育仲裁委员会，作出对其纠纷具有法律约束力的裁决，该仲裁委员会一裁终局，其成员大体由教育行政部门代表、高校代表和教师组织代表组成，要求拥有高深的法律知识和专业知识并应实行回避制度，以确保仲裁的公平公正[3]。

---

[1] 丁莲．高校新教师岗前培训存在的问题及优化策略 [J]. 黑龙江教育（理论与实践），2017（11）：38-39.

[2] 刘建军．高校教师权利及其保障机制研究 [J]. 职业时空，2011（4）：86-88.

[3] 刘冬梅．高校教师的教学权利研究 [D]. 重庆：西南大学，2010.